LE SOLIDE FONDEMENT DU SALUT

LE SOLIDE FONDEMENT DU SALUT

ÉTUDE DOCTRINALE SUR LES
CANONS DE DORDRECHT

PAULIN BÉDARD

La Rochelle

Le solide fondement du salut : étude doctrinale sur les Canons de Dordrecht
Publié en 2019 par Éditions La Rochelle
230, rue Lupien, Trois-Rivières (Québec)
G8T 6W4 – Canada
Site Web : editionslarochelle.org

Couverture : © 2019 Publications Chrétiennes, Inc.

Révision : Vincent Collet

ISBN : 978-2-924895-05-4

Dépôt légal – 1er trimestre 2019
Bibliothèque et Archives nationales du Québec
Bibliothèque et Archives Canada

« Éditions La Rochelle » est une marque déposée de Publications Chrétiennes, Inc.

Cet ouvrage est une adaptation d'une série d'articles publiés sur le site ressourceschretiennes.com sous les termes de la licence Creative Commons Paternité 4.0 International (CC BY 4.0). Publié avec permission de l'auteur et en collaboration avec l'Église réformée du Québec.

Sauf mention contraire, les citations bibliques sont tirées de la Nouvelle Édition de Genève (Segond 1979) de la Société Biblique de Genève. Avec permission.

Table des matières

Remerciements 9
Introduction 11

I. L'ÉLECTION 19

1. Dieu a le droit de condamner tous les hommes (art. I.1) 21
2. L'amour libre et souverain de Dieu pour des pécheurs perdus (art. I.2) 27
3. Dieu envoie librement des missionnaires où et quand il veut (art. I.3) 33
4. La misère de l'incrédulité et le merveilleux don de la foi (art. I.4-5) 39
5. La grâce de Dieu est discriminatoire ! (art. I.6) 45
6. En Jésus-Christ, Dieu nous a élus au salut depuis toute éternité (art. I.7) 51
7. L'élection est la seule fontaine du salut (art. I.8) 57
8. L'élection est la fontaine de tout bien salutaire (art. I.9) 63
9. La cause de notre élection : une élection inconditionnelle (art. I.10) 69

10. La conséquence de notre élection : une élection immuable (art. I.11) 73
11. La certitude de notre élection (art. I.12) 77
12. Les bienfaits pratiques d'être certain de notre élection (art. I.13) 83
13. La bonne manière de parler de l'élection (art. I.14*a*) 89
14. L'élection nous encourage à l'évangélisation (art. I.14*b*) 95
15. La terrible réalité de la réprobation magnifie la gloire de l'élection (art. I.15) 101
16. Ne perdons pas courage si nous ne sommes pas certains de notre élection (art. I.16) 107
17. L'élection des enfants des croyants morts en bas âge (art. I.17) 113
18. Devant ce mystère insondable, adorons Dieu sans murmurer (art. I.18) 119
19. Noms et concepts se rapportant à l'élection 125
20. Objections à la doctrine de l'élection 129

II. LA RÉDEMPTION 137

21. La justice de Dieu doit être pleinement satisfaite (art. II.1) 139
22. Seul Jésus-Christ a pu satisfaire la justice de Dieu pour nous (art. II.2) 145
23. La valeur infinie de la mort de Jésus (art. II.3-4) 151
24. La proclamation universelle de l'Évangile (art. II.5) 157
25. Les raisons pour lesquelles certains croient et d'autres ne croient pas (art. II.6-7) 163
26. L'acquisition et l'application du salut par Jésus (art. II.8*a*) 169
27. L'efficacité de la mort de Jésus pour les élus : son obéissance et son sacrifice expiatoire (art. II.8*b*) 175
28. L'efficacité de la mort de Jésus pour les élus : propitiation et réconciliation (art. II.8*c*) 181
29. L'efficacité de la mort de Jésus pour les élus : la rédemption par son sang (art. II.8*d*) 187

30. L'efficacité de la mort de Jésus mène les élus au salut (art. II.8e) 193
31. L'efficacité de la mort de Jésus conduira les élus au salut éternel (art. II.8f) 199
32. L'accomplissement du conseil éternel de Dieu (art. II.9) 205
33. Noms et concepts se rapportant à la rédemption 211
34. Objections à la doctrine de la rédemption particulière 215

III. LA CORRUPTION 223

35. L'origine du péché et ses effets sur l'homme (art. III.1) 225
36. La propagation du péché et la responsabilité de l'humanité (art. III.2) 231
37. Le résultat du péché sur toute l'humanité (art. III.3) 237
38. L'insuffisance de la lumière naturelle (art. III.4) 243
39. L'insuffisance de la loi de Dieu (art. III.5) 249
40. Les bienfaits pratiques de la doctrine de la corruption totale (art. III.1-5) 255
41. Noms et concepts se rapportant à la corruption de l'Homme.... 261

IV. LA CONVERSION 265

42. Nous avons besoin de l'Évangile pour être sauvés (art. IV.6) 267
43. Pourquoi Dieu s'est-il révélé à certains et pas à d'autres ? (art. IV.7) 273
44. Dieu est sérieux quand il appelle des pécheurs à la repentance (art. IV.8) 279
45. Pourquoi certains appelés ne viennent-ils pas vers Dieu ? (art. IV.9) 285
46. Pourquoi d'autres répondent-ils à son appel ? (art. IV.10) 291
47. Comment Dieu s'y prend-il pour accomplir des conversions ? (art. IV.11) 297
48. La régénération est l'œuvre de Dieu seul (art. IV.12) 303
49. La régénération est au-delà de notre compréhension (art. IV.13) 309

50. La foi de Dieu est un don (art. IV.14) 315
51. La bonne attitude à l'égard de la grâce de Dieu (art. IV.15) 321
52. La volonté humaine n'est pas niée, mais restaurée (art. IV.16) ... 327
53. Dieu utilise des moyens pour produire la régénération
    (art. IV.17) 333
54. Noms et concepts se rapportant à la conversion 339

V. LA PERSÉVÉRANCE 343

55. Les saints sont libérés du péché, mais pas entièrement
    (art. V.1) 345
56. Il nous reste encore des péchés quotidiens dus à notre
    faiblesse (art. V.2) 351
57. Dieu garde les siens dans tous leurs combats (art. V.3) 357
58. Les saints peuvent tomber dans de graves péchés (art. V.4) 363
59. Les effets du péché dans la vie du croyant (art. V.5) 369
60. Dieu ne permettra pas que ses élus se perdent (art. V.6*a*) 375
61. Dieu ne permettra pas que ses enfants pèchent contre le
    Saint-Esprit (art. V.6*b*) 381
62. Dieu ramène et restaure ses enfants (art. V.7) 387
63. La grâce du Dieu trinitaire les préservera (art. V.8) 393
64. La certitude d'être gardés jusqu'à la fin (art. V.9) 399
65. La source de notre certitude (art. V.10) 405
66. La certitude de notre espérance n'est pas toujours ressentie
    (art. V.11) 411
67. La certitude est un stimulant à la sainteté (art. V.12) 417
68. La certitude ne conduit pas à la paresse (art. V.13) 423
69. L'usage de moyens pour persévérer (art. V.14) 429
70. Cette doctrine est détestée par Satan, mais aimée par
    l'Église (art. V.15) 435
71. Noms et concepts se rapportant à la persévérance des saints..... 441

Conclusion 443
Bibliographie 447

Remerciements

Je remercie chaleureusement le conseil des anciens de notre Église de m'avoir donné l'occasion de préparer cette étude que j'ai eu le privilège de donner à l'Église chrétienne réformée de Beauce dans une série d'enseignements hebdomadaires qui se sont échelonnés de 2008 à 2010. Bien que le texte actuel ait été soigneusement révisé, le lecteur comprendra qu'il peut parfois garder le style oral de la version originale.

Introduction

C'est un grand privilège de pouvoir étudier les merveilleuses doctrines de la grâce souveraine de Dieu. Ces magnifiques doctrines sont tout à sa gloire et pour le plus grand bien des croyants ! Elles nous parlent du salut entièrement gratuit en Jésus-Christ – par pure grâce, sans aucune considération de nos œuvres –, un salut préparé depuis toute éternité pour les élus de Dieu et qui sera certainement amené à son terme dans l'éternité à venir. Ces doctrines nous parlent de l'entière liberté de Dieu et de sa parfaite souveraineté dans le salut de son peuple. Notre prière est que Dieu soit honoré par ces réflexions et que nous soyons puissamment encouragés dans l'adoration de notre Dieu ainsi que dans notre vie chrétienne au service de ce Dieu souverain.

Mais comment organiser la matière ? Par où commencer et comment structurer les idées ? Plutôt que de réinventer la roue, nous avons choisi de suivre le plan d'un texte classique sur les doctrines de la grâce, à savoir les *Canons de Dordrecht*. Cette confession de foi de la Réforme, dont les articles sont cités en italique au début de chaque chapitre de cette cette étude, nous apparaît d'une grande richesse encore aujourd'hui. Nous vivons à une période de l'histoire où nous apprécions très peu l'héritage du passé. Nous vivons aussi à une époque où les questions doctrinales sont souvent mises de côté, car elles ne feraient apparemment que diviser les chrétiens ou compliquer la simplicité de l'Évangile. C'est notre prière que cette étude nous fasse redécouvrir un héritage riche et précieux que nous ont légué nos pères dans la foi. C'est aussi notre prière qu'elle nous permette d'apprécier toujours davantage les magnifiques doctrines de la Parole de Dieu, à sa plus grande gloire.

En réponse à une erreur

Au cours de l'histoire de l'Église, plusieurs confessions de foi ont été écrites au milieu de controverses théologiques. C'est le cas des *Canons de Dordrecht,* qui ont été rédigés dans le but de réfuter les erreurs de l'arminianisme et de réaffirmer les grandes doctrines de la grâce souveraine de Dieu. Jacob Arminius était pasteur et professeur de théologie à Leiden, aux Pays-Bas, à la fin du XVIe et au début du XVIIe siècle. Arminius était très brillant intellectuellement et il s'est servi de son poste influent pour répandre ses idées partout en Europe. Il enseignait des points controversés, en particulier que l'homme aurait gardé après la chute une libre volonté qui le rendrait capable d'obéir ou de désobéir à l'appel de l'Évangile et que Dieu choisirait certaines personnes en vue du salut, non pas par pure grâce et sans aucune considération de leurs œuvres, mais plutôt sur la base de leur foi connue d'avance.

Ces erreurs n'étaient pas nouvelles. Un siècle plus tôt, Érasme avait enseigné le « libre arbitre », ou la libre volonté de l'homme de pouvoir choisir Jésus-Christ. Luther s'était opposé aux idées d'Érasme en parlant plutôt du « serf arbitre » (volonté esclave du péché). Mille ans auparavant, Pélage avait nié que la nature humaine est corrompue par le péché. C'est Augustin qui lui avait répondu en disant que, selon la Bible, nous sommes morts dans nos péchés et que nous avons absolument besoin de la grâce souveraine de Dieu pour être sauvés.

La « remontrance »

Arminius est mort en 1609, mais le mouvement qui a porté son nom continue jusqu'à nos jours. En 1610, un groupe de personnes qui propageaient les idées d'Arminius dans les Églises réformées des Pays-Bas s'est réuni pour écrire une « remontrance ». Cette dernière était une pétition visant à défendre le point de vue arminien qui était expliqué en cinq points doctrinaux. Ces personnes auraient souhaité que leur position soit approuvée officiellement – une position qui allait d'ailleurs à l'encontre de la Confession de foi des Pays-Bas à laquelle elles souscrivaient officiellement. Leur position a plutôt suscité un grand débat dans les Églises réformées. Un Synode national a dû être convoqué en 1618 afin de répondre à la controverse.

Le Synode de Dordrecht

Le but du Synode était de juger si la position des remontrants était en harmonie avec la Parole de Dieu et avec les confessions de foi réformées. Officiellement, il s'agissait d'un Synode des Églises réformées des Pays-Bas, mais vingt-six autres délégués de huit pays d'Europe (Grande-Bretagne, Allemagne, Suisse, etc.) y ont également participé en apportant leur collaboration. Les représentants français n'ont toutefois pas été autorisés à s'y rendre à cause des persécutions. C'est la raison pour laquelle des chaises ont été laissées vides durant la tenue du Synode, pour signifier l'absence des pasteurs français (voir l'illustration en page couverture à droite). Il s'agissait donc en réalité d'un Synode international exceptionnel, un peu à l'image des grands conciles œcuméniques des premiers siècles, au cours desquels des pasteurs et des théologiens s'étaient réunis en vue de régler des conflits doctrinaux majeurs.

L'un des principaux fruits du Synode de Dordrecht a été de mettre par écrit les *Canons* (ou décisions) de Dordrecht, qui ont d'ailleurs été rédigés en néerlandais, en français et en latin, puis traduits plus tard en plusieurs langues. Contrairement aux confessions de foi du XVIe siècle qui ont été rédigées par des individus, ce texte a été écrit par une assemblée ecclésiastique. En 1620, au Synode national d'Alès, les Églises réformées de France ont reçu et approuvé ces *Canons* comme étant conformes à la Parole de Dieu. Tous les pasteurs et anciens devaient prononcer publiquement le « serment d'approbation » prévu à cet effet.

Un temps de mise à l'épreuve

Les réformés de cette époque ont donc traversé un temps de mise à l'épreuve. L'Église de Rome avait-elle raison, après tout, de souligner que l'homme devait gagner son salut ? Les anabaptistes avaient-ils raison, après tout, de dire que l'homme devait d'abord répondre avant que Dieu vienne dans sa vie ? Ou bien la grâce souveraine de Dieu dans le salut des hommes était-elle une doctrine fondamentale ? De quelle manière les réformés de cette époque ont-ils répondu ? Comment répondons-nous encore aujourd'hui ?

Qui décide de notre salut ?

Les arminiens ont affirmé les points suivants :

1. Dieu élit des gens sur la base de la foi connue d'avance. La foi est une condition que l'homme doit remplir avant qu'il soit élu par Dieu. L'élection est basée sur un acte de l'homme et non sur le bon plaisir souverain de Dieu. Il ne s'agit pas du choix de Dieu, mais du choix de l'homme. Une personne est sauvée si elle décide d'accepter Jésus-Christ dans sa vie.
2. L'expiation du Christ est pour tous les hommes. Le Christ a acquis la possibilité pour l'homme d'être sauvé, mais il n'a réellement assuré le salut de personne. L'efficacité de l'œuvre de la rédemption du Christ dépend de son acceptation par l'homme.
3. L'homme peut faire le bien. Par la « lumière de la nature » et à l'aide de la grâce de Dieu, l'homme peut être régénéré et venir à la foi par sa propre volonté. Son salut dépend de sa libre volonté. Il peut choisir le bien ou le mal en toutes choses spirituelles. La foi est la contribution de l'homme au salut.
4. L'homme peut résister de manière efficace à la puissance de régénération du Saint-Esprit. La régénération de l'homme relève de son propre pouvoir. Le Saint-Esprit ne peut donner la vie à moins que le pécheur ne réponde.

5. Un croyant peut entrer dans la grâce de Dieu, puis la perdre, la retrouver à nouveau et ainsi de suite. Il ne peut jamais être certain de son salut jusqu'au jour de sa mort. La persévérance est une condition qu'il doit remplir avant son élection.

Les *Canons de Dordrecht* ont répondu en cinq points aux affirmations des arminiens :

1. *L'élection inconditionnelle* : L'élection est un acte souverain de l'amour de Dieu. Un individu n'a pas à remplir certaines conditions avant d'être élu par Dieu. L'élection n'est pas le fruit de la foi, mais la foi est le fruit de l'élection.
2. *L'expiation particulière (« limitée »)* : Le Christ est mort pour les élus. L'élection ne dépend pas de la volonté de l'homme, mais de la grâce de Dieu et de son bon plaisir souverain. Le Christ est venu pour sauver son peuple de ses péchés. Le Christ n'a pas acquis la possibilité pour l'homme d'être sauvé, mais il a plutôt obtenu le salut réel de ses élus.
3. *La dépravation totale* : Tous les hommes sont morts dans le péché et sont, par conséquent, totalement incapables d'accomplir quelque bien que ce soit. La puissance régénératrice du Saint-Esprit, qui agit au moyen de la prédication de la Parole, doit donner la vie aux pécheurs.
4. *La grâce irrésistible* : Dieu est plus fort que l'homme et brise sa résistance en inclinant et en transformant son cœur et sa volonté. Il agit de manière à ce que l'homme veuille croire.
5. *La persévérance des saints* : Les croyants peuvent tomber dans le péché, mais jamais ils ne se retrouveront complètement en dehors de la grâce de Dieu. La persévérance des saints est le résultat de l'élection.

Les *Canons de Dordrecht* sont ainsi structurés selon ces cinq points. Chacun de ces cinq points est d'abord expliqué par une série d'articles qui exposent positivement la doctrine orthodoxe, puis par une deuxième série d'articles qui réfutent et rejettent les erreurs arminiennes, cette deuxième série d'articles portant le nom de « rejet des erreurs ». Dans la présente étude, seuls les articles exposant positivement la doctrine orthodoxe sont expliqués, bien qu'à l'occasion quelques articles appartenant au « rejet des erreurs » soient cités.

Qui décide de notre salut ? Pour les arminiens, le salut est un effort combiné. Dieu a déjà « voté » pour notre salut, il a contribué et Satan a voté contre. Le vote décisif nous appartient. Pour les réformés, le salut dépend uniquement de Dieu. La responsabilité humaine est subordonnée à la souveraineté de Dieu. Dieu est entièrement souverain et nous sommes entièrement responsables.

Des vérités glorieuses

Les *Canons de Dordrecht* nous présentent donc les vérités glorieuses de la grâce souveraine de Dieu en ce qui concerne notre salut. Nous voulons nous rappeler avec les croyants d'autrefois que notre salut vient de Dieu, du début jusqu'à la fin. Cette connaissance nous permettra en tant qu'enfants de Dieu de vivre dans la pleine assurance de notre foi. C'est un enseignement tout à fait biblique, très utile et très réconfortant. Il est donc important de connaître cet enseignement et de l'apprécier à sa juste valeur, par la grâce de Dieu. La doctrine de la souveraineté de Dieu dans l'élection et le salut de son peuple procure une consolation inexprimable à tous ceux qui croient. Nous voulons protéger, défendre, aimer, apprécier, faire connaître un trésor aussi inestimable.

De l'opposition constante

Comme il est triste de rencontrer de l'opposition chaque fois que nous revenons à ces vérités fondamentales ! (Voir les « objections » à la fin de certaines sections.) Si Dieu, par un acte souverain de sa volonté, décide qui sera sauvé et qui ne le sera pas, cela signifie qu'il laisse des gens se perdre dans leurs péchés. Souvent, les gens répliquent : « Mon Dieu ne ferait jamais une telle chose. » Dieu est bon. Par conséquent, pour plusieurs, il est inconcevable que Dieu puisse agir ainsi. Les merveilleuses doctrines de la grâce sont alors rejetées, mises de côté ou diluées au profit d'un soi-disant libre choix de l'homme, de sorte que le peuple de Dieu se trouve privé de son réconfort et Dieu de sa gloire. Immanquablement, la discussion se met à dégénérer et tombe dans un débat philosophique au sujet de la liberté humaine. L'homme pécheur essaie de rationaliser au moyen de son intelligence corrompue ce qu'il pense que Dieu peut ou ne peut pas faire, ou ce qu'il imagine que Dieu devrait ou ne devrait pas faire. Les *Canons de Dordrecht* refusent de tomber dans ce piège. Du début jusqu'à la fin, les *Canons* nous replacent devant les Écritures saintes.

Nous soumettre à sa Parole

Il nous faut constamment revenir aux saintes Écritures, les connaître, les sonder. C'est ainsi que nous pourrons sans cesse nous émerveiller de la grâce souveraine de Dieu et y trouver un puissant réconfort. C'est ainsi également que nous pourrons être employés par Dieu afin que d'autres puissent goûter à ce réconfort et se réjouir avec nous de la gloire merveilleuse de notre Dieu souverain. Nous devons donc faire attention à ne pas nous servir de notre raison embrouillée par le péché pour essayer d'éviter de présenter Dieu tel qu'il se révèle dans les passages qui ne semblent pas en harmonie avec notre pensée logique limitée. Notre appel est plutôt de nous humilier sous la puissante main de Dieu, de soumettre nos pensées à sa Parole et de laisser Dieu être Dieu !

I. L'ÉLECTION

CHAPITRE 1

Dieu a le droit de condamner tous les hommes
Article I.1

> *Du fait que tous les hommes ont péché en Adam, et se sont rendus coupables de la malédiction et de la mort éternelle, Dieu n'eût fait tort à personne s'il eût voulu laisser tout le genre humain dans le péché et la malédiction, et le condamner à cause du péché, suivant ces paroles de l'apôtre : « Tout le monde est reconnu coupable devant Dieu. [...] Tous ont péché et sont privés de la gloire de Dieu » (Ro 3.19,23). Et : « Car le salaire du péché, c'est la mort » (Ro 6.23).*
>
> — Canons de Dordrecht, *article I.1*

Le premier point de doctrine de Dordrecht concerne donc « *la prédestination, l'élection et la réprobation* ». Ce sont là des mots très lourds qui en font frissonner plusieurs. Nous reviendrons plus loin sur ces notions. Je rappellerai simplement l'enseignement des arminiens à propos de l'élection. Pour eux, l'élection serait basée sur le fait que Dieu connaît d'avance ceux qui croiront en lui. Dieu choisirait ceux qui choisissent Dieu. L'élection dépendrait de nous. Il s'agirait, au fond, non pas d'une prédestination au salut, mais plutôt d'une « post-destination ». La réponse de Dordrecht est de dire que l'élection est fondée uniquement sur la grâce libre et souveraine de Dieu.

Un rappel de notre condition

La doctrine de l'élection est un sujet profond qu'il faut aborder prudemment, avec beaucoup d'humilité, car ce sujet dépasse largement notre entendement. C'est la raison pour laquelle les *Canons de Dordrecht* commencent par bien préparer le terrain avant de nous exposer plus précisément cette merveilleuse doctrine. Par quoi commence le premier article de Dordrecht ? Par une définition de l'élection ? Non, il faut attendre les sixième et septième articles de la section I avant d'entendre parler de l'élection. Les cinq premiers articles nous préparent à mieux recevoir cette doctrine difficile à accepter et délicate à manier. Par quoi Dordrecht commence-t-il ? Cette confession de foi commence par nous rappeler notre condition devant Dieu. « *Du fait que tous les hommes ont péché en Adam, et se sont rendus coupables de la malédiction et de la mort éternelle, Dieu n'eût fait tort à personne s'il eût voulu laisser tout le genre humain dans le péché et la malédiction* » (I.1).

Nous ne commençons pas par essayer de pénétrer les mystères du conseil éternel de Dieu. Nous commençons par l'histoire d'Adam et Ève qui est pleine de clarté. Or, cette histoire nous parle aussi de nous, leurs descendants. Nous étions inclus en Adam. Dieu a fait alliance avec lui et, dans cette alliance, nous étions tous inclus. Quand Adam a péché, nous avons péché avec lui. « C'est pourquoi, comme par un seul homme le péché est entré dans le monde, et par le péché la mort, et qu'ainsi la mort s'est étendue sur tous les hommes, parce que tous ont péché » (Ro 5.12). Par conséquent, nul n'est juste. Il n'y a personne qui est bon. Paul, dans Romains 3, l'affirme avec beaucoup de force. « Il n'y a point de juste, pas même un seul ; nul n'est intelligent, nul ne cherche Dieu. Tous sont égarés, tous sont pervertis, il n'en est aucun qui fasse le bien, pas même un seul. […] Car tous ont péché et sont privés de la gloire de Dieu » (Ro 3.10-12,23).

C'est là une confession radicale. Le péché d'un seul homme a entraîné des conséquences désastreuses sur tous les hommes, puisque le péché et la mort se sont étendus sur tous. Nous sommes nous-mêmes responsables et coupables. Nous ne pouvons faire porter le blâme ni sur Dieu, ni sur le diable, ni sur les autres, ni sur les circonstances.

Un appel à l'humilité

Pourquoi les *Canons* commencent-ils de cette façon ? Pour être fidèles à la Bible. Les premiers chapitres de la Bible ne commencent pas par nous révéler les secrets de l'élection de Dieu dès avant la fondation du monde. La Bible ne part pas de l'élection pour essayer d'expliquer logiquement tous les mystères de la vie ou toutes les actions de Dieu dans le monde. Elle commence par les événements qui se sont déroulés au début de l'histoire : la création du monde, la création d'Adam et Ève à l'image de Dieu, créés justes et saints ; puis l'entrée du péché dans le monde qui s'est étendu sur tous les hommes. L'approche de la Bible est historique, elle suit l'ordre des événements dans l'histoire. C'est seulement plus tard, en cours de route, que l'on apprend que Dieu, dans sa grâce, a librement choisi depuis toujours des pécheurs pour les amener au salut éternel. Cependant, il faut d'abord se rappeler le drame du péché qui est entré dans le monde et qui s'est étendu sur tout homme.

Pourquoi ce douloureux rappel ? « Afin que toute bouche soit fermée, et que tout le monde soit reconnu coupable devant Dieu » (Ro 3.19). Devant Dieu, nous n'avons pas le droit de parler, nous n'avons même pas le droit de vivre ! Il est important de commencer par reconnaître notre condition, afin de nous garder humbles. Tout ce que nous avons à faire, c'est de bien écouter tout ce que Dieu nous révèle dans sa Parole et d'accepter avec foi tout ce qu'il veut bien nous donner. Toute contribution personnelle à notre salut est hors de question. Toute gloire humaine est exclue.

Par nature, nous sommes portés à résister très fort à la doctrine de l'élection et de la réprobation. Nous avons toujours le réflexe de chercher à protéger notre nature orgueilleuse et pécheresse. Nous sommes enclins à faire un procès contre Dieu et à le poursuivre en jugement. Nous sommes portés à lui dire : « Seigneur, si tu es vraiment bon comme tu le prétends, tu devrais satisfaire nos exigences ; tes actions devraient correspondre à nos normes. Tu devrais plutôt faire ceci ou cela. »

Eh bien non ! Dès le début de cette étude, il nous faut immédiatement faire un renversement de 180 degrés. Ce n'est pas Dieu qui est assis au banc des accusés et nous qui sommes confortablement assis sur la chaise du juge. Ce n'est pas lui qui doit répondre de ses actions devant nous, c'est nous qui devons répondre devant lui de toute action que nous aurons posée, de toute parole que nous aurons prononcée et de toute pensée que nous aurons conçue. « Car il nous faut tous comparaître devant le tribunal de Christ… » (2 Co 5.10.) Quand nous abordons la doctrine de l'élection, restons humbles et rappelons-nous notre condition pécheresse devant Dieu.

Impossible d'en appeler contre Dieu

Le Saint-Esprit a conduit l'apôtre Paul à écrire des paroles très vigoureuses au sujet de ceux qui émettent des objections. « Tu me diras : Pourquoi blâme-t-il encore ? Car qui est-ce qui résiste à sa volonté ? Ô homme, toi plutôt, qui es-tu pour contester avec Dieu ? Le vase d'argile dira-t-il à celui qui l'a formé : Pourquoi m'as-tu fait ainsi ? Le potier n'est-il pas maître de l'argile, pour faire avec la même masse un vase d'honneur et un vase d'un usage vil ? » (Ro 9.19-21.) Nous pourrions penser que Dieu a des comptes à nous rendre pour les décisions qu'il a déjà prises ou pour les actions qu'il pose quotidiennement. Eh bien non ! Au dernier jour, il n'y aura pas de cour supérieure où nous pourrions en appeler contre Dieu pour l'accuser. Pouvez-vous imaginer, au jour du jugement, quelqu'un qui critiquerait Dieu et qui argumenterait contre ses façons de faire ? Nous devons commencer par reconnaître et confesser que Dieu est juste et bon. Il est parfaitement juste et parfaitement bon. Il n'y a pas la moindre imperfection ni la moindre injustice en lui. Abraham avait dit : « Celui qui juge toute la terre n'exercera-t-il pas la justice ? » (Ge 18.25.)

Nos cœurs rebelles, pécheurs et orgueilleux ont toujours tendance à dire : « Oui, mais… si Dieu choisit certains au salut et qu'il ne choisit pas les autres, mais qu'il les abandonne dans leur péché, ce n'est pas juste ! » Ah non ? Alors, qu'est-ce qui est juste ? Voilà la question à laquelle nous devons répondre. Ce qui est juste, c'est lorsque l'on nous donne notre dû. Ce qui est juste, c'est lorsque l'on nous traite selon ce que nous méritons. Voilà ce qui est juste. Qu'est-ce que Dieu aurait dû faire pour être juste ? « Car tous ont péché et sont privés de la gloire de Dieu » (Ro 3.23). Que méritons-nous alors ? Nous méritons la mort ! « Car le salaire du péché, c'est la mort » (Ro 6.23). Pour être juste, Dieu aurait dû nous verser notre salaire, la mort éternelle, nous laisser séparés pour toujours de sa présence et nous faire subir de terribles souffrances éternelles. « *Dieu n'eût fait tort à personne s'il eût voulu laisser tout le genre humain dans le péché et la malédiction, et le condamner à cause du péché* » (I.1). Dans sa liberté et dans sa souveraineté absolue, Dieu aurait pu le faire, et nous n'aurions pas eu un mot à dire. Il aurait été parfaitement juste et il en aurait eu parfaitement le droit. Il n'aurait pas été injuste envers qui que ce soit !

Inévitablement, nous protestons : « Mais Dieu n'aurait-il pas dû faire grâce à tous ? » Dieu aurait pu, oui, mais est-ce qu'il aurait dû le faire ? Et s'il avait effectivement dû le faire, est-ce que ce serait encore une grâce ? Est-ce que ce ne serait pas plutôt un dû, une obligation ? Si nous disons qu'il est injuste que Dieu n'accorde pas son salut à certains, nous ne parlons plus de grâce, nous parlons de justice. Dès que nous disons que Dieu doit sauver tout le monde, il ne s'agit plus d'un cadeau accordé par pure grâce, d'une miséricorde et d'une faveur non méritée. Tout ce que Dieu nous doit, c'est notre salaire, uniquement. Le salaire du péché, c'est la mort. Voilà ce qui est parfaitement juste, et nous faisons bien de nous rappeler cette vérité solennelle en abordant l'étude de la merveilleuse doctrine de l'élection.

Mais, heureusement, Dieu ne s'est pas limité à être juste, il a aussi été plein de grâce et de miséricorde ! Il ne nous a pas laissés dans notre misère et sous sa juste condamnation. L'article suivant nous annonce joyeusement : « *Mais l'amour de Dieu a été manifesté...* » Il s'agit d'un amour libre, gratuit et souverain qui ne dépend nullement de nous. Humilions-nous devant Dieu. Restons humbles, sans protester contre ses voies insondables. Reposons-nous avec joie dans sa grâce souveraine.

CHAPITRE 2

L'amour libre et souverain de Dieu pour des pécheurs perdus
Article I.2

> *Mais l'amour de Dieu a été manifesté en ceci : qu'il a envoyé son Fils unique dans le monde, afin que quiconque croit en lui ne périsse point, mais qu'il ait la vie éternelle (1 Jn 4.9 ; Jn 3.16).*
>
> — Canons de Dordrecht, *article I.2*

Oui, Dieu aurait eu pleinement le droit de condamner tous les hommes, sans exception. Le péché est venu infecter profondément nos vies. À cause de notre culpabilité, « *Dieu n'eût fait tort à personne s'il eût voulu laisser tout le genre humain dans le péché et la malédiction* » (I.1). Tout commence par Dieu. Dieu aurait le droit d'exercer sa juste condamnation sur nous tous. Mais Dieu a sauvé des perdus !

Mais Dieu

Personne n'est allé demander à Dieu de nous sauver. Quand Adam et Ève ont péché, sont-ils allés vers Dieu pour lui demander de l'aide ? Pas du tout ! « Alors ils entendirent la voix de l'Éternel Dieu, qui parcourait le jardin vers le soir » (Ge 3.8). C'est Dieu, dans sa miséricorde, qui est allé vers eux. Comment ont-ils réagi ? « Et l'homme et sa femme se cachèrent loin de la face de l'Éternel Dieu, au milieu des arbres du jardin » (Ge 3.8). Ils ont reconnu la voix de Dieu. La visite de Dieu dans le jardin leur était familière, mais ils ne voulaient rien savoir de Dieu. « Mais l'Éternel Dieu appela l'homme, et lui dit : Où es-tu ? » (Ge 3.9.) C'est Dieu, dans son infinie bonté, qui est allé de nouveau vers l'homme déchu. Il l'a appelé parce qu'il voulait le sauver.

Béni soit Dieu, il y a un « mais » ! Un « mais » absolument extraordinaire et bouleversant. « Vous étiez morts par vos offenses et par vos péchés. […] Nous tous aussi, nous étions de leur nombre […] et nous étions par nature des enfants de colère, comme les autres. *Mais Dieu*, qui est riche en miséricorde, à cause du grand amour dont il nous a aimés, nous qui étions morts par nos offenses, nous a rendus vivants avec Christ » (Ép 2.1-5). Dieu n'était pas obligé de faire cela. Il aurait pu nous laisser dans le péché et la malédiction. Mais Dieu ne prend pas plaisir à voir périr le pécheur. Il a eu compassion ! Il n'était pas tenu de nous redonner la vie par son Fils. Il l'a fait par pure grâce, selon sa libre souveraineté. Oui, tout commence par Dieu. Il avait le droit de nous punir éternellement, mais il a manifesté sa grande miséricorde.

Nous devrions être dans la plus grande admiration de voir qu'il a manifesté son si grand amour en envoyant son Fils dans ce monde pécheur, un monde capable uniquement de détester son Créateur. Dordrecht ne commence pas par décortiquer les mystères insondables des décisions éternelles de Dieu. Les premiers paragraphes commencent par l'histoire et non par l'éternité : l'histoire de la chute dramatique d'Adam et Ève, dont le péché et la misère se sont étendus sur toute l'humanité ; puis la manifestation dans l'histoire de l'amour de Dieu qui a envoyé son Fils dans ce monde. « *Mais l'amour de Dieu a été manifesté en ceci : qu'il a envoyé son Fils unique dans le monde, afin que quiconque croit en lui ne périsse point, mais qu'il ait la vie éternelle (1 Jn 4.9 ; Jn 3.16)* » (I.2).

Nous devons d'abord considérer ce que Dieu nous révèle dans ses œuvres. C'est ainsi que Dieu nous ouvre son cœur ! Pour arriver à saisir quelque chose du dessein éternel de Dieu, il nous faut commencer par contempler l'accomplissement de ce dessein de salut dans l'envoi de son Fils dans ce monde. Il nous faut commencer par nous émerveiller de la manière dont l'amour de Dieu s'est manifesté dans notre histoire humaine. Ensuite, à travers le don de son Fils, nous pourrons mieux nous émerveiller du fait qu'il nous a élus et prédestinés depuis toute éternité. Autrement, si nous commençons par l'éternité, nous risquons de faire fausse route dans nos vains raisonnements et nous risquons de nous perdre dans nos spéculations orgueilleuses au sujet des pensées de Dieu.

Chose très étrange, ceux qui se sont opposés à la doctrine de l'élection ont souvent cité Jean 3.16 comme preuve que Dieu ne nous aurait pas élus selon la libre souveraineté de sa grâce. Ces gens disent : Voyez, la Bible enseigne que Dieu aime tout le monde (« car Dieu a tant aimé le monde qu'il a donné son Fils unique ») et qu'il ne tient qu'à nous de croire pour être sauvés et non à son élection (« afin que quiconque croit ne périsse point, mais qu'il ait la vie éternelle »). Jean 3.16 prouverait que l'élection est une fausse doctrine ! Pourtant, Dordrecht n'est pas du tout embarrassé par ce verset qui est cité dès le début.

Ai-je la libre capacité de croire ?

Arrêtons-nous un instant sur les présupposés des arminiens. Leurs idées sont fondées sur les deux principes suivants : d'abord, la souveraineté de Dieu serait incompatible avec la liberté et la responsabilité humaines ; ensuite, la capacité humaine limiterait notre obligation. En partant de ces deux principes, les arminiens tirent deux déductions : d'abord, puisque la foi est un acte libre et responsable, elle ne pourrait pas être causée par Dieu. On cherche en quelque sorte à « sauver » la libre volonté humaine en laissant à l'homme un certain domaine où il pourrait exercer la foi indépendamment de Dieu. Si Dieu nous choisit d'avance, alors, d'après ce raisonnement, nous ne serions plus libres et responsables. Ensuite, puisque la Bible nous dit que la foi est demandée à tous ceux qui entendent l'Évangile, la capacité de croire serait universelle. Puisque Dieu nous demande de croire, cela supposerait que nous sommes nous-mêmes capables d'exercer la foi. L'homme ne serait jamais assez corrompu par le péché pour ne pas être capable de croire en Jésus quand l'Évangile lui est présenté.

Ceux qui exercent leur libre volonté en mettant leur foi en Jésus seront sauvés. C'est ce que les arminiens comprennent quand ils lisent Jean 3.16. Cependant, ce texte ne dit pas que tout homme a la capacité en lui-même de croire. Il dit simplement que quiconque croit a la vie éternelle. L'homme laissé à lui-même est incapable de croire. « Nous étions morts par nos fautes et par nos péchés, mais il nous a rendus à la vie » (Ép 2.5). « Nul ne peut venir à moi, si le Père qui m'a envoyé ne l'attire » (Jn 6.44). « Nul ne peut venir à moi, si cela ne lui a été donné par le Père » (Jn 6.65).

Car Dieu a tant aimé le monde qu'il a donné son Fils unique

Que signifie que « Dieu a tant aimé le monde » ? Plusieurs ont débattu longuement sur la signification du mot « monde ». S'agit-il seulement des élus ou de tous les individus de la terre ? L'idée principale n'est pas de savoir combien de personnes en quantité sont incluses dans ce mot, mais plutôt quelle est la qualité de ces personnes, ou plus exactement quelle est l'absence de qualité de ces personnes. L'idée n'est pas que le monde compte tellement de personnes qu'il a fallu beaucoup d'amour pour les embrasser toutes. Même s'il y avait des centaines de milliards d'êtres humains à aimer, ce n'est pas cela qui fait que « Dieu a *tant* aimé le monde ». L'idée est que le monde contient une humanité pécheresse tellement corrompue, tellement coupable et tellement indigne qu'il a fallu un amour absolument merveilleux pour qu'il puisse nous aimer !

Rappelons-nous ce que dit l'apôtre Paul : « Il n'y a point de juste, pas même un seul ; nul n'est intelligent, nul ne cherche Dieu. Tous sont égarés, tous sont pervertis, il n'en est aucun qui fasse le bien, pas même un seul. […] Tous ont péché et sont privés de la gloire de Dieu » (Ro 3.10-12,23). Si Jean 3.16 nous enseigne quelque chose, c'est bien l'amour libre et souverain de Dieu, et non pas un amour qui dépendrait d'un petit quelque chose d'intéressant, d'aimable ou de prometteur qu'il aurait vu en nous.

L'amour souverain de Dieu est un amour pour des pécheurs perdus, comme vous et moi, un amour pour des gens détestables par nature, morts dans leurs péchés, incapables par eux-mêmes de se tourner vers Dieu et n'ayant nul désir ni aucune volonté de croire en lui. Voilà les gens que Dieu a aimés ! À tel point qu'il a donné son Fils unique. Nous n'avons rien demandé à Dieu, c'est Dieu qui a *donné* son Fils unique. Dieu a été capable d'aimer ce qu'il y avait de pire, et il a été prêt à leur donner ce qu'il avait de mieux, de plus précieux ! Il nous a donné son propre Fils unique pour qu'il soit livré aux mains des méchants ! Son Fils est mort de la façon la plus douloureuse et la plus honteuse qui soit. Quel grand amour il a démontré ! Jean 3.16 n'est pas là pour essayer de défendre la libre volonté de l'homme ; ce texte est là pour exalter la grandeur de l'amour de Dieu pour des pécheurs perdus.

Par libre choix de sa part

D'où vient donc cet amour de Dieu ? Du fait que nous aurions exercé notre libre volonté à mettre notre foi en Jésus-Christ ? Du fait qu'il a vu d'avance que nous croirions en lui ? Pas du tout. Son amour vient uniquement de sa libre souveraineté, parce que Dieu est Dieu et que « Dieu est amour » (1 Jn 4.8). Puisque Dieu est Dieu, son amour doit toujours rester libre et souverain. Il n'était obligé d'aimer aucun d'entre nous. Nous avons péché par notre propre faute. Nous ne sommes pas allés vers lui. C'est lui qui a exercé le libre choix de nous aimer. Oui, Dieu aurait pu décider de laisser tous les hommes dans leurs péchés et dans leur condamnation. Mais, loué soit Dieu, ce n'était pas sa volonté ! Dieu a voulu manifester la plus grande miséricorde qui soit aux pires gens qu'on puisse rencontrer. Quelle miséricorde ! Rendons gloire à Dieu seul pour cet amour si grand ! Reposons-nous dans cet amour libre et gratuit qui ne dépend nullement de nous !

CHAPITRE 3

Dieu envoie librement des missionnaires où et quand il veut

Article I.3

Or, pour amener les hommes à la foi, Dieu envoie bénignement les hérauts de cette joyeuse nouvelle à ceux qu'il veut, et quand il veut, par le ministère desquels les hommes sont appelés à la repentance et à la foi, en Jésus-Christ crucifié. « Et comment croiront-ils en celui dont ils n'ont pas entendu parler ? Et comment en entendront-ils parler, s'il n'y a personne qui prêche ? Et comment y aura-t-il des prédicateurs, s'ils ne sont pas envoyés ? » (Ro 10.14,15.)

— Canons de Dordrecht, *article I.3*

Dieu n'aurait fait tort à personne s'il nous avait tous laissés périr. Il avait pleinement le droit de condamner tous les hommes. Toutefois, Dieu nous a librement manifesté son amour en nous donnant son propre Fils, afin que quiconque croit en lui ne périsse pas, mais qu'il ait la vie éternelle. La foi est absolument nécessaire. Mais d'où vient la foi ? Comment sommes-nous amenés à croire ?

Dieu nous amène à la foi

Le troisième article commence en disant que c'est Dieu qui agit « *pour amener les hommes à la foi* ». Nous ne venons pas par nous-mêmes à la foi, nous sommes amenés à la foi. Parfois, nous disons que telle personne m'a amené à croire. Il est vrai que Dieu se sert d'instruments humains, mais si le Saint-Esprit n'agit pas en nous, les meilleurs arguments ne produiront jamais la foi dans le cœur d'une personne. Nous n'avons pas la capacité en nous-mêmes de venir à la foi. « Nul ne peut venir à moi, si le Père qui m'a envoyé ne l'attire » (Jn 6.44). Le Père doit nous tirer vers lui par le Saint-Esprit pour nous amener à Jésus, comme un bateau-remorqueur doit tirer un navire. « Qui a cru à ce qui nous était annoncé ? Qui a reconnu le bras de l'Éternel ? » (És 53.1.) Tous ne croient pas parce que Dieu ne déploie pas sa puissance sur tous. « J'ai été trouvé par ceux qui ne me cherchaient pas, je me suis manifesté à ceux qui ne me demandaient pas » (Ro 10.20).

Comment Dieu s'y prend-il pour attirer des gens à la foi ? « *Dieu envoie bénignement les hérauts de cette joyeuse nouvelle* » (I.3). Dans sa bienveillance, il envoie des prédicateurs fidèles pour proclamer la bonne nouvelle du salut. Les gens entendent l'Évangile, viennent à la foi au Seigneur Jésus et consacrent leur vie à servir Dieu. « Et comment croiront-ils en celui dont ils n'ont pas entendu parler ? Et comment en entendront-ils parler, s'il n'y a personne qui prêche ? Et comment y aura-t-il des prédicateurs, s'ils ne sont pas envoyés ? » (Ro 10.14,15.) Pour être sauvé, il faut entendre parler de Jésus, et pour l'entendre, il faut que des prédicateurs soient envoyés. « Vous avez été régénérés, non par une semence corruptible, mais par une semence incorruptible, par la parole vivante et permanente de Dieu. […] Cette parole est celle qui vous a été annoncée par l'Évangile » (1 Pi 1.23,25). On ne peut pas venir à la connaissance du salut en admirant la beauté de la création. On doit être amené à la foi. Cela se fait par le Saint-Esprit qui met dans nos cœurs la semence de la Parole de Dieu, qui la fait germer et lui fait porter du fruit. Sans la Parole, aucun fruit n'est possible.

Dieu est libre de faire entendre sa Parole à qui il veut

Ce ne sont pas tous les gens qui ont l'occasion d'entendre l'Évangile. Jésus a dit : « Cette bonne nouvelle du royaume sera prêchée dans le monde entier, pour servir de témoignage à toutes les nations » (Mt 24.14). Cela ne veut pas dire que l'Évangile sera communiqué à toute personne individuellement, mais le message parviendra à toutes les ethnies. Comment se fait-il que certaines personnes entendent l'Évangile et que d'autres ne l'entendent jamais ?

Des missionnaires ont raconté leur expérience dans des tribus reculées : le chef de la tribu entendait pour la première fois le message du Dieu Créateur, de l'homme pécheur et du sacrifice de Jésus, le seul nom qui nous soit donné pour être sauvé. Le chef a répliqué : « Mais si tout cela est vrai, où étiez-vous pendant tout ce temps ? Comment se fait-il que personne ne soit encore venu nous le dire ? Pourquoi votre Dieu ne nous a-t-il pas fait connaître ce message bien avant ? » Comment répondre à ces questions ?

Très souvent, nous répondons en confessant notre négligence, notre désobéissance, notre paresse à faire connaître l'Évangile. Il y a une bonne part de vrai dans tout cela. Nous devons reconnaître notre responsabilité. Le Seigneur Jésus a commandé d'aller et de faire de toutes les nations des disciples (Mt 28.19). L'Église a parfois négligé ce travail. Nous devons nous repentir et rechercher l'obéissance. Cependant, le sentiment de culpabilité, la honte et l'embarras ne sont pas la meilleure façon de nous motiver à la mission. Le chef de tribu avait surtout besoin d'entendre que Dieu a ses raisons. Il est libre de faire ce qu'il veut et il est souverain. Dieu n'a pas besoin de répondre à vos questions, Monsieur le Chef de la tribu, mais vous, par contre, vous devez répondre à Dieu. Vous devez reconnaître vos péchés et votre culpabilité devant Dieu, et croire en sa grande miséricorde. Il vous envoie maintenant un messager de la joyeuse nouvelle du salut. Que faites-vous de ce message ?

Oui, Dieu est souverain. Il est libre d'agir comme il veut. « *Dieu envoie bénignement les hérauts de cette joyeuse nouvelle à ceux qu'il veut, et quand il veut* » (I.3). Dieu décide selon son bon plaisir où l'Évangile sera prêché et à qui il sera prêché. Le message se rendra à ceux qui doivent l'entendre. L'apôtre Paul voulait se rendre en Asie Mineure, mais il fut « empêché par le Saint-Esprit d'annoncer la parole dans l'Asie » (Ac 16.6). Quel moyen le Saint-Esprit a-t-il utilisé ? La température ? Des circonstances politiques ? Une mauvaise santé ? Peu importe, Paul a conclu que ce n'était pas vers le nord qu'il devait aller prêcher l'Évangile, mais vers l'ouest. Arrivé à Troas, Dieu lui a révélé dans une vision d'aller encore plus à l'ouest, en Macédoine. « Nous cherchâmes aussitôt à nous rendre en Macédoine, concluant que le Seigneur nous appelait à y annoncer la bonne nouvelle » (Ac 16.10). Pourquoi Dieu voulait-il qu'il prenne cette route ? Parce qu'il voulait sauver Lydie, dans la ville de Philippes. « Elle écoutait. Le Seigneur lui ouvrit le cœur, pour qu'elle soit attentive à ce que disait Paul » (Ac 16.14). Par décret divin, Lydie devait venir à la foi. C'est pour cela que Dieu a fermé la route de Paul vers la Bithynie. Cela ne veut pas dire que l'Évangile ne devait jamais se rendre en Bithynie, mais plutôt que l'Évangile se rend là où Dieu le veut et quand il le veut.

Dieu n'est pas obligé de faire connaître l'Évangile à qui que ce soit. Il n'aurait commis aucune injustice s'il nous avait tous laissés périr dans nos péchés. Dans l'Ancien Testament, Dieu a-t-il eu tort de restreindre les bénédictions de l'alliance à son peuple d'Israël ? Non ! « Il révèle sa parole à Jacob, ses lois et ses ordonnances à Israël ; il n'a pas agi de même pour toutes les nations ; et elles ne connaissent point ses ordonnances » (Ps 147.19,20). Est-ce parce qu'Israël était meilleur ? Non plus ! C'est simplement parce que Dieu a pris plaisir à les aimer (De 7.6 ; 9.6 ; 10.14,15). Si Dieu dans l'histoire n'a pas fait connaître l'Évangile à tout le monde, ce n'est pas parce que certains sont meilleurs que d'autres ni parce que Dieu est trop faible ou ses serviteurs trop peu nombreux ou incompétents. « Personne ne connaît le Fils, si ce n'est le Père ; personne non plus ne connaît le Père, si ce n'est le Fils et celui à qui le Fils veut le révéler » (Mt 11.27).

Ce serait facile pour lui d'envoyer des anges afin que chaque personne sur la terre entende l'Évangile. Il a plutôt choisi des hommes faibles et pécheurs pour être les messagers de la bonne nouvelle. Mais ne soyons pas inquiets, aucune des places que Jésus est en train de préparer au ciel ne restera vide ! (Jn 14.2.)

N'est-ce pas étonnant et merveilleux de penser à la façon dont l'Évangile nous est parvenu ? « Qu'ils sont beaux les pieds de ceux qui annoncent de bonnes nouvelles » (Ro 10.15). Nous pouvons retracer l'œuvre de Dieu à travers l'histoire, à commencer par les Juifs, puis les Grecs, à partir de Jérusalem, la Judée, la Samarie, l'Asie Mineure, l'Europe, la France, le Québec, les missionnaires canadiens, européens, américains… Aujourd'hui, l'Évangile se répand en Corée, au Japon, en Chine, en Inde, en Afrique et jusque dans la forteresse de l'islam en plein Moyen-Orient. Dieu s'est servi de différents moyens étonnants pour chacun de nous. Oui, Dieu s'est intéressé à moi comme il a fait avec Lydie ! Il a fait concourir toutes choses pour que je puisse entendre l'Évangile et pour m'amener à la foi par son Esprit. Loué soit Dieu ! Que sa grâce est merveilleuse !

Dieu confie une autorité aux prédicateurs de sa Parole

Les ambassadeurs du Christ sont appelés à proclamer l'Évangile du salut en son nom et avec son autorité (2 Co 5.18-20). Dieu envoie des messagers *« par le ministère desquels les hommes sont appelés à la repentance et à la foi, en Jésus-Christ crucifié »* (I.3). L'appel à la foi et à la repentance doit être clairement entendu et fidèlement proclamé. Ce ne sont pas tous les pasteurs ni tous les missionnaires qui parlent avec autorité. C'est seulement lorsque leur ministère est fidèle à Jésus-Christ que l'on peut espérer entendre la Parole de Dieu par la voix d'un homme. Tout prédicateur a la responsabilité d'enseigner tout le conseil de Dieu. Il doit éviter de présenter sa propre sagesse humaine. Ce ne sont pas ses idées, ses opinions, ses expériences ou ses anecdotes personnelles qui pourront nourrir spirituellement le peuple de Dieu.

En tant que membres de l'Église, nous avons le privilège d'entendre le message de l'Évangile. La Bible nous fait connaître le sacrifice de Jésus-Christ pour nous délivrer de l'esclavage du péché. Le Seigneur nous amène à la foi et à l'obéissance par la prédication de l'Évangile. Soyons reconnaissants de cet immense privilège et soyons zélés à faire connaître nous-mêmes l'Évangile à d'autres et à soutenir les prédicateurs et les missionnaires, en étant certains que Dieu se servira de sa Parole pour amener tous ses élus à la foi.

CHAPITRE 4

La misère de l'incrédulité et le merveilleux don de la foi
Article I.4-5

> *Ceux qui ne croient point à cet Évangile, la colère de Dieu demeure sur eux ; mais ceux qui le reçoivent et embrassent le Sauveur Jésus d'une vraie et vive foi, sont délivrés par lui de la colère de Dieu et de la perdition, et sont faits participants de la vie éternelle.*
>
> — Canons de Dordrecht, *article I.4*

> *La cause ou la coulpe de cette incrédulité, non plus que de tous les autres péchés, n'est nullement en Dieu, mais en l'homme. Mais la foi en Jésus-Christ, et le salut par celui-ci, est un don gratuit de Dieu, comme il est écrit : « C'est par la grâce que vous êtes sauvés, par le moyen de la foi. Et cela ne vient pas de vous, c'est le don de Dieu » (Ép 2.8). De même : « Il vous a été fait la grâce de croire en Christ » (Ph 1.29).*
>
> — Canons de Dordrecht, *article I.5*

L'Église est responsable de proclamer l'Évangile à tous et Dieu est libre de faire connaître le message de l'Évangile à qui il veut et quand il veut. Une fois que ce message est entendu, tous réagissent-ils de la même manière ? Qu'est-ce qui fait que tous ne répondent pas de la même façon ?

Deux réponses différentes : la foi et l'incrédulité (I.4)

Lorsque la Bonne Nouvelle est annoncée, sa proclamation produit toujours deux réactions opposées : la foi ou l'incrédulité. Nous le constatons tout au long de l'histoire. Dans le livre des Actes, la proclamation des apôtres a reçu un accueil joyeux dans le cœur d'un grand nombre. Les 3000, le jour de la Pentecôte, l'eunuque éthiopien, Corneille, des gens d'Antioche et d'Iconium, Lydie de Thyatire, le geôlier de Philippes, des gens d'Asie Mineure, de Macédoine et d'Europe, etc. La même proclamation des apôtres a aussi reçu un accueil froid, incrédule et hostile. Les chefs religieux de Jérusalem, des Juifs d'Antioche et d'Iconium, des gens d'Athènes et de Macédoine, le gouverneur Félix, le roi Agrippa, etc. Paul a dit que le même Évangile est « aux uns, une odeur de mort, donnant la mort ; aux autres, une odeur de vie, donnant la vie » (2 Co 2.16).

La foi et l'incrédulité, voilà deux réponses opposées qui creusent un fossé très profond. Il existe toutes sortes de distinctions qui causent des séparations parmi les humains : distinctions de sexe, d'âge, de race, de langue, de culture, de classe sociale, etc., mais il n'y en a aucune qui cause une séparation aussi profonde et radicale que ce qui sépare la foi de l'incrédulité. « *Ceux qui ne croient point à cet Évangile, la colère de Dieu demeure sur eux ; mais ceux qui le reçoivent et embrassent le Sauveur Jésus d'une vraie et vive foi, sont délivrés par lui de la colère de Dieu et de la perdition, et sont faits participants de la vie éternelle* » (I.4).

Nous avons ici l'Évangile en résumé. Pour ceux qui ne croient pas, la colère de Dieu « demeure » sur eux. Elle était sur eux depuis leur conception et elle continue de demeurer sur eux jusqu'à leur mort et jusque dans l'enfer éternel. Pour ceux qui entendent l'Évangile et le rejettent, le jugement sera d'autant plus sévère. « On demandera beaucoup à qui l'on a beaucoup donné et, on exigera davantage de celui à qui l'on a beaucoup confié » (Lu 12.48). Mais pour ceux qui « *reçoivent et embrassent le Sauveur Jésus d'une vraie et vive foi* », ils « *sont délivrés de la colère de Dieu et de la perdition, et sont faits participants de la vie éternelle* » (I.4).

C'est le message des Écritures. « Celui qui croit au Fils a la vie éternelle ; celui qui ne croit pas au Fils ne verra point la vie, mais la colère de Dieu demeure sur lui » (Jn 3.36).

Oui, la foi est nécessaire ! Ceux qui se moquent de l'élection en font parfois une caricature. Ils disent : « Vous croyez dans l'élection ? Dieu décide donc tout. Si une personne est élue, elle est élue, peu importe qu'elle croie ou non ou qu'elle essaie de croire ou pas. Son sort est jeté, elle ira au ciel. Si elle n'est pas élue, Dieu va l'empêcher de croire pour qu'elle aille en enfer. » Voilà un bel exemple d'un raisonnement pécheur et d'une pensée tordue qui vient falsifier le sens des Écritures. Non, la foi est absolument nécessaire ! L'article I.4 nous le rappelle avec force.

Un prédicateur anglais a déjà dit : « Avant d'aller à l'université de l'élection, il nous faut aller à l'école primaire de la repentance et de la foi. » Voyez comme la foi est exprimée en termes riches et chaleureux : « *Recevoir et embrasser le Sauveur Jésus d'une vraie et vive foi* ». Cela signifie s'appuyer sur sa Parole, compter sur ses promesses, se confier entièrement dans sa personne et dans son œuvre pour son salut ! Dieu envoie des messagers de sa Bonne Nouvelle. Il nous appelle à la repentance et à la foi, et cet appel reçoit toujours deux réponses différentes : la foi ou l'incrédulité.

Deux causes différentes : le don et le salaire mérité (I.5)

La question qui nous vient ensuite à l'esprit est la suivante : quelle est donc la raison de ces deux réponses différentes ? D'où vient que certains croient et que d'autres restent incrédules ? Notre cœur humain pécheur est porté à penser que c'est un peu grâce à nous si nous sommes venus à la foi. Nous reconnaissons certes que Dieu a fait la plus grande part, mais nous pensons quand même y contribuer un peu, par notre intelligence à comprendre, par notre disposition spirituelle, par notre bonne éducation. Les arminiens disent que nous aurions en nous-mêmes (ou par la « grâce prévenante ») le pouvoir de croire. Puisque l'incrédulité dépend de nous, la foi dépendrait aussi de nous. À l'inverse, si nous croyons à l'élection, il peut nous arriver de conclure que Dieu aurait créé certaines personnes simplement pour les condamner. Non ! Ces deux « logiques humaines » sont de faux raisonnements. Ce n'est pas ce que la Bible enseigne. Nous n'avons pas toutes les réponses, nous ne sommes pas capables de tout comprendre, mais n'allons pas au-delà des Écritures !

Quelle est la cause de l'incrédulité ? « *La cause ou la coulpe de cette incrédulité, non plus que de tous les autres péchés, n'est nullement en Dieu, mais en l'homme* » (I.5). L'incrédulité est un péché, comme tous les autres péchés. C'est une rébellion contre Dieu. La cause de cette rébellion ne se trouve pas en Dieu. L'humanité est tombée dans le péché par sa propre désobéissance. Il est clair d'après la Bible que l'homme ne veut pas croire. « Car c'est un peuple rebelle, ce sont des enfants menteurs, des enfants qui ne veulent point écouter la loi de l'Éternel ! » (És 30.9.) « C'est dans le retour à Dieu et le repos que sera votre salut. […] Mais vous ne l'avez pas voulu ! » (És 30.15, *Colombe*.)

L'incrédulité, c'est refuser d'écouter et de croire. « Vous sondez les Écritures, parce que vous pensez avoir en elles la vie éternelle : ce sont elles qui rendent témoignage de moi. Et vous ne voulez pas venir à moi pour avoir la vie ! » (Jn 5.39,40.) Si les Juifs n'ont pas cru en Jésus, ce n'est pas la faute du Saint-Esprit qui n'a pas fait son travail, ce sont eux qui ne voulaient pas croire. Ils ont refusé par leur propre faute. Si Dieu donne à une personne d'entendre l'Évangile et que celle-ci reste incrédule, elle ne peut blâmer ni une autre personne, ni les circonstances, ni Dieu. La personne incrédule ne peut que se blâmer elle-même.

Quelle est la cause de la foi ? « *Mais la foi en Jésus-Christ, et le salut par celui-ci, est un don gratuit de Dieu* » (I.5). « Vous étiez morts par vos fautes et par vos péchés. Mais Dieu, qui est riche en miséricorde, à cause du grand amour dont il nous a aimés, […] nous a rendus vivants avec Christ. […] C'est par la grâce que vous êtes sauvés, par le moyen de la foi. Et cela ne vient pas de vous, c'est le don de Dieu » (Ép 2.1,4,5,8). La foi ne vient pas de nous. La foi est un don de Dieu ! En Achaïe, Paul « se rendit, par la grâce de Dieu, très utile à ceux qui avaient cru » (Ac 18.27). « Il vous a été fait la grâce de croire en Christ » (Ph 1.29, *Colombe*). Ce merveilleux cadeau nous est accordé selon son bon plaisir, en vertu de son élection éternelle. « Ainsi donc, cela ne dépend ni de celui qui veut, ni de celui qui court, mais de Dieu qui fait miséricorde » (Ro 9.16). Les enfants de Dieu « sont nés, non du sang, ni de la volonté de la chair ni de la volonté de l'homme, mais de Dieu » (Jn 1.13). « Il nous a engendrés selon sa volonté » (Ja 1.18). Si Dieu donne à une personne d'entendre l'Évangile et que celle-ci vient à la foi, elle devrait tomber à genoux et le remercier toute sa vie !

Aucun incroyant ne peut dire : « Ce n'est pas juste ! Ce n'est pas ma faute ! C'est la faute de Dieu qui ne m'a pas choisi ! » Dordrecht dit que la foi est « *un don gratuit de Dieu* », mais ne dit pas que l'incrédulité serait un don de Dieu ! La Bible ne dit jamais que Dieu donne aux uns l'incrédulité comme il donne aux autres la foi. En réalité, tous ceux qui iront en enfer reconnaîtront pleinement : « C'est entièrement de ma faute, c'est à cause de mon péché. Je reçois ce que je mérite. » Ils seront parfaitement d'accord avec Dieu pour dire que le salaire du péché, c'est la mort. D'autre part, aucun croyant ne pourra dire : « Regardez-moi ! J'ai cru ! N'est-ce pas quelque chose ? Dans un monde où la majorité des gens autour de moi rejettent Dieu et courent tout droit vers l'enfer, j'ai eu le bon sens de croire en Jésus-Christ ! » Aucun véritable croyant ne pourra s'attribuer le mérite d'avoir reçu le don de Dieu. Nous devrons tous rendre entièrement gloire à Dieu pour ce don.

Qu'avons-nous que nous n'avons pas reçu ? Si nous comprenons bien que, laissés à nous-mêmes, nous ne méritons que la mort éternelle, nous apprécierons davantage la grandeur du don qui nous a été fait de croire. La foi n'est pas quelque chose que nous nous donnons à nous-mêmes. Nous sommes incapables de tirer sur nous-mêmes pour nous élever dans les airs... Il faut que l'action puissante et secrète du Saint-Esprit soit à l'œuvre pour élever notre cœur vers Dieu dans la foi. Nous devons croire et c'est nous qui croyons, mais la foi est un don de Dieu.

En résumé, les deux réponses différentes à la proclamation de la Parole ont deux raisons différentes. L'incroyant reçoit un salaire. Il ne peut pas blâmer Dieu ou dire que Dieu est injuste. Il reçoit exactement ce qu'il mérite, par sa propre faute. Le croyant reçoit un cadeau. Il ne peut pas s'attribuer le mérite d'avoir la foi. Nous devons être éternellement reconnaissants envers Dieu pour le don de la vie éternelle qu'il accorde à ses enfants et nous devons lui rendre toute la gloire !

CHAPITRE 5

La grâce de Dieu est discriminatoire !
Article I.6

Quant à ce que Dieu donne en son temps la foi à certains et ne la donne point aux autres, cela procède de son décret éternel. « Car le Seigneur fait ces choses connues de toute éternité » (Ac 15.18) ; et : « Il opère toute chose d'après le conseil de sa volonté » (Ép 1.11).

Selon ce décret, Dieu amollit par grâce le cœur des élus, quelque durs qu'ils soient, et les fléchit à croire ; mais, par un juste jugement, il laisse ceux qui ne sont point élus dans leur méchanceté et leur dureté. C'est ici que se découvre principalement la profonde, miséricordieuse et pareillement juste distinction entre des hommes qui étaient également perdus ; ou encore le décret de l'élection et de la réprobation révélé dans la Parole de Dieu ; décret que les pervers, les impurs et les mal assurés tordent pour leur perdition, mais qui donne une consolation indicible aux âmes saintes et religieuses.

— Canons de Dordrecht, *article I.6*

Vous êtes-vous déjà demandé : « Pourquoi moi ? » Parmi tous les gens sur la terre, pourquoi Dieu m'a-t-il donné la richesse de son salut ? Un enfant de Dieu ne pourra faire autrement que d'être dans l'admiration et l'étonnement. « Pourquoi moi ? Regardez-moi. Je sais ce que j'étais par nature. Je sais tout ce qu'il y a encore de mauvais en moi. Qu'est-ce qui me distingue de mes voisins qui n'aiment pas Dieu ? Par nature, je ne suis pas mieux qu'eux. Pourquoi moi ? » Voilà l'attitude qui devrait caractériser les humbles de cœur.

Jusqu'à maintenant, nous avons parcouru la route de l'histoire, à commencer par le péché d'Adam et Ève et la ruine de toute l'humanité. Dieu ne nous aurait fait aucune injustice s'il nous avait laissés périr dans nos péchés. Toutefois, dans son amour libre et souverain, il nous a donné son Fils unique afin que quiconque croit en lui ne périsse pas, mais qu'il ait la vie éternelle. Il nous a aussi envoyé des messagers de la Bonne Nouvelle, de la façon et au moment qu'il a bien voulu, afin de nous appeler à la repentance et à la foi. Mais pourquoi moi ? Pour répondre à cette question, il faut maintenant lever les yeux vers le ciel et considérer les décisions éternelles de Dieu. Pourquoi est-ce que, de deux personnes qui entendent le même message de l'Évangile, l'une vient à la foi et l'autre reste incrédule ? Pourquoi est-ce que, de deux personnes qui vont à la même Église et qui entendent la même prédication, l'une l'accueillera avec foi et l'autre la rejettera ? Qu'est-ce qui fait la différence ? C'est Dieu lui-même. La grâce de Dieu est discriminatoire !

Rien en nous-mêmes ne nous distingue des autres

Comment se fait-il que Dieu nous ait accordé les bénédictions les plus sublimes, alors qu'il laisse les autres dans leurs péchés ? Est-ce parce qu'il préfère la couleur de nos cheveux ou la forme de notre visage ? Bien sûr que non ! Nous savons bien qu'une telle réponse est ridicule. Y aurait-il quelque chose en nous qui nous distingue des autres, des caractéristiques que Dieu aurait trouvé intéressantes pour en faire bon usage ? Encore une fois, la réponse est non. Par nature, nous sommes engouffrés comme tous les autres dans la même misère commune. Nous sommes tous tombés à un même niveau de ruine complète.

Le deuxième paragraphe de l'article I.6 nous dit que nous étions « *également perdus* ». Il existe une égalité profonde entre nous. Le péché ne fait aucune discrimination de personne. Par nature, nous sommes tous égaux, nous étions tous également perdus (Ép 2.3). Personne ne peut se libérer de cette perdition par ses propres efforts. Si nous sommes venus à la foi en Jésus-Christ, ce n'est pas parce que nous étions plus intelligents, plus saints, plus sages, plus spirituels ou plus humbles que les autres. En nous-mêmes, il n'y a absolument rien qui nous distingue et qui nous différencie des autres. Nous n'avons donc aucune raison de nous gonfler d'orgueil. Tout orgueil est exclu. La Parole de Dieu nous garde humbles.

C'est Dieu qui établit une distinction entre les hommes

Alors d'où vient cette distinction entre les hommes ? Comment se fait-il que certains croient et que d'autres refusent de croire ? C'est Dieu, dans sa grâce merveilleuse, qui nous a différenciés. « *Quant à ce que Dieu donne en son temps la foi à certains et ne la donne point aux autres, cela procède de son décret éternel* » (I.6). « Car le Seigneur fait ces choses connues de toute éternité » (Ac 15.18). Quel mystère insondable ! C'est Dieu qui a décidé depuis toute éternité de faire cette discrimination.

Qu'est-ce que le décret éternel de Dieu ? Les Écritures nous assurent que tout ce qui se passe dans le monde se déroule selon son bon plan souverain. « Il opère toutes choses d'après le conseil de sa volonté » (Ép 1.11). Nous appelons cela les décrets éternels de Dieu ou le conseil de sa volonté. Tout le déroulement de l'histoire, dans ses moindres détails, est en réalité l'exécution de ses décrets (voir Ac 17.26). L'un de ses décrets s'appelle l'élection au salut. Dieu avait un « dessein éternel qu'il a mis à exécution par Jésus-Christ notre Seigneur » (Ép 3.11). Dieu a averti Rébecca de ses intentions avant même la naissance d'Ésaü et Jacob « afin que le dessein d'élection de Dieu subsiste » (Ro 9.11).

C'est une élection inconditionnelle, un choix de Dieu qui ne dépend absolument pas de nous, mais qui dépend uniquement de son bon plaisir souverain. « En lui Dieu nous a élus avant la fondation du monde, pour que nous soyons saints et irréprochables devant lui ; il nous a prédestinés dans son amour à être ses enfants d'adoption par Jésus-Christ, selon le bon plaisir de sa volonté » (Ép 1.4,5). « En lui nous sommes aussi devenus héritiers, ayant été prédestinés suivant le plan de celui qui opère toutes choses d'après le conseil de sa volonté » (Ép 1.11). Il a délibéré en lui-même sans considérer quoi que ce soit en dehors de lui pour influencer sa décision.

Cette distinction se manifeste par la foi ou l'incrédulité

Comment cette discrimination devient-elle apparente ? Elle se manifeste par notre réponse de foi ou d'incrédulité. « *Selon ce décret, Dieu amollit par grâce le cœur des élus, quelque durs qu'ils soient, et les fléchit à croire ; mais, par un juste jugement, il laisse ceux qui ne sont point élus dans leur méchanceté et leur dureté. C'est ici que se découvre principalement la profonde, miséricordieuse et pareillement juste distinction entre des hommes qui étaient également perdus ; ou encore le décret de l'élection et de la réprobation révélé dans la Parole de Dieu* » (I.6). Nous constatons avec joie que certains croient et nous remarquons avec tristesse que d'autres restent endurcis dans leur incrédulité. Soit nous cherchons à expliquer ce phénomène avec nos propres idées et nos raisonnements humains, soit nous acceptons humblement ce que la Bible nous enseigne.

À Antioche, « tous ceux qui étaient destinés à la vie éternelle crurent » (Ac 13.48). Pour les incrédules d'Asie qui ont rejeté l'Évangile, « c'est à cela qu'ils sont destinés » (1 Pi 2.8). Derrière la foi et l'incrédulité, c'est le plan de Dieu qui s'accomplit. La foi est un miracle extraordinaire ! « Je vous donnerai un cœur nouveau, et je mettrai en vous un esprit nouveau ; j'ôterai de votre corps le cœur de pierre, et je vous donnerai un cœur de chair » (Éz 36.26). Pierre a dit : il a « purifié leurs cœurs par la foi » (Ac 15.9). En nous-mêmes, nous sommes pleins de saleté, et cela inclut l'incrédulité. Dieu purifie par la foi ceux qu'il avait choisis par sa bonté gratuite avant la fondation du monde. Nous nous étonnons souvent de la dureté des gens et de la méchanceté qui règne dans ce monde. Nous devrions plutôt nous étonner de la foi des croyants ! Dieu, lui, n'est pas surpris par l'incrédulité. Il n'a pas non plus à remercier aucun de ceux qui croient en lui. Ce sont plutôt les croyants qui devraient le remercier tous les jours pour la foi qu'il a opérée dans nos cœurs !

Oui, dans ce monde rempli de pécheurs, la foi se manifeste chez un certain nombre. Miracle et merveille de la régénération ! Si Dieu n'avait pas fléchi mon cœur à croire, je serais encore endurci et je refuserais toujours de croire. Nous devrions nous étonner, non pas de toute l'incrédulité qui règne dans ce monde, mais bien plutôt du miracle de la foi que Dieu a opéré dans le cœur des croyants. Dieu ne doit ce don à personne. Selon son bon plaisir, il l'accorde à certains et il passe par-dessus les autres. « *Il laisse ceux qui ne sont point élus dans leur méchanceté et leur dureté* » (I.6).

Comment réagir à ce que Dieu nous révèle dans sa Parole ?

Comme réagir à ce que Dieu nous révèle dans sa Parole ? « Que tout homme soit prompt à écouter, lent à parler, lent à se mettre en colère. […] Recevez avec douceur la parole qui a été plantée en vous, et qui peut sauver vos âmes » (Ja 1.19,21). L'écoute, la douceur et l'humilité… nous sommes devant une réalité incompréhensible. « *C'est ici que se découvre principalement la profonde, miséricordieuse et pareillement juste distinction entre des hommes qui étaient également perdus ; ou encore le décret de l'élection et de la réprobation révélé dans la Parole de Dieu* » (I.6). Cette distinction est profonde. Qui peut la comprendre ? Cette distinction est miséricordieuse. Qui peut douter de sa grâce infinie ? Cette distinction est juste. Qui peut remettre en question sa parfaite justice ?

Malheureusement, l'élection est un « *décret que les pervers, les impurs et les mal assurés tordent pour leur perdition* ». Plusieurs sont choqués, d'autres s'en moquent et disent que c'est une folie. D'autres s'en servent comme excuse pour vivre dans le péché ou la paresse. D'autres disent que nous ne devrions pas prêcher sur ce sujet. Mais puisque la Bible nous le révèle, n'ayons pas peur d'étudier et de confesser avec confiance ce que Dieu nous a fait connaître. En même temps, restons très prudents ! N'essayons pas de raisonner des choses que Dieu ne nous a pas révélées. Répétons simplement avec reconnaissance ce que Dieu nous a dit dans sa Parole. Cette merveilleuse doctrine ne nous a pas été révélée pour nous exercer à toutes sortes de spéculations ni pour nous faire peur ou nous faire douter, mais pour nous procurer « *une consolation indicible* ».

Notre vie est fondée sur la volonté éternelle de Dieu. Tout vient de lui ! La foi est un cadeau. Les élus ne peuvent pas se perdre. Dieu n'abandonnera pas l'œuvre de ses mains. Quel puissant réconfort ! Pourquoi moi ? Parce qu'il m'a choisi, librement, gracieusement ! Voilà qui devrait nous amener à vivre dans une humble gratitude et dans l'adoration. Merveille de sa grâce ! Loué soit l'admirable Souverain !

CHAPITRE 6

En Jésus-Christ, Dieu nous a élus au salut depuis toute éternité
Article I.7

Or, l'élection est le propos immuable de Dieu, par lequel, selon le très libre et bon plaisir de sa volonté, par pure grâce, il a, en Jésus-Christ, élu au salut avant la fondation du monde – d'entre tout le genre humain déchu par sa propre faute de sa première intégrité dans le péché et la perdition, – une certaine multitude d'hommes, ni meilleurs ni plus dignes que les autres, mais qui, avec ceux-ci, gisaient dans une même misère.

Ce même Christ, Dieu l'a aussi constitué de toute éternité Médiateur et Chef de tous les élus, et fondement du salut. Ainsi, Dieu a décidé de les donner au Christ pour les sauver, de les appeler et tirer efficacement à la communion du Christ et par sa Parole et par son Esprit ; autrement dit, de leur donner la vraie foi en lui, de les justifier et sanctifier, et, après les avoir puissamment conservés dans la communion de son Fils, de les glorifier finalement, pour la démonstration de sa miséricorde, et à la louange des richesses de la gloire de sa grâce, selon qu'il est écrit : « En lui Dieu nous a élus avant la fondation du monde, pour que nous soyons saints et irréprochables devant lui ; il nous a prédestinés dans son amour à être ses enfants d'adoption par Jésus-Christ, selon le bon plaisir de sa volonté, pour célébrer la gloire de sa grâce dont il nous a favorisés dans le bien-aimé » (Ép 1.4-6). « *Et ceux qu'il a prédestinés, il les a aussi appelés ; et ceux qu'il a appelés, il les a aussi justifiés ; et ceux qu'il a justifiés, il les a aussi glorifiés* » (Ro 8.30).

— Canons de Dordrecht, article I.7

Nous arrivons enfin au cœur du sujet. Voici maintenant une définition complète et détaillée de la doctrine de l'élection. Il existe plusieurs définitions de l'élection, mais je n'en connais pas de meilleure que celle-ci. Soyons reconnaissants que d'autres chrétiens dans l'histoire de l'Église ont lu la Bible et réfléchi avant nous à ces sujets. Cela ne veut pas dire que ce qu'ils ont dit ou écrit est infaillible ou non perfectible, mais nous ne sommes pas obligés de réinventer la roue à chaque nouvelle génération et nous pouvons profiter de l'héritage qu'ils nous ont légué.

La définition de Dordrecht est écrite avec beaucoup de sagesse et de précision ; elle cite deux textes bibliques à l'appui ; elle est toute à la gloire de Dieu, sa grâce en Jésus-Christ est exaltée, sa formulation nous protège de diverses erreurs en plus de nous procurer un immense réconfort. Je vous recommande de lire et de relire cette définition chaque fois que vous avez besoin d'étudier ou de discuter de ce sujet.

Une élection éternelle

Notre bon Père céleste n'a pas laissé les choses au hasard. Il n'attend pas pour voir comment l'histoire va se dérouler et ce qui va se passer avec le salut de ses enfants. Il a établi son plan en Jésus-Christ, dès avant la fondation du monde. « *L'élection est le propos immuable de Dieu* » (I.7). Immuable signifie permanent, invariable. Son plan ne changera pas avec le temps ou selon les circonstances. Il n'y a pas de doute quant au résultat final. Ceux qui sont élus depuis toute éternité seront certainement sauvés. « Car ceux qu'il a connus d'avance, il les a aussi prédestinés à être semblables à l'image de son Fils. [...] Et ceux qu'il a prédestinés, il les a aussi appelés ; et ceux qu'il a appelés, il les a aussi justifiés, et ceux qu'il a justifiés, il les a aussi glorifiés » (Ro 8.29,30). Qu'arriverait-il si l'élection était incertaine ? Cela ferait de Dieu un être changeant, il ne serait plus notre Rocher et notre Forteresse, nous perdrions notre puissant réconfort.

Ce propos immuable est fondé sur « *le très libre et bon plaisir de sa volonté, par pure grâce* » (I.7). C'est encore le langage des Écritures. « Il nous a prédestinés dans son amour à être ses enfants d'adoption par Jésus-Christ, selon le bon plaisir de sa volonté » (Ép 1.5). « En lui nous sommes aussi devenus héritiers, ayant été prédestinés suivant le plan de celui qui opère toutes choses d'après le conseil de sa volonté » (Ép 1.11). Quand ce dessein bienveillant ou cette décision de sa volonté a-t-il été fixé ? « Avant la fondation du monde » (Ép 1.4). C'est une expression qui fait réfléchir, car elle nous plonge dans l'éternité du Dieu trinitaire. Jésus a dit à son Père : « Tu m'as aimé avant la fondation du monde » (Jn 17.24). À la fin des temps, Jésus dira à ses brebis : « Prenez possession du royaume qui vous a été préparé dès la fondation du monde » (Mt 25.34).

Notre salut n'est pas un essai de la part de Dieu qui ferait des tentatives pour nous sauver. Il n'y a pas d'hésitation, pas d'attente pour voir ce qui va arriver, pas de changement d'idée, pas de corrections ou d'améliorations qui auraient besoin d'être apportées en cours de route. Il n'y a pas de moments où Dieu s'arrête à mi-chemin ou se met à reculer en disant : « Ça ne va pas très bien, il faudrait peut-être que j'essaie un plan B ».

Cette décision éternelle a été prise « *par pure grâce* » et non à cause d'une quelconque contribution personnelle que nous aurions pu apporter, pas même « une bonne décision pour Jésus ». Nous n'aurions pas pu prendre une telle décision nous-mêmes. La décision, c'est lui qui l'a prise, sans considération de nos œuvres. « Il nous a sauvés, et nous a adressé une sainte vocation, non à cause de nos œuvres, mais selon son propre dessein, et selon la grâce qui nous a été donnée en Jésus-Christ avant les temps éternels » (2 Ti 1.9). Quelle grâce merveilleuse ! Quelle grâce glorieuse !

Une élection personnelle

La doctrine de l'élection n'est pas un concept abstrait qui entretient la peur dans nos cœurs. L'article I.7 nous dit que Dieu « *en Jésus-Christ, a élu au salut [...] une certaine multitude d'hommes* ». Le nombre des élus est fixe, il ne peut ni augmenter ni diminuer. La Bible en parle en termes très personnels. Plusieurs fois, les chrétiens sont appelés des « élus ». Pierre s'adresse « à ceux qui sont étrangers et dispersés » (1 P 1.1). Jésus dit que Dieu « fera justice à ses élus, qui crient à lui jour et nuit » (Lu 18.7). Rufus et Kyria sont des élus (Ro 16.13 ; 2 Jn 1.1). Les noms de Clément et des autres compagnons d'œuvre de Paul « sont dans le livre de vie » (Ph 4.3). « En lui Dieu nous a élus avant la fondation du monde » (Ép 1.4).

Qui sont les personnes impliquées dans cette élection ? Le Père, le Fils et nous-mêmes. Il nous a élus ! Il m'a élu ! Il m'a élu en Jésus-Christ ! C'est tout ce qui compte. Parfois, quand on parle de l'élection, on s'enfonce dans des discussions sans fin parce que bien des gens voient cela comme une fatalité inexorable, un destin froid et impersonnel, une force aveugle qui détermine tout de manière capricieuse. Une telle conception est tout à fait païenne. Le Dieu de la Bible est un Dieu personnel. Il n'agit pas de manière froide et capricieuse ; il agit comme notre bon Père céleste, avec amour, grâce et chaleur. C'est « en Christ » qu'il nous a élus. Il nous aime parce qu'il nous regarde en son Fils. La mission du Fils était de sauver ceux que le Père lui a donnés. Sans lui, l'élection s'évanouirait. Si l'élection était un concept abstrait et impersonnel, cela nous laisserait toujours dans le doute, nous ne serions jamais certains si nous sommes élus. Cependant, puisque c'est « en lui » qu'il nous a élus, cela change tout.

C'est vers Jésus qu'il nous faut regarder. Il est le miroir de notre élection. C'est lorsque nous regardons à Jésus avec foi que nous pouvons être assurés de notre élection. Cessons de regarder à nous et regardons plutôt à lui, qui est « *le Chef de tous les élus et fondement du salut* » (I.7). C'est par son œuvre produisant la foi que l'élection s'accomplit. Les élus sont par nature profondément corrompus comme tous les autres, « *ni meilleurs ni plus dignes que les autres* » (I.7), car « *nous étions par nature des enfants de colère, comme les autres* » (Ép 2.3). Mais de toute éternité, « *Dieu a décidé de les donner au Christ pour les sauver* » (I.7).

« Tous ceux que le Père me donne viendront à moi, et je ne mettrai pas dehors celui qui vient à moi. […] Or, la volonté de celui qui m'a envoyé, c'est que je ne perde aucun de tous ceux qu'il m'a donnés, mais que je les ressuscite au dernier jour » (Jn 6.37,39). « Tu lui as donné pouvoir sur toute chair, afin qu'il accorde la vie éternelle à tous ceux que tu lui as donnés.

[…] Je ne prie pas pour le monde, mais pour ceux que tu m'as donnés, parce qu'ils sont à toi. […] Père, je veux que là où je suis ceux que tu m'as donnés soient aussi avec moi » (Jn 17.2,9,24). Voilà des paroles très personnelles, qui font chaud au cœur et qui rassurent les croyants. La paix du cœur se trouve en lui seul. Quand nous venons à lui avec foi, nous découvrons que nous sommes un cadeau du Père donné à son Fils depuis toute éternité. Quelle vérité profonde, admirable et apaisante !

Une élection efficace

Dès que l'on s'éloigne de la Parole de Dieu, on commence à se faire une idée tordue de l'élection et à poser toutes sortes d'objections. Par exemple, certains disent que si c'est Dieu qui choisit, qu'est-ce que ça peut bien changer si nous vivons dans le désordre et le péché ? « Si je suis élu, je peux vivre comme le pire des malfaiteurs, ça ne changera rien puisque j'irai au ciel de toute manière. Si je ne suis pas élu, à quoi cela sert-il de chercher Dieu, si de toute façon je n'ai aucune chance ? » Il nous faut abandonner nos raisonnements et nous mettre à l'écoute de la seule Parole de Dieu. Elle nous fait voir les choses tout autrement. Elle nous enseigne que la grâce de Dieu n'agit jamais de cette façon.

L'élection ne consiste pas qu'à choisir certains pour le ciel et à laisser les autres dans leurs péchés. « Car Dieu ne nous a pas destinés à la colère, mais à la possession du salut par notre Seigneur Jésus-Christ » (1 Th 5.9). Dans sa grâce, Dieu nous a choisis en Christ pour que nous soyons rachetés. Cette rédemption est pleine de richesse. Elle produit de grandes transformations dans nos vies. « *Ainsi, Dieu a décidé de les donner au Christ pour les sauver, de les appeler et tirer efficacement à la communion du Christ et par sa Parole et par son Esprit ; autrement dit, de leur donner la vraie foi en lui, de les justifier et sanctifier, et, après les avoir puissamment conservés dans la communion de son Fils, de les glorifier finalement, pour la démonstration de sa miséricorde, et à la louange des richesses de la gloire de sa grâce, selon qu'il est écrit : En lui Dieu nous a élus avant la fondation du monde, pour que nous soyons saints et irréprochables devant lui (Ép 1.4)* » (I.7).

Quel est le but de l'élection ? Que nous soyons saints et sans défaut devant lui ! L'élection produit des fruits dans nos vies. Elle n'a pas pour but de nous paralyser ou de nous laisser vivre dans le péché. Elle a pour but de nous amener à vivre dans la foi en Jésus, dans une communion vivante avec Dieu, à son service et pour sa gloire. « Mettez en œuvre votre salut avec crainte et tremblement, […] car c'est Dieu qui produit en vous le vouloir et le faire » (Ph 2.12,13). Dieu fait tout. Il nous donne la volonté et la capacité. Alors, travaillons de toutes nos forces à notre salut ! Si nous n'étions pas élus, nous serions incapables de venir à la foi et de vivre la vie nouvelle. Toutes les œuvres que Dieu accomplit dans nos cœurs et dans son Église sont le fruit de son élection bienveillante : la foi, la justification, la sanctification, la persévérance et la glorification. Tout cela fait partie de son conseil éternel, pour sa seule gloire et pour notre consolation éternelle !

CHAPITRE 7

L'élection est la seule fontaine du salut
Article I.8

> *Cette élection n'est point de plusieurs sortes : elle est une seule et même élection de tous ceux qui seront sauvés dans l'Ancien et le Nouveau Testament, attendu que l'Écriture prêche un seul bon plaisir, propos arrêté et conseil de la volonté de Dieu, par lequel il nous a élus de toute éternité, tant à la grâce qu'à la gloire, tant au salut qu'à la voie du salut, qu'il a préparée afin que nous cheminions en elle.*
>
> — Canons de Dordrecht, *article I.8*

L'article I.7 nous a donné une excellente définition de l'élection. Les articles suivants sont des commentaires explicatifs. Mais pourquoi faire tant de cas de ce sujet ? Qu'est-ce que ça change à ma vie de croire ou non en l'élection ? Au fond, ça change tout ! Avons-nous la certitude que Dieu nous sauve du début à la fin ou pouvons-nous prétendre apporter une contribution personnelle à notre salut ? En d'autres mots, l'élection est-elle une fontaine ou un fruit ? Nous croyons que c'est une fontaine inépuisable qui arrose nos cœurs et produit beaucoup de bons fruits.

Un seul décret d'élection selon le bon plaisir de Dieu

Pour bien comprendre l'article I.8, il est important de savoir ce que les arminiens enseignent. D'après eux, il existerait, non pas un seul décret d'élection, mais plusieurs sortes d'élections, au moins deux ou trois. Il y aurait d'abord une élection générale ou indéfinie. Dans cette élection, aucun nom ne serait mentionné. Dieu ne penserait à personne en particulier. Ce serait une élection indéfinie qui n'assurerait le salut de personne, mais qui déterminerait simplement par quel moyen nous pouvons être sauvés. Parmi tous les moyens possibles, Dieu, selon son bon plaisir, aurait établi que la foi serait la condition pour être sauvé. Ensuite, il y aurait une deuxième élection qui serait particulière ou précise par laquelle Dieu choisirait ceux qui vont croire. Dieu saurait d'avance ceux qui vont croire et c'est pour cela qu'il les choisirait. Des personnes précises seraient nommées, mais ces noms ne seraient pas certains, car la foi ne serait pas suffisante pour être sauvé. Il y a des gens qui croient et qui ensuite se détournent. Cette élection particulière serait donc incomplète ou révocable. Il faudrait une troisième élection par laquelle Dieu choisirait ceux qui vont persévérer dans la foi. Seule cette élection serait complète et irrévocable du fait que Dieu verrait d'avance ceux qui vont persévérer jusqu'à la fin. Ceux-là seuls seraient sauvés.

Quel est le problème avec cette approche ? C'est que Dieu n'est pas souverain dans notre salut. Tout dépendrait finalement de nous. Dieu attendrait de voir ce que nous allons faire. L'homme serait toujours premier et Dieu serait constamment à la remorque de ce que l'homme veut bien faire. Dieu pourrait seulement faire ce que l'homme lui permet de faire. Le seul acte souverain de Dieu dans notre salut consisterait à choisir librement le moyen par lequel nous serons sauvés, c'est-à-dire la foi. Pour le reste, que ce soit son élection incomplète ou complète, tout dépendrait de notre foi et de notre persévérance.

L'élection est-elle alors une fontaine ou un fruit ? Ce serait un fruit qui découlerait de ma foi et de ma persévérance. La fontaine serait ma décision humaine de croire et de persévérer dans la foi. Notre cœur orgueilleux aimerait tellement pouvoir dire que nous avons contribué à notre salut et que nous avons fait quelque chose pour que Dieu puisse nous sauver ! Au fond, le salut dépendrait de nous. Mais en réalité, qu'est-ce que Dieu aurait bien pu prévoir en nous ? S'il nous avait laissés tels que nous sommes, il aurait seulement trouvé que nous sommes ses ennemis et que nous nous dirigeons tout droit vers l'enfer.

Les *Canons de Dordrecht* ont rejeté la doctrine arminienne comme étant « *une invention du cerveau humain, forgée en dehors des Écritures, qui corrompt la doctrine de l'élection, et brise cette chaîne d'or de notre salut : Ceux que Dieu a prédestinés, il les a aussi appelés, et ceux qu'il a appelés, il les a aussi justifiés, et ceux qu'il a justifiés, il les a aussi glorifiés (Ro 8.30)* » (*Rejet des erreurs*, I.2). L'apôtre Paul nous dit dans ce passage que, lorsque Dieu prédestine une personne au salut, il envoie vers cette personne un prédicateur de l'Évangile. Au moyen de cette prédication, le Saint-Esprit appelle efficacement cette personne de sorte qu'elle met sa foi en Jésus-Christ et qu'elle est ainsi justifiée. Étant justifiée, elle va persévérer jusqu'à la fin et sera finalement glorifiée. L'accomplissement du dessein éternel de Dieu est tellement certain que la glorification des croyants justifiés est décrite comme étant déjà passée : « et ceux qu'il a justifiés, il les a aussi glorifiés ». Ce n'est pas pour rien qu'on a appelé Romains 8.30 la chaîne d'or du salut, de la prédestination à la glorification.

D'après la Parole de Dieu, tout commence et tout finit avec Dieu. « Qui lui a donné le premier, pour qu'il ait à recevoir en retour ? C'est de lui, par lui et pour lui ! À lui la gloire dans tous les siècles ! Amen ! » (Ro 11.35,36.) C'est la raison pour laquelle la Bible ne parle jamais de deux ou trois sortes d'élections différentes. Elle parle toujours du plan d'élection de Dieu au singulier comme étant « le bon plaisir de sa volonté » (Ép 1.5). « Il y a un reste selon l'élection de la grâce » (Ro 11.5). « En lui nous sommes aussi devenus héritiers, ayant été prédestinés suivant le plan de celui qui opère toutes choses d'après le conseil de sa volonté » (Ép 1.11). Dieu n'a qu'un seul décret d'élection et, selon sa parfaite souveraineté, il complétera ce qu'il a décrété de faire. Soyons certains que l'œuvre que Dieu a commencée, il l'achèvera parfaitement. Ainsi, l'élection n'est aucunement le fruit de notre foi ; elle est au contraire la fontaine d'où la foi tire son origine.

Nous comprenons mieux maintenant l'article I.8 : « *Cette élection n'est point de plusieurs sortes : elle est une seule et même élection de tous ceux qui seront sauvés, dans l'Ancien et le Nouveau Testament, attendu que l'Écriture prêche un seul bon plaisir, propos arrêté et conseil de la volonté de Dieu, par lequel il nous a élus de toute éternité, tant à la grâce qu'à la gloire, tant au salut qu'à la voie du salut qu'il a préparée afin que nous cheminions en elle.* »

Un seul décret d'élection dans l'Ancien et le Nouveau Testament

De plus, il n'existe pas deux plans de salut différents pour les juifs et pour les chrétiens. Il n'existe qu'un seul et même décret pour ceux qui sont élus aussi bien dans l'Ancien que dans le Nouveau Testament. Jésus est le seul chemin qui conduit au Père. « Il n'y a de salut en aucun autre ; car il n'y a sous le ciel aucun autre nom qui ait été donné parmi les hommes, par lequel nous devions être sauvés » (Ac 4.12). Pour être sauvés, les pécheurs dans l'Ancien Testament avaient autant besoin du pardon de leurs péchés en Jésus-Christ et de l'œuvre souveraine du Saint-Esprit dans leur cœur que les pécheurs dans le Nouveau Testament.

S'adressant aux apôtres et aux anciens de Jérusalem, Pierre dit ceci à propos de la relation entre les juifs et les païens : « Mais c'est par la grâce du Seigneur Jésus que nous croyons être sauvés, de la même manière qu'eux » (Ac 15.11). Abraham, Isaac, Jacob et les autres fidèles de l'Ancien Testament qui ont cru d'avance aux promesses du Sauveur ont été éternellement élus au salut de la même manière et par le même décret que nous avons été élus. Ainsi, depuis le commencement du monde jusqu'à la fin, Dieu rassemble son peuple selon son bon plaisir souverain afin de l'amener à la vie éternelle par son Fils Jésus.

Une seule élection au salut et à la voie du salut

La Bible nous commande de croire et de persévérer, mais cela ne signifie pas que nous en soyons capables par nous-mêmes. « Nul n'est intelligent, nul ne cherche Dieu » (Ro 3.11). Oui, nous devons croire et persévérer, mais nous en sommes totalement incapables par nous-mêmes. C'est Dieu qui fait tout ! Personne ne pourra s'en attribuer le mérite. Dieu ne nous a pas choisis parce qu'il avait vu d'avance que nous deviendrions saints et persévérants. Au contraire, il nous a choisis pour que nous devenions saints et persévérants. « Il nous a prédestinés dans son amour à être ses enfants d'adoption par Jésus-Christ, selon le bon plaisir de sa volonté » (Ép 1.5). Ainsi, Dieu ne nous a pas seulement élus au salut, il a aussi préparé le chemin du salut sur lequel nous devons marcher. Dieu a prévu des moyens de nous amener à la foi et de nous faire persévérer jusqu'à la fin. Quels sont ces moyens ? La prédication de sa Parole, nos prières, les sacrements, l'encouragement de nos frères et sœurs, etc.

La doctrine de l'élection n'est pas fataliste. « Nous devons à votre sujet rendre continuellement grâces à Dieu, parce que Dieu vous a choisis dès le commencement pour le salut, par la sanctification de l'Esprit et par la foi en la vérité » (2 Th 2.13). Paul ne félicite pas les Thessaloniciens d'avoir cru ; il remercie Dieu parce que Dieu les a choisis pour le salut ! Puisqu'il les a choisis, il leur a aussi donné son Esprit pour qu'ils aient la foi et qu'ils vivent de la vie nouvelle. Tout cela fait partie du seul et même plan de Dieu. Il est donc impossible que ceux qui sont unis à Jésus-Christ par une vraie foi ne portent pas des fruits de reconnaissance. « Car nous sommes son ouvrage, nous avons été créés en Jésus-Christ pour de bonnes œuvres que Dieu a préparées d'avance, afin que nous les pratiquions » (Ép 2.10). Jésus accomplit son œuvre à travers son Église pour que nous marchions sur le chemin du salut qu'il a préparé pour ses brebis.

Quel puissant réconfort pour nous qui sommes ses enfants ! Notre salut ne dépend pas de nos forces, sinon nous ne serions jamais sûrs de quoi que ce soit. Notre avenir éternel est certain, car il est fondé sur son seul et unique décret d'élection.

CHAPITRE 8

L'élection est la fontaine de tout bien salutaire
Article I.9

> *Cette élection-là s'est faite, non point en considération de la foi prévue, de l'obéissance de la foi, de la sainteté, ou de quelque autre bonne qualité ou disposition, qui seraient la cause ou la condition préalablement requise en l'homme qui devait être élu ; mais au contraire, pour donner la foi, l'obéissance de la foi, la sainteté, etc. C'est pourquoi l'élection est la fontaine de tout bien salutaire, de laquelle découlent la foi, la sainteté et les autres dons salutaires, bref la vie éternelle même, comme les fruits et les effets de celle-ci, selon le dire de l'Apôtre : « Dieu nous a élus (non parce que nous étions saints, mais) pour que nous soyons saints et irréprochables devant lui » (Ép 1.4).*
>
> — Canons de Dordrecht, *article I.9*

Il n'existe qu'un seul décret d'élection qui est l'unique et parfaite fontaine du salut. Cette fontaine produit beaucoup de bons fruits dans la vie des élus. Comme nous l'avons déjà vu, les arminiens confondent la fontaine et le fruit. Ils s'imaginent que la foi et la persévérance des chrétiens seraient la *raison* pour laquelle Dieu les aurait choisis. Nous croyons au contraire que notre foi, notre persévérance et tous les autres bons fruits que le

Saint-Esprit produit en nous sont des *conséquences* du fait que Dieu nous a librement choisis au salut. Nous pouvons ainsi nous réjouir du fait que l'élection divine est la merveilleuse fontaine d'où jaillissent toutes sortes de biens salutaires.

L'élection n'est pas en fonction de la foi prévue

Tous ceux qui s'attachent à la Bible et qui se fient à la Parole de Dieu reconnaissent bien sûr que Dieu a « connu d'avance » et qu'il a « prédestiné » certaines personnes au salut. Paul l'affirme clairement : « Car ceux qu'il a connus d'avance, il les a aussi prédestinés à être semblables à l'image de son Fils » (Ro 8.29). Pierre le confirme lorsqu'il parle des « élus selon la prescience de Dieu » (1 Pi 1.2). La question est de savoir ce que cela signifie. Pour quelle raison Dieu choisit-il certaines personnes plutôt que d'autres ? Sommes-nous suffisamment bons en nous-mêmes pour qu'avec l'aide du Saint-Esprit nous puissions choisir de croire en Jésus-Christ ? Ou, au contraire, avons-nous besoin que Dieu nous accorde, par son libre choix, la grâce de son Esprit Saint pour que nous puissions croire en lui et vivre à sa gloire ?

Les arminiens ont répondu que Dieu a choisi certaines personnes parce qu'il savait d'avance qu'elles allaient croire et persévérer dans la foi. Ils ont enseigné « *que l'élection incomplète et non péremptoire des personnes particulières au salut s'est faite parce que Dieu aurait prévu la foi, la conversion, la sainteté et la piété commencées ou continuées pendant un certain temps, mais que l'élection complète et péremptoire s'est faite pour avoir prévu la persévérance finale de la foi, de la conversion, de la sainteté et de la piété* » (*Rejet des erreurs*, I.5). En d'autres mots, pour pouvoir être élu, il faudrait posséder certaines qualités que d'autres ne possèdent pas. Il faudrait avoir décidé de mettre sa foi en Jésus-Christ et il faudrait même persévérer dans la foi. L'élection dépendrait donc ultimement de moi et non de Dieu.

Voilà comment ils ont compris la prescience de Dieu. « *Dieu nous a connus d'avance* » voudrait dire qu'il a fait une bonne prédiction, comme pour la météo. Dieu savait d'avance qu'un bon soir telle personne accomplirait d'elle-même un acte de foi et inviterait Jésus dans son cœur. En voyant cela, Dieu s'est dit : « Merveilleux, moi aussi je la choisis, j'appuie la motion. » Le Synode de Dordrecht a clairement réfuté cela : « *Cette élection-là s'est faite, non point en considération de la foi prévue, de l'obéissance de la foi, de la sainteté, ou de quelque autre bonne qualité ou disposition, qui seraient la cause ou la condition préalablement requise en l'homme qui devait être élu ; mais au contraire, pour donner la foi, l'obéissance de la foi, la sainteté, etc.* » (I.9.)

Dans la Bible, les mots « connaître », « connus d'avance » et « prescience » signifient beaucoup plus que simplement être au courant de certains faits. Ces mots nous parlent de communion, d'amour et d'intimité. Adam connut Ève ; c'est la bénédiction de l'intimité dans le mariage. Connaître Dieu et être connu de Dieu, c'est la bénédiction de l'intimité de la vie en communion avec Dieu. « Or, la vie éternelle, c'est qu'ils te connaissent, toi, le seul vrai Dieu, et celui que tu as envoyé, Jésus-Christ » (Jn 17.3). « Je connais mes brebis, et elles me connaissent » (Jn 10.14). « Mais à présent que vous avez connu Dieu, ou plutôt que vous avez été connus de Dieu » (Ga 4.9.) Quelle joie et quel privilège d'avoir été connus de Dieu ! Lorsque le Seigneur Jésus déclarera à ceux qui l'auront renié « Je ne vous ai jamais connus ; retirez-vous de moi, vous qui commettez l'iniquité » (Mt 7.23), cela ne veut pas dire que Jésus ne sait pas déjà qui sont ces gens et quelles actions ils auront commises. Bien au contraire ! Il connaît toutes leurs iniquités ! Cependant, Jésus n'a jamais eu de connaissance intime, amoureuse et élective à leur égard.

Dans les deux passages cités où il est dit que Dieu nous a connus d'avance et qu'il nous a élus selon sa prescience, il n'est jamais dit qu'il a connu d'avance notre foi ou qu'il a su d'avance que nous allions persévérer dans la foi. Quel est l'objet de sa prescience ? Qu'est-ce qu'il a connu d'avance ? Nous ! Non pas notre foi, nos œuvres, notre persévérance ou aucune autre qualité qu'il aurait vues d'avance en nous et qui lui aurait plu, mais simplement *nous*. Si nous sommes venus à Dieu, c'est parce qu'il s'est d'abord approché de nous et qu'il nous a intimement connus d'avance. Cela ne vient pas de nous ! C'est ainsi que le Seigneur avait d'avance connu et choisi Jacob avant sa naissance, avant même qu'il ait fait le bien ou le mal, précisément pour montrer que « le dessein d'élection de Dieu subsiste, sans dépendre des œuvres, et par la seule volonté de celui qui appelle » (Ro 9.11,12).

Dieu nous connaît et nous aime depuis toute éternité d'un amour éternel. Il n'est pas un observateur passif. Son choix est libre et puissant. Il a d'avance voulu vivre en communion avec ceux qui sont l'objet de son amour éternel et purement gratuit en Jésus-Christ.

L'élection produit la foi et beaucoup d'autres bons fruits

De cette fontaine de l'élection éternelle jaillit une eau pure qui produit toutes sortes de bons fruits. « *C'est pourquoi l'élection est la fontaine de tout bien salutaire, de laquelle découlent la foi, la sainteté et les autres dons salutaires, bref la vie éternelle même, comme les fruits et les effets de celle-ci, selon le dire de l'Apôtre : Dieu nous a élus pour que nous soyons saints et irréprochables devant lui (Ép 1.4)* » (I.9). Dieu ne nous a pas choisis parce qu'il savait que nous serions saints, il nous a choisis *pour* que nous soyons saints et sans défaut devant lui. Il ne nous a pas choisis parce qu'il savait d'avance que nous aurions la foi. Il nous a choisis pour que nous ayons la foi ! Cela fait toute la différence au monde !

Le but de notre élection n'était pas vague et indéfini, mais précis et certain : que nous devenions saints ! Le Dieu souverain ne va-t-il pas parvenir au but qu'il s'est fixé depuis toute éternité ? Dieu n'a qu'un seul décret d'élection, un seul bon plaisir, un seul conseil de sa volonté, une seule fontaine certaine et infaillible de tout notre salut. Il accomplit jusqu'à la fin tout ce qu'il a décrété : nous donner la foi et la persévérance, la grâce et la gloire. Tel est le sens du mot « prédestiner », fixer d'avance le but. « Il nous a prédestinés dans son amour à être ses enfants d'adoption par Jésus-Christ, selon le bon plaisir de sa volonté » (Ép 1.5).

En parlant des conversions qui eurent lieu à Antioche, Luc nous dit : « Tous ceux qui étaient destinés à la vie éternelle crurent » (Ac 13.48). Ce texte situe la prédestination à la vie éternelle avant la foi et non après la foi. Nous croyons parce qu'il nous a élus ! La foi est le fruit de la prédestination. Jésus dit ceci à propos des apôtres : « Ce n'est pas vous qui m'avez choisi ; mais moi, je vous ai choisis, et je vous ai établis, afin que vous alliez, et que vous portiez du fruit, et que votre fruit demeure » (Jn 15.16). Les disciples ont été choisis pour porter du fruit durable. C'est Jésus qui les a choisis et qui les a appelés pour leur donner la foi, eux qui étaient incrédules et incapables de croire par eux-mêmes, malgré tous les signes et prodiges que Jésus a accomplis devant leurs yeux. Le choix de Jésus a été plus puissant que leur cœur incrédule. Par l'action souveraine de son Saint-Esprit, Jésus leur a donné de porter beaucoup de fruit à sa seule gloire.

Il en est ainsi de ceux qui entendent le témoignage des apôtres et qui répondent à l'appel de Dieu. « Dieu n'a-t-il pas choisi les pauvres aux yeux du monde, pour qu'ils soient riches en la foi, et héritiers du royaume qu'il a promis à ceux qui l'aiment ? » (Ja 2.5.) Dieu choisit gratuitement des pauvres qui n'ont rien en eux-mêmes, afin de les enrichir du cadeau de la foi et de nombreux autres dons magnifiques de sa grâce : l'obéissance, la sanctification, le fruit de l'Esprit, la persévérance, etc. « Car ceux qu'il a connus d'avance, il les a aussi prédestinés à être semblables à l'image de son Fils, afin que son Fils soit le premier-né de beaucoup de frères. Et ceux qu'il a prédestinés, il les a aussi appelés; et ceux qu'il a appelés, il les a aussi justifiés ; et ceux qu'il a justifiés, il les a aussi glorifiés » (Ro 8.29,30). Quelle grâce incomparable ! Tous ceux que Dieu a intimement connus et aimés d'avance, il les a prédestinés à un but précis. Pour parvenir à ce but préétabli, Paul est persuadé que Dieu va leur envoyer des messagers de l'Évangile et leur donner la foi pour qu'ils soient justifiés. Le but de leur élection est tellement certain que leur avenir est décrit au passé : « il les a aussi glorifiés ».

Dieu veut que je sache une chose, il veut que le monde entier sache une chose : il m'a choisi ! Il a choisi ce qui était méprisable et indigne. Je n'avais rien pour attirer son regard bienveillant, je ne voulais pas croire en lui et je n'aurais jamais cru si je n'avais pas été élu. Mais Dieu en Jésus-Christ m'a aimé depuis toute éternité. Il m'a choisi pour que je croie en lui, que je porte beaucoup de fruit et que ce fruit demeure. Il a déjà commencé cette merveilleuse œuvre de la grâce dans nos vies et il va la compléter. « L'Éternel agira en ma faveur. Éternel, ta bienveillance dure toujours. N'abandonne pas les œuvres de tes mains ! » (Ps 138.8.) Reposons-nous en toute sécurité dans son amour souverain. Portons beaucoup de fruit par sa seule grâce et pour sa seule gloire !

CHAPITRE 9

La cause de notre élection : une élection inconditionnelle

Article I.10

> *La cause de cette élection gratuite est le seul bon plaisir de Dieu. Elle ne consiste point en ce qu'il a choisi pour condition du salut certaines qualités ou actions humaines, parmi toutes celles qui sont possibles ; mais en ce que, du milieu de la commune multitude des pécheurs, il a pris à soi en héritage particulier un certain nombre de personnes, ainsi qu'il est écrit : « Car les enfants n'étaient pas encore nés, et ils n'avaient fait ni bien ni mal, [...] il fut dit à Rébecca : L'aîné sera assujetti au plus jeune, selon qu'il est écrit : J'ai aimé Jacob, et j'ai haï Ésaü » (Ro 9.11-13). Et : « Tous ceux qui étaient destinés à la vie éternelle crurent » (Ac 13.48).*
>
> — Canons de Dordrecht, *article I.10*

Pourquoi Dieu a-t-il choisi certaines personnes et pas d'autres ? Pourquoi Dieu m'a-t-il choisi ? Ce n'est pas à cause de notre foi ni à cause de notre sainteté. Ce n'est pas parce que Dieu a vu d'avance que nous allions croire en lui et persévérer. Alors, pourquoi nous a-t-il choisis ? Qu'est-ce qui a bien pu le motiver ou le pousser à nous choisir ?

Le bon plaisir de Dieu

L'article I.10 nous dit que « *la cause de cette élection gratuite est le seul bon plaisir de Dieu* ». Pour le dire comme l'on parle : il nous a choisis parce qu'il en avait le désir. Il nous a choisis parce qu'il voulait le faire. « Il nous a prédestinés dans son amour à être ses enfants d'adoption par Jésus-Christ, selon le bon plaisir de sa volonté » (Ép 1.5). Le texte grec utilise le mot « eudokia » qui veut dire « bon plaisir ». Selon le bon plaisir de sa volonté. Quelques versets plus loin, Paul ajoute : « Il nous a fait connaître le mystère de sa volonté, selon le bienveillant dessein qu'il avait formé en lui-même », ou encore le bon plaisir qu'il avait établi d'avance (Ép 1.9).

Ce mot « eudokia » revient à quelques reprises dans la Bible. Au baptême de Jésus et à sa transfiguration, le Père a dit que son Fils était l'objet de son bon plaisir (« eudokéô », Mt 3.17 ; 17.5). C'était une marque d'affection toute particulière. Jésus a dit : « Je te loue, Père, Seigneur du ciel et de la terre, de ce que tu as caché ces choses aux sages et aux intelligents, et de ce que tu les as révélées aux enfants. Oui, Père, je te loue de ce que tu l'as voulu ainsi » (ton bon plaisir) (Mt 11.25,26). Paul a déclaré : « C'est Dieu qui produit en vous le vouloir et le faire, selon son bon plaisir » (Ph 2.13). Il a dit aussi : « C'est pourquoi aussi nous prions continuellement pour vous, afin que notre Dieu vous juge dignes de la vocation, et qu'il accomplisse par sa puissance tous les desseins bienveillants de sa bonté » (tout le bon plaisir de sa bonté) (2 Th 1.11). Il faut laisser Dieu être Dieu. Son bon plaisir est inexplicable en dehors de lui. Il trouve sa racine en lui seul.

Le bon plaisir de Dieu ne tient compte d'aucune considération humaine. La cause de cette élection « *ne consiste point en ce qu'il a choisi pour condition du salut certaines qualités ou actions humaines, parmi toutes celles qui sont possibles* » (I.10). Dieu n'a pas cherché les gens les plus riches, les plus beaux, les plus civilisés, les plus intelligents. Il a simplement choisi selon son bon plaisir. Autrement dit, il n'a nullement pris en considération des qualités qu'il aurait pu trouver en nous-mêmes. Il a trouvé en lui-même, en lui seul, les raisons de nous choisir librement. « Il y a un reste selon l'élection de la grâce » (Ro 11.5). Quelle belle expression : l'élection de la grâce !

L'article I.10 cite en exemple Romains 9 où Paul rappelle l'histoire d'Ésaü et de Jacob, ou plutôt ce qui précède l'histoire d'Ésaü et de Jacob : « Car les enfants n'étaient pas encore nés et ils n'avaient fait ni bien ni mal (afin que le dessein d'élection de Dieu subsiste, sans dépendre des œuvres, et par la seule volonté de celui qui appelle), quand il fut dit à Rebecca : L'aîné sera assujetti au plus jeune, selon qu'il est écrit : J'ai aimé Jacob et j'ai haï Esaü » (Ro 9.11-13). Dieu a déclaré ses intentions envers Ésaü et Jacob alors qu'ils étaient encore dans le ventre de leur mère. Pourquoi a-t-il choisi Jacob et pas Ésaü ? La Bible nous dit que c'est simplement parce que Dieu le voulait ainsi.

L'humilité

Évidemment, une telle vérité nous oblige à rester humbles. Si la cause de l'élection est purement le bon plaisir de Dieu, cela m'amène à me demander : pourquoi Dieu m'aime-t-il ? Pourquoi a-t-il fait de moi son enfant ? Pourquoi m'a-t-il donné le cadeau de la vie éternelle ? Pourquoi moi et pourquoi pas d'autres ? La réponse est que cela n'a rien à voir avec moi, ce n'est pas parce qu'il aurait trouvé quelque chose d'intéressant en moi. « *Du milieu de la commune multitude des pécheurs, il a pris à soi en héritage particulier un certain nombre de personnes* » (I.10). La seule raison se trouve en lui. Cela lui plaît de le faire.

Il a trouvé plaisir de m'aimer, de me donner son Fils et de me donner son Saint-Esprit. Il trouve sa joie de nous donner la foi et la vie éternelle et de faire de nous son bien le plus précieux, ses enfants chéris, son héritage éternel. Il a agi envers moi comme il l'avait prévu dans son décret éternel depuis toujours ! Je ne suis pas meilleur que les autres. Dieu a commencé son œuvre de salut en moi parce qu'il en a décidé ainsi depuis toute éternité. Il ne l'a pas fait à cause de moi, mais malgré moi. « Ô profondeur de la richesse, de la sagesse et de la science de Dieu ! Que ses jugements sont insondables, et ses voies incompréhensibles ! […] Qui lui a donné le premier, pour qu'il ait à recevoir en retour ? C'est de lui, par lui, et pour lui que sont toutes choses ! À lui la gloire dans tous les siècles ! » (Ro 11.33-36.)

CHAPITRE 10

La conséquence de notre élection : une élection immuable

Article I.11

> *Et comme Dieu lui-même est très sage, immuable, connaissant toutes choses, et tout-puissant, de même l'élection qu'il a faite ne peut être ni interrompue, ni changée, ni révoquée, ni annulée, et les élus ne peuvent être rejetés ni le nombre de ceux-ci diminué.*
>
> — Canons de Dordrecht, *article I.11*

Si notre élection est sans condition, en conséquence, notre élection est immuable. Elle ne changera jamais, parce que Dieu ne peut pas changer son bon plaisir. Dieu n'est pas capricieux. Heureusement ! Soyons éternellement reconnaissants ! C'est là ce qui nous procure notre plus grand réconfort. D'après les arminiens, Dieu pourrait changer d'idée à notre sujet. Pourquoi ? Parce que, d'après eux, son élection dépendrait de nous. Au fond, ça ne veut plus rien dire. Dieu changerait dans la mesure où nous changeons. Une telle idée entache la gloire de Dieu et nous enlève tout réconfort. Dieu n'est plus Dieu et nous ne pouvons jamais être sûrs de quoi que ce soit, parce que notre salut, en réalité, dépendrait de notre décision et de notre persévérance. Quel malheur et quel désespoir !

Dieu est immuable

Mais Dieu nous dit dans sa Parole : « Tu as anciennement fondé la terre, et les cieux sont l'ouvrage de tes mains. Ils périront, mais tu subsisteras ; ils s'useront tous comme un vêtement ; tu les changeras comme un habit, et ils seront changés. Mais toi, tu restes le même, et tes années ne finiront point. Les fils de tes serviteurs habiteront leur pays, et leur postérité s'affermira devant toi » (Ps 102.26-29). La création, aussi solide soit-elle, va s'user comme un vulgaire vêtement. Mais Dieu, lui, restera toujours le même. Il ne change pas, il est éternel et ses plans ne changent pas non plus. « *Dieu lui-même est très sage, immuable, connaissant toutes choses, et tout-puissant* » (I.11). Voilà pourquoi nous pouvons être certains que les fils de ses serviteurs auront une demeure et que leur descendance s'affermira devant lui. Autrement dit, notre salut éternel dépend de lui seul, et puisque Dieu ne change pas, nous pouvons être certains que notre salut ne va pas s'user comme un vieux vêtement, mais va demeurer intact pour toujours.

Les décrets de Dieu sont immuables

Puisque Dieu est immuable, ses décrets établis depuis toute éternité demeurent immuables pour toujours. Quel puissant réconfort ! « *Et comme Dieu lui-même est très sage, immuable, connaissant toutes choses, et tout-puissant, de même, l'élection qu'il a faite ne peut être ni interrompue, ni changée, ni révoquée, ni annulée, et les élus ne peuvent être rejetés ni le nombre de ceux-ci diminué* » (I.11). Les faux christs et les faux prophètes feront des prodiges « au point de séduire, s'il était possible même les élus », mais « à cause des élus, ces jours (de grande tribulation) seront abrégés ». Le Seigneur Jésus enverra ses anges qui « rassembleront ses élus des quatre vents » (Mt 24.22,24,31).

Est-ce possible que les décrets de Dieu puissent changer ? Si oui, alors quelle sécurité et quel réconfort nous resteraient-ils ? Aucune sécurité !

Aucun réconfort ! Absolument rien ! Mais Dieu a décidé que je serais à lui. Il ne changera pas d'idée. Je suis à lui pour toujours ! Parce qu'il a pris cette décision, il a envoyé son Fils dans le monde au moment fixé par lui pour que Jésus meure pour mes péchés. Ensuite, il a envoyé des ambassadeurs et des prédicateurs de la Bonne Nouvelle pour que j'entende l'Évangile et pour que je vienne à la foi par l'action puissante de son Saint-Esprit. Maintenant que Dieu a fait tout cela pour moi, est-ce qu'il pourrait me laisser tomber ? Est-ce que Dieu pourrait changer d'idée à mon sujet ? Si son élection dépendait le moindrement de moi, oui, il pourrait certainement changer d'idée. Cependant, puisque son élection est sans condition, Dieu ne changera pas d'idée, malgré mes nombreux péchés. Il va prendre tous les moyens nécessaires pour m'amener en toute sécurité à bon port. Les personnes qui auront la vie éternelle dans son Royaume seront exactement les personnes qu'il a élues avant la fondation du monde. « *Les élus ne peuvent être rejetés ni le nombre de ceux-ci diminué* » (I.11). Est-ce que cela fait une différence de croire ou non en l'élection ? Absolument ! Cela fait toute la différence au monde !

Ses enfants peuvent donc vivre en toute sécurité

« Dieu, voulant montrer avec plus d'évidence aux héritiers de la promesse l'immuabilité de sa résolution, intervint par un serment » (Hé 6.17). Nous pouvons certainement compter sur lui. Il est digne de confiance. Son décret d'élection ne peut pas changer, ni être interrompu, ni être révoqué, ni annulé. Je peux vivre en toute sécurité, riche de cet immense réconfort. Nous pouvons nous réjouir de ces paroles de Jésus. « Tous ceux que le Père me donne viendront à moi. [...] Or, la volonté de celui qui m'a envoyé, c'est que je ne perde aucun de tous ceux qu'il m'a donnés, mais que je le ressuscite au dernier jour » (Jn 6.37,39). « Mes brebis entendent ma voix ; je les connais, et elles me suivent. Je leur donne la vie éternelle ; et elles ne périront jamais, et personne ne les ravira de ma main. Mon Père, qui me les a données, est plus grand que tous ; et personne ne peut les ravir de la main de mon Père » (Jn 10.27-29).

Ce ne sont pas des probabilités, mais des certitudes, parce que Dieu est Dieu. Il nous arrive de changer d'avis ou de revenir sur nos décisions à partir du moment où nous avons une meilleure compréhension de la situation. Dieu, lui, ne change pas d'avis, car il connaît tout, il est tout-puissant et il est parfaitement sage. Il connaît depuis toute éternité ce qui convient le mieux et il détermine longtemps d'avance quelle sera la meilleure façon de parvenir à son but. Ce qu'il a décidé depuis toujours selon son bon plaisir va se réaliser.

CHAPITRE 11

La certitude de notre élection

Article I.12

> *Les élus sont, en temps opportun, rendus certains de cette élection dont ils sont l'objet – élection éternelle et immuable au salut – quoique ce soit par degrés et dans une mesure inégale ; non pas en sondant avec curiosité les secrets et les profondeurs de Dieu, mais en prenant conscience en eux-mêmes, avec une joie spirituelle et une sainte liesse, des fruits infaillibles de l'élection distingués dans la Parole de Dieu, comme le sont la vraie foi en Jésus-Christ, la crainte filiale envers Dieu, la tristesse selon Dieu, la faim et la soif de justice, etc.*
>
> — Canons de Dordrecht, *article I.12*

Nous pouvons être certains de notre élection

Les Écritures enseignent que Dieu a élu certaines personnes à la vie éternelle et qu'il en a laissé d'autres dans leur perdition. Inévitablement, cela soulève la question : suis-je un élu ? Puis-je le savoir ? Les arminiens ont répondu que nous ne pouvons pas être certains de notre élection jusqu'au jour de notre mort, puisque notre élection dépendrait de notre foi. Bien sûr, Dieu ne nous donne pas une liste de noms de ses élus. Par contre, Jésus a dit : « Réjouissez-vous de ce que vos noms sont écrits dans les cieux » (Lu 10.20). Paul parle également avec beaucoup de certitude. « En lui Dieu nous a élus avant la fondation du monde, pour que nous soyons saints et irréprochables devant lui ; il nous a prédestinés dans son amour à être ses enfants d'adoption par Jésus-Christ, selon le bon plaisir de sa volonté » (Ép 1.4,5). De qui Paul parle-t-il ? De lui-même et des croyants d'Éphèse. Paul est convaincu : « Dieu nous a élus, […] il nous a prédestinés. » C'est la raison pour laquelle nous pouvons dire : « *Les élus sont, en temps opportun, rendus certains de cette élection dont ils sont l'objet* » (I.12).

Nous pouvons être assurés de notre élection. Ce n'est pas le privilège d'une minorité de super-spirituels, c'est plutôt la norme. Certains pensent qu'il serait préférable de douter. Ce serait moins prétentieux. Nulle part, les Écritures ne nous encouragent à douter. Soyons assurés de la fidélité de Dieu à ses promesses. Les élus parviendront à cette assurance au moment opportun. Pourquoi Dieu nous parlerait-il de l'élection si c'était pour nous laisser tout seuls dans le doute ?

Paul a fait preuve d'une grande certitude quand il a dit : « Car j'ai l'assurance que ni la mort ni la vie, ni les anges ni les dominations, ni les choses présentes ni les choses à venir, ni les puissances, ni la hauteur ni la profondeur, ni aucune autre créature ne pourra nous séparer de l'amour de Dieu manifesté en Jésus-Christ notre Seigneur » (Ro 8.38,39). Cette certitude était-elle seulement pour des « super-apôtres » ? Non, car il s'adresse à toute l'Église ! Il parle de tous ceux qui aiment Dieu et qui sont appelés selon son dessein, de tous ceux que Dieu a connus d'avance et qu'il a prédestinés à être semblables à l'image de son Fils (Ro 8.28,29). La doctrine de la prédestination ne l'amène pas à faire un discours abstrait du genre : « Je vous informe que tous les élus iront au ciel. » La Parole de Dieu n'est pas là seulement pour nous transmettre des vérités froides et abstraites. Elle nous interpelle, elle va droit au cœur. « Qui accusera les élus de Dieu ? […] Qui nous séparera de l'amour de Christ ? […] Dans toutes ces choses, nous sommes plus que vainqueurs par celui qui nous a aimés. Car j'ai l'assurance que [*rien*] ne pourra nous séparer de l'amour de Dieu manifesté en Jésus-Christ notre Seigneur »

(Ro 8.31-39). Voilà des paroles victorieuses et très personnelles qui devraient enflammer nos cœurs.

Ce n'est pas pour rien que Romains 8, qui enseigne si clairement le dessein éternel de Dieu et la prédestination au salut, conclut sur une note d'une aussi grande certitude. Lorsque la seule gloire de Dieu est mise en valeur, le peuple de Dieu reçoit toujours un immense réconfort. Ce réconfort est que l'élection est bien vraie et que je peux être personnellement certain d'être élu.

Nous ne sommes pas tous certains au même degré

En même temps, Dordrecht fait preuve d'une grande sensibilité pastorale lorsqu'il est dit que cette assurance vient « *par degrés et dans une mesure inégale* » (I.12). Nous ne sommes pas tous pareils. Nous avons des personnalités différentes et des talents différents. La croissance spirituelle n'est pas la même pour tous. Certains parviennent à maturité plus jeune ; d'autres, plus vieux. Le Seigneur n'agit pas exactement de la même manière avec chacun de nous. Il sait ce qui convient le mieux à chacun. Il ne s'agit donc pas pour nous de comparer nos expériences respectives. De plus, dans chacune de nos vies, nous pouvons passer par des hauts et des bas. Nous pouvons expérimenter dans nos propres vies différents degrés de certitude.

L'important n'est pas de mesurer l'intensité de nos sentiments, mais de revenir au fondement qui nous procure la certitude. « Car j'ai l'assurance que *[rien]* ne pourra nous séparer de l'amour de Dieu manifesté en Jésus-Christ notre Seigneur » (Ro 8.38,39). Voilà le fondement inébranlable : l'amour de Dieu en Jésus-Christ ! Par la grâce de Dieu, la foi grosse comme une minuscule graine de moutarde est suffisante pour demeurer solidement accrochée à Jésus-Christ, car en réalité, c'est Jésus qui nous tient accrochés à lui et rien ne peut nous arracher de lui. « Je leur donne la vie éternelle ; et elles ne périront jamais, et personne ne les ravira de ma main » (Jn 10.28). Plus loin, dans l'article I.16, il y a une belle parole d'encouragement pour « *ceux qui ne sentent pas encore efficacement en eux une vive foi en Jésus-Christ, ou une confiance certaine du cœur ou une paix de la conscience* ». Ils peuvent recevoir l'encouragement du fait que Dieu a promis de ne pas éteindre le petit lumignon qui fume.

Comment être certains de notre élection ?

Dordrecht commence par nous dire ce qu'il ne faut pas faire : « *non pas en sondant avec curiosité les secrets et les profondeurs de Dieu* » (I.12). Il ne nous est pas permis de scruter les secrets de Dieu, car « les choses cachées sont à l'Éternel, notre Dieu ; les choses révélées sont à nous et à nos enfants » (De 29.29). Certains disent que Dieu confirmerait notre élection par un rêve ou une vision, par un message particulier qu'il met dans nos cœurs ou par un texte biblique qui nous parle très fort. Faisons attention à ne pas fonder notre certitude sur notre expérience, car nous sommes encore pécheurs et toutes nos expériences sont entachées par le péché. Quand je traverse des difficultés, des luttes ou des doutes, comment me souvenir de ce que Dieu m'a dit exactement et comment être sûr que c'est bien Dieu qui m'a parlé ? Attention aux sables mouvants du mysticisme !

Comment donc savoir si je fais partie des élus qui appartiennent à Dieu ? « *En prenant conscience en eux-mêmes, avec une joie spirituelle et une sainte liesse, des fruits infaillibles de l'élection distingués dans la Parole de Dieu, comme le sont la vraie foi en Jésus-Christ, la crainte filiale envers Dieu, la tristesse selon Dieu, la faim et la soif de justice, etc.* » (I.12.) Nous pouvons être certains de notre élection quand nous portons des fruits de l'élection !

Jésus a dit aux pharisiens : « On connaît l'arbre par le fruit » (Mt 12.33). Les pharisiens prétendaient être le peuple de Dieu, mais leurs paroles mauvaises et leurs œuvres mauvaises démontraient le contraire. Un cœur régénéré produira de bons fruits, un cœur non régénéré produira seulement de mauvais fruits. Paul a écrit aux Thessaloniciens : « Nous savons, frères bien-aimés de Dieu, que vous avez été élus ». Comment le savait-il ? Par les fruits qu'ils portaient : « Notre Évangile ne vous a pas été prêché en paroles seulement, mais avec puissance, avec l'Esprit-Saint, et avec une pleine persuasion. [...] Vous avez été mes imitateurs et ceux du Seigneur, en recevant la parole au milieu de beaucoup d'afflictions, avec la joie du Saint-Esprit » (1 Th 1.4-6).

La question n'est pas de savoir si Dieu, à un moment précis, m'a révélé que j'étais un élu, mais plutôt : Est-ce que je crois en Jésus aujourd'hui ? Est-ce que je prends plaisir à pécher ou est-ce que cela m'attriste d'offenser Dieu ? Est-ce que je cherche en lui le pardon de mes péchés ? Est-ce que j'ai soif de justice ? Est-ce que je suis émerveillé d'adoration devant la majesté de Dieu ? Est-ce que je veux grandir dans la foi ? Pour être certains de notre élection, nous devons marcher dans la voie de l'élection ! Pensons également au fruit de l'Esprit qui manifeste que nous avons bel et bien l'Esprit de Dieu (Ga 5.22,23).

Pierre nous dit : « Appliquez-vous [...] à affermir votre vocation et votre élection. » Affermir son élection signifie en être absolument sûr et certain. Comment faire ? Pierre dit : « Faites tous vos efforts pour joindre à votre foi la vertu, à la vertu la connaissance, à la connaissance la maîtrise de soi, à la maîtrise de soi la patience, à la patience la piété, à la piété, l'amitié fraternelle, à l'amitié fraternelle, l'amour. Car si ces choses sont en vous, et y sont avec abondance, elles ne vous laisseront point oisifs ni stériles pour la connaissance de notre Seigneur Jésus-Christ. Mais celui en qui ces choses ne sont point est aveugle » (2 Pi 1.5-10). Pierre nous encourage à rechercher ces choses qui vont produire des fruits et qui démontrent que nous appartenons au Seigneur. Quand nous grandissons dans la foi, nous pouvons être certains de notre élection et grandir dans notre certitude.

Comment être certain de mon élection ? Je dois regarder aux fruits que je porte pour voir quelle sorte d'arbre je suis. Je n'ai pas à me comparer aux autres et me dire que les autres portent plus de fruits ou de meilleurs fruits que moi, pour ensuite conclure que je ne suis pas un élu... je dois simplement me demander quelle œuvre Dieu fait dans mon cœur et dans ma vie. Rappelons-nous que Dieu ne nous rend pas parfaits dans cette vie et que les fruits qu'il nous fait porter ne sont jamais parfaits sur cette terre. Même nos meilleurs fruits seront toujours entachés par le péché. Si nous recherchons des fruits parfaits, personne ne sera jamais certain de son élection. Mais le principe demeure : on reconnaît un arbre à ses fruits. Quand nous prenons conscience des fruits que Dieu produit dans nos vies, cela devrait nous remplir d'une joie immense.

CHAPITRE 12

Les bienfaits pratiques d'être certain de notre élection
Article I.13

De la certitude et de l'appréhension intérieures de cette élection, les enfants de Dieu prennent de jour en jour une plus grande matière de s'humilier devant Dieu, d'adorer l'abîme de ses miséricordes, de se purifier eux-mêmes ; d'aimer aussi très ardemment de leur côté celui qui, le premier, les a tellement aimés.

Il s'en faut donc de beaucoup que, par cette doctrine de l'élection et par sa méditation, ils soient rendus plus paresseux, ou charnellement nonchalants à garder les commandements de Dieu. C'est ce qui arrive ordinairement, par un juste jugement de Dieu, à ceux qui, ou présumant témérairement, ou jasant à plaisir et avec pétulance de la grâce de l'élection, ne veulent point cheminer dans les voies des élus.

— Canons de Dordrecht, *article I.13*

N'est-ce pas dans la nature humaine de facilement se relâcher ? Un travailleur qui est assuré de garder son emploi risque fort de travailler avec moins d'ardeur que celui qui doit faire ses preuves. De même, un chrétien assuré de son élection ne risque-t-il pas de servir le Seigneur avec moins de zèle ? Le fait que Dieu nous ait choisis par pure grâce pour être ses enfants ne conduit nullement à la nonchalance, mais produit de bons fruits dans nos vies.

L'article I.12 nous expliquait *comment* être certain de notre élection. L'article I.13 nous explique *pourquoi* nous devrions en être certains. À quoi cela va-t-il me servir de connaître l'élection ? Ce n'est pas seulement un exercice intellectuel. Plus nos cœurs seront remplis de cette vérité, plus cette dernière produira des bienfaits pratiques dans nos vies. Quels sont donc les bienfaits de savoir que nous sommes élus ? « *De la certitude et de l'appréhension intérieures de cette élection, les enfants de Dieu prennent de jour en jour une plus grande matière de s'humilier devant Dieu, d'adorer l'abîme de ses miséricordes, de se purifier eux-mêmes ; d'aimer aussi très ardemment de leur côté celui qui, le premier, les a tellement aimés* » (I.13).

L'humilité

La certitude de notre élection devrait nous inciter à l'humilité. Plusieurs disent au contraire que la doctrine de l'élection inciterait les enfants de Dieu à l'arrogance. Lorsqu'une personne est choisie pour un emploi, pour faire partie d'une équipe ou pour occuper une position d'honneur, n'a-t-elle pas de bonnes raisons de se penser supérieure aux autres ? Si nous pensons que Dieu nous a choisis plutôt que d'autres, cela nous pousserait à nous croire supérieurs. Une telle accusation concernant l'élection est totalement absurde.

Rappelons-nous que tous les hommes ont péché en Adam et que nous méritons tous la mort éternelle. Aucun d'entre nous ne mérite d'être sauvé. Mais Dieu, selon la richesse de sa grâce et par son bon plaisir souverain, en a choisi certains au salut éternel sans tenir compte de nos péchés. Dieu ne sauve pas des hommes à cause de leur valeur intrinsèque ou parce qu'ils auraient en eux-mêmes le pouvoir de croire en lui. Dieu sauve des hommes parce qu'il le veut bien, un point c'est tout.

Il n'y a là aucune raison de s'enorgueillir, bien au contraire ! « Car qui est-ce qui te distingue ? Qu'as-tu que tu n'aies reçu ? Et si tu l'as reçu, pourquoi te glorifies-tu, comme si tu ne l'avais pas reçu ? » (1 Co 4.7.)

Toute arrogance est exclue ! Sa grâce dépend uniquement de son bon plaisir. Nous avons toutes les raisons de nous humilier devant Dieu. « Considérez, frères, que parmi vous qui avez été appelés il n'y a ni beaucoup de sages selon la chair, ni beaucoup de puissants, ni beaucoup de nobles. Mais Dieu a choisi les choses folles du monde pour confondre les sages ; Dieu a choisi les choses faibles du monde pour confondre les fortes ; et Dieu a choisi les choses viles du monde et celles qu'on méprise, celles qui ne sont point, pour réduire à néant celles qui sont, afin que personne ne se glorifie devant Dieu » (1 Co 1.26-29).

C'est en réalité la position arminienne qui comporte le danger de produire un sentiment d'orgueil. Si l'on croit que l'homme joue un rôle dans son salut et que Dieu nous a sauvés à cause de notre « décision », il y a là danger d'arrogance. N'allons-nous pas nous croire un peu plus sages ou spirituels que les autres qui n'ont pas choisi Dieu ? Heureusement, par la grâce de Dieu, bien des arminiens sont très humbles ! Nous, les réformés, devrions avoir honte de ne pas toujours vivre de façon conséquente avec ce que nous croyons.

Dieu est pur et sa Parole est pure, mais nous sommes impurs. Israël s'était pensé supérieur aux autres du fait qu'il était le peuple choisi. Quelle erreur ! Une telle attitude risque de nous faire perdre le désir d'aller vers ceux qui sont perdus et d'éteindre en nous tout sentiment de compassion envers eux. N'oublions jamais à quelle misère nous avons été arrachés et quelle grâce le Seigneur nous a accordée ! Nous ne sommes pas meilleurs qu'une prostituée ou un meurtrier en série. Nous devrions garder espoir pour ces gens perdus, prier que Dieu en sauve encore beaucoup d'autres selon son bon plaisir et marcher humblement avec Dieu.

L'adoration

L'élection devrait nous pousser à l'adoration. Paul présente avec force la vérité glorieuse de l'élection dans Romains 9 à 11 et dans Éphésiens 1 ; dans ces deux textes, Paul est rempli de louange et d'adoration. « Ô profondeur de la richesse, de la sagesse et de la science de Dieu ! Que ses jugements sont insondables, et ses voies incompréhensibles ! Car qui a connu la pensée du Seigneur, ou qui a été son conseiller ? Qui lui a donné le premier, pour qu'il ait à recevoir en retour ? C'est de lui, par lui et pour lui ! À lui la gloire dans tous les siècles. Amen ! » (Ro 11.33-36.) « Béni soit le Dieu et Père de notre Seigneur Jésus-Christ. […] En lui, Dieu nous a élus […] pour célébrer la gloire de sa grâce » (Ép 1.3-6). Voilà le but principal de notre élection ! Célébrer la gloire de sa grâce ! « En lui nous sommes aussi devenus héritiers, ayant été prédestinés […] afin que nous servions à célébrer sa gloire » (Ép 1.11,12).

Pourquoi l'élection nous pousse-t-elle à l'adoration ? Nous étions spirituellement morts, nous étions ennemis de Dieu, nous n'avions aucun intérêt pour lui. Nous méritions sa juste colère. Lui, il a choisi de nous aimer malgré tout, depuis toujours, au prix du sacrifice de son Fils. Quelle puissante motivation à l'adorer de toutes nos forces !

La purification

L'élection devrait nous inciter à nous purifier. « Dieu nous a élus pour que nous soyons saints et irréprochables devant lui » (Ép 1.4). Notre destinée éternelle, c'est la sainteté parfaite à la gloire de Dieu. Quelle excellente raison de nous préparer à notre destination ! Ceux qui rejettent l'élection disent que cette doctrine rend paresseux et négligent. Puisque tout est décidé d'avance, à quoi bon faire des efforts ? Peu importe comment on vit, de toute manière, cela ne changera rien. Encore un raisonnement tordu ! La Bible dit tout le contraire. Si je suis certain de mon élection, je vais m'efforcer de produire des fruits de reconnaissance. Comme l'a dit Jean Calvin, ils sont inséparables, tout comme le soleil et la lumière qu'elle produit.

Si nous avons été sauvés par pure grâce, c'est « pour des bonnes œuvres que Dieu a préparées d'avance, afin que nous les pratiquions » (Ép 2.10). Dieu a préparé d'avance pour ses élus des bonnes œuvres à pratiquer. Jésus a dit que l'on connaît un arbre à ses fruits. Si le cœur d'une personne est transformé parce que Dieu l'a élue, cette personne produira de bons fruits. « Ainsi donc, comme des élus de Dieu, saints et bien-aimés, revêtez-vous de sentiments de compassion, de bonté, d'humilité, de douceur, de patience. Supportez-vous les uns les autres, et, si l'un a sujet de se plaindre de l'autre, pardonnez-vous réciproquement » (Col 3.12 ; voir 1 Th 5.8-11).

Notre assurance ne nous donne pas la liberté de devenir négligents, au contraire. Quand nous savons que le salut est entièrement l'œuvre de Dieu, nous avons confiance qu'il nous donnera la force de le servir. « Travaillez à votre salut avec crainte et tremblement. [...] Car c'est Dieu qui produit en vous le vouloir et le faire selon son bon plaisir. Faites toutes choses sans murmures ni hésitations, afin que vous soyez irréprochables et purs, des enfants de Dieu irréprochables... » (Ph 2.12-15.) C'est encourageant de faire des efforts, car Dieu m'a promis la force de son Esprit !

L'amour pour Dieu

L'élection devrait nous inciter à aimer Dieu davantage. « Nous l'aimons, parce qu'il nous a aimés le premier » (1 Jn 4.19). L'élection signifie que Dieu nous a aimés le premier. Si Dieu ne nous avait pas aimés le premier, il nous serait impossible d'avoir quelque amour pour lui. L'amour de Dieu pour nous et en nous est la source de notre amour pour lui. « L'amour de Dieu répandu dans nos cœurs par le Saint-Esprit qui nous a été donné » (Ro 5.5). Comment vais-je répondre en retour ? En aimant Dieu ardemment de tout cœur. Si je suis certain de mon élection, je vais chérir dans mon cœur l'amour éternel de Dieu pour moi comme le trésor le plus précieux. « *Il s'en faut donc de beaucoup que, par cette doctrine de l'élection et par sa méditation, ils soient rendus plus paresseux, ou charnellement nonchalants à garder les commandements de Dieu* » (I.13).

Il y a toutefois des hypocrites dans l'Église qui se pensent certains de leur élection, soit parce qu'ils sont dans l'Église depuis des années, parce qu'ils ont occupé des fonctions ou parce qu'ils reçoivent des compliments. Ce ne sont pas des preuves en soi. « *Présumant témérairement, ou jasant à plaisir et avec pétulance de la grâce de l'élection, ils ne veulent point cheminer dans les voies des élus* » (I.13). Jésus a bien averti les Juifs de ne pas entretenir de fausse sécurité (Lu 6.24-26). Chacun de nous devrait regarder aux fruits qu'il porte. Suis-je content de moi-même, ou est-ce que je m'attriste de mes péchés et me réjouis de la grâce de Dieu pour moi ? Vivons dans l'humilité, adorons le Seigneur pour son immense miséricorde, purifions-nous de nos péchés, aimons le Seigneur de tout notre cœur. Marchons fidèlement dans la voie de l'élection.

CHAPITRE 13

La bonne manière de parler de l'élection

Article I.14a

> *Or, puisque cette doctrine de l'élection divine, selon le très sage conseil de Dieu, a été prêchée par les Prophètes, Jésus-Christ lui-même et les Apôtres, tant aux époques de l'Ancien que du Nouveau Testament, et ensuite rédigée par écrit dans les saintes Écritures, elle doit, encore aujourd'hui, être publiée dans l'Église de Dieu, à laquelle elle est spécialement destinée, avec un esprit de prudence, religieusement et saintement, en temps et lieu, en écartant toute indiscrète recherche des voies du Dieu souverain ; le tout à la gloire du saint nom de Dieu, et pour la vive consolation de son peuple.*
>
> — Canons de Dordrecht, *article I.14*

De quelle manière devrions-nous parler de l'élection ? Certains s'aventurent à parler de ce sujet à tort et à travers, sans discernement. Ils spéculent sur les secrets insondables de Dieu en allant au-delà de ce que Dieu nous révèle dans sa Parole. D'autres rejettent avec vigueur cette doctrine qu'ils trouvent irrationnelle et refusent de croire ce qu'ils ne peuvent pas comprendre. D'autres sont mal à l'aise de parler de l'élection. Ils ont presque honte d'avouer qu'ils y croient. Ce serait bon pour les théologiens, mais pas pour être prêché ou discuté en Église. D'autres encore ont peur d'aborder des sujets tels que l'assurance de l'élection, la fausse sécurité ou les fruits de l'élection, ne sachant trop où se situer par rapport à ces questions. Ils préfèrent parler de sujets moins embarrassants comme l'amour de Dieu. Comment donc parler de l'élection ? Devrions-nous même en parler ?

Parlons de l'élection

Oui, certainement ! Nous devons en parler ! Puisque la Bible nous révèle que Dieu a un dessein précis d'élection, nous serions bien mal avisés de vouloir taire ou cacher cette doctrine. « *Or, puisque cette doctrine de l'élection divine, selon le très sage conseil de Dieu, a été prêchée par les Prophètes, Jésus-Christ lui-même et les Apôtres, tant aux époques de l'Ancien que du Nouveau Testament, et ensuite rédigée par écrit dans les saintes Écritures, elle doit, encore aujourd'hui, être publiée dans l'Église de Dieu, à laquelle elle est spécialement destinée* » (I.14). Il nous faut bien sûr rejeter « les discussions folles et ineptes » (2 Ti 2.23, *Colombe*), « car elles sont inutiles et vaines » (Tit 3.9). Puisque Dieu nous a révélé cette doctrine, ce n'est pas à moi de dire que c'est trop compliqué ou sans importance. Dieu nous en parle, alors parlons-en nous aussi. « Toute Écriture est inspirée de Dieu, et utile pour enseigner, pour convaincre, pour corriger, pour instruire, […] afin que l'homme de Dieu soit accompli et propre à toute bonne œuvre » (2 Ti 3.16,17).

Paul avait attesté aux anciens d'Éphèse qu'il avait bien exercé son ministère de prédicateur. « Je vous déclare aujourd'hui que je suis pur du sang de vous tous, car je vous ai annoncé tout le conseil de Dieu, sans en rien cacher » (Ac 20.26,27). C'est la responsabilité des pasteurs d'enseigner tout le dessein de Dieu, incluant la doctrine de l'élection, et c'est la responsabilité des croyants de l'étudier et de croire tout ce que Dieu nous dit. Si nous négligeons d'enseigner une partie du conseil de Dieu, nous devenons infidèles et nous faisons preuve de grande ingratitude envers Dieu. Le Seigneur, dans sa grâce, a bien voulu nous révéler ces vérités glorieuses pour l'édification de son peuple.

Il ne s'agit pas de toujours prêcher sur l'élection, mais c'est très réconfortant de savoir qu'on n'a pas besoin de « vendre l'Évangile » ou d'essayer de rendre Jésus intéressant par des « trucs » ou des bonbons. Quand la Parole est proclamée, soyons sûrs que les brebis entendront la voix du bon Berger et qu'elles le suivront. Notre responsabilité est d'être fidèles, pas d'avoir du succès ni de prêcher ce que les gens veulent bien entendre.

Parlons-en prudemment et saintement

Mais comment prêcher cette doctrine ? Comment en parler aux autres ? *« Avec un esprit de prudence, religieusement et saintement, en temps et lieu, en écartant toute indiscrète recherche des voies du Dieu souverain »* (I.14). N'en parlons pas à la légère ! Il s'agit de la gloire de Dieu et de ses voies insondables. « Car mes pensées ne sont pas vos pensées, et vos voies ne sont pas mes voies, dit l'Éternel. Autant les cieux sont élevés au-dessus de la terre, autant mes voies sont élevées au-dessus de vos voies et mes pensées au-dessus de vos pensées » (És 55.8,9). Rappelons-nous toujours que la doctrine de l'élection est au-delà de toute compréhension humaine.

Il y a bien des choses que je suis appelé à croire sans les comprendre. Tout ce que Dieu nous a révélé est certain et digne d'être cru et enseigné, mais Dieu ne nous a pas tout révélé. « Les choses cachées sont à l'Éternel, notre Dieu ; les choses révélées sont à nous et à nos enfants, à perpétuité, afin que nous mettions en pratique toutes les paroles de cette loi » (De 29.29). Lorsque la raison humaine cherche trop à s'élever pour analyser les secrets de Dieu, elle fait preuve d'une grande audace et s'égare immanquablement. La curiosité des hommes rend l'élection encore plus obscure, compliquée et même périlleuse. Il nous faut donc en parler avec beaucoup de sagesse et de prudence, dans un esprit d'humilité, en nous limitant à ce que Dieu nous a révélé, sans chercher à fouiller dans les secrets qu'il a jugé sage de tenir cachés. Cette même prudence doit aussi nous rendre sensibles aux luttes et aux besoins des autres, car c'est un sujet qui peut troubler ou produire des doutes. Bref, n'ajoutons rien et ne retranchons rien de ce que Dieu nous a révélé dans les Écritures saintes.

Parlons-en pour glorifier Dieu

N'oublions pas que Dieu nous a révélé cette doctrine pour que nous la proclamions dans deux buts précis : « *le tout à la gloire du saint nom de Dieu, et pour la vive consolation de son peuple* » (I.14). Lorsque nous parlons de l'élection, demandons-nous dans quel but nous voulons le faire. Est-ce pour glorifier Dieu et réconforter les croyants, ou est-ce comme un exercice intellectuel qui risque de causer la confusion ? Notre premier but devrait toujours être la gloire de Dieu. La Bible ne parle pas de l'élection comme d'une chose à craindre ou à éviter à tout prix, mais comme d'un sujet de gloire et de joie profonde.

Jésus a loué son Père de ce qu'il a caché ces choses aux sages et aux intelligents et de ce qu'il les a révélées aux enfants (Mt 11.25-27). Paul rend gloire à Dieu de nous avoir choisis depuis toute éternité. « Béni soit le Dieu et Père de notre Seigneur Jésus-Christ, qui nous a bénis de toute bénédiction spirituelle dans les lieux célestes en Christ ! En lui Dieu nous a élus avant la fondation du monde. […] Il nous a prédestinés dans son amour à être ses enfants d'adoption par Jésus-Christ, selon le bon plaisir de sa volonté, pour célébrer la gloire de sa grâce dont il nous a favorisés dans le bien-aimé. […] En lui nous sommes aussi devenus héritiers, ayant été prédestinés suivant le plan de celui qui opère toutes choses d'après le conseil de sa volonté, afin que nous servions à célébrer sa gloire » (Ép 1.4-6,11-12). Voilà précisément le but ultime de notre prédestination : que nous servions à célébrer sa gloire !

Nous devrions parler de l'élection dans le but de louer Dieu. Il a choisi un pécheur comme moi pour être son enfant. Quelle grâce infinie dont je suis totalement indigne ! Moi qui mérite d'être éternellement puni en enfer, il m'a choisi depuis toute éternité pour que je lui appartienne pour toujours. Que son amour est grand ! Que ses pensées sont insondables ! Il n'y a rien qui rende davantage gloire à Dieu que de prêcher qu'il est la source de toute bénédiction.

Parlons-en pour consoler le peuple de Dieu

Notre deuxième but devrait être le bien de son peuple. Nos frères et sœurs ont besoin de se rappeler que, si Dieu a trouvé en lui-même la raison de nous choisir, alors notre salut ne dépend nullement de nous. Nous avons besoin de la grâce souveraine. Lorsque Jésus a loué son Père d'avoir caché ces choses aux sages et aux intelligents et de les avoir révélées aux enfants, c'était pour encourager ceux qui ne sont ni sages ni intelligents (Mt 11.25-27). En même temps, Jésus a lancé à tous sans distinction cette grande invitation : « Venez à moi, vous tous qui êtes fatigués et chargés, et je vous donnerai du repos » (Mt 11.28). La proclamation de l'élection ne devrait jamais être séparée d'un appel à tous, car il plaît à Dieu d'accomplir son plan de rédemption par le moyen de la proclamation de l'Évangile qui appelle tous les hommes à se repentir et à croire.

Pour les croyants, l'élection est une source de vive consolation. Paul a dit à ses frères de Thessalonique qu'ils ont été élus pour les encourager à continuer au milieu des épreuves (1 Th 1.4-7). Ils n'avaient aucun sujet de se glorifier d'avoir reçu l'Évangile et pouvaient trouver un puissant encouragement à persévérer dans la foi. « Nous devons à votre sujet rendre continuellement grâces à Dieu, parce que Dieu vous a choisis dès le commencement pour le salut, par la sanctification de l'Esprit et par la foi en la vérité. C'est à quoi il vous a appelés par notre Évangile, pour que vous possédiez la gloire de notre Seigneur Jésus-Christ. Ainsi donc, frères, demeurez fermes, et retenez les instructions que vous avez reçues. […] Que notre Seigneur Jésus-Christ lui-même, et Dieu notre Père, qui nous a aimés, et qui nous a donné par sa grâce une consolation éternelle et une bonne espérance, consolent vos cœurs, et vous affermissent en toute bonne œuvre et en toute bonne parole ! » (2 Th 2.13-17.)

Quel réconfort et quel encouragement nous pouvons communiquer à nos frères et sœurs dans l'Église ! Il y a de l'espoir pour vous et moi. Nous n'avons pas besoin de chercher à plaire à Dieu par nos propres efforts. Dieu a tout fait et il continue de tout faire pour nous sauver en Jésus-Christ. Par conséquent, demeurons fermes et encourageons-nous à être zélés pour Dieu et pour l'Évangile. Parlons également de l'élection aux autres chrétiens que nous rencontrons pour qu'ils apprécient davantage les bénédictions que nous avons en Jésus-Christ. Car la doctrine de l'élection procure d'immenses bienfaits et fait toute la différence dans nos vies ! Là où la grâce de Dieu est en action, là se trouve la plus grande consolation de son Église.

CHAPITRE 14

L'élection nous encourage à l'évangélisation
Article I.14b[1]

Or, puisque cette doctrine de l'élection divine, selon le très sage conseil de Dieu, a été prêchée par les Prophètes, Jésus-Christ lui-même et les Apôtres, tant aux époques de l'Ancien que du Nouveau Testament, et ensuite rédigée par écrit dans les saintes Écritures, elle doit, encore aujourd'hui, être publiée dans l'Église de Dieu, à laquelle elle est spécialement destinée, avec un esprit de prudence, religieusement et saintement, en temps et lieu, en écartant toute indiscrète recherche des voies du Dieu souverain ; le tout à la gloire du saint nom de Dieu, et pour la vive consolation de son peuple.

— Canons de Dordrecht, *article I.14*

La doctrine de l'élection est-elle une amie ou une ennemie de l'évangélisation ? Si le décret de l'élection est immuable et si le salut des élus est absolument certain, quel besoin avons-nous de faire connaître l'Évangile ? Si l'on croit en l'élection, cela ne rend-il pas l'évangélisation inutile ?

---

[1]. Pour ce chapitre, voir Bill Boekestein, *Election: Friend or Foe to Evangelism?* [L'élection, amie ou ennemie de l'évangélisation ?], *The Outlook*, vol. 57, n° 3, mars 2007, p. 9-10.

Plusieurs disent que la doctrine de l'élection décourage le peuple de Dieu à témoigner. On a même affirmé que la théologie de la prédestination aurait nui au développement de la mission dans l'histoire. Il faut avouer que certains de ceux qui ont nié la grâce souveraine de Dieu ont parfois été plus actifs et zélés dans la mission que ceux qui l'ont affirmée. Dans nos vies personnelles, nous devons aussi admettre que nous nous servons parfois de la souveraineté de Dieu comme excuse à notre inaction. Il est important de bien distinguer entre la façon dont des réformés ont parfois mis en pratique la doctrine de l'élection et la façon dont nous *devrions* la mettre en pratique. Comment une saine vision biblique de l'élection *devrait-elle* influencer notre évangélisation ?

L'élection nous encourage à l'action

La meilleure façon de répondre à cette question est de voir comment le plus grand missionnaire de l'Église chrétienne a été influencé par la doctrine de l'élection. S'il y a un missionnaire chrétien qui a fermement cru dans l'élection gratuite de Dieu, c'est bien l'apôtre Paul. Et pourtant, le livre des Actes nous prouve amplement que Paul n'a pas manqué de zèle dans le domaine de l'évangélisation ! Au contraire, sa compréhension de l'élection a grandement inspiré son activité missionnaire.

Par exemple, quand Paul est arrivé à Corinthe, il avait sûrement besoin d'encouragement pour parler de l'Évangile dans cette ville. Pour l'encourager, Jésus s'est révélé à lui et lui a dit : « Ne crains point ; mais parle, et ne te tais point. » Pourquoi Paul devait-il parler sans crainte ? Jésus lui a donné les raisons : « Car je suis avec toi, et personne ne mettra la main sur toi pour te faire du mal ; parle, car j'ai un peuple nombreux dans cette ville » (Ac 18.9,10). Il y avait beaucoup de gens dans la ville de Corinthe qui appartenaient à Jésus-Christ, même s'ils vivaient encore dans l'incrédulité profonde. Jésus rappelle à Paul l'élection gratuite de Dieu, non pour le rendre paresseux ou le dissuader de prêcher l'Évangile, mais pour l'encourager à l'action : ouvre la bouche et parle ! D'après Jésus-Christ lui-même, l'élection est une très bonne raison de nous inciter à l'évangélisation.

Paul était du même avis, car il se disait « serviteur de Dieu, et apôtre de Jésus-Christ pour la foi des élus de Dieu » (Tit 1.1). Il était motivé à servir Jésus-Christ afin que les élus parviennent à la foi. « C'est pourquoi je supporte tout à cause des élus » (2 Ti 2.10). Comment donc l'élection peut-elle nous inciter à l'évangélisation ?

L'élection nous assure des résultats

Premièrement, l'élection devrait promouvoir l'évangélisation parce qu'elle garantit des résultats. Notre seul espoir de voir des gens se convertir est que Dieu a choisi des pécheurs au salut depuis toute éternité. Si la corruption de l'homme est tellement profonde qu'aucun pécheur ne peut jamais de lui-même se repentir et croire en Jésus, alors tous vont inévitablement périr, à moins que Dieu n'ait choisi d'amener certaines personnes à la repentance. Sans l'élection, la mission serait une activité désespérée, forcément vouée à l'échec.

À Corinthe, Paul aurait eu de bonnes raisons de désespérer. « Seigneur, pourquoi veux-tu que je serve dans cette ville ? Ces gens perdus ne voudront jamais croire en l'Évangile. » S'il y avait une ville à cette époque qui était perdue, c'était bien Corinthe. Mais Jésus a dit : « J'ai un peuple nombreux dans cette ville ! » Quel encouragement pour Paul ! Il est resté dix-huit mois à Corinthe pour prêcher à des oreilles sourdes, présenter Jésus à des yeux aveugles, parler à des gens qui avaient des cœurs de pierre. Mais la grâce souveraine de Dieu lui a donné confiance.

Dieu est assez puissant pour ouvrir les yeux, déboucher les oreilles et changer le cœur de ses élus. Plusieurs Corinthiens ont cru ! « Nous prêchons la sagesse de Dieu, mystérieuse et cachée, que Dieu, avant les siècles, avait prédestinée, pour notre gloire. [...] Ce sont des choses que l'œil n'a point vues, que l'oreille n'a point entendues, et qui ne sont point montées au cœur de l'homme, des choses que Dieu a préparées pour ceux qui l'aiment. Dieu nous les a révélées par l'Esprit » (1 Co 2.7,9,10). Paul leur a prêché librement Jésus-Christ crucifié, sans chercher à convaincre par des « trucs » ou des manipulations. « Ma parole et ma prédication ne reposaient pas sur les discours persuasifs de la sagesse, mais sur une démonstration d'Esprit et de puissance, afin que votre foi soit fondée, non sur la sagesse des hommes, mais sur la puissance de Dieu » (1 Co 2.4,5).

Cette doctrine procure au croyant beaucoup de courage et enlève de nos épaules bien des fardeaux, par exemple celui de se sentir responsable des « décisions » des autres. À Antioche comme à Corinthe, « tous ceux qui étaient destinés à la vie éternelle crurent » (Ac 13.48). Grâce à l'élection, la prédication de l'Évangile est efficace à cent pour cent pour les élus !

L'élection garde humblement notre attention sur Dieu

Deuxièmement, l'élection garde humblement notre attention sur Dieu dans notre évangélisation. Le succès de Paul à Corinthe l'a conduit à dépendre de plus en plus du plan souverain de Dieu qui avait choisi de sauver précisément certains hommes. Paul a dit aux Corinthiens : « Qu'est-ce donc qu'Apollos, et qu'est-ce que Paul ? Des serviteurs, par le moyen desquels vous avez cru, selon que le Seigneur l'a donné à chacun. J'ai planté, Apollos a arrosé, mais Dieu a fait croître, en sorte que ce n'est pas celui qui plante qui est quelque chose, ni celui qui arrose, mais Dieu qui fait croître » (1 Co 3.5-7).

Quand Paul avait beaucoup de « succès », il aurait pu se vanter d'être un grand évangéliste, mais il est resté humble. Quand il n'avait pas les succès espérés, il ne se décourageait pas, il faisait confiance à Dieu. Dans un cas comme dans l'autre, c'est Dieu seul qui a le pouvoir de faire croître. C'est très encourageant pour nous, car nous ne voyons pas toujours de croissance visible. Quand il y en a, rendons gloire à Dieu, et quand il y en a moins, soyons reconnaissants du réconfort que l'élection nous procure même dans nos « échecs ».

L'élection donne un but à notre mission

Troisièmement, l'élection donne un but à notre mission. Quand le Seigneur Jésus a confié à Paul la mission d'être évangéliste, il a expliqué que sa mission découlait de son élection. « Cet homme [*Paul*] est un instrument que j'ai choisi, pour porter mon nom devant les nations, devant les rois, et devant les fils d'Israël » (Ac 9.15). Dieu l'avait choisi dans le but précis de travailler à la mission (Ac 22.14,15). Paul l'a très bien compris, puisque plus tard il a dit : « Celui qui m'a mis à part dès le sein de ma mère […] a trouvé bon de révéler en moi son Fils pour que je l'annonce parmi les païens » (Ga 1.15,16, *Colombe*). Pourquoi Paul s'est-il consacré sans relâche à la mission ? Parce qu'il était convaincu que Dieu l'avait choisi depuis toujours pour le faire.

Nous avons tous reçu une « mission prédestinée ». « Vous êtes une race élue […] afin que vous annonciez les vertus de celui qui vous a appelés des ténèbres à son admirable lumière » (1 Pi 2.9). Nous avons été choisis dans un but précis : celui d'annoncer les merveilles de la grâce de Dieu. Sommes-nous convaincus que Dieu nous a choisis avant la fondation du monde pour accomplir aujourd'hui cette mission sur la terre ? Si oui, cela devrait nous amener à nous consacrer tout entier à cette mission et à continuer avec persévérance.

L'élection nécessite l'utilisation de moyens

Enfin, l'élection nous incite à l'évangélisation parce qu'elle implique l'utilisation de moyens. Dieu aurait pu décider de convertir des pécheurs sans utiliser aucun moyen, mais il en a décidé autrement. Il a choisi de se servir de moyens humains pour accomplir son élection. « La foi vient de ce qu'on entend, et ce qu'on entend vient de la parole de Christ » (Ro 10.17). « Soyez irréprochables et purs, des enfants de Dieu irréprochables au milieu d'une génération perverse et corrompue, parmi laquelle vous brillez comme des flambeaux dans le monde, portant la parole de vie » (Ph 2.15,16). Dieu se sert de nos paroles et de notre exemple pour attirer ses élus au salut.

Si nous croyons dans l'élection, nous allons vivre et communiquer l'Évangile. Si Dieu n'envoie pas sa bénédiction, même les meilleures vies et les meilleures prédications vont rester sans effet. Jésus a prêché et vécu parfaitement ; pourtant, les gens qu'il a rencontrés n'ont pas tous été convertis. Il faut plus que de bons moyens. Il faut l'œuvre de Dieu qui commence par son décret d'élection. Oui, c'est seulement le décret immuable de l'élection qui rend le salut des élus totalement certain. Cette certitude, loin de nous décourager dans nos efforts, est une excellente raison qui nous encourage à prêcher fidèlement l'Évangile aux pécheurs. L'élection ne rend pas l'évangélisation inutile, elle rend l'évangélisation nécessaire et nous remplit d'espérance quant au résultat.

CHAPITRE 15

La terrible réalité de la réprobation magnifie la gloire de l'élection

Article I.15

Au reste, l'Écriture sainte rend d'autant plus illustre et recommandable cette grâce éternelle et gratuite de notre élection, quand elle témoigne, en outre, que tous les hommes ne sont point élus, mais qu'il y en a de non élus, ou qui ne sont point fait participants de l'élection éternelle de Dieu ; à savoir ceux que Dieu, selon son bon plaisir très libre, très juste, irrépréhensible et immuable, a décidé de laisser dans la misère commune, où ils se sont précipités par leur propre faute, et de ne pas leur donner la foi salutaire, ni la grâce de la conversion ; mais, les ayant abandonnés dans leurs voies, et sous un juste jugement, de les condamner et de les punir éternellement, non seulement à cause de leur infidélité, mais aussi pour tous leurs autres péchés, et cela pour la manifestation de sa justice.

C'est là le décret de la réprobation, lequel ne fait nullement Dieu auteur du péché (ce qu'on ne peut pas penser sans blasphème), mais le montre juge redoutable, irrépréhensible et juste, et vengeur du péché.

— Canons de Dordrecht, *article I.15*

Nous allons maintenant considérer la terrible réalité de la réprobation. Voilà un sujet bien difficile ! Même le mot est difficile à prononcer. Quand on parle de la réprobation, plusieurs s'imaginent un Dieu cruel et insensible. Ils pensent que Dieu aurait créé certaines personnes pour les envoyer en enfer. Comment Dieu pourrait-il prendre des innocents et les jeter en enfer ? Une telle façon de parler est tout à fait erronée et n'est qu'une piètre caricature de l'enseignement biblique. On part de l'idée que tous les gens seraient neutres, innocents devant Dieu. Si c'était le cas, alors oui, la réprobation ternirait certainement la gloire de Dieu. Cependant, la Bible ne dit pas que les gens sont neutres et que Dieu envoie des innocents en enfer. L'Écriture nous dit que « tous ont péché et sont privés de la gloire de Dieu » (Ro 3.23). Tous méritent sa juste condamnation.

Dieu a décidé de laisser certaines personnes dans leur misère

Le décret de la réprobation n'est pas simplement une déduction logique, c'est une réalité que Dieu nous a révélée. La Bible nous parle de Jacob, mais aussi d'Ésaü ; de Moïse, mais aussi du Pharaon ; de Pierre, mais aussi de Judas, « le fils de perdition » (Jn 17.12). Nous n'avons pas le droit de choisir ce qui nous plaît dans la Bible et de rejeter ce qui nous déplaît. Ne nous pensons pas plus sages que Dieu ! Le Saint-Esprit nous l'a révélé pour une bonne raison.

La prédestination comporte deux parties : l'élection et la réprobation. L'élection, c'est Dieu qui choisit certaines personnes qui l'ont abandonné pour se joindre à Satan, mais que Dieu veut ramener à lui. La réprobation, c'est Dieu qui laisse dans la misère d'autres personnes qui l'ont aussi abandonné pour se joindre à Satan, et qui resteront avec Satan. Les non-élus, ce sont « *ceux que Dieu, selon son bon plaisir très libre, très juste, irrépréhensible et immuable, a décidé de laisser dans la misère commune, où ils se sont précipités par leur propre faute, et de ne pas leur donner la foi salutaire, ni la grâce de la conversion* » (I.15).

« Et tous les habitants de la terre l'adoreront [*la bête*], ceux dont le nom n'a pas été écrit dans le livre de vie de l'Agneau qui a été immolé dès la fondation du monde » (Ap 13.8). Ceux qui adorent la bête (instrument du diable) sont laissés dans leur misère. La Bible ne dit pas que leur nom a été écrit dans le livre des damnés, mais qu'il n'a pas été écrit dans le livre de vie. Dieu les laisse là où ils se sont placés eux-mêmes. Cela fait partie de son décret éternel. « Ils s'y heurtent pour n'avoir pas cru à la parole, et c'est à cela qu'ils sont destinés » (1 Pi 2.8).

Dieu n'est pas surpris ni déçu par leur incrédulité. Son plan n'est pas modifié ni renversé par leur rébellion. Dieu le savait, il l'a même décidé depuis toujours. Dans son décret éternel de choisir certaines personnes au salut, Dieu a décidé d'en laisser d'autres dans leur misère. « Car les enfants n'étaient pas encore nés et ils n'avaient fait ni bien ni mal (afin que le dessein d'élection de Dieu subsiste, sans dépendre des œuvres, et par la seule volonté de celui qui appelle), quand il fut dit à Rebecca : L'aîné sera assujetti au plus jeune, selon qu'il est écrit : J'ai aimé Jacob et j'ai haï Esaü » (Ro 9.11-13). Paul parle de deux sortes de vases : « des vases de colère prêts pour la perdition » qui représentent les réprouvés, et « des vases de miséricorde qu'il a d'avance préparés pour la gloire », qui représentent les élus (Ro 9.21-23).

Mais attention ! L'élection et la réprobation ne sont pas deux réalités symétriques l'une par rapport à l'autre comme une image miroir. Les élus ne peuvent nullement s'attribuer le mérite de leur élection, tandis que les réprouvés doivent entièrement porter le blâme de leur perdition. Dieu ne crée pas des pécheurs. Il abandonne des pécheurs à leurs mauvaises voies. L'argile du potier dans Romains 9 est une argile déchue. Dieu fait miséricorde à une partie de cette argile et il abandonne l'autre partie aux conséquences éternelles de son péché.

Dieu est juste et n'est pas l'auteur du péché

Dieu serait-il injuste ? Paul répond d'avance à cette objection. « Y a-t-il en Dieu de l'injustice ? Loin de là ! Car il dit : [...] Je ferai miséricorde à qui je fais miséricorde. [...] Il fait miséricorde à qui il veut et il endurcit qui il veut. » Très bien, mais alors « Pourquoi blâme-t-il encore ? Car qui est-ce qui résiste à sa volonté ? » Réponse : « Qui es-tu pour contester avec Dieu ? Le vase d'argile dira-t-il à celui qui l'a formé : Pourquoi m'as-tu fait ainsi ?

Le potier n'est-il pas maître de l'argile, pour faire avec la même masse un vase d'honneur et un vase d'un usage vil ? Et que dire, si Dieu, voulant montrer sa colère et faire connaître sa puissance, a supporté avec une grande patience des vases de colère prêts pour la perdition, et s'il a voulu faire connaître la richesse de sa gloire envers des vases de miséricorde qu'il a d'avance préparés pour la gloire ? » (Ro 9.14-23.) Le simple fait de présenter ces arguments est la preuve que la réprobation est bien vraie.

Paul n'essaie pas d'atténuer cette vérité difficile. Il ne passe pas à côté des questions qu'elle soulève. Il n'essaie pas de donner une explication plus acceptable. À la fin, il revient à Dieu, à sa volonté éternelle, à sa parfaite justice et à la richesse de sa miséricorde. Qui sommes-nous pour discuter avec Dieu ? Son bon plaisir est sans reproche. « *Les ayant abandonnés dans leurs voies, et sous un juste jugement (il a décidé) de les condamner et de les punir éternellement, non seulement à cause de leur infidélité, mais aussi pour tous leurs autres péchés, et cela pour la manifestation de sa justice. C'est là le décret de la réprobation, lequel ne fait nullement Dieu auteur du péché (ce qu'on ne peut pas penser sans blasphème), mais le montre juge redoutable, irrépréhensible et juste, et vengeur du péché* » (I.15).

Pouvons-nous comprendre pourquoi Adam a péché ? Non, Dieu ne nous l'a pas révélé. Nous savons simplement qu'il a péché. Dieu l'a permis, il se sert même du péché dans son plan éternel. « L'Éternel a tout fait pour un but, même le méchant pour le jour du malheur » (Pr 16.4). Il fait concourir « toutes choses au bien de ceux qu'il a appelés selon son dessein » (Ro 8.28). En même temps, Dieu n'est pas l'auteur du péché. « Loin de Dieu l'injustice, loin du Tout-Puissant l'iniquité ! » (Job 34.10.) « Car Dieu ne peut être tenté par le mal et ne tente lui-même personne » (Ja 1.13). Joseph, vendu par ses frères, a dit : « Vous aviez médité de me faire du mal : Dieu l'a changé en bien, pour accomplir ce qui arrive aujourd'hui, pour sauver la vie à un peuple nombreux » (Ge 50.20). Dieu était en contrôle de leur jalousie !

Le meilleur exemple est la mort de Jésus. « Le Fils de l'homme s'en va selon ce qui est déterminé. Mais malheur à l'homme par qui il est livré ! » (Lu 22.22.) « Cet homme, livré selon le dessein arrêté et selon la prescience de Dieu, vous l'avez crucifié, vous l'avez fait mourir par la main des impies » (Ac 2.23). « Hérode et Ponce Pilate se sont ligués dans cette ville avec les nations et avec les peuples d'Israël, pour faire tout ce que ta main et ton conseil avaient arrêté d'avance » (Ac 4.27,28).

Vérité profonde et insondable ! Dieu n'a jamais commis le moindre péché et n'en commettra jamais. Il est pourtant parfaitement souverain sur la réalité du péché. Il a éternellement décrété toutes les souffrances de Jésus pour notre salut ! Il se servira même de ses pires ennemis pour juger et détruire, selon son dessein éternel, les forces séductrices antichrétiennes qui cherchent aujourd'hui à détourner les croyants de leur Seigneur et Sauveur. « Car Dieu a mis dans leurs cœurs d'exécuter son dessein, un même dessein, et de donner leur royauté à la bête, jusqu'à ce que les paroles de Dieu soient accomplies » (Ap 17.17). Mais les hommes ont péché par leur propre faute. Dieu a décidé de donner à certains ce qu'ils méritent. « Quiconque ne fut pas trouvé inscrit dans le livre de vie fut jeté dans l'étang de feu » (Ap 20.15).

La réprobation est une raison de plus de louer Dieu

Le Seigneur ne nous a pas révélé la réprobation pour nous épouvanter, mais pour se glorifier et pour nous réconforter. Quand nous reconnaissons que Dieu est le « juge redoutable » et l'ennemi éternel du péché, c'est tout à son honneur ! Il fait tout pour sa gloire. « Car l'Écriture dit à Pharaon : Je t'ai suscité à dessein pour montrer en toi ma puissance, et afin que mon nom soit publié par toute la terre » (Ro 9.17). Nous ne comprenons pas tout, mais nous n'avons pas le droit d'enlever à Dieu cet honneur.

De plus, quand nous considérons que certains n'ont pas été élus, la grâce de l'élection au salut est d'autant plus extraordinaire. « *L'Écriture sainte rend d'autant plus illustre et recommandable cette grâce éternelle et gratuite de notre élection, quand elle témoigne, en outre, que tous les hommes ne sont point élus, mais qu'il y en a de non élus, ou qui ne sont point fait participants de l'élection éternelle de Dieu* » (I.15). C'est tellement grand ! Dieu en a choisi certains, il m'a choisi, alors qu'il en a laissé d'autres qu'il n'a pas choisis. Je ne suis pourtant pas meilleur que Judas Iscariote. Et pourtant, Dieu m'a choisi ! Quel miracle de sa grâce ! Si j'ai la vie éternelle, c'est uniquement grâce à Dieu. La réprobation souligne encore davantage le cadeau merveilleux qui m'a été fait d'avoir été choisi. « Il a voulu faire connaître la richesse de sa gloire envers des vases de miséricorde » (Ro 9.23).

Quand la Bible parle de l'élection et de la réprobation, ce n'est pas pour nous faire sentir supérieurs aux autres, c'est pour nous amener à louer Dieu davantage. Quel Dieu merveilleux nous avons ! Il nous a choisis par pure grâce, depuis toute éternité, pour nous sortir de notre misère et nous faire partager sa gloire éternelle. À mesure que je réalise ce que Dieu a fait pour moi, je deviens de plus en plus reconnaissant et cela m'amène à le louer toujours davantage.

CHAPITRE 16

Ne perdons pas courage si nous ne sommes pas certains de notre élection

Article I.16

Ceux qui ne sentent pas encore efficacement en eux une vive foi en Jésus-Christ, ou une confiance certaine du cœur, une paix de la conscience, un soin et souci d'une obéissance filiale, et une glorification en Dieu par Jésus-Christ, mais qui néanmoins se servent des moyens par lesquels Dieu a promis d'effectuer ces choses en nous : ceux-là ne doivent pas perdre courage quand ils entendent parler de la réprobation, ni se mettre au rang des réprouvés. Au contraire, ils doivent persévérer soigneusement dans l'usage de ces moyens, désirer ardemment l'heure d'une grâce plus abondante, et l'attendre en toute révérence et humilité.

Beaucoup moins encore doivent être épouvantés par la doctrine de la réprobation ceux qui, bien qu'ils désirent sérieusement se convertir à Dieu, lui plaire uniquement, et être délivrés de ce corps de mort, ne peuvent toutefois encore parvenir aussi avant qu'ils voudraient dans le chemin de la piété et de la foi, puisque Dieu, qui est miséricordieux, a promis qu'il n'éteindra point le lumignon qui fume, ni ne brisera le roseau cassé.

Mais cette doctrine est à bon droit en effroi à ceux qui, ayant mis en oubli Dieu et le Sauveur Jésus-Christ, se sont entièrement asservis aux sollicitudes de ce monde et aux convoitises de la chair, aussi longtemps qu'ils ne se convertissent point à Dieu.

— Canons de Dordrecht, *article I.16*

La doctrine de la réprobation ne nous est pas révélée pour ternir notre joie, au contraire, mais il peut arriver qu'elle nous rende très mal à l'aise. Se pourrait-il que Dieu ne m'ait pas choisi ? Il y a des gens qui sont extrêmement troublés par une telle idée. Les enfants de Dieu peuvent avoir des craintes dans leur cœur. L'article I.16 répond de façon très pastorale pour encourager ceux qui ont des doutes quant à leur élection. Il s'adresse à trois différents types de personnes.

Ceux qui ne discernent pas encore clairement les fruits de leur élection

Cette catégorie de personnes n'a pas encore une ferme conviction dans la foi. « *Ils ne sentent pas encore efficacement en eux une vive foi en Jésus-Christ, ou une confiance certaine du cœur, une paix de la conscience, un soin et souci d'une obéissance filiale, et une glorification en Dieu par Jésus-Christ, mais néanmoins se servent des moyens par lesquels Dieu a promis d'effectuer ces choses en nous* » (I.16). Ils sont faibles dans la foi, mais ils écoutent la Parole de Dieu, ils prient, ils participent aux sacrements. Ils veulent servir le Seigneur, mais ils ne sont pas certains de leur élection. Quand ils regardent à eux-mêmes, ils ne voient pas une foi ferme et solide. Ils se rendent compte que leur vie n'est pas assez à l'honneur de Dieu. Le doute et l'inquiétude surgissent alors dans leur esprit : suis-je vraiment un élu ? Ou suis-je un réprouvé ? « *Ceux-là ne doivent pas perdre courage quand ils entendent parler de la réprobation ni se mettre au rang des réprouvés. Au contraire, ils doivent persévérer soigneusement dans l'usage de ces moyens, désirer ardemment l'heure d'une grâce plus abondante, et l'attendre en toute révérence et humilité* » (I.16).

« Les choses cachées sont à l'Éternel, notre Dieu ; les choses révélées sont à nous et à nos enfants, à perpétuité, afin que nous mettions en pratique toutes les paroles de cette loi » (De 29.29). Dieu ne nous appelle pas à fouiller ses secrets éternels pour savoir si nous serions « non élus ». Il nous dit clairement ce qu'il faut faire : « Crois au Seigneur Jésus, et tu seras sauvé » (Ac 16.31). Cette doctrine n'a pas pour but de décourager ceux qui ne ressentent pas l'assurance de la foi, mais de les encourager à marcher sur la bonne route.

Le Saint-Esprit se plaît à utiliser des moyens pour nous fortifier dans la foi. « La foi vient de ce qu'on entend et ce qu'on entend vient de la parole de Christ » (Ro 10.17). Nous avons besoin de nous mettre à l'écoute de la Parole de Dieu, chercher notre réconfort dans ses promesses, croire en Jésus-Christ, chercher en lui notre vie, mettre en pratique sa Parole. C'est ainsi que nous serons fortifiés dans la foi. « Mais celui qui aura plongé les regards dans la loi parfaite, la loi de la liberté, et qui aura persévéré, n'étant pas un auditeur oublieux, mais se mettant à l'œuvre, celui-là sera heureux dans son activité » (Ja 1.25).

Jésus et les apôtres ont comparé la vie chrétienne à un arbre qui porte du fruit (Jn 15.1-8 ; Ga 5.22,23). Un arbre fruitier a besoin de temps pour grandir et porter du fruit. De même, quand on vient à la foi, on ne peut pas porter du fruit instantanément ; il faut du temps. Certains arbres prennent plus de temps pour parvenir à maturité, de même les croyants parviennent à maturité spirituelle à des moments différents de leur vie. La croissance dans la foi est un processus qui a besoin d'être nourri et cultivé. Continuons donc à nous mettre à l'écoute de sa Parole. En son temps, Dieu nous fera grandir pour nous faire porter plus de fruit.

Ceux qui ne sont pas encore parvenus au degré de foi désiré

Le deuxième groupe de personnes, ce sont « *ceux qui, bien qu'ils désirent sérieusement se convertir à Dieu, lui plaire uniquement, et être délivrés de ce corps de mort, ne peuvent toutefois encore parvenir aussi avant qu'ils voudraient dans le chemin de la piété et de la foi* » (I.16). Ils luttent dans leur vie chrétienne à cause de leur manque d'obéissance, leur manque de zèle, leur manque de piété, leur manque de sainteté. Il est facile de s'identifier à cette catégorie. Tous les jours, nous luttons contre le péché, un excès de colère, une convoitise, des paroles blessantes, un désir de voler. Nous devenons découragés de constater que nous retombons toujours dans les mêmes péchés. Il y a tellement de péchés dans nos vies et tellement peu de victoires qu'on peut en venir à se demander : suis-je vraiment un élu ? Le doute finit par s'installer.

Au fond, notre combat ressemble à celui de l'apôtre Paul. Il avait un cœur nouveau, transformé par le Saint-Esprit, et pourtant il disait : « Je suis charnel, vendu au péché. [...] Ce qui est bon, je le sais, n'habite pas en moi, c'est-à-dire dans ma chair : j'ai la volonté, mais non le pouvoir de faire le bien. Car je ne fais pas le bien que je veux, et je fais le mal que je ne veux pas » (Ro 7.14,18,19). Paul était très dérangé par le fait qu'il n'avait pas la victoire sur le péché. Il reconnaissait le combat qui faisait rage en lui et criait son désespoir : « Qui me délivrera de ce corps de mort ? » Il connaissait toutefois la réponse : « Grâces soient rendues à Dieu par Jésus-Christ notre Seigneur ! » (Ro 7.24,25.)

La rédemption se trouve dans le sang de Jésus. Le Seigneur pardonne nos péchés par son sang et nous promet de nous transformer par son Esprit. Suis-je un réprouvé ? Je sais que mes péchés sont encore nombreux. Mais Dieu agit en moi pour produire une tristesse qui mène à la repentance ainsi qu'un désir de justice. C'est là un fruit de l'élection ! Dieu est fidèle ! Il va achever ce qu'il a commencé ! Nous avons donc cet encouragement. *« Beaucoup moins encore doivent être épouvantés par la doctrine de la réprobation, [...] puisque Dieu, qui est miséricordieux, a promis qu'il n'éteindra point le lumignon qui fume ni ne brisera le roseau cassé (És 42.3) »* (I.16).

Il nous arrive de fixer notre attention sur nos imperfections et d'oublier de regarder à Jésus. La Parole de Dieu donne beaucoup d'encouragement à nous tous qui sommes faibles dans la foi. « L'Éternel, l'Éternel, Dieu miséricordieux et compatissant, lent à la colère, riche en bonté et en fidélité » (Ex 34.6). Ne regardons pas à notre force, mais à sa force, non pas à notre infidélité, mais à sa fidélité. Gardons précieusement la promesse de Jésus : « Venez à moi, vous tous qui êtes fatigués et chargés, et je vous donnerai du repos. Prenez mon joug sur vous et recevez mes instructions, car je suis doux et humble de cœur, et vous trouverez le repos pour vos âmes » (Mt 11.28,29). Écoutons sa Parole qui nous exhorte tendrement, mais fermement à nous tourner vers Jésus.

Ceux qui se moquent de Dieu et qui vivent dans le péché

Le troisième groupe de personnes est celui qui refuse de se convertir et qui s'abandonne à la façon de vivre de ce monde et aux plaisirs de la chair. « *Mais cette doctrine est à bon droit en effroi à ceux qui, ayant mis en oubli Dieu et le Sauveur Jésus-Christ, se sont entièrement asservis aux sollicitudes de ce monde et aux convoitises de la chair, aussi longtemps qu'ils ne se convertissent point à Dieu* » (I.16). Ceux-là devraient sérieusement s'inquiéter ! La doctrine de la réprobation est terrible pour ceux qui refusent de se convertir. Ces gens devraient réfléchir très sérieusement au fait que Dieu ne laisse pas le péché impuni. Il peut laisser les gens dans leurs péchés. Il peut les endurcir dans leur incrédulité et leur faire payer le salaire qu'ils méritent dans l'enfer éternel.

« *Cette doctrine est à bon droit en effroi.* » C'est un avertissement et un appel à se repentir pendant que Dieu en donne encore l'occasion. Une telle repentance est nécessaire, car « c'est terrible de tomber dans les mains du Dieu vivant ! » (Hé 10.31.) Il arrive souvent que cet enseignement, par la grâce de Dieu, saisisse une personne et lui fasse voir la gravité de sa condition pour l'amener ensuite à se convertir. Remarquons bien que ceux qui refusent encore de se convertir ne sont pas appelés des réprouvés. Nous ne devrions jamais conclure une telle chose de qui que ce soit. Tant qu'une personne respire, nous devrions l'appeler à la repentance et à la foi.

L'Église a la responsabilité de prêcher et « d'annoncer tout le conseil de Dieu » (Ac 20.27), et cela inclut la doctrine de la réprobation. Nous ne devrions pas hésiter à l'enseigner. Il ne nous est toutefois pas permis de penser que telle personne est réprouvée, car Dieu ne nous l'a pas révélé. La doctrine de la réprobation nous enseigne à craindre Dieu et à « mettre en œuvre notre salut avec crainte et tremblement » (Ph 2.12). Car Dieu est un feu dévorant. C'est une chose terrible de vivre dans l'Église, d'écouter la Parole de Dieu et d'avoir encore l'audace de vivre dans le péché !

Cette doctrine nous encourage à utiliser avec diligence les moyens que Dieu nous a donnés pour vivre et grandir dans la foi. Elle nous pousse à trouver notre unique assurance en Jésus-Christ. Même si nos péchés sont encore nombreux, ce n'est pas une raison de désespérer. La tristesse à cause de nos péchés est une œuvre de l'Esprit et un fruit de notre élection. Dieu n'a pas fini son œuvre dans nos vies ! Il ne va pas laisser tomber ce qu'il a commencé. Nous pouvons dire avec joie et avec confiance : « Je suis persuadé que celui qui a commencé en vous cette bonne œuvre la rendra parfaite pour le jour de Jésus-Christ » (Ph 1.6).

CHAPITRE 17

L'élection des enfants des croyants morts en bas âge
Article I.17

> *Et puisqu'il nous faut juger de la volonté de Dieu par sa Parole, laquelle témoigne que les enfants des fidèles sont saints, non pas certes de nature, mais par le bienfait de l'alliance de grâce en laquelle ils sont compris avec leurs père et mère : les pères et mères qui craignent Dieu ne doivent pas douter de l'élection et du salut de leurs enfants que Dieu retire de cette vie pendant leur enfance.*
>
> — Canons de Dordrecht, *article I.17*

L'article I.16 a répondu de façon très pastorale à ceux qui se demandent : suis-je un élu ou un réprouvé ? L'article I.17 répond à une autre question : qu'en est-il de mon enfant que j'ai perdu en bas âge ? Les enfants de parents chrétiens qui meurent tout jeunes sont-ils sauvés ou non ? Encore une fois, la réponse donnée est très pastorale. Nous pouvons être reconnaissants au Seigneur de ce qu'aujourd'hui la mortalité infantile est beaucoup plus faible qu'autrefois. Toutefois, nous vivons encore dans cette vallée de larmes et nous subissons toujours les conséquences du péché. Des parents chrétiens peuvent être attristés par la perte de leur enfant, soit par fausse-couche, par mort subite ou dans un accident tragique.

Nous avons besoin d'être réconfortés et de savoir ce que la Bible enseigne. Ce réconfort, nous le trouvons dans l'alliance que Dieu a établie avec nous et nos enfants.

Des pécheurs coupables dès la conception

D'après la conclusion des *Canons*, les arminiens ont accusé faussement les réformés de dire « *que nombre de petits enfants innocents de fidèles sont arrachés des mamelles de leurs mères pour être tyranniquement précipités dans la géhenne, au point que ni le sang de Jésus-Christ, ni le baptême, ni les prières de l'Église faites à leur baptême, ne leur profitent de rien* ». À une époque où la mortalité infantile était élevée, les adversaires de l'élection voulaient toucher une corde sensible afin de dénigrer cette merveilleuse doctrine. D'après eux, les bébés sont trop jeunes pour décider de croire ou de ne pas croire. Dieu, dans sa miséricorde, sauverait automatiquement tous les bébés du monde entier (ce qui n'est pas nécessairement l'avis de tous les arminiens modernes).

Comme nous touchons à un sujet très sensible, assurons-nous de ne pas baser notre foi sur nos sentiments, mais sur la Parole de Dieu. « *Il nous faut juger de la volonté de Dieu par sa Parole* » (I.17). La Bible nous dit que « tous ont péché » (Ro 5.12), nous sommes tous pécheurs dès notre conception. David a dit : « Je suis né dans l'iniquité, et ma mère m'a conçu dans le péché » (Ps 51.7). Il n'y a pas de « passe-droits » pour les enfants des croyants. Tous les descendants d'Adam ont hérité de la même nature pécheresse. Ils attirent la colère de Dieu comme tous les « enfants de colère » (Ép 2.3), car « par une seule offense la condamnation a atteint tous les hommes » (Ro 5.18). Dieu ne commettrait donc aucune injustice s'il condamnait tous les enfants à l'enfer.

La promesse de l'alliance

Et pourtant, nous pouvons avoir une grande espérance pour nos enfants qui meurent en bas âge. Car la Parole de Dieu « *témoigne que les enfants des fidèles sont saints, non pas certes de nature, mais par le bienfait de l'alliance de grâce en laquelle ils sont compris avec leurs père et mère* » (I.17).

Dieu a bien voulu établir une distinction entre les enfants des croyants et ceux des non-croyants. Dieu dit à Abraham : « J'établirai mon alliance entre moi et toi, et tes descendants après toi, selon leurs générations : ce sera une alliance perpétuelle, en vertu de laquelle je serai ton Dieu et celui de ta postérité après toi » (Ge 17.7). Dieu est discriminatoire. Il ne traite pas tous les enfants de la même façon. Il a promis d'être le Dieu d'Abraham et le Dieu de ses enfants.

C'est pourquoi David a dit : « Dès le ventre de ma mère tu as été mon Dieu. Ne t'éloigne pas de moi quand la détresse est proche » (Ps 22.11,12). David avait besoin de trouver force et réconfort à un moment particulièrement difficile de sa vie. Pour cela, il a reconnu que Dieu a été son Dieu dès le ventre de sa mère.

Les promesses de l'alliance demeurent vraies dans le Nouveau Testament. Le jour de la Pentecôte, l'apôtre Pierre a dit au peuple de l'alliance : « Car la promesse est pour vous, pour vos enfants, et pour tous ceux qui sont au loin, en aussi grand nombre que le Seigneur notre Dieu les appellera » (Ac 2.39). Paul le confirme en disant aux chrétiens de Corinthe que leurs enfants « sont saints ». Cela signifie qu'ils sont séparés du péché et mis à part pour servir Dieu. Ils sont spéciaux aux yeux de Dieu, tandis que les enfants des incroyants sont « impurs » (1 Co 7.14), ils n'appartiennent pas à Dieu.

Paul a dit aux chrétiens d'Éphèse : « C'est pourquoi, vous autrefois païens dans la chair, appelés incirconcis par ceux qu'on appelle circoncis et qui le sont en la chair par la main de l'homme, souvenez-vous que vous étiez en ce temps-là sans Christ, privés du droit de cité en Israël, étrangers aux alliances de la promesse, sans espérance et sans Dieu dans le monde » (Ép 2.11,12). Dans leur enfance, ils ne faisaient pas partie du peuple de l'alliance, mais plus tard, ils sont devenus « concitoyens des saints, gens de la maison de Dieu » (Ép 2.19). Par conséquent, leurs enfants aussi.

Dieu fait cette distinction, non parce que nos enfants seraient meilleurs que les autres ou qu'ils seraient sauvés à cause de notre foi. Ils sont mis à part à cause de l'alliance de Dieu, en vertu de sa promesse. Dieu n'a pas dit que la vraie promesse était seulement pour certains d'entre eux et que nous devions essayer de sonder les secrets de Dieu pour chercher à savoir lesquels parmi eux étaient élus. Dieu a simplement fait la promesse d'être le Dieu de tous nos enfants.

Des parents chrétiens réconfortés

Dordrecht tire la conclusion suivante : « *Les pères et mères qui craignent Dieu ne doivent pas douter de l'élection et du salut de leurs enfants que Dieu retire de cette vie pendant leur enfance* » (I.17). Ils peuvent être assurés que les promesses de Dieu sont accomplies pour leur enfant. Si Dieu est fidèle, comment pourrait-il nous laisser dans le doute quant à la destinée éternelle de nos enfants qu'il vient chercher en bas âge ?

Nous avons l'exemple de l'enfant de David, né de l'union adultère avec Bath-Chéba.

Lorsque David apprit la nouvelle du décès de son enfant, il « se leva de terre. Il se lava, s'oignit, et changea de vêtements ; puis il alla dans la maison de l'Éternel, et se prosterna. De retour chez lui, il demanda qu'on lui serve à manger, et il mangea. Ses serviteurs lui dirent : Que signifie ce que tu fais? Tandis que l'enfant vivait, tu jeûnais et tu pleurais ; et maintenant que l'enfant est mort, tu te lèves et tu manges ! » D'habitude, quand notre enfant meurt, nous prenons le deuil et nous pleurons. David, lui, a mis fin à son jeûne et il est allé adorer Dieu. « Il répondit : Lorsque l'enfant vivait encore, je jeûnais et je pleurais, car je disais : Qui sait si l'Éternel n'aura pas pitié de moi et si l'enfant ne vivra pas ? Maintenant qu'il est mort, pourquoi jeûnerais-je ? Puis-je le faire revenir ? J'irai vers lui, mais il ne reviendra pas vers moi » (2 S 12.20-23). Où David irait-il ? David était croyant. Il savait qu'à sa mort il irait avec Dieu. Il a exprimé la conviction qu'il irait un jour à la rencontre de son fils. David n'a pas été abattu comme quelqu'un qui est sans espoir. Il était persuadé que l'enfant était auprès de Dieu.

Certains hésitent encore et se disent que peut-être tous ne sont pas élus. Dieu ne nous révèle pas ses secrets éternels. Il nous révèle ses promesses pour nous et nos enfants. N'essayons pas de sonder avec curiosité les secrets et les profondeurs de Dieu. Appuyons-nous simplement sur les magnifiques promesses de son alliance. Nos cœurs obstinés viennent encore objecter : « Après tout, il y a bien eu Ésaü. Ésaü a été circoncis, il a fait partie de l'alliance, et pourtant il est compté parmi les réprouvés. »

C'est vrai, mais est-il mort lorsqu'il était bébé ? Dordrecht rattache ensemble trois éléments à ne pas séparer :

- Il est question des enfants de parents qui craignent Dieu ;
- Dieu les retire de cette vie dans leur enfance par sa providence ;
- Nous ne devrions pas douter de leur élection et de leur salut.

Il n'est pas garanti que tous nos enfants, une fois devenus adultes, seront sauvés. Mais ne doutons pas du salut de ceux qu'il retire de cette vie en bas âge. Il s'agit là d'une situation particulière. Ne pensons pas que nous n'avons rien à faire avec les enfants que Dieu nous a confiés et qui sont toujours vivants, en présumant qu'ils seront sauvés de toute manière. L'article I.17 nous parle de parents « *qui craignent Dieu* ». De tels parents ne trouveront pas d'excuses à la paresse. Ils enseigneront fidèlement leurs enfants dans les voies du Seigneur (Ge 18.19). Ils leur apprendront à aimer Jésus-Christ et à craindre Dieu, confiants dans ses promesses. Mais pour les enfants qu'ils perdent en bas âge, ils peuvent être assurés de leur salut éternel.

Le bon plaisir de Dieu

C'est un grand choc que de perdre son enfant. Mais aussi pénible que cela puisse être, la mort d'un enfant n'arrive pas par accident. Dieu ne commet pas d'erreurs, car « l'Éternel est juste dans toutes ses voies et miséricordieux dans toutes ses œuvres » (Ps 145.17). Une fausse-couche, un accident, la maladie ne sont pas juste des choses qui « arrivent », comme si elles étaient en dehors du contrôle souverain de notre Dieu. Nous devons reconnaître que « *Dieu les retire de cette vie pendant leur enfance* » (I.17). Au milieu des larmes, nous pouvons dire qu'il a plu à Dieu de le faire. Ce Dieu qui a librement placé cet enfant dans son alliance de grâce et l'a déclaré saint, mis à part pour lui, est le même Dieu souverain qui retire cet enfant de cette vie. Va-t-il abandonner cet enfant ? Certainement pas ! Voilà un grand réconfort pour des parents chrétiens et pour la communauté de l'alliance !

CHAPITRE 18

Devant ce mystère insondable, adorons Dieu sans murmurer

Article I.18

Si quelqu'un murmure contre cette grâce de l'élection gratuite et contre la sévérité de cette juste réprobation, nous lui opposons ce dire de l'Apôtre : « Toi plutôt, qui es-tu pour contester avec Dieu ? » (Ro 9.20) ; et celui de notre Sauveur : « Ne m'est-il pas permis de faire de mon bien ce que je veux ? » (Mt 20.15.)

Mais quant à nous, qui adorons religieusement ces mystères, nous nous écrions avec l'Apôtre : « Ô profondeur de la richesse, de la sagesse et de la science de Dieu ! Que ses jugements sont insondables, et ses voies incompréhensibles ! Car qui a connu la pensée du Seigneur ? Ou qui a été son conseiller ? Qui lui a donné le premier, pour qu'il ait à recevoir en retour ? C'est de lui, par lui, et pour lui que sont toutes choses ! À lui la gloire dans tous les siècles. Amen ! » (Ro 11.33-36.)

— Canons de Dordrecht, *article I.18*

Nous arrivons au dernier article des *Canons de Dordrecht* au sujet de l'élection et cet article est en fait une excellente conclusion. Il s'agit d'une doxologie, c'est-à-dire une parole à la gloire de Dieu.

Profonde humilité

Le cœur pécheur résiste fortement à la doctrine de l'élection, mais la Parole de Dieu nous enseigne à renoncer à toute résistance et à mettre toute notre confiance dans la seule miséricorde de Dieu. En réponse à ceux qui se moquent de ce que la Bible enseigne si clairement au sujet de l'élection et de la réprobation, Dordrecht affirme : « *Si quelqu'un murmure contre cette grâce de l'élection gratuite et contre la sévérité de cette juste réprobation, nous lui opposons ce dire de l'Apôtre : Toi plutôt, qui es-tu pour contester avec Dieu ? (Ro 9.20) ; et celui de notre Sauveur : Ne m'est-il pas permis de faire de mon bien ce que je veux ? (Mt 20.15)* » (I.18). Autrement dit : « Qui penses-tu être ? » La seule réponse que je puisse donner est la suivante : « Je suis seulement un homme, et en plus, un homme pécheur. » Oui, j'ai tendance à murmurer contre Dieu. J'ai tendance à contester ses voies et à me penser plus sage que lui. Je dois lui confesser ce péché et lui demander pardon. Car Dieu est au ciel, et moi, sur la terre. Qui suis-je devant lui, sinon que « poussière et cendre » ? (Ge 18.27.)

Dieu nous a révélé des choses profondes concernant l'élection et la réprobation. Ma première réaction devrait être une profonde humilité devant Dieu. Job avait contesté les voies de Dieu. Il avait perdu ses enfants, ses richesses, sa santé, et il avait contesté. Il a trop parlé. Et alors, Dieu l'a mis au défi. « L'Éternel, s'adressant à Job, dit : Celui qui dispute contre le Tout-Puissant est-il convaincu ? Celui qui conteste avec Dieu a-t-il une réplique à faire ? Job répondit à l'Éternel et dit : Voici, je suis trop peu de chose ; que te répliquerais-je ? Je mets la main sur ma bouche. J'ai parlé une fois, je ne répondrai plus ; Deux fois, je n'ajouterai rien » (Job 39.34-38). Voilà quelle devrait être notre attitude devant Dieu quand nous considérons la doctrine de l'élection et de la réprobation : humilité, humilité, humilité !

S'il a plu à Dieu d'en sauver certains de leurs péchés et d'en laisser d'autres dans leur perdition, de quel droit pourrais-je me plaindre ?

Comme le dit l'apôtre Paul : « Toi plutôt, qui es-tu pour contester avec Dieu ? » (Ro 9.20.) Il a bien voulu manifester sa pure grâce et sa parfaite justice comme il lui a semblé juste et bon. Il ne s'est certainement pas trompé ! Le fait que nous ne comprenions pas tous les aspects de la doctrine de l'élection ne nous donne pas le droit de nous y opposer. Il n'est ni juste ni sage qu'un enfant s'oppose à la décision de ses parents sous prétexte qu'il ne la comprend pas.

Jésus, dans sa parabole sur les ouvriers embauchés à différentes heures, fait dire au maître de la maison : « Ne m'est-il pas permis de faire de mon bien ce que je veux ? » (Mt 20.15.) Ce maître, évidemment, représente Dieu. Le Dieu tout-puissant, Créateur du ciel et de la terre, a parfaitement le droit de faire ce qu'il veut avec ses biens. « Je ferai miséricorde à qui je fais miséricorde, et j'aurai compassion de qui j'ai compassion » (Ro 9.15). Un point, c'est tout. Autrement, sa grâce ne serait plus une grâce. Prions donc notre Dieu de nous garder humbles devant lui. Ce sera la seule façon d'accepter la doctrine de l'élection, le cœur en paix. « On t'a fait connaître, ô homme, ce qui est bien ; et ce que l'Éternel demande de toi, c'est que tu pratiques la justice, que tu aimes la miséricorde, et que tu marches humblement avec ton Dieu » (Mi 6.8).

Joyeuse adoration

De cette humilité jailliront louange et adoration. « Seigneur, tu t'es choisi un peuple composé de pécheurs pardonnés pour que ce peuple t'appartienne et qu'il devienne saint. Tu l'as fait depuis toujours, sans m'avoir consulté. Tu m'as même choisi, moi qui ne mérite que ta juste colère. Pourquoi moi ? Tu m'as choisi au salut éternel, pour partager ta gloire et ton bonheur, avec toi pour toujours. Quelle richesse insondable et incompréhensible pour moi ! Je ne comprends pas et je m'incline devant toi. Quel Dieu grand et magnifique tu es ! »

Nous ne sommes pas les premiers à nous exclamer d'adoration devant ce mystère insondable. Quand l'apôtre Paul pensait aux élus, des prières de reconnaissance montaient vers le ciel. « Pour nous, frères bien-aimés du Seigneur, nous devons à votre sujet rendre continuellement grâces à Dieu, parce que Dieu vous a choisis dès le commencement pour le salut »

(2 Th 2.13). Et quand il considérait la doctrine de l'élection, la louange était la seule réponse digne de notre merveilleux Sauveur qu'il pouvait donner.

Béni soit le Dieu et Père de notre Seigneur Jésus-Christ, qui nous a bénis de toute bénédiction spirituelle dans les lieux célestes en Christ ! En lui Dieu nous a élus avant la fondation du monde, pour que nous soyons saints et irréprochables devant lui ; il nous a prédestinés dans son amour à être ses enfants d'adoption par Jésus-Christ, selon le bon plaisir de sa volonté, pour célébrer la gloire de sa grâce dont il nous a favorisés dans le bien-aimé » (Ép 1.3-6). « En lui nous sommes aussi devenus héritiers, ayant été prédestinés suivant le plan de celui qui opère toutes choses d'après le conseil de sa volonté, afin que nous servions à célébrer sa gloire, nous qui d'avance avons espéré en Christ » (Ép 1.11,12).

Paul a simplement suivi l'exemple de son maître. Jésus aussi a plongé les regards dans le mystère de l'élection. Lui aussi s'en est émerveillé, le cœur plein de louanges pour son Père. « Je te loue, Père, Seigneur du ciel et de la terre, de ce que tu as caché ces choses aux sages et aux intelligents, et de ce que tu les as révélées aux enfants. Oui, Père, je te loue de ce que tu l'as voulu ainsi. Toutes choses m'ont été données par mon Père, et personne ne connaît le Fils, si ce n'est le Père ; personne non plus ne connaît le Père, si ce n'est le Fils et celui à qui le Fils veut le révéler » (Mt 11.25-27).

Comme c'est remarquable ! Le Fils éternel du Père connaît depuis toute éternité « le mystère de sa volonté, selon le bienveillant dessein qu'il avait formé en lui-même » (Ép 1.9). Jésus en est le fondement et la pierre angulaire. C'est « en lui » que ce dessein d'élection s'accomplit. C'est lui, Jésus, qui révèle le Père comme bon lui semble, « à qui le Fils veut le révéler ». Pendant qu'il considère la profondeur de ce bienveillant dessein, le Fils exprime la louange à son Père ! « Je te loue, Père, Seigneur du ciel et de la terre. » Aucun murmure, aucune discussion, aucune contestation. Au contraire ! Il est plein de joie pour les brebis que le Père lui a données depuis toute éternité. C'est pour elles qu'il est venu donner sa vie ! Il est plein d'adoration pour son Père qui est digne d'en recevoir toute louange et toute gloire.

Suivons, nous aussi, cette voie par excellence. N'est-ce pas précisément pour cela que nous avons été élus ? « Pour célébrer la gloire de sa grâce dont il nous a favorisés dans le bien-aimé » (Ép 1.6). La position arminienne ne sert qu'à protéger la prétendue « liberté humaine », le fameux « libre arbitre » d'Érasme et de Pélage. Le cœur humain pécheur cherche toujours à recevoir une part des honneurs qui n'appartiennent qu'à Dieu seul. La doctrine de l'élection au contraire, est toute à la gloire et à l'honneur de Dieu seul.

Nous servons à ce but de célébrer la gloire de sa grâce, sans même en être conscients, par le simple fait que nous sommes les récipients choisis de son amour et de sa grâce. Mais puisque l'élection porte de bons fruits, elle ne nous laisse jamais passifs. Nous servons aussi à ce but d'une manière pleinement consciente, en célébrant la gloire de sa grâce par nos bouches et par nos cœurs. Plus nous reconnaissons que notre salut ne dépend que de Dieu seul, Père, Fils et Saint-Esprit, plus nous allons louer notre Dieu pour ce si grand salut. *« Mais quant à nous, qui adorons religieusement ces mystères, nous nous écrions avec l'Apôtre : Ô profondeur de la richesse, de la sagesse et de la science de Dieu ! Que ses jugements sont insondables, et ses voies incompréhensibles ! Car qui a connu la pensée du Seigneur ? Ou qui a été son conseiller ? Qui lui a donné le premier, pour qu'il ait à recevoir en retour ? C'est de lui, par lui, et pour lui que sont toutes choses ! À lui la gloire dans tous les siècles. Amen ! (Ro 11.33-36) »* (I.18).

Si l'amour de Dieu pour nous dépendait le moindrement de notre amour pour lui ou d'une décision préalable de notre part, nous aurions tôt fait de nous lasser de l'adorer. Nos forces s'épuiseraient bien vite si notre salut reposait le moindrement sur notre volonté indépendante de la sienne. Mais en réalité, c'est lui qui « opère en [*nous*] le vouloir et le faire selon son bon plaisir » (Ph 2.13). Cela inclut la volonté de l'adorer et l'action de le faire ! Son amour insondable est ancré dans l'éternité passée pour que nous puissions avoir toutes les raisons, toute la force et toute la joie de l'adorer pour toujours dans l'éternité à venir.

« Tu es digne, notre Seigneur et notre Dieu, de recevoir la gloire, l'honneur et la puissance ; car tu as créé toutes choses, et c'est par ta volonté qu'elles existent et qu'elles ont été créées » (Ap 4.11). À celui qui est assis sur le trône, et à l'Agneau, soient la louange, l'honneur, la gloire, et la force, aux siècles des siècles ! (Ap 5.13.) « Le salut est à notre Dieu qui est assis sur le trône, et à l'Agneau. [...] Amen ! La louange, la gloire, la sagesse, l'action de grâces, l'honneur, la puissance, et la force, soient à notre Dieu, aux siècles des siècles ! Amen ! » (Ap 7.10,12.)

CHAPITRE 19

Noms et concepts se rapportant à l'élection[1]

Arminianisme : Un système d'enseignement qui tire son nom de Jacob Arminius, cru par beaucoup de chrétiens évangéliques d'aujourd'hui, qui souligne la liberté et la responsabilité de l'homme dans son salut d'une manière qui ternit la gloire de Dieu.

Arminius, Jacob : Pasteur d'Amsterdam (1560-1609) qui devint plus tard professeur à l'Université de Leiden et qui s'est opposé aux enseignements bibliques de la foi réformée.

Assurance : Le don de Dieu aux croyants par lequel nous *savons* que nos péchés sont pardonnés et que nous avons la vie éternelle pour toujours. Cette assurance n'est possible que lorsque nous reconnaissons que le salut vient de Dieu seul et non de nous.

Calvin, Jean : Réformateur français (1509-1564) qui, à partir de Strasbourg et de Genève, a apporté une contribution majeure à la Réforme de l'Église partout en Europe, autant par son œuvre pastorale que par ses nombreux

---

[1]. Pour ce chapitre, voir John A. Bouwers, *The Golden Chain of Our Salvation* [La chaîne d'or de notre salut], polycopié, 2000, p. 26, 32, 40, 46, 53.

écrits théologiques. Il enseignait la corruption humaine, la nécessité de la grâce et la prédestination.

Calvinisme : Un système d'enseignement qui tire son nom de Jean Calvin. Ce système se fonde sur la Bible seule, il touche à l'ensemble de la vie et son principe fondamental est *la gloire de Dieu* et le fait que Dieu est souverain sur toutes choses.

Canons : Un ensemble de règles, de principes ou de décisions. Les *Canons de Dordrecht* sont des enseignements qui expliquent ce que nous croyons, fondés sur le *canon* des Écritures. Le Synode de Dordrecht s'est tenu dans la ville du même nom aux Pays-Bas en 1618-1619 et il a regroupé des pasteurs et théologiens de plusieurs pays d'Europe.

Dessein : L'acte de Dieu par lequel il ordonne et planifie *toutes choses* qui se dérouleront dans l'histoire, et cela, *avant* même le début du temps.

Double prédestination : La notion biblique selon laquelle Dieu élit et réprouve ; c'est lui, ultimement, qui choisit ceux qui vont au ciel et ceux qui vont en enfer.

Élection : L'aspect de la prédestination de Dieu qui concerne le *choix de sauver*, parmi toute l'humanité pécheresse, ceux qu'il a voulu aimer depuis toute éternité.

Élection inconditionnelle : Le plan éternel de Dieu de sauver son peuple choisi parmi l'humanité déchue, selon son bon plaisir en Jésus-Christ, et cela, sans *aucune* contribution de leur part.

Érasme de Rotterdam : Prêtre humaniste et théologien hollandais de la Renaissance (1469-1536) qui a critiqué l'Église romaine, mais qui n'a pas adhéré à la Réforme parce qu'il enseignait le libre arbitre.

Libre arbitre : D'après les arminiens, ce serait la capacité que Dieu laisserait à l'homme de librement le choisir ou le rejeter. Bibliquement, il est vrai que Dieu nous a créés avec une volonté, mais à cause de la chute et de notre nature pécheresse, nous allons toujours choisir contre Dieu.

Pélage : Moine breton (environ 350-420) qui a été condamné comme hérétique pour avoir nié la doctrine du péché originel (il enseignait que les hommes naissent innocents et qu'ils deviennent pécheurs seulement par imitation). Il croyait dans la libre volonté de l'homme, de telle sorte que l'homme, dans sa bonté, serait capable de choisir Dieu par lui-même et que la grâce est nécessaire seulement pour aider.

Prédestination : L'aspect du dessein de Dieu qui concerne la *destinée* éternelle de chaque personne, que ce soit au ciel ou en enfer, une décision que Dieu a prise *avant* la fondation du monde.

Prescience : D'après les arminiens, ce serait le fait que Dieu sait d'avance ceux qui décideront de le choisir. Bibliquement, c'est plutôt *l'amour éternel* de Dieu pour ses élus dès avant la fondation du monde qui ne dépend aucunement de notre foi ou de nos œuvres.

Remontrant : Le nom historique du parti arminien aux Pays-Bas. Un « remontrant » est quelqu'un qui proteste, tout comme les remontrants protestaient contre la compréhension biblique et réformée de la Bible.

Réprobation : L'acte de Dieu par lequel il décide librement, depuis toute éternité, d'*abandonner* des pécheurs dans leurs péchés et d'exercer son juste jugement contre eux à cause de leurs péchés.

Serf arbitre : Notre esclavage au péché qui fait que, dans notre condition naturelle, nous sommes *prisonniers* de la volonté de notre chair rebelle et déchue et n'avons aucun désir ni aucune capacité par nous-mêmes de nous tourner vers Dieu, à moins que Dieu, dans sa liberté souveraine, ne nous régénère par son Saint-Esprit.

Souveraineté de Dieu : La vérité selon laquelle Dieu est en contrôle de *toutes choses*, ce qui est un puissant encouragement pour les croyants qui sont sûrs que Dieu fait concourir toutes choses pour le bien de ses enfants.

CHAPITRE 20

Objections à la doctrine de l'élection[1]

A. Objections se rapportant à notre compréhension de Dieu

1. *La doctrine de l'élection rendrait Dieu coupable de discrimination (I.6)*

    Si Dieu a ses « préférés », cela ne rendrait-il pas Dieu coupable de discrimination injuste ?

    a. Quand il est dit que « Dieu ne fait point de favoritisme » (Ac 10.34), cela signifie que Dieu sauve des gens de toutes tribus et de toutes langues, pas seulement des Juifs. Ce texte n'a rien à voir avec l'élection.
    b. C'est en fait l'arminianisme qui rend Dieu coupable de discrimination *injuste*, car d'après eux, Dieu choisirait sur la base de ce que les gens *décident* par rapport à Dieu. Ce serait tout à fait

---

[1]. Pour ce chapitre, voir John A. Bouwers, *The Golden Chain of Our Salvation* [La chaîne d'or de notre salut], polycopié, 2000, p. 35-47.

injuste pour les gens dans le monde qui n'ont pas eu l'occasion d'entendre l'Évangile et d'y répondre.

c. Oui, Dieu discrimine (I.6), mais pas de façon *injuste*. Il ne discrimine pas en fonction de quelque chose qui serait en nous (l'élection est inconditionnelle), mais uniquement sur la base de son bon plaisir. Dieu a pleinement le droit de faire ce qu'il veut de ses biens.

2. *La doctrine de l'élection rendrait Dieu injuste (I.1 ; I.2 ; I.5)*

Dieu n'est-il pas injuste en choisissant seulement un certain nombre de personnes au salut ?

a. Dieu n'est certainement pas injuste en envoyant des gens en enfer comme ils le méritent (I.1 et I.5). Dieu n'aurait fait tort à personne s'il avait laissé toute l'humanité dans le péché et s'il nous avait tous condamnés à l'enfer (Ro 3.19 ; 3.23 ; 6.23).

b. Lorsque nous sommes remis à notre place, la chose étonnante n'est pas que Dieu envoie des pécheurs en enfer, mais qu'il manifeste son amour à un monde qui ne peut que le détester (I.2).

c. Dieu ne fait certainement rien d'injuste, sinon il ne serait pas Dieu (Ge 18.25).

3. *La doctrine de l'élection ferait de Dieu l'auteur du péché (I.15)*

Puisque Dieu choisirait ceux qui vont en enfer, cela ne ferait-il pas de Dieu l'auteur du péché ?

a. Les Écritures enseignent clairement que Dieu n'est effectivement pas responsable du péché (Ja 1.13,17). Ce serait un blasphème de dire que Dieu est l'auteur du péché (I.15).

b. Mais alors, pourquoi le péché est-il entré dans le monde ? Les arminiens pensent que la réponse serait de dire que Dieu a créé l'homme avec une volonté libre. L'homme a librement choisi de pécher, c'est donc l'homme qui est responsable et non Dieu. Mais *pourquoi* l'homme a-t-il librement choisi de pécher ? Ce n'est pas la faute de Dieu, car il a créé l'homme parfait. La question demeure : comment expliquer qu'Adam et Ève ont désiré pécher ? Et comment expliquer l'existence de Satan ?

c. Nous ne pouvons pas entièrement l'expliquer. C'est un grand mystère. Même si les arminiens prétendent que les réformés font de Dieu l'auteur du péché, les arminiens ont la même difficulté.

d. Le problème avec ce raisonnement est le suivant : au lieu de se demander : « Qu'est-ce que la Bible dit ? », on se demande : « Qu'est-ce que ma petite intelligence comprend ? »

e. En fait, la Bible enseigne que Dieu est souverain sur toutes choses, incluant le péché qui fait partie d'une certaine façon de son plan (Pr 16.4 ; És 45.7) *et* que Dieu n'est pas l'auteur du péché (Ja 1.13). Nous devons accepter ces deux vérités que la Bible enseigne, même si nous n'en comprenons pas le lien.

4. *La doctrine de l'élection contredirait le fait que Dieu veut que tous les hommes soient sauvés*

Puisque « Dieu veut que tous les hommes soient sauvés », comment en aurait-il choisi seulement certains ?

a. 1 Timothée 2.4 ne signifie pas que Dieu veut que tous les hommes *individuellement* soient sauvés, mais que toutes les *catégories* d'hommes soient sauvées : Juifs et Grecs, hommes et femmes, rois, citoyens et esclaves, etc.

b. D'après le contexte, Paul demande que l'on prie « pour tous les hommes ». Cela ne veut pas dire que nous devons prier pour chaque individu sur terre, ce qui serait impossible, mais « pour les rois » comme pour les citoyens.

c. D'après le contexte, Paul se dit « docteur des païens ». Il n'a pas pu enseigner à tous les individus du monde païen ; il a été envoyé auprès de cette catégorie de gens, alors que les autres apôtres ont été envoyés vers les Juifs.

d. Si Dieu veut que tous les individus soient sauvés, comment se fait-il qu'ils ne le seront pas tous ? « Notre Dieu est au ciel, il fait tout ce qu'il veut » (Ps 115.3 ; 135.6). « Il opère toutes choses d'après le conseil de sa volonté » (Ép 1.11). L'idée que l'homme puisse renverser la volonté de Dieu ternit sa gloire et son honneur et nous enlève toute sécurité.

5. *L'élection, dans la Bible, voudrait seulement dire que Dieu savait d'avance qui allait le choisir (I.9)*

Quand la Bible dit que Dieu nous a « connus d'avance », cela ne voudrait-il pas simplement dire qu'il savait d'avance ceux qui allaient accepter Jésus-Christ ou non ?

a. Si c'était le cas, c'est le choix de l'homme qui serait alors le facteur déterminant dans le salut. Le salut n'est donc plus par grâce, mais par nos œuvres (Ép 2.8,9).

b. Romains 8.29 ne dit pas que Dieu a vu d'avance les *décisions* des gens, mais qu'il a connu d'avance certaines *personnes*. Dans la Bible, connaître signifie aimer, avoir une communion intime avec quelqu'un. Dieu nous a « connus d'avance », c'est-à-dire aimés de toute éternité, sans considération de nos œuvres.

c. Romains 8.29 nous enseigne la chaîne d'or du salut qui relie ensemble l'amour de Dieu depuis toute éternité (prescience, prédestination), manifesté dans le temps (appel, justification) et jusque dans l'éternité (glorification). Ce sont les mêmes personnes qui sont l'objet de tout cela. « L'appel » est l'œuvre intérieure de Dieu dans nos cœurs qui est efficace et dont nous dépendons entièrement pour notre salut. La prescience ne peut donc pas être simplement que Dieu a vu d'avance ce que les gens allaient faire (I.9).

B. Objections se rapportant à notre compréhension de la responsabilité humaine

6. *La doctrine de l'élection nierait la libre volonté de l'homme (I.2 ; I.5)*

Si le salut dépend du libre choix de Dieu, cela n'annule-t-il pas la libre volonté de l'homme ?

   a. Il est vrai que l'homme a été créé avec une libre volonté de choisir Dieu, mais quand Adam a choisi *en faveur* du péché et *contre* Dieu, notre volonté a depuis lors été radicalement corrompue.
   b. Dans un sens, l'homme possède encore une libre volonté, mais notre volonté veut toujours agir selon notre nature pécheresse. Laissés à nous-mêmes, le péché est toujours plus important pour nous que Dieu. À cause du péché et de notre nature corrompue, nous sommes toujours libres de choisir, mais par nous-mêmes, nous allons toujours choisir *en faveur* du péché et *contre* Dieu (Ro 3.10,11).
   c. En dehors de Jésus-Christ, notre seule liberté est celle de pécher, car nous ne sommes pas du tout libres ; nous sommes en fait soumis au pire des esclavages (Jn 8.34 ; 2 Ti 2.25,26).

7. *La doctrine de l'élection rendrait l'homme paresseux (I.6 ; I.13)*

Si Dieu, de toute façon, nous a élus ou réprouvés, notre façon de vivre n'a-t-elle donc aucune importance ?

   a. Il est vrai que certains qui se disent réformés sont paresseux et négligents, estimant que la foi, la repentance et l'obéissance ne sont pas importantes du fait que Dieu nous a élus. Si nous vivons ainsi, c'est à notre plus grande honte, en plus de donner raison aux arminiens et de nous tromper nous-mêmes.
   b. Cela n'est toutefois pas la faute de la Bible ni de la doctrine réformée de l'élection (I.6 ; I.13).

c. Dieu nous a élus « *pour* que nous soyons saints » (Ép 1.4). Nos bonnes œuvres sont reliées à notre foi ; elles découlent de la grâce et de l'élection, car Dieu les a préparées d'avance (Ép 2.8,9).
d. L'élection n'annule aucunement notre responsabilité. Nous devons nous repentir et croire. Nos vies seront de plus en plus transformées en une vie de sainteté. La magnifique doctrine de l'élection nous amène à nous humilier, adorer Dieu, nous purifier, aimer Dieu ardemment, lui qui nous a aimés le premier.
e. Cette vérité ne nous rend pas paresseux, car nous *sommes* responsables. Toutefois, lorsque nous assumons nos responsabilités, nous regardons à Dieu avec la confiance qu'il nous donne ce qu'il nous demande (Ph 2.12,13).

8. *La doctrine de l'élection rendrait la prédication de l'Évangile inutile (I.3 ; I.14b)*

Puisque, de toute manière, Dieu a déjà choisi ceux qui seraient sauvés, pourquoi s'efforcer d'évangéliser ?

a. Il est vrai que certains chrétiens ont pensé que, puisque chacun est un élu ou un réprouvé, il ne serait pas nécessaire de prêcher l'Évangile et qu'ils ont négligé de faire des efforts d'évangélisation.
b. Cette erreur vient de notre péché, et non parce que la doctrine de l'élection serait fausse. Le même Dieu souverain qui a élu des gens au salut est aussi celui qui a *commandé* à son Église d'aller et de faire des disciples dans le monde entier (Mt 28.19,20). Dieu est tellement souverain qu'il a inclus dans sa prescience le fait que des humains seraient impliqués dans les moyens qu'il utilise pour nous sauver. La prédication de l'Évangile, les prières du peuple de Dieu, les contacts avec l'Église sont des moyens que Dieu prend plaisir à utiliser dans sa souveraineté.
c. Seuls ceux qui croient en l'élection peuvent prêcher la Parole avec audace et confiance, car ils savent que la Parole de Dieu produira certainement son effet et que Dieu sauvera *son peuple choisi* parmi toutes les nations (Ac 18.9,10).

9. Nous ne devrions pas nous occuper de l'élection, car ce n'est pas notre affaire (I.14)

Pourquoi parler d'un sujet controversé, impossible à comprendre et qui peut si facilement nous troubler ?

a. Sans être une objection, on entend parfois la remarque suivante : « Je ne veux pas en parler ».
b. Cette attitude incrédule et sceptique ne devrait pas avoir sa place parmi nous. En tant que chrétiens, notre but devrait être de grandir dans la connaissance de Jésus-Christ par une meilleure compréhension de sa Parole. Nous devrions continuellement prier « Ouvre mes yeux, pour que je contemple les merveilles de ta loi ! » (Ps 119.18.)
c. Nous devrions manier cette doctrine avec prudence et respect pour la Parole de Dieu, en écartant toute indiscrète recherche des voies de Dieu et en évitant de conclure que telle personne est élue ou non (I.14).
d. Refuser d'apprécier la doctrine de l'élection, c'est voler Dieu de la gloire qu'il est digne de recevoir ; c'est également se priver du puissant réconfort qu'il a en réserve pour nous.

II. LA RÉDEMPTION

CHAPITRE 21

La justice de Dieu doit être pleinement satisfaite

Article II.1

> *Dieu n'est pas seulement souverainement miséricordieux, mais aussi souverainement juste. Or sa justice requiert (selon qu'il s'est révélé dans sa Parole), que nos péchés commis contre sa Majesté infinie soient punis non seulement de peines temporelles, mais aussi de peines éternelles, dans le corps et dans l'âme, peines que nous ne pouvons éviter que s'il est satisfait à la justice de Dieu.*
>
> — Canons de Dordrecht, *article II.1*

La deuxième grande section des *Canons de Dordrecht* s'intitule « *Le second point de doctrine concernant la mort de Jésus-Christ et la rédemption des hommes par elle* ». Quel sujet grand et glorieux que la mort de Jésus-Christ et la rédemption des hommes ! Dans la première section, nous avons vu en détail l'œuvre du Père, notre élection éternelle. Dans cette nouvelle section, nous verrons l'œuvre du Fils, notre rédemption sur la croix.

D'après les arminiens, « *Jésus-Christ, le Sauveur du monde, est mort pour tous les hommes et pour chaque homme, en sorte qu'il a obtenu la rédemption et le pardon des péchés pour eux tous, par sa mort sur la croix ; toutefois, personne ne profite réellement de ce pardon des péchés excepté le croyant* » (article II des remontrants). Le Synode de Dordrecht a répondu en disant que Dieu le Père a choisi, de toute éternité, un certain nombre de pécheurs pour le salut éternel en Jésus-Christ. Pour accomplir cette rédemption, le Fils de Dieu a dû venir sur la terre afin de souffrir et mourir cruellement sur la croix spécifiquement pour ses brebis. Jésus n'est pas venu donner la possibilité à tous les hommes d'être sauvés. Il est venu réellement sauver son peuple. « C'est lui qui sauvera son peuple de ses péchés » (Mt 1.21). Avant de parler de la rédemption, il faut toutefois savoir pourquoi nous avons besoin du sang de Jésus. L'article II.1 répond à cette question : parce que la justice de Dieu doit être satisfaite.

Dieu est simple

Il est facile de parler à la légère du salut et de dire que « Jésus sauve », sans trop penser à ce que nous disons. Mais au fait, de quoi Jésus sauve-t-il exactement ? De la pauvreté ? De nos maladies ? De nos anxiétés ? Ce serait égoïste et superficiel de penser cela. Nous sauve-t-il de l'enfer ? Oui, c'est vrai, et nous devons en être immensément reconnaissants. Mais en fait, Jésus nous sauve de Dieu lui-même ! Il nous sauve de la juste colère de Dieu.

L'article II.1 commence par célébrer la gloire de Dieu : « *Dieu n'est pas seulement souverainement miséricordieux, mais aussi souverainement juste* » (II.1). Dieu est simple. Cela ne veut pas dire qu'il est facile à comprendre. Cela signifie qu'il est un, il n'est pas divisé en lui-même. Ses attributs sont unis. Dieu est amour et il est saint en même temps. Il est à la fois juste et miséricordieux. Aucun de ses attributs ne peut en annuler un autre. Quand il est compatissant, il demeure juste. « L'Éternel, l'Éternel, Dieu miséricordieux et compatissant, lent à la colère, riche en bonté et en fidélité, qui conserve son amour jusqu'à mille générations, qui pardonne l'iniquité, la rébellion et le péché, mais qui ne tient point le coupable pour innocent, et qui punit l'iniquité des pères sur les enfants et sur les enfants des enfants jusqu'à la troisième et à la quatrième génération ! » (Ex 34.6,7.)

Nous n'avons pas la liberté de choisir entre ses attributs : « Moi, je me passerais bien de sa colère ; je préfère son amour et sa bienveillance. » Dieu n'est pas schizophrène. « L'Éternel est juste dans toutes ses voies et miséricordieux dans toutes ses œuvres » (Ps 145.17). Dans tout ce qu'il fait, il est toujours bienveillant et toujours juste.

Dieu est souverainement juste

C'est donc dire qu'au commencement Dieu était juste. Aujourd'hui, il est encore juste et à l'avenir il restera toujours parfaitement juste. C'est comme cela « qu'il s'est révélé dans sa Parole ». Dieu ne peut donc pas fermer les yeux sur nos péchés. Sa justice doit être satisfaite. Comment la justice de Dieu peut-elle obtenir satisfaction ? Uniquement quand ses exigences sont pleinement comblées.

Lorsqu'un parent demande à son jeune de faire un travail à la maison et que le jeune trouve un moyen d'éviter de le faire, le parent sera satisfait seulement lorsque son jeune se mettra à l'ouvrage et qu'il effectuera son travail. Comment satisfaire notre Dieu ? Sa demande est bien simple. Dans le paradis, Dieu a fait alliance avec Adam et Ève ; il leur a fait de magnifiques promesses et il a exigé d'eux une obéissance et un amour parfaits. Ses exigences ont-elles changé après la chute ? Non, il nous demande encore une même obéissance et un même amour.

Les arminiens ont prétendu que Dieu aurait changé ses exigences. Dans l'Ancien Testament, Dieu exigeait une obéissance parfaite à sa loi pour être sauvé, mais maintenant il exigerait seulement la foi. Dieu était contraint par la situation et il aurait décidé de devenir moins exigeant. La mort de Jésus lui aurait permis d'établir de nouvelles conditions plus faciles. La mort de Jésus ne serait pas vraiment un paiement pour nos péchés, mais un moyen de rendre le salut possible. Il suffirait maintenant de croire en Jésus. C'est la petite contribution que nous aurions besoin d'apporter pour être sauvés.

La Bible nous enseigne au contraire que Dieu n'a pas changé. « Si nous sommes infidèles, il demeure fidèle, car il ne peut se renier lui-même » (2 Ti 2.13). Sa justice a toujours besoin d'être parfaitement satisfaite. Il exige de nous la même chose qu'avec Adam et Ève. « Tu aimeras le Seigneur ton Dieu, de tout ton cœur, de toute ton âme, et de toute ta pensée… » (Mt 22.37.) C'est simple, n'est-ce pas ? Pourtant, ce n'est pas si simple à accomplir ! Chaque instant de la journée, Dieu nous dit de l'aimer de tout notre cœur.

« Soit donc que vous mangiez, soit que vous buviez, soit que vous fassiez quelque autre chose, faites tout pour la gloire de Dieu » (1 Co 10.31). Tout ce qui nous passe par l'esprit, tout désir de notre cœur, toute parole qui sort de notre bouche, toute activité de la journée devrait être à la gloire de Dieu ! C'est bien simple, Dieu exige 100 %, la perfection ! Imaginez que votre professeur vienne vous dire après l'examen : « J'ai une bonne et une mauvaise nouvelle. La bonne, c'est que tu as 99 % ; la mauvaise, c'est que tu as échoué à ton examen... » Voilà ce qu'exige de nous le Dieu juste, saint et parfait.

Dieu est-il injuste en exigeant de nous la même chose aujourd'hui qu'avant la chute ? Ne devrait-il pas baisser un peu ses exigences ? Dieu sait très bien que nous sommes pécheurs, mais il ne change pas son plan pour autant. « Dieu n'est point un homme pour mentir, ni fils d'un homme pour se repentir » (No 23.19). Nous devrions louer Dieu du fait qu'il demeure fidèle à son alliance et à sa Parole. C'est merveilleux, Dieu ne change pas !

Sa justice exige que nos péchés soient punis

Soyons donc certains qu'il fera ce qu'il dit. Dieu a dit à Adam : « Tu ne mangeras pas de l'arbre de la connaissance du bien et du mal, car le jour où tu en mangeras, tu mourras certainement » (Ge 2.17). Adam et Ève ont désobéi. L'homme est devenu infidèle, mais Dieu, lui, demeure fidèle à son alliance. L'homme devait mourir tel que promis : la mort spirituelle, la mort physique et enfin la mort éternelle. Adam et Ève ont été chassés du jardin pour avoir commis un seul péché. Même si nous ne commettions qu'un seul péché durant toute notre vie, nous mériterions, nous aussi, la mort spirituelle, la mort physique et la mort éternelle. « L'âme qui pèche, c'est celle qui mourra » (Éz 18.4). Il est bien certain que nous commettons plus qu'un péché dans notre vie entière. Nous avons bien moins que 99 %. Tous les jours, nous accumulons des points d'inaptitude. Nous sommes endettés depuis longtemps. « Le salaire du péché, c'est la mort » (Ro 6.23). Voilà ce que nous méritons.

Comment satisfaire la justice de notre Dieu ? « *Sa justice requiert que nos péchés commis contre sa Majesté infinie soient punis non seulement de peines temporelles, mais aussi de peines éternelles, dans le corps et dans l'âme* » (II.1). Oui, Dieu inflige des peines temporelles dès aujourd'hui. « La colère de Dieu se révèle du ciel contre toute impiété » (Ro 1.18). Cette colère se manifeste par le fait qu'il abandonne les gens à leurs propres voies. Nous ne devrions pas être surpris de tout ce qui s'est fait en faveur de l'avortement et de l'homosexualité. Les dirigeants corrompus, la pornographie, l'apostasie sont des manifestations de la colère de Dieu. Toute cette immoralité mérite d'être punie. Nos propres péchés méritent de l'être également, non seulement dans cette vie, mais aussi dans l'éternité.

Plusieurs pensent que Dieu, au dernier jour, accordera un pardon général ou laissera entrer tout le monde au ciel. Cela est impossible, car Dieu serait obligé de se renier lui-même. D'autres prétendent que seuls les croyants au ciel seront conscients ; les autres seront sans connaissance ou même annihilés. Cependant, l'avertissement du Seigneur Jésus tient toujours : « Il dira à ceux qui seront à sa gauche : Retirez-vous de moi, maudits ; allez dans le feu éternel qui a été préparé pour le diable et pour ses anges. […] Et ceux-ci iront au châtiment éternel, mais les justes à la vie éternelle » (Mt 25.41,46). Sa justice n'exige rien de moins que l'enfer éternel. Comment échapper à la juste colère de Dieu ? Le fait que Dieu soit immuable et fidèle exclut toute possibilité de se sauver soi-même.

La justice de Dieu est quelque chose de terrible et d'effrayant. Toutefois, la justice de Dieu procure également un grand réconfort à ceux qui se repentent de leurs péchés et qui croient en Jésus. « Sion sera sauvée par la droiture, et ceux qui s'y convertiront seront sauvés par la justice » (És 1.27). Dieu sauve par sa justice. Réjouissons-nous ! Jésus sauve ! Sa vie et sa mort ont parfaitement satisfait toute la justice de Dieu pour nous garantir un salut éternel. Loué soit Dieu, notre parfait Sauveur !

CHAPITRE 22

Seul Jésus-Christ a pu satisfaire la justice de Dieu pour nous

Article II.2

> *Or, puisqu'il n'est point en notre puissance de satisfaire la justice de Dieu par nous-mêmes, ni de nous délivrer de la colère de Dieu, Dieu, par sa miséricorde immense, nous a donné pour garant son Fils unique, qui a été fait péché et malédiction sur la croix pour nous ou à notre place, afin de satisfaire la justice de Dieu pour nous.*
>
> — Canons de Dordrecht, *article II.2*

Dans l'article précédent, nous avons vu que la justice de Dieu doit être pleinement satisfaite. Dieu est parfaitement juste, et par conséquent, sa justice exige que nos péchés soient punis. L'article II.2 nous dit maintenant « *qu'il n'est point en notre puissance de satisfaire la justice de Dieu par nous-mêmes ni de nous délivrer de la colère de Dieu* ». Nous pouvons nous efforcer tant que nous voulons, nous sommes totalement incapables de satisfaire la justice de Dieu. Nos meilleurs efforts sont entachés de péché. Nous n'avons pas commis seulement un péché. Nous n'avons pas obtenu à l'examen une note de 99 %. Nous commettons chaque jour plusieurs péchés. Dieu est juste et nous méritons de passer l'éternité en enfer. Quelle réalité terrible que l'enfer ! Non, jamais nous ne pourrons nous-mêmes satisfaire la justice de Dieu pour les péchés que nous avons commis contre sa sainte majesté. Sans Jésus-Christ, notre problème est extrêmement grave !

Dieu n'a pas changé sa justice

Quelle solution les arminiens ont-ils proposée ? D'après eux, au lieu de garder ses exigences élevées, Dieu les aurait diminuées. Un peu comme des parents qui menacent leurs enfants d'une punition, mais qui, au fond, n'ont pas l'intention d'exécuter leurs menaces. Dieu aurait donc préparé un chemin plus facile. Le Fils de Dieu est venu. Il a accompli un sacrifice qui donnerait à tout le monde la chance d'être sauvé et qui donnerait à Dieu le droit d'avoir des attentes moins élevées envers son peuple. Jésus n'aurait pas véritablement ôté les péchés de quiconque afin de garantir le salut de son peuple, mais grâce à la possibilité qu'il donne à chacun d'être sauvé, Dieu exigerait maintenant seulement la foi comme contribution personnelle à notre salut.

L'approche arminienne comporte toutefois un grand problème : Dieu aurait changé. Le Dieu du Nouveau Testament serait devenu beaucoup plus gentil que le Dieu strict et sévère de l'Ancien Testament. Mais comment oser parler ainsi de Dieu ? La Bible enseigne toute autre chose. Le sacrifice de Jésus ne montre pas que Dieu aurait changé d'avis et que sa justice serait moins exigeante. La mort de Jésus sur la croix a réellement accompli quelque chose de grand. Jésus est véritablement notre Sauveur. Il a véritablement subi la colère et la justice de Dieu à notre place. Jésus est véritablement mort pour ses brebis. Il a réellement expié les péchés des élus de Dieu.

L'amour et la miséricorde du Père

« Dieu, par sa miséricorde immense, nous a donné pour garant son Fils unique, qui a été fait péché et malédiction sur la croix pour nous ou à notre

place, afin de satisfaire la justice de Dieu pour nous » (II.2). Quelle miséricorde immense de Dieu ! Nous ne devrions jamais penser que Dieu le Père est un Dieu dur et sévère qui deviendrait gentil une fois que Jésus meurt à notre place. Ce n'est pas du tout comme cela que la Bible nous le présente. Dieu le Père ne change pas. Ésaïe nous dit : « Il a plu à l'Éternel de le briser par la souffrance » (És 53.10). Dieu a pris plaisir à nous aimer en frappant son Fils à cause de nos péchés. Quand la colère de Dieu dirigée contre nos péchés s'est abattue sur son Fils, il n'a jamais cessé d'aimer son Fils. Il a toujours continué à l'aimer, même à ce moment-là, car c'est à cause de nos crimes qu'il était transpercé, c'est à cause de nos fautes qu'il était écrasé. Quel mystère insondable ! Quel amour long, large, haut et profond ! Nous pouvons recevoir un grand encouragement d'un tel amour.

Plusieurs passages nous enseignent que c'est l'amour du Père qui l'a conduit à livrer son Fils sur la croix pour nous. « Car Dieu a tant aimé le monde qu'il a donné son Fils unique… » (Jn 3.16.) « Et cet amour consiste, non point en ce que nous avons aimé Dieu, mais en ce qu'il nous a aimés et qu'il a envoyé son Fils comme victime expiatoire pour nos péchés » (1 Jn 4.10). « Que dirons-nous donc à l'égard de ces choses ? Si Dieu est pour nous, qui sera contre nous ? Lui qui n'a point épargné son propre Fils, mais qui l'a livré pour nous tous, comment ne nous donnera-t-il pas aussi tout avec lui ? » (Ro 8.31,32.)

La garantie du Fils

Notre article nous dit que « *Dieu […] nous a donné pour garant son Fils unique* ». Qu'est-ce qu'un garant ? C'est quelqu'un qui se porte garant, un endosseur. Je contracte une dette à la banque et mon endosseur signe pour garantir à la banque que, si je deviens incapable de rembourser ma dette, c'est lui qui la remboursera. Un endosseur est une sécurité, une garantie. Le psalmiste demande à Dieu : « Porte-toi garant de ton serviteur pour son bien » (Ps 119.122, *Colombe*). Dieu a répondu à cette prière. « Jésus est […] le garant d'une alliance plus excellente » (Hé 7.22). Jésus est devenu notre Endosseur. Pourquoi cela ? Parce que nous avions contracté une dette immense envers Dieu, dette que nous étions incapables de rembourser, mais que Jésus-Christ a lui-même remboursée. Il nous dit qu'il est venu « pour servir et donner sa vie comme la rançon de beaucoup » (Mt 20.28).

Il a été fait péché pour nous

« *Il a été fait péché et malédiction sur la croix pour nous ou à notre place* » (II.2). Toute la vie de Jésus sur la terre a été une vie de souffrance, mais aussi une vie d'obéissance et d'amour envers son Père. Il est important de réaliser que tout cela, il l'a fait *pour nous*. Jésus a payé le prix de son sacrifice pour porter la malédiction que nous méritions, mais que nous ne pouvions pas payer nous-mêmes. Il l'a fait pour satisfaire la justice de Dieu. Jésus a vécu une vie d'amour parfait et d'obéissance parfaite que nous ne pouvions pas accomplir nous-mêmes. Il l'a fait à notre place pour nous donner sa justice.

À Gethsémané, il était angoissé, à l'agonie, mais il a accepté la volonté de son Père. « Père [...] que ma volonté ne se fasse pas, mais la tienne » (Lu 22.42). Cela par amour pour son Père et par amour pour ceux que son Père lui avait donnés. Sur la croix, Jésus a supporté et enduré la colère de Dieu pour nos péchés. Il a vécu les terreurs et les angoisses de l'enfer, non pas pour tout le monde en général et pour personne en particulier, mais pour ses brebis, à notre place ! Oui, comprenons bien que c'est par amour pour nous qu'il l'a fait !

Même sur la croix, Jésus a aimé son Père de tout son cœur, de toute son âme, de toutes ses pensées et de toutes ses forces. Quand son Père a déversé sur lui la colère que nous méritions, Jésus a enduré, il a porté, il a souffert pour nous le poids de la colère de Dieu. Par la foi, nous pouvons savoir et être assurés que Dieu a véritablement été satisfait. Il est maintenant pleinement satisfait de nous ! Je n'ai pas besoin d'ajouter une goutte d'obéissance pour contribuer à satisfaire sa parfaite justice. Dieu est pleinement content de nous par la foi seule en Jésus-Christ. Quelle joie et quel bonheur !

Jésus a accompli une expiation substitutive. Ésaïe 53 nous en donne une description saisissante. Il a reçu à notre place la punition exigée par Dieu et il a accompli à notre place ses commandements. « Celui qui n'a point connu le péché, il l'a fait devenir péché pour nous, afin que nous devenions en lui justice de Dieu » (2 Co 5.21). Deux petits mots tellement grands : pour nous ! « Christ nous a rachetés de la malédiction de la loi, étant devenu malédiction pour nous – car il est écrit : Maudit est quiconque est pendu au bois » (Ga 3.13). Il ne l'a pas fait pour tout le monde en général ni pour Judas ou Ésaü, mais pour nous en particulier ! Jésus nous avait vraiment dans son cœur et dans ses pensées quand il est mort à notre place ! Il a réellement « *été fait péché et malédiction sur la croix pour nous ou à notre place, afin de satisfaire la justice de Dieu pour nous* » (II.2).

Oui, Jésus est notre véritable Substitut. Il est donc impossible qu'il soit mort pour tout le monde en général. Pourquoi donc ? Parce que nous savons qu'il y a des gens qui iront en enfer. Si vraiment Jésus a pris la place de tout le monde, s'il a vraiment été le Substitut de chacun, s'il a vraiment souffert la mort pour les péchés de tous les hommes en général, cela voudrait dire que Dieu punirait deux fois les péchés de ceux qui iront en enfer. Cela est impossible ! Dieu est parfaitement juste, il ne ferait jamais une chose pareille. La mort expiatoire de Jésus est pleinement suffisante pour satisfaire la justice de Dieu. Si Jésus est réellement mort pour les péchés de ceux qui iront en enfer, sa mort serait alors un échec monumental ! Il aurait vraiment échoué son œuvre de salut pour tous ces gens ! Quelle honte d'oser penser une telle chose !

Méditons souvent ces paroles de l'apôtre Paul, d'une beauté et d'une profondeur incomparables. « Car, lorsque nous étions encore sans force, Christ, au temps marqué, est mort pour des impies. À peine mourrait-on pour un juste ; quelqu'un peut-être mourrait pour un homme de bien. Mais Dieu prouve son amour envers nous, en ce que, lorsque nous étions encore des pécheurs, Christ est mort pour nous. À plus forte raison donc, maintenant que nous sommes justifiés par son sang, serons-nous sauvés par lui de la colère » (Ro 5.6-9).

CHAPITRE 23

La valeur infinie de la mort de Jésus

Article II.3-4

Cette mort du Fils de Dieu est l'unique et très parfait sacrifice et la satisfaction de la justice de Dieu pour les péchés, d'une valeur et d'un prix infinis, qui suffit abondamment pour expier les péchés du monde entier.

— Canons de Dordrecht, *article II.3*

Cette mort est d'une si grande valeur et dignité, parce que la personne qui l'a soufferte n'est pas seulement un homme vrai et parfaitement saint, mais est aussi le Fils unique de Dieu, d'une même essence éternelle et infinie avec le Père et le Saint-Esprit, tel que devait être notre Sauveur ; c'est aussi parce que sa mort a été conjointe avec le sentiment de la colère et de la malédiction de Dieu que nous avions méritées par nos péchés.

— Canons de Dordrecht, *article II.4*

Les arminiens pensent que Jésus est mort pour expier les péchés de tous les hommes en général (expiation universelle). Il suffirait pour nous d'accepter le salut par nous-mêmes pour que la mort de Jésus devienne efficace pour nous. Au fond, la mort de Jésus aurait rendu possible le salut de tout homme, mais n'aurait garanti le salut de personne. Le pont est assez large pour que tout le monde traverse, mais malheureusement, il ne serait pas assez long pour franchir le fleuve au complet. Il faudrait construire nous-mêmes le bout qui manque. Nous croyons plutôt que Jésus est mort uniquement pour ses élus (expiation particulière). Le pont est moins large, mais il traverse le fleuve au complet. Le sacrifice de Jésus-Christ est parfaitement efficace, mais uniquement pour ses brebis. Il n'a pas rendu *possible* le salut de tout le monde. Il a rendu *certain* le salut de ceux que le Père lui a donnés depuis toute éternité.

Mais alors, cela soulève une grande question : sa mort ne serait-elle pas assez puissante pour sauver tout le monde ? Bien sûr qu'elle est assez puissante ! La mort de Jésus est pleinement suffisante. Le pont est assez solide pour faire traverser l'univers entier, même s'il a été conçu et construit uniquement pour les élus. C'est le sujet des articles II.3 et II.4.

La mort de Jésus est d'une valeur infinie (II.3)

« Cette mort du Fils de Dieu est l'unique et très parfait sacrifice et la satisfaction de la justice de Dieu pour les péchés, d'une valeur et d'un prix infinis, qui suffit abondamment pour expier les péchés du monde entier » (II.3). L'unique sacrifice ! Il est le seul à s'être offert pour nos péchés. Il n'y en a pas d'autres qui peuvent satisfaire la justice de Dieu. « Je suis le chemin, la vérité et la vie. Nul ne vient au Père que par moi » (Jn 14.6). « Il n'y a de salut en aucun autre ; car il n'y a sous le ciel aucun autre nom donné parmi les hommes, par lequel nous devions être sauvés » (Ac 4.12). Un bouddhiste ou un musulman ne peuvent pas aller vers le Père ni être sauvés de leurs péchés autrement que par Jésus. À partir du moment où l'on croit en Jésus, on n'est plus bouddhiste ni musulman. Pour être sauvé et pour satisfaire la justice de Dieu, il n'y a qu'un seul chemin : Jésus-Christ.

Ce chemin est parfait. Les sacrifices d'animaux dans l'Ancien Testament étaient tous imparfaits. Le sacrifice de Jésus est parfait. Parfait signifie qu'il a pleinement accompli le but désiré. Souvent, nous faisons un travail à moitié. Jésus a effectué son travail à la perfection. On n'a pas besoin d'y ajouter quoi que ce soit pour l'expiation de nos péchés. Pour les arminiens, Jésus aurait acquis le salut de tous les hommes, sans l'appliquer à personne. Le salut s'obtiendrait par notre libre volonté. Mais si nous pensons que nous pouvons contribuer à notre salut, nous renions finalement la perfection de son sacrifice. « Il est entré une fois pour toutes dans le lieu très saint, non avec le sang des boucs et des veaux, mais avec son propre sang, ayant obtenu une rédemption éternelle » (Hé 9.12). C'est fait et c'est complet. « C'est en vertu de cette volonté que nous sommes sanctifiés, par l'offrande du corps de Jésus-Christ, une fois pour toutes […] après avoir offert un seul sacrifice pour les péchés, s'est assis pour toujours à la droite de Dieu. […] Car par une seule offrande, il a amené à la perfection pour toujours ceux qui sont sanctifiés » (Hé 10.10-12,14). Un sacrifice parfait n'a nullement besoin d'être répété et nous n'avons rien à y ajouter.

Ce sacrifice est « *d'une valeur et d'un prix infinis qui suffit abondamment pour expier les péchés du monde entier* » (II.3). Son travail n'était pas bon seulement pour sauver un petit groupe de personnes ; il était suffisant pour sauver le monde entier. Si Dieu l'avait voulu, la mort de Jésus aurait pu sauver toute personne. Il n'aurait pas eu besoin d'obéir davantage ou de souffrir davantage pour assurer le salut de tout homme, de toute femme et de tout enfant sur terre. Il pourrait y avoir des milliers d'univers à sauver, la mort de Jésus serait parfaitement suffisante pour expier les péchés de chaque individu de tous ces univers.

Il est impossible de quantifier l'infini. La mort de Jésus pour assurer le salut des élus est de valeur infinie. On ne pourra jamais comprendre la valeur de sa mort en ce qui concerne le nombre de personnes qu'il serait capable de sauver. Cela n'a pas vraiment de sens de parler ainsi. « Car Dieu a tant aimé le monde qu'il a donné son Fils unique, afin que quiconque croit en lui ne périsse point, mais qu'il ait la vie éternelle » (Jn 3.16). « Il est lui-même victime expiatoire pour nos péchés, et non seulement pour les nôtres, mais aussi pour ceux du monde entier » (1 Jn 2.2). Ces textes ne nous disent pas que toutes les personnes du monde entier seront sauvées ; ils nous rappellent que la valeur de son sacrifice est tellement grande que tout le monde pourrait en profiter. La mort de Jésus n'est pas limitée quant à sa *valeur*, mais quant à son *intention*. C'est pour ses brebis spécifiquement qu'il est mort. Il a parfaitement satisfait la justice de Dieu pour son peuple. Cela n'enlève rien à la valeur infinie de son sacrifice.

C'est pour nous un très grand encouragement. Nous savons que le Seigneur Jésus sauvera certainement les élus par son sacrifice parfait. Peu importe la gravité de mes péchés, Jésus a payé pour eux tous. Je ne peux pas dire : « Mes péchés sont trop grands pour qu'ils puissent être pardonnés. » Jésus a souffert suffisamment pour mes pires péchés. La mort du Christ est d'une valeur si infinie que tous mes péchés sont effacés par son unique sacrifice. Quel grand réconfort ! « Si vos péchés sont comme le cramoisi, ils deviendront blancs comme la neige ; s'ils sont rouges comme la pourpre, ils deviendront comme la laine » (És 1.18).

Pourquoi la mort de Jésus est-elle d'une valeur infinie ? (II.4)

L'article II.4 nous donne deux raisons qui expliquent ce qui vient d'être dit. La mort de Jésus est d'une valeur infinie à cause de sa personne et à cause de ses souffrances.

Qui est Jésus ?

« Cette mort est d'une si grande valeur et dignité, parce que la personne qui l'a soufferte n'est pas seulement un homme vrai et parfaitement saint, mais est aussi le Fils unique de Dieu, d'une même essence éternelle et infinie avec le Père et le Saint-Esprit, tel que devait être notre Sauveur » (II.4). Il est parfaitement compétent ! Le Fils de Dieu est vrai homme, parfaitement saint et vrai Dieu.

Pourquoi fallait-il qu'il soit vrai homme ? Parce que Dieu, pour être juste, devait punir la nature humaine. Puisque ce sont des hommes qui ont péché, c'est un homme de même nature que nous qui devait être puni pour nos péchés. « Puisque les enfants participent au sang et à la chair, il y a également participé lui-même, afin que, par la mort, il rende impuissant celui qui avait la puissance de la mort. [...] En conséquence, il a dû être rendu semblable en toutes choses à ses frères, afin qu'il soit un souverain sacrificateur miséricordieux et fidèle dans le service de Dieu, pour faire l'expiation des péchés du peuple » (Hé 2.14,17). La justice de Dieu n'aurait pas été satisfaite s'il avait puni seulement des animaux ou des anges.

Pourquoi fallait-il que notre Sauveur soit parfaitement saint ? Si Jésus avait commis des péchés, il n'aurait pas pu payer pour les nôtres, il aurait fallu qu'il soit puni pour les siens. « Lui qui n'a point commis de péché […] a porté lui-même nos péchés en son corps sur le bois, afin que morts aux péchés nous vivions pour la justice » (1 Pi 2.22-24). Pour que la justice de Dieu soit satisfaite, il fallait que notre Sauveur soit un homme parfait.

Pourquoi devait-il être également vrai Dieu ? Pour qu'il soit capable de porter le poids de la colère de Dieu sans être anéanti. S'il avait été seulement un homme, sa mort n'aurait rien pu pour nous. Il fallait qu'il soit tout-puissant pour se relever lui-même de la mort et ensuite pour nous relever et nous donner la vie !

Qu'a-t-il souffert ?

« C'est aussi parce que sa mort a été conjointe avec le sentiment de la colère et de la malédiction de Dieu que nous avions méritées par nos péchés » (II.4). La mort d'une personne ne s'accompagne pas souvent d'un sentiment de la colère de Dieu. Bien sûr, le salaire du péché, c'est la mort, qui est l'expression de la colère de Dieu. Quand le Fils de Dieu est mort sur la croix, la colère de Dieu pesait sur lui de toutes ses forces. Jésus a tellement ressenti l'intensité de cette colère qu'il a prié : « Père, si tu voulais éloigner de moi cette coupe ! […] Étant en agonie, il priait plus instamment et sa sueur devint comme des grumeaux de sang qui tombaient à terre » (Lu 22.42,44).

L'expression de cette colère est devenue encore plus vive quand le Seigneur Jésus est monté sur la croix, surtout pendant les trois heures d'obscurité. C'était réellement l'enfer pour Jésus, la séparation d'avec son Père en colère contre lui à cause de nos péchés : « Mon Dieu, mon Dieu, pourquoi m'as-tu abandonné ? » (Mt 27.46.) Cependant, même si la colère de Dieu a été aussi forte, Jésus, qui était vrai Dieu, a pu résister. À la fin des trois heures d'obscurité, il a dit : « Tout est accompli » (Jn 19.30) et ensuite il a poussé le cri de la victoire : « Père, je remets mon esprit entre tes mains » (Lu 23.46).

En l'espace de quelques heures, le Fils éternel de Dieu a souffert beaucoup plus que quiconque. Il a enduré la colère éternelle de Dieu que nous méritions pendant toute l'éternité en enfer. Par amour pour les siens, il l'a fait afin que Dieu soit apaisé envers nous et que sa faveur nous soit accordée. Oui, sa mort est d'une valeur infinie. Elle nous assure le pardon complet de nos péchés par la foi en lui. Elle procure un immense bienfait à nous-mêmes et à beaucoup d'autres.

CHAPITRE 24

La proclamation universelle de l'Évangile
Article II.5

> *Au reste, la promesse de l'Évangile est : afin que quiconque croit en Jésus-Christ crucifié, ne périsse point, mais ait la vie éternelle. Et cette promesse doit être indifféremment annoncée et proposée à toutes les nations et à toutes les personnes auxquelles Dieu, selon son bon plaisir, envoie l'Évangile, et cela avec le commandement de se repentir et de croire.*
>
> — Canons de Dordrecht, *article II.5*

S'il est bien vrai que Jésus-Christ n'est pas mort pour tout le monde, mais seulement pour ses brebis, pourquoi devrions-nous annoncer l'Évangile à tous ? C'est l'argument qui est souvent servi par ceux qui s'opposent aux doctrines de la grâce souveraine. « Vous, les réformés, comment pouvez-vous avoir une passion pour l'évangélisation avec vos doctrines de l'élection et de l'expiation particulière ? » Avant de répondre aux erreurs des autres, nous devrions commencer par nous examiner nous-mêmes et par confesser nos propres torts. Oui, nous devons veiller à ce que notre *doctrine* soit fidèle, mais nous devons aussi examiner notre *pratique*. Nous devons reconnaître que nous, les réformés, ne sommes pas toujours les plus zélés pour l'évangélisation.

Le texte de Dordrecht nous ouvre la voie de la sagesse. Nous avons toutes les raisons d'être les plus passionnés et les plus enthousiastes à nous engager dans l'évangélisation. L'Évangile que nous proclamons est plein de richesse. Le Sauveur que nous annonçons sauve réellement ! Plus nous connaîtrons la grâce du Dieu souverain, plus nous serons en mesure de parler de cette bonne nouvelle aux autres.

Proclamons l'Évangile à tous les hommes

« *Au reste, la promesse de l'Évangile est : afin que quiconque croit en Jésus-Christ crucifié, ne périsse point, mais ait la vie éternelle. Et cette promesse doit être indifféremment annoncée et proposée à toutes les nations et à toutes les personnes auxquelles Dieu, selon son bon plaisir, envoie l'Évangile, et cela avec le commandement de se repentir et de croire* » (II.5). Un jour, durant une conférence de pasteurs en Angleterre, le jeune William Carey s'est levé au milieu de l'assemblée pour se plaindre du manque d'efforts missionnaires parmi eux et pour exhorter ses collègues à fonder une société missionnaire qui enverrait des missionnaires en Inde. Un pasteur plus âgé lui aurait répondu sèchement : « Assoyez-vous, jeune homme. Quand il plaira à Dieu de convertir les païens, il le fera sans votre aide et sans la mienne. » Il est vrai que Dieu n'a pas besoin de nous pour accomplir ses desseins, mais le fait est que, dans son plan, il se sert réellement de nous.

Alors, si Dieu a choisi souverainement ses élus et si le Christ est mort uniquement pour ses brebis, pourquoi s'occuper d'évangélisation ? Parce que le Seigneur nous a commandé d'aller. « Allez, faites de toutes les nations des disciples, les baptisant au nom du Père, du Fils et du Saint-Esprit, et enseignez-leur à garder tout ce que je vous ai prescrit » (Mt 28.19,20). Nous trouvons un ordre semblable au début du livre des Actes : « Mais vous recevrez une puissance, le Saint-Esprit survenant sur vous, et vous serez mes témoins à Jérusalem, dans toute la Judée, dans la Samarie et jusqu'aux extrémités de la terre » (Ac 1.8).

Nous ne comprenons pas le lien logique entre l'élection et l'offre universelle du salut, mais la Parole de Dieu nous révèle les deux et nous devrions accepter ces deux vérités par la foi (voir au chapitre 34 la deuxième objection). Jésus est venu pour toutes les catégories d'hommes de toutes nations. L'Église ne doit donc pas garder cet Évangile pour elle-même, mais doit l'annoncer à tous. Au lieu de dire que « Dieu est capable d'accomplir son plan sans moi », nous devrions plutôt nous émerveiller de ce que Dieu se plaît à se servir de nous pour accomplir son plan. L'Église doit faire tous les efforts nécessaires pour proclamer l'Évangile et doit trouver de nouveaux moyens de faire connaître la bonne nouvelle de Jésus-Christ à autant de gens que possible. Pour nous encourager à obéir à son ordre, Jésus nous a d'ailleurs promis qu'il serait avec nous tous les jours dans cette entreprise missionnaire et qu'il nous donnerait la puissance de son Esprit.

Que veut dire que l'Évangile devrait être « indifféremment annoncé » à tous ? Cela veut dire que nous ne devrions priver personne de l'Évangile, peu importe sa langue, sa culture, son origine, sa classe sociale ; peu importe que la personne soit riche ou pauvre, etc. Parfois, nous évitons de parler de l'Évangile à quelqu'un parce que nous pensons qu'il ne voudra jamais écouter, ou bien qu'il est trop loin de Dieu ou trop empêtré dans son péché. Nous trouvons toutes sortes d'excuses pour ne pas annoncer l'Évangile indifféremment à tous. Cela ne veut pas dire qu'il faudrait aborder chaque personne que nous croisons dans la rue en lui demandant « Connaissez-vous Jésus-Christ ? » Nous devrions toutefois chercher des occasions en priant que Dieu nous en donne et qu'il nous accorde la force et le courage de les saisir.

Curieusement, parmi ceux qui disent que Jésus serait mort pour toute personne, il y en a qui semblent penser que certains seraient plus près du salut ou auraient une volonté mieux disposée à croire que d'autres. Il serait plutôt ironique de refuser à Dieu le droit de librement choisir certaines personnes au salut, alors que, dans la pratique, on se permettrait de choisir d'annoncer l'Évangile aux personnes qui nous semblent mieux disposées à croire, en laissant tomber celles qui nous semblent totalement indignes ou vraiment loin de la foi.

Annonçons la promesse et le commandement

Comment présenter l'Évangile ? On entend souvent le slogan « Jésus t'aime, il est mort pour toi ». On essaie de vendre un faible et pauvre Jésus qui attend pathétiquement qu'on vienne à lui et qui espère qu'on voudra bien se décider à le choisir (voir au chapitre 34 la troisième objection). Cette approche arminienne n'est pas fidèle aux Écritures. D'abord, ce n'est pas vrai que Jésus aime tout le monde sans distinction. Oui, lorsque nous sommes dans la famille de Dieu, nous pouvons dire : « Jésus vous aime », car nous savons que Dieu a fait alliance avec nous et nos enfants. Mais pour les autres, la Bible nous dit : « Tu hais tous ceux qui commettent l'iniquité » (Ps 5.6). S'ils ne se repentent pas, la colère de Dieu demeure sur eux (Ro 1.18).

Quand nous parlons aux autres, nous sommes seulement autorisés à leur annoncer une promesse avec un commandement. « Car Dieu a tant aimé le monde qu'il a donné son Fils unique, afin que quiconque croit ne périsse point, mais qu'il ait la vie éternelle » (Jn 3.16). La promesse du pardon et de la vie éternelle doit s'accompagner d'un commandement : « Repentez-vous et croyez », comme les apôtres prêchaient (Ac 2.38 ; 16.31 ; 17.30). Nous devons présenter Jésus-Christ aux autres avec la confiance que Jésus sauve réellement. Nous ne devrions pas laisser l'impression que « Jésus a fait tout ce qu'il pouvait, mais le reste dépend de vous. S'il vous plaît, pourriez-vous essayer Jésus ? » Une telle approche flatte l'orgueil humain et ne rend pas gloire à Dieu. Nous proclamons que tout homme est totalement incapable de se sauver et de venir au Seigneur Jésus par lui-même. Nous proclamons Jésus-Christ, puissant pour sauver réellement. Ne disons pas « Jésus est mort pour vous », mais « Jésus est mort pour des pécheurs, et nous vous annonçons la promesse que si vous croyez en lui, vous vivrez. C'est garanti. »

Quelqu'un pourrait objecter : « Mais comment pourrais-je croire si je ne sais pas si Jésus est mort pour moi ? » L'appel de l'Évangile n'est pas de deviner si je suis élu ou de déterminer si Jésus est mort pour moi. L'appel est de croire au Seigneur Jésus, avec la promesse que nous serons sauvés. Il ne s'agit pas de croire à quelque chose à notre sujet ni de chercher quelque chose en nous-mêmes. N'ayant aucun autre espoir, croyons que

Jésus-Christ sauve et qu'« il n'y a de salut en aucun autre; car il n'y a sous le ciel aucun autre nom qui ait été donné parmi les hommes, par lequel nous devions être sauvés » (Ac 4.12). Dieu vous commande de venir à Jésus et de croire en lui, avec la promesse suivante : « Je ne mettrai pas dehors celui qui vient à moi » (Jn 6.37). Venez ! Repentez-vous ! Croyez ! C'est urgent.

Laissons les résultats entre les mains du Seigneur

Quelle sera la réponse ? Nous savons que la proclamation de l'Évangile produit un double effet : certains croient, d'autres demeurent incrédules (voir les articles II.6-7). Cependant, nous ne savons pas quel effet l'annonce de l'Évangile produira. Dieu seul sait comment les gens vont répondre. Nous devons simplement obéir à l'ordre du Seigneur et laisser les fruits entre ses mains. Nous constatons avec tristesse que le sol est rocailleux et souvent réfractaire à l'Évangile. Cela ne devrait pas nous décourager de faire connaître l'Évangile. Ne présumons pas trop vite que les gens vont toujours répondre négativement. Le Seigneur a ses élus. Ceux pour qui Jésus est mort vont certainement répondre avec foi quand l'Évangile leur sera prêché. « Tous ceux que le Père me donne viendront à moi » (Jn 6.37).

La doctrine de la rédemption particulière est en réalité un grand encouragement à faire connaître l'Évangile à tous. Notre rôle n'est pas d'annoncer un Jésus qui n'a pas fini son travail et qui a besoin de notre « décision ». Nous proclamons la Bonne Nouvelle avec la confiance que ses brebis entendent sa voix et suivent le bon Berger. Il n'y a rien de plus encourageant que de savoir que nous avons un message gagnant qui sera certainement efficace. Le Seigneur a dit à Paul à Corinthe : « Ne crains point ; mais parle, et ne te tais point [...] car j'ai un peuple nombreux dans cette ville » (Ac 18.9,10). Si Jésus n'est pas encore revenu, c'est parce que notre travail n'est pas encore terminé. Le Seigneur a encore un peuple nombreux à rassembler. Allons, trouvons-les, continuons d'appeler tout homme à la repentance et à la foi.

CHAPITRE 25

Les raisons pour lesquelles certains croient et d'autres ne croient pas
Article II.6-7

Quant à ce que beaucoup de ceux qui sont appelés par l'Évangile ne se repentent point, ni ne croient en Jésus-Christ, mais périssent dans l'infidélité : cela n'arrive point par l'imperfection ou l'insuffisance du sacrifice de Jésus-Christ offert sur la croix, mais par leur propre faute.

— Canons de Dordrecht, *article II.6*

Mais si nombreux que soient ceux qui croient vraiment, et qui sont délivrés et sauvés des péchés et de la perdition par la mort de Jésus-Christ, ils ne jouissent de ce bienfait que par la seule grâce de Dieu, qu'il ne doit à personne et qui leur a été donnée de toute éternité en Jésus-Christ.

— Canons de Dordrecht, *article II.7*

La proclamation de l'Évangile doit être universelle. Nous devrions annoncer l'Évangile à toute personne selon l'ordre du Seigneur Jésus. Mais quelle réponse reçoit l'Évangile ? Certains le reçoivent avec foi, d'autres le rejettent. Ce n'est pas la première fois que nous considérons cette question. Nous l'avions déjà abordée à la lumière de l'élection éternelle de Dieu (articles I.4-5). Nous y revenons maintenant sous l'angle du sacrifice expiatoire de Jésus-Christ. Au fond, pourquoi certains croient-ils et d'autres pas ? Cela viendrait-il du fait que Jésus est mort seulement pour ses élus ?

Pourquoi certains ne croient-ils pas ? (II.6)

Ce ne sont pas tous les hommes qui répondent positivement à l'annonce de l'Évangile. La Bible nous en donne des exemples. « Celui qui ne croit pas est déjà jugé, parce qu'il n'a pas cru au nom du Fils unique de Dieu. Et ce jugement c'est que, la lumière étant venue dans le monde, les hommes ont préféré les ténèbres à la lumière, parce que leurs œuvres étaient mauvaises » (Jn 3.18,19). À Nazareth, Jésus « s'étonnait de leur incrédulité » (Mc 6.6).

Nous aimerions tellement que la proclamation de l'Évangile ne produise que la foi, mais ce n'est pas la réalité. Certaines œuvres missionnaires investissent beaucoup de temps et d'argent pour parfois bien peu de résultats. Le peu de fruits peut nous décevoir ou nous décourager, mais ne devrait pas nous surprendre, car l'incrédulité est l'une des deux réponses données à l'annonce de l'Évangile. « Celui qui ne croit pas au Fils ne verra point la vie, mais la colère de Dieu demeure sur lui » (Jn 3.36). « C'est pourquoi je vous ai dit que vous mourrez dans vos péchés ; car si vous ne croyez pas ce que je suis, vous mourrez dans vos péchés » (Jn 8.24).

Pour quelle raison certains restent-ils incrédules ? À l'époque du Synode de Dordrecht, les arminiens accusaient les réformés en disant : « D'après vous, si certains ne viennent pas à la foi, c'est parce que vous ne croyez pas que Jésus est mort pour tous. En fin de compte, ce serait la faute de Jésus si certains ne croient pas. Ceux pour qui Jésus n'est pas mort n'ont pas de chance. Certains d'entre eux voudraient peut-être être sauvés, mais ils ne le peuvent pas parce que Jésus n'est pas mort pour eux. C'est donc la faute de Jésus si ces gens aboutissent en enfer. » Cette accusation n'est en fait qu'une caricature de l'enseignement réformé, et non une représentation fidèle.

Dordrecht répond : « *Quant à ce que beaucoup de ceux qui sont appelés par l'Évangile ne se repentent point, ni ne croient en Jésus-Christ, mais périssent dans l'infidélité : cela n'arrive point par l'imperfection ou l'insuffisance du sacrifice de Jésus-Christ offert sur la croix, mais par leur propre faute* » (II.6). Le sacrifice de Jésus est vraiment parfait. Il ne lui manque rien. Si des gens ne croient pas en lui, on ne peut pas blâmer Jésus. Son sacrifice est de valeur infinie, pleinement suffisant pour payer pour tous nos péchés. Si un pécheur vient vers Jésus en disant : « Oh, que j'aimerais être sauvé », il est impossible que Jésus lui réponde : « Je suis désolé, je n'ai plus rien pour toi, j'ai épuisé toutes mes ressources. » Non, si un pécheur vient vers Jésus convaincu qu'il est perdu et cherchant la purification de ses péchés par le sang de Jésus, ce pécheur sera certainement reçu en grâce. « Tous ceux que le Père me donne viendront à moi, et je ne mettrai pas dehors celui qui vient à moi » (Jn 6.37).

Mais si une personne n'a aucun intérêt à servir le Seigneur, si elle refuse de se repentir de ses péchés et ne veut pas être sauvée, elle ne peut blâmer personne d'autre. Elle ne veut pas être sauvée et ne reçoit que ce qu'elle veut. La cause de l'incrédulité ne se trouve pas dans les déficiences de l'œuvre du Christ, mais dans la personne incrédule elle-même. Ce sont les incrédules qu'il faut blâmer. Ceux qui entendent l'Évangile sont responsables de la manière dont ils y répondent. La proclamation de l'Évangile est un appel authentique. Si des gens refusent de se repentir et de croire, c'est de leur propre faute. Personne ne pourra dire : « J'aurais bien aimé croire, mais j'en ai été empêché. » La raison pour laquelle les gens rejettent l'Évangile est qu'ils ne croient pas en Jésus-Christ, le Fils de Dieu. « Et vous ne voulez pas venir à moi pour avoir la vie ! » (Jn 5.40.)

Il en est de même de toute personne qui vient régulièrement au culte. Nous sommes responsables de la réponse que nous donnons à la prédication. Si nous ne répondons pas avec foi à la prédication, c'est entièrement de notre faute. « Aujourd'hui, si vous entendez sa voix, N'endurcissez pas vos cœurs, comme lors de la révolte, Au jour de la tentation dans le désert, où vos pères me tentèrent pour m'éprouver, et ils virent mes œuvres pendant quarante ans. Aussi je fus irrité contre cette génération, et je dis : Ils ont toujours un cœur qui s'égare, ils n'ont pas connu mes voies. Je jurai donc dans ma colère : Ils n'entreront pas dans mon repos ! Prenez garde, frères, que quelqu'un de vous n'ait un cœur mauvais et incrédule, au point de se détourner du Dieu vivant. Mais exhortez-vous les uns les autres chaque jour, aussi longtemps qu'on peut dire : Aujourd'hui ! afin qu'aucun de vous ne s'endurcisse par la séduction du péché » (Hé 3.7-13).

Comment répondre à une personne qui dit : « Mais si Jésus n'est pas mort pour moi, je ne peux rien y changer. Il n'y a rien à faire » ? Rappelons-lui la promesse qui accompagne le commandement. « Crois au Seigneur Jésus, et tu seras sauvé » (Ac 16.31). Les gens cherchent souvent des excuses à leur incrédulité. L'idée que la mort de Jésus ne serait pas suffisante est une très mauvaise excuse qui ne fait pas porter le blâme sur la bonne personne et qui remet en cause la promesse de Dieu.

Pourquoi d'autres croient-ils ? (II.7)

Pourquoi d'autres viennent-ils à la foi ? Est-ce à cause de la libre volonté de l'homme ? Non, c'est uniquement par la grâce de Dieu qu'une personne répond favorablement à la prédication. « Car c'est par la grâce que vous êtes sauvés, par le moyen de la foi. Et cela ne vient pas de vous, c'est le don de Dieu » (Ép 2.8). « Il vous a été fait la grâce, par rapport à Christ, non seulement de croire en lui, mais encore de souffrir pour lui » (Ph 1.29). Les Philippiens n'ont pas gagné le mérite de croire en Christ. Leur foi ne venait pas non plus de leur libre décision. Cela leur a été donné par pure grâce. « Car qui est-ce qui te distingue ? Qu'as-tu que tu n'aies reçu ? Et si tu l'as reçu, pourquoi te glorifies-tu, comme si tu ne l'avais pas reçu ? » (1 Co 4.7.) « Si quelqu'un est en Christ, il est une nouvelle création. Les choses anciennes sont passées ; voici, toutes choses sont devenues nouvelles. Et tout cela vient de Dieu, qui nous a réconciliés avec lui par Christ, et qui nous a donné le ministère de la réconciliation » (2 Co 5.17,18). Bref, « Que celui qui se glorifie se glorifie dans le Seigneur » (2 Co 10.17).

« *Mais si nombreux que soient ceux qui croient vraiment, et qui sont délivrés et sauvés des péchés et de la perdition par la mort de Jésus-Christ, ils ne jouissent de ce bienfait que par la seule grâce de Dieu, qu'il ne doit à personne et qui leur a été donnée de toute éternité en Jésus-Christ* » (II.7). Si les incrédules doivent porter seuls le blâme de leur incrédulité, les croyants, pour leur part, doivent donner gloire à Dieu seul pour leur foi. C'est uniquement de notre faute si nous ne croyons pas, et c'est grâce à Dieu seul si nous croyons. Tout est par pure grâce, incluant le don de la foi. Quelle profondeur de l'amour et de la sagesse de Dieu !

Les arminiens disent aussi que c'est par grâce que nous sommes sauvés, mais ils donnent à ce mot un sens différent. Pour eux, la grâce se rapporterait davantage à une action de Dieu dans le passé qu'à une action de Dieu dans le présent. La grâce ne produirait pas une action de Dieu dans nos cœurs par laquelle nous recevons la foi. La grâce de Dieu, par la mort de Jésus, permettrait seulement à Dieu d'établir une nouvelle condition pour que nous soyons sauvés. À cause de sa mort pour tous, il suffirait maintenant de croire en lui. La foi dépendrait de notre libre volonté. Il n'en dépend que de nous si nous voulons être sauvés. C'est l'homme qui déciderait s'il apprécie ou non la grâce de Dieu. Cela contredit le fait que Dieu, sans aucun mérite de notre part, nous impute la satisfaction parfaite, la justice et la sainteté de Jésus-Christ. « Ils sont gratuitement justifiés par sa grâce, par le moyen de la rédemption qui est en Jésus-Christ » (Ro 3.24).

C'est tout à la gloire de Dieu de prendre des pécheurs comme nous, qui ne méritent que la mort éternelle, et de nous amener à la foi pour faire de nous ses enfants. « L'amour de Christ nous presse » (2 Co 5.14). Croire est à la fois un commandement et un don. C'est un appel en même temps qu'un privilège de pouvoir l'exercer. Remercions le Seigneur de cet immense privilège qu'il nous donne de croire en lui et continuons d'obéir à son commandement de lui faire confiance en tout !

CHAPITRE 26

L'acquisition et l'application du salut par Jésus
Article II.8a

> *Car tel a été le très libre conseil et la très favorable volonté et intention de Dieu le Père, que l'efficacité vivifiante et salutaire de la mort très précieuse de son Fils s'étendit à tous les élus, pour leur donner à eux seuls la foi justifiante, et par elle les amener infailliblement au salut. Autrement dit, Dieu a voulu que Jésus-Christ, par le sang de la croix (par lequel il a confirmé la nouvelle alliance), rachetât efficacement du milieu de tout peuple, de toute nation et de toute langue, tous ceux, et ceux-là seulement, qui de toute éternité, ont été élus au salut, et lui ont été donnés par le Père ; qu'il leur donnât la foi, qu'il leur a, aussi bien que tous les autres dons du Saint-Esprit, acquise par sa mort ; les purifiât par son sang de tout péché et originel et actuel, commis tant après qu'avant la foi ; les conservât fidèlement jusqu'à la fin, et finalement les fît comparaître devant lui, glorieux, sans aucune tache ni souillure.*

— Canons de Dordrecht, *article II.8*

Nous arrivons au cœur du sujet de cette deuxième section. Tout comme l'article 7 de la première section nous avait donné une excellente définition de l'élection, de même l'article 8 de la seconde section nous présente les éléments clés de la merveilleuse doctrine de « l'expiation limitée » ou de la « rédemption particulière ». La mort de Jésus-Christ est efficace ; elle va certainement produire les effets désirés. Les élus seront justifiés, rachetés, purifiés de leurs péchés et amenés à la gloire éternelle.

La distinction entre l'acquisition et l'application du salut

Les arminiens font une fausse distinction entre l'acquisition et l'application du salut. Jésus serait mort pour tous les hommes ; il aurait ôté l'obstacle qui les sépare d'avec Dieu. Toutefois, l'homme, par sa libre volonté, pourrait décider s'il aime ou non ce que Dieu a préparé. L'acquisition du salut serait l'œuvre du Christ accomplie sur la croix, tandis que son application serait notre œuvre accomplie par notre libre volonté. Jésus aurait acquis le salut de tous les hommes, mais seulement certains d'entre eux l'appliqueraient à leur vie.

Il est vrai que nous devons faire une distinction entre acquisition et application. Par exemple, j'achète de la peinture à la quincaillerie et ensuite je l'applique sur les murs de ma chambre. Les deux actes d'acquisition et d'application sont accomplis par moi. Le Seigneur Jésus est celui qui a acquis notre salut à grand prix sur la croix et il est celui qui l'applique à nos cœurs par son Esprit. La Bible nous dit que Jésus-Christ est mort pour tous ceux qui ont depuis toujours été élus à la vie éternelle, et tous ceux pour qui Jésus a acquis le salut recevront certainement ce salut. « Car ceux qu'il a connus d'avance, il les a aussi prédestinés à être semblables à l'image de son Fils. […] Et ceux qu'il a prédestinés, il les a aussi appelés ; et ceux qu'il a appelés, il les a aussi justifiés, et ceux qu'il a justifiés, il les a aussi glorifiés » (Ro 8.29,30).

La conception : le but spécifique du Père

« Car tel a été le très libre conseil et la très favorable volonté et intention de Dieu le Père, que l'efficacité vivifiante et salutaire de la mort très précieuse de son Fils s'étendît à tous les élus » (II.8). Même si nous parlons de « la mort très précieuse » de Jésus, il ne faut jamais oublier que nous en parlons dans le contexte de la « très favorable volonté » du Père et de son

« très libre conseil ». « *Dieu a voulu que Jésus-Christ rachetât efficacement [...] tous ceux, et ceux-là seulement, qui de toute éternité ont été élus au salut, et lui ont été donnés par le Père* » (II.8). Le Père et le Fils n'ont pas deux volontés différentes, comme si le Père avait élu seulement un certain nombre de personnes, mais que le Fils, lui, en avait fait à sa tête et avait décidé de mourir pour tous les hommes. Le Père et le Fils sont un. « Je suis descendu du ciel pour faire, non ma volonté, mais la volonté de celui qui m'a envoyé. Or, la volonté de celui qui m'a envoyé, c'est que je ne perde aucun de tous ceux qu'il m'a donnés, mais que je les ressuscite au dernier jour » (Jn 6.38,39).

Les arminiens disent « *que Dieu le Père a destiné son Fils à la mort de la croix, sans aucun dessein certain et défini de sauver nommément quelqu'un* » (*Rejet des erreurs*, II.1). La Bible dit au contraire que le Père, depuis toute éternité, a donné à son Fils un nombre précis de brebis. Lorsque le Fils a donné sa vie, il avait en tête un but précis qui coïncidait avec le but éternel du Père. Il est mort pour ceux que le Père a aimés depuis toute éternité. C'est merveilleux ! Le Fils et le Père vivent en parfaite harmonie.

La mort expiatoire de Jésus trouve sa source dans l'amour éternel insondable du Père. « Mais Dieu prouve son amour envers nous, en ce que, lorsque nous étions encore des pécheurs, Christ est mort pour nous » (Ro 5.8). « Il nous a prédestinés dans son amour [...] par Jésus-Christ » (Ép 1.4,5). « Et cet amour consiste, non point en ce que nous avons aimé Dieu, mais en ce qu'il nous a aimés et a envoyé son Fils comme victime expiatoire pour nos péchés » (1 Jn 4.10). Cet amour éternel du Père pour tous ses élus dépasse toutes nos pensées et nous pousse à l'adoration et à l'émerveillement.

L'acquisition : le but spécifique du Fils

Pour qui Jésus est-il mort ? Pour ses brebis ! « Le bon berger donne sa vie pour ses brebis. [...] Je donne ma vie pour mes brebis » (Jn 10.11,15). Ces brebis portent des noms précis, comme l'apôtre Paul. « Si je vis maintenant dans la chair, je vis dans la foi au Fils de Dieu, qui m'a aimé et qui s'est livré lui-même pour moi » (Ga 2.20). Paul dit aux maris chrétiens :

« Maris, que chacun aime sa femme, comme Christ a aimé l'Église, et s'est livré lui-même pour elle » (Ép 5.25). Sur la croix, Jésus, l'Époux, s'est livré pour son épouse. C'est uniquement pour elle qu'il a souffert.

L'ange Gabriel avait dit ceci à Joseph à propos de Jésus : « c'est lui qui sauvera son peuple de ses péchés » (Mt 1.21). Paul a exhorté les anciens d'Éphèse : « Prenez donc garde à vous-mêmes, et à tout le troupeau au sein duquel le Saint-Esprit vous a établis évêques, pour faire paître l'Église de Dieu qu'il s'est acquise par son propre sang » (Ac 20.28). Jésus-Christ ne s'est pas acquis le monde entier par son sang. Il s'est acquis l'Église de Dieu. « En lui nous avons la rédemption par son sang, le pardon des péchés selon la richesse de sa grâce » (Ép 1.7). C'est un acquis certain pour tous ceux que Dieu a prédestinés (Ép 1.5).

Quand je veux repeindre une chambre, je n'achète pas tous les pots de peinture de la quincaillerie, j'achète seulement les pots dont j'ai besoin pour le but précis que je me propose. De même, Jésus est mort tout spécialement pour ses brebis et pour personne d'autre. « *L'efficacité vivifiante et salutaire de la mort très précieuse de son Fils s'étend à tous les élus, pour leur donner à eux seuls la foi justifiante* » (II.8). La mort de Jésus-Christ est efficace pour tous les élus et pour eux seuls !

L'application : le résultat puissant dans nos vies par l'Esprit

Tous ceux que Dieu s'est acquis par la mort de son Fils recevront certainement le salut par le Saint-Esprit. « En lui vous avez cru et vous avez été scellés du Saint-Esprit qui avait été promis, lequel est un gage de notre héritage, pour la rédemption de ceux que Dieu s'est acquis, pour célébrer sa gloire » (Ép 1.13,14). Si je ne veux pas gaspiller la peinture que j'ai achetée à grand prix, je vais l'utiliser au complet. Jésus est mort dans le but spécifique d'acquérir certaines personnes et il ne gaspille rien de tout ce qu'il a acquis.

Pour les arminiens, il serait théoriquement possible qu'aucune personne n'aille au ciel et que toute l'œuvre de Jésus sur la croix soit gaspillée. Pour tous ceux qui iront en enfer, ce que Jésus a acquis par sa mort serait effectivement gaspillé. Son œuvre pour eux serait rendue inutile à cause de leur mauvaise volonté. Dordrecht répond que l'application du salut ne dépend pas de notre libre volonté. Elle dépend uniquement de la puissance de Jésus-Christ. La mort de Jésus produit des résultats certains dans nos vies. Elle est d'une « *efficacité vivifiante et salutaire* ». « *Il leur donne la foi [...] aussi bien que tous les autres dons du Saint-Esprit ; il les purifie par son sang de tout péché et originel et actuel, commis tant après qu'avant la foi ; il les conserve fidèlement jusqu'à la fin, et finalement les fait comparaître devant lui, glorieux, sans aucune tache ni souillure* » (II.8).

Quel résultat glorieux ! La mort du Seigneur Jésus est vraiment puissante ! Ce n'est certainement pas notre supposée « libre volonté » qui a ce pouvoir. « Tu lui as donné pouvoir sur toute chair, afin qu'il accorde la vie éternelle à tous ceux que tu lui as donnés » (Jn 17.2). La puissance de Jésus s'étend sur tous les hommes, mais s'exerce tout spécialement sur ceux que le Père lui a donnés. Par cette puissance, il leur donne la vie éternelle ! « Mes brebis entendent ma voix ; je les connais, et elles me suivent. Je leur donne la vie éternelle ; et elles ne périront jamais, et personne ne les ravira de ma main » (Jn 10.27,28). Oui, la puissance du bon Berger s'exerce sur nous tous les jours de notre vie, jusqu'au jour où nous serons tous réunis autour de lui dans la gloire. Soyons certains qu'aucune des brebis pour lesquelles il est mort ne va périr !

Une vérité précieuse à chérir

La mort de Jésus est « *très précieuse* ». Oui, elle est précieuse, sa mort expiatoire, car la Bible le dit. Ce serait déjà une raison suffisante de l'aimer de tout cœur et de nous en émerveiller, car Dieu le dit ! En plus, sa mort est précieuse pour nous, car elle signifie tout pour nous et pour notre salut. Elle nous procure une grande assurance, une espérance des plus solides, une certitude inébranlable. Jésus n'a pas seulement fait la moitié du chemin pour ensuite nous laisser faire l'autre moitié par nous-mêmes. Il a fait tout le chemin. Il nous prend dans nos péchés et nous amène en toute sécurité jusqu'à la maison du Père.

Sa mort est également précieuse pour Jésus, car il recevra exactement tous ceux que le Père lui a donnés depuis toute éternité. Le bon Berger aura la joie de conduire à la vie éternelle toutes les brebis pour lesquelles il est mort sur la croix, sans qu'il lui en manque une seule. Enfin, sa mort est précieuse pour le Père, car elle est toute à la gloire de Dieu. C'est Dieu seul qui reçoit toute la gloire de notre salut, du début à la fin. « C'est de lui, par lui, et pour lui que sont toutes choses. À lui la gloire dans tous les siècles ! Amen ! » (Ro 11.36.)

CHAPITRE 27

L'efficacité de la mort de Jésus pour les élus : son obéissance et son sacrifice expiatoire
Article II.8b[1]

Car tel a été le très libre conseil et la très favorable volonté et intention de Dieu le Père, que l'efficacité vivifiante et salutaire de la mort très précieuse de son Fils s'étendit à tous les élus, pour leur donner à eux seuls la foi justifiante, et par elle les amener infailliblement au salut. Autrement dit, Dieu a voulu que Jésus-Christ, par le sang de la croix (par lequel il a confirmé la nouvelle alliance), rachetât efficacement du milieu de tout peuple, de toute nation et de toute langue, tous ceux, et ceux-là seulement qui, de toute éternité, ont été élus au salut, et lui ont été donnés par le Père ; qu'il leur donnât la foi, qu'il leur a, aussi bien que tous les autres dons du Saint-Esprit, acquise par sa mort ; les purifiât par son sang de tout péché et originel et actuel, commis tant après

---

1. Pour ce chapitre, voir John Murray, *The Atonement* [L'expiation], Phillipsburg, N. J., P&R, s. d., 31 p.

qu'avant la foi ; les conservât fidèlement jusqu'à la fin, et finalement les fît comparaître devant lui, glorieux, sans aucune tache ni souillure.

— Canons de Dordrecht, *article II.8*

Qu'est-ce que la mort de Jésus-Christ signifie pour nous ? Que nous a-t-il véritablement acquis à la croix ? Cette question est au cœur de l'Évangile. Pour les arminiens, l'œuvre expiatoire de Jésus n'aurait pas véritablement ôté les péchés de quiconque en particulier en vue d'assurer efficacement son salut, mais elle donnerait à tous les hommes la possibilité d'être sauvés et permettrait à Dieu de pardonner aux pécheurs à condition qu'ils croient. Dordrecht dit plutôt que « *l'efficacité vivifiante et salutaire de la mort très précieuse de son Fils s'étend à tous les élus* » (II.8).

La Bible contient beaucoup de passages sur la merveilleuse doctrine de la rédemption particulière. Cette vérité nous est révélée pour nous procurer une joie profonde et un puissant réconfort. « Car la prédication de la croix est une folie pour ceux qui périssent ; mais pour nous qui sommes sauvés elle est une puissance de Dieu » (1 Co 1.18). Considérons plus en détail ce que Jésus a fait pour son peuple quand il est mort.

Il est devenu l'auteur de notre salut par l'obéissance

Tout le ministère terrestre de Jésus-Christ, incluant son œuvre expiatoire sur la croix, porte la marque de l'obéissance. « Il s'est humilié lui-même, se rendant obéissant jusqu'à la mort, même jusqu'à la mort de la croix » (Ph 2.8). La prophétie d'Ésaïe 53 est très instructive au sujet de la nature de son œuvre expiatoire. Dans cette fameuse prophétie, le titre de Serviteur de l'Éternel décrit l'engagement du Fils à obéir à la volonté de son Père par amour pour son Père et pour ceux que le Père lui a promis. « Il a plu à l'Éternel de le briser par la souffrance... Après avoir livré sa vie en sacrifice pour le péché, il verra une postérité et prolongera ses jours ; et l'œuvre de l'Éternel prospérera entre ses mains » (És 53.10). Pourquoi a-t-il plu à l'Éternel de le briser par la souffrance ? Parce que le Père avait le dessein précis de sauver certaines personnes par le sang de son Fils avec une promesse particulière faite à son Fils. « C'est pourquoi je lui donnerai sa part avec les grands […] parce qu'il s'est livré lui-même à la mort » (És 53.12).

Ainsi, le Serviteur de l'Éternel s'est entièrement soumis à la volonté de son Père avec une intention profonde et dans un but précis. « Car je suis descendu du ciel pour faire, non ma volonté, mais la volonté de celui qui m'a envoyé. Or, la volonté de celui qui m'a envoyé, c'est que je ne perde aucun de tous ceux qu'il m'a donnés, mais que je les ressuscite au dernier jour » (Jn 6.38,39). On ne peut pas saisir la nature de l'œuvre du Christ pour nous sans reconnaître que sa mort sur la croix est un acte d'obéissance en vue de sauver un peuple particulier. « Mon serviteur juste justifiera beaucoup d'hommes, et il se chargera de leurs iniquités » (És 53.11). Dans la même veine, Paul ajoute : « Par l'obéissance d'un seul, beaucoup seront rendus justes » (Ro 5.19).

Ayant non seulement une nature divine, mais aussi une nature humaine, Jésus a dû grandir dans cette obéissance à mesure qu'il progressait dans sa compréhension, sa résolution et son accomplissement de la volonté de son Père. Il a dû apprendre l'obéissance dans la fournaise de l'épreuve, de la tentation et de la souffrance, jusqu'à ce que son obéissance parvienne à la perfection requise pour accomplir notre salut. « Il convenait, en effet, que celui pour qui et par qui sont toutes choses, et qui voulait conduire à la gloire beaucoup de fils, ait élevé à la perfection par les souffrances le Prince de leur salut » (Hé 2.10). « Après avoir été élevé à la perfection, il est devenu pour tous ceux qui lui obéissent l'auteur d'un salut éternel » (Hé 5.9). C'est donc par l'obéissance qu'il a assuré le salut d'un grand nombre de fils qui seront certainement conduits à la gloire éternelle.

Est-ce pour Ésaü, pour Judas ou pour ceux qui iront en enfer qu'il a été obéissant ? Certainement pas ! Il a été obéissant uniquement pour ses brebis, dans le but de les déclarer justes et de les conduire à la gloire.

Il s'est offert en sacrifice pour expier nos péchés

Plusieurs passages du Nouveau Testament nous présentent la mort de Jésus-Christ sur la croix comme l'offrande d'un sacrifice pour les péchés. « Marchez dans l'amour, à l'exemple de Christ, qui nous a aimés, et qui s'est livré lui-même à Dieu pour nous comme une offrande et un sacrifice de bonne odeur » (Ép 5.2). Rappelant les agneaux immolés lors de l'Exode, Paul dit : « Christ, notre Pâque, a été immolé » (1 Co 5.7). Plus loin, Paul résume ainsi l'Évangile : « Christ est mort pour nos péchés, selon les Écritures » (1 Co 15.3). Par son sacrifice, le péché a été condamné dans la chair même de Jésus. « Dieu a condamné le péché dans la chair, en envoyant, à cause du péché, son propre Fils dans une chair semblable à celle du péché » (Ro 8.3).

Les sacrifices de l'Ancien Testament étaient une image du sacrifice de Jésus et représentaient figurativement son offrande pour nos péchés. La prophétie d'Ésaïe 53 décrit le sacrifice du Serviteur souffrant dans les termes mêmes des sacrifices de culpabilité prescrits par le Lévitique (Lé 5.6,7 ; 7.1,2) : « Après avoir livré sa vie en sacrifice pour le péché, il verra une postérité » (És 53.10). Ésaïe en donne la signification : « Cependant, ce sont nos souffrances qu'il a portées, c'est de nos douleurs qu'il s'est chargé. [...] Mais il était blessé pour nos péchés, brisé pour nos iniquités ; le châtiment qui nous donne la paix est tombé sur lui, et c'est par ses meurtrissures que nous sommes guéris. Nous étions tous errants comme des brebis, chacun suivait sa propre voie ; et l'Éternel a fait retomber sur lui l'iniquité de nous tous » (És 53.4-6). Ce « nous tous » est expliqué deux versets plus loin : « Et parmi ceux de sa génération, qui a cru qu'il était retranché de la terre des vivants et frappé pour les péchés de mon peuple ? » (És 53.8.)

L'idée de l'expiation signifie que la dette accumulée à cause des péchés du peuple de Dieu est entièrement effacée. Le sacrifice en constitue le plein paiement. La dette est transférée sur la victime sacrificielle qui se substitue au pécheur et qui endure la punition à sa place. La mort de Jésus-Christ est substitutive : il a subi à notre place la punition que nous méritions pour nos péchés.

L'épître aux Hébreux développe une riche théologie de la mort sacrificielle du Christ en reprenant les termes et les notions du système sacrificiel de l'Ancien Testament. Jésus surpasse en grandeur et en dignité cet ancien système lévitique et en accomplit sa pleine signification. Il est à la fois le sacrifice offert en victime expiatoire et le sacrificateur qui offre à Dieu le sacrifice pour les péchés du peuple. « Il nous convenait, en effet, d'avoir un souverain sacrificateur comme lui, saint, innocent, sans tache, séparé des pécheurs, et plus élevé que les cieux, qui n'a pas besoin, comme les souverains sacrificateurs, d'offrir chaque jour des sacrifices, d'abord pour ses propres péchés, ensuite pour ceux du peuple, car ceci il l'a fait une fois pour toutes en s'offrant lui-même » (Hé 7.26,27).

Dans l'Ancien Testament, le sacrificateur offrait des sacrifices, non pour le monde en général, mais pour les péchés du peuple de l'alliance. De même, à la croix, notre Souverain Sacrificateur s'est offert une fois pour toutes en sacrifice, non pour les péchés de tous les hommes, mais pour les péchés du peuple de Dieu. « En conséquence, il a dû être rendu semblable en toutes choses à ses frères, afin qu'il soit un souverain sacrificateur miséricordieux et fidèle dans le service de Dieu, pour faire l'expiation des péchés du peuple » (Hé 2.17). « Nous avons un souverain sacrificateur établi sur la maison de Dieu » (Hé 10.21). Ainsi donc, nos péchés ont été définitivement abolis, une fois pour toutes. « Mais maintenant, à la fin des siècles, il a paru une seule fois pour effacer le péché par son sacrifice. [...] Christ, qui s'est offert une seule fois pour porter les péchés de beaucoup d'hommes, apparaîtra sans péché une seconde fois à ceux qui l'attendent pour leur salut » (Hé 9.26-28). La mort sacrificielle du Christ est pleinement efficace pour « *tous ceux, et ceux-là seulement qui, de toute éternité, ont été élus au salut, et lui ont été donnés par le Père* » (II.8).

Jésus a-t-il véritablement aboli le péché par son sacrifice ? Certainement ! S'est-il offert en sacrifice pour abolir les péchés d'Ésaü et de Judas ? Pas du tout ! A-t-il vraiment porté les péchés et payé la dette de tous ceux qui iront en enfer ? Certainement pas ! Il s'est offert en sacrifice pour abolir uniquement les péchés de ses brebis. « Jésus-Christ s'est donné lui-même pour nos péchés » (Ga 1.4). Quelle assurance et quelle joie de savoir que nos péchés ont été réellement abolis à la croix ! La mort de Jésus-Christ est vraiment efficace pour tous les élus.

CHAPITRE 28

L'efficacité de la mort de Jésus pour les élus : propitiation et réconciliation
Article II.8c[1]

Car tel a été le très libre conseil et la très favorable volonté et intention de Dieu le Père, que l'efficacité vivifiante et salutaire de la mort très précieuse de son Fils s'étendit à tous les élus, pour leur donner à eux seuls la foi justifiante, et par elle les amener infailliblement au salut. Autrement dit, Dieu a voulu que Jésus-Christ, par le sang de la croix (par lequel il a confirmé la nouvelle alliance), rachetât efficacement du milieu de tout peuple, de toute nation et de toute langue, tous ceux, et ceux-là seulement qui, de toute éternité, ont été élus au salut, et lui ont été donnés par le Père ; qu'il leur donnât la foi, qu'il leur a, aussi bien que tous les autres dons du Saint-Esprit, acquise par sa mort ; les purifiât par son sang de tout péché et originel et actuel, commis tant après

---

1. Pour ce chapitre, voir John Murray, *The Atonement* [L'expiation], Phillipsburg, N. J., P&R, s. d., 31 p.

> *qu'avant la foi ; les conservât fidèlement jusqu'à la fin, et finalement les fît comparaître devant lui, glorieux, sans aucune tache ni souillure.*
>
> — Canons de Dordrecht, *article II.8*

Jésus a donné sa vie pour ses brebis et non pour tous les hommes en général. Sa mort est pleinement efficace pour toutes ses brebis et uniquement pour ses brebis. Nous nous réjouissons de tout cœur du fait que « *l'efficacité vivifiante et salutaire de la mort très précieuse de son Fils s'étend à tous les élus* » (II.8). Nous avons déjà vu deux aspects importants de son œuvre accomplie à la croix en faveur de son peuple : son obéissance et son sacrifice expiatoire. Il est réellement devenu l'auteur de notre salut par son obéissance. Il s'est offert en sacrifice pour véritablement expier nos péchés. Considérons deux autres aspects clés de l'efficacité de sa mort pour ses brebis : la propitiation et la réconciliation.

Il a accompli la propitiation en notre faveur

Un *sacrifice expiatoire* était requis à cause de notre culpabilité. Il serait toutefois incomplet de parler du sacrifice expiatoire de Jésus-Christ sans parler de sa valeur propitiatoire. Une *propitiation* était nécessaire à cause de la colère de Dieu.

Le propitiatoire était la plaque en or, ornée de deux chérubins, posée sur l'arche de l'alliance dans le lieu très saint. Ce couvercle représentait la présence favorable de Dieu et le pardon qu'il accordait au moyen du sang des sacrifices versé par le sacrificateur le jour de l'expiation. La gloire de l'Éternel se manifestait entre les chérubins et c'est là que l'Éternel rencontrait son peuple et s'entretenait avec lui (Ex 25.17-22 ; 26.34 ; 30.6 ; Lé 16.14 ; No 7.89). « Au-dessus de l'arche étaient les chérubins de la gloire, couvrant de leur ombre le propitiatoire » (Hé 9.5).

Après l'entrée du péché dans le monde, les chérubins, armés d'une épée flamboyante, avaient été placés à l'est du jardin d'Éden « pour garder le chemin de l'arbre de vie » (Ge 3.24) afin d'empêcher l'homme d'y retourner. En Israël, lorsqu'un pécheur était assez téméraire pour s'introduire dans le Saint des saints, dans la présence de Dieu, les chérubins auraient normalement dû le transpercer. Mais ici, ils étaient désarmés, leurs regards étant tournés vers le propitiatoire, où le sang versé montrait que la mort de la victime avait pleinement satisfait la justice divine. La propitiation est l'acte qui permet de calmer, d'apaiser, de rendre propice celui qui est en colère contre nous.

La propitiation accomplie par le Christ implique que Dieu était en colère contre nous. Pour que nous puissions nous approcher librement du Dieu trois fois saint et vivre en communion avec lui, sa juste colère devait être apaisée. Ce sont nos péchés que Jésus a expiés, mais c'est Dieu que Jésus a rendu propice par son sang versé. Cette colère de Dieu n'entre pas en contradiction avec le fait que Dieu le Père nous a aimés de toute éternité. C'est à cause de son amour éternel qu'il a lui-même fourni le moyen d'apaiser sa colère contre nos péchés. « L'amour de Dieu a été manifesté envers nous en ce que Dieu a envoyé son Fils unique dans le monde, afin que nous vivions par lui. Et cet amour consiste, non point en ce que nous avons aimé Dieu, mais en ce qu'il nous a aimés et a envoyé son Fils comme victime expiatoire pour nos péchés » (1 Jn 4.9,10). « C'est lui que Dieu a destiné à être, par son sang pour ceux qui croiraient, victime propitiatoire, afin de montrer sa justice » (Ro 3.25). Dieu a tant aimé l'objet de sa colère qu'il a donné son propre Fils pour que sa colère soit apaisée par son sang.

Quel amour long, large, haut et profond ! « Ainsi donc, frères, nous avons, au moyen du sang de Jésus, une libre entrée dans le sanctuaire par la route nouvelle et vivante qu'il a inaugurée pour nous au travers du voile, c'est-à-dire de sa chair » (Hé 10.19,20). « Approchons-nous donc avec assurance du trône de la grâce, afin d'obtenir miséricorde et de trouver grâce, pour être secourus dans nos besoins » (Hé 4.16).

Est-ce envers Ésaü et Judas que la colère de Dieu a été apaisée ? Certainement pas ! Ceux qui iront en enfer ont-ils un libre accès au sanctuaire céleste par le sang de Jésus ? Pas du tout ! C'est uniquement pour ses brebis que Jésus a accompli la propitiation et ce sont elles qui ont libre accès par son sang à la sainte et glorieuse présence de Dieu[2].

---

2. Pour l'interprétation de 1 Jean 2.2, voir les objections discutées au chapitre 34.

Il a accompli notre réconciliation

Un *sacrifice* était requis à cause de notre culpabilité. Une *propitiation* était nécessaire à cause de la colère de Dieu. De même, une *réconciliation* était nécessaire à cause de l'aliénation de Dieu. Nous nous sommes aliéné la sympathie de Dieu. Il nous a en aversion. Cette aliénation a besoin d'être résolue. C'est ce que Jésus-Christ est venu accomplir par sa mort. « Lorsque nous étions ennemis, nous avons été réconciliés avec Dieu par la mort de son Fils » (Ro 5.10).

Que signifie : nous avons été réconciliés avec Dieu ? Certains pensent que c'est notre hostilité envers Dieu qui a été enlevée. Bien sûr, la réconciliation implique que nous devons apprendre à changer notre attitude envers Dieu. Mais la réconciliation avec Dieu est bien plus profonde. Pensons par exemple à l'exhortation de Jésus : « Va d'abord te réconcilier avec ton frère ; puis, viens présenter ton offrande » (Mt 5.24). Ici, c'est ton frère qui a un différend avec toi. C'est son attitude envers toi qui est hostile. Si « ton frère a quelque chose contre toi » (Mt 5.23) parce qu'il se sent traité injustement par toi, va d'abord te réconcilier avec ton frère avant d'aller adorer Dieu. Autrement dit, va régler le problème qu'il a contre toi. La réconciliation doit produire un changement d'attitude chez ton frère, et alors tu seras réconcilié avec lui. Si nous avons besoin d'être réconciliés avec Dieu, c'est parce que l'attitude de Dieu à notre égard doit changer pour que nous puissions obtenir sa faveur et vivre en bonne relation avec lui.

Non seulement notre péché provoque-t-il sa colère, mais en plus, il nous aliène et nous rend étrangers de lui. « Mais ce sont vos crimes qui mettent une séparation entre vous et votre Dieu ; ce sont vos péchés qui vous cachent sa face et l'empêchent de vous écouter » (És 59.2). Notre réconciliation avec Dieu ne peut pas se limiter à un changement d'attitude dans notre cœur lorsque nous nous repentons et que nous commençons à aimer Dieu. Pour que nous soyons réconciliés avec Dieu, c'est son attitude hostile envers nous qui doit changer et qui doit être remplacée par une attitude amicale. « Mais Dieu prouve son amour envers nous, en ce que, lorsque nous étions encore des pécheurs, Christ est mort pour nous » (Ro 5.8). Paul attire notre attention sur ce que Dieu a fait alors que nous étions encore pécheurs. « Lorsque nous étions ennemis, nous avons été réconciliés avec Dieu par la mort de son Fils, à plus forte raison, étant réconciliés, serons-nous sauvés par sa vie » (Ro 5.10).

« Ennemis » peut signifier que nous étions activement hostiles envers Dieu. Même si notre attitude envers Dieu n'avait pas encore changé, son attitude envers nous a changé à cause de la mort de son Fils. « Ennemis » peut également signifier que nous étions l'objet de son hostilité. Lorsque Dieu avait encore des choses contre nous, son attitude a changé à cause de la mort de son Fils. Quoi qu'il en soit, c'est l'attitude de Dieu envers nous qui a changé. Il est devenu notre ami, alors que nous étions encore ses ennemis. (En grec, le verbe à l'aoriste passif indique que la réconciliation s'est accomplie dans le passé, une fois pour toutes.)

Notre changement d'attitude envers lui n'est jamais une chose acquise une fois pour toutes. Nous sommes appelés à grandir dans notre amour pour lui. Cependant, notre réconciliation par la mort du Seigneur Jésus est l'acte de Dieu lui-même qui nous a définitivement réconciliés avec lui-même. « Et tout cela vient de Dieu, qui nous a réconciliés avec lui par Christ, et qui nous a donné le ministère de la réconciliation. Car Dieu était en Christ, réconciliant le monde avec lui-même, en n'imputant point aux hommes leurs offenses, et il a mis en nous la parole de la réconciliation » (2 Co 5.18,19). Lorsque nous prêchons cette parole de réconciliation, nous exhortons les gens en leur disant : « Nous vous en supplions au nom de Christ : soyez réconciliés avec Dieu ! » (2 Co 5.20.) En faisant cela, nous ne leur demandons pas seulement de changer d'attitude envers Dieu, nous leur demandons de recevoir par la foi le cadeau de la réconciliation que Jésus nous a déjà acquis sur la croix.

Cette réconciliation est réelle et efficace. « Car si, lorsque nous étions ennemis, nous avons été réconciliés avec Dieu par la mort de son Fils, à plus forte raison, étant réconciliés, serons-nous sauvés par sa vie » (Ro 5.10). Notre réconciliation avec Dieu par la croix produira des effets certains dans nos vies et jusque dans l'éternité. « Et vous, qui étiez autrefois étrangers et ennemis par vos pensées et par vos mauvaises œuvres, il vous a maintenant réconciliés par sa mort dans le corps de sa chair, pour vous faire paraître devant lui saints, sans défaut et sans reproche » (Col 1.21,22).

Esaü et Judas ont-ils été de la sorte réconciliés avec Dieu ? Certainement pas ! Dieu a-t-il cessé d'être hostile envers ceux qui iront en enfer ? Pas du tout ! Seules les brebis du Seigneur ont été réconciliées et l'ont été véritablement par la mort du Seigneur Jésus, afin d'être sauvées par sa vie et de paraître devant lui sans défaut et sans reproche. Réjouissons-nous de l'efficacité de la mort de Jésus pour ses brebis ! Trouvons notre repos en lui seul.

CHAPITRE 29

L'efficacité de la mort de Jésus pour les élus : la rédemption par son sang
Article II.8d[1]

Car tel a été le très libre conseil et la très favorable volonté et intention de Dieu le Père, que l'efficacité vivifiante et salutaire de la mort très précieuse de son Fils s'étendit à tous les élus, pour leur donner à eux seuls la foi justifiante, et par elle les amener infailliblement au salut. Autrement dit, Dieu a voulu que Jésus-Christ, par le sang de la croix (par lequel il a confirmé la nouvelle alliance), rachetât efficacement du milieu de tout peuple, de toute nation et de toute langue, tous ceux, et ceux-là seulement, qui de toute éternité, ont été élus au salut, et lui ont été donnés par le Père ; qu'il leur donnât la foi, qu'il leur a, aussi bien que tous les autres dons du Saint-Esprit, acquise par sa mort ; les purifiât par son sang de tout péché et originel et actuel, commis tant après qu'avant la foi ; les conservât fidèlement jusqu'à la fin, et finalement les fît comparaître devant lui, glorieux, sans aucune tache ni souillure.

— Canons de Dordrecht, *article II.8*

---

1. Pour ce chapitre, voir John Murray, *The Atonement* [L'expiation], Phillipsburg, N. J., P&R, s. d., 31 p.

Selon « *le très libre conseil et la très favorable volonté et intention de Dieu le Père* » (II.8), la mort très précieuse de son Fils possède une « *efficacité vivifiante et salutaire* » qui s'étend à tous les élus et aux élus seulement. Le *sacrifice* de Jésus-Christ a vraiment ôté notre culpabilité. La *propitiation* a réellement calmé la colère de Dieu. La *réconciliation* a véritablement enlevé l'aliénation. Ajoutons encore que la *rédemption* est venue régler puissamment le problème de notre esclavage. Le péché nous a rendus esclaves du péché, du diable et de la mort. Le sang de Jésus nous délivre de ces terribles esclavages.

Il a accompli notre rédemption

Le Nouveau Testament nous parle abondamment de cette merveilleuse rédemption. La terminologie employée s'enracine en particulier dans la délivrance de l'Égypte que Dieu a puissamment accomplie en faveur du peuple d'Israël. « C'est pourquoi dis aux enfants d'Israël : Je suis l'Éternel, je vous affranchirai des travaux dont vous chargent les Égyptiens, je vous délivrerai de leur servitude, et je vous sauverai à bras étendu et par de grands jugements » (Ex 6.6). Dans l'Ancien Testament, Dieu lui-même porte le nom de Rédempteur (És 41.14) en même temps qu'il a promis à Sion un Rédempteur à venir (És 59.20). La mort du Christ pour la rédemption de son peuple trouve ainsi sa pleine signification à la lumière de ce contexte.

Par le paiement d'une rançon

Cette libération qu'il nous procure est assurée au moyen du paiement d'une rançon. « Le Fils de l'homme est venu, non pour être servi, mais pour servir et donner sa vie comme la rançon de beaucoup » (Mt 20.28). Le prix payé par Jésus pour notre rédemption est très élevé. « Car vous avez été rachetés à grand prix » (1 Co 6.20). « Vous savez que ce n'est pas par des choses périssables, par de l'argent ou de l'or, que vous avez été rachetés de la vaine manière de vivre que vous aviez héritée de vos pères, mais par le sang précieux de Christ, comme d'un agneau sans défaut et sans tache » (1 Pi 1.18,19).

Cette rançon est de nature substitutive. Elle a été payée une fois pour toutes à la croix en échange de ceux qui ont obtenu leur libération. « Il est entré une fois pour toutes dans le lieu très saint, non avec le sang des boucs et des veaux, mais avec son propre sang, ayant obtenu une rédemption éternelle » (Hé 9.12). Cette rançon garantit définitivement la délivrance de son peuple racheté pour laquelle Dieu est digne d'honneur et de louanges. « Béni soit le Seigneur, le Dieu d'Israël, de ce qu'il a visité et racheté son peuple, et nous a suscité un puissant Sauveur dans la maison de David, son serviteur, […] un Sauveur qui nous délivre de nos ennemis et de la main de ceux qui nous haïssent » (Lu 1.68-71).

Il nous a rachetés du péché

De quoi avons-nous donc été rachetés ? De la vaine manière de vivre héritée de nos pères. En d'autres mots, du péché. « Il s'est donné lui-même pour nous, afin de nous racheter de toute iniquité, et de se faire un peuple qui lui appartienne, purifié par lui et zélé pour les bonnes œuvres » (Tit 2.14). « En lui nous avons la rédemption par son sang, le pardon des péchés, selon la richesse de sa grâce » (Ép 1.7).

Cela est vrai non seulement de ceux qui vivent « à débit » dans la nouvelle alliance, mais également de ceux qui vivaient « à crédit » dans l'ancienne alliance. Pour nous, le paiement pour les péchés que nous commettons encore aujourd'hui a déjà été entièrement déboursé à la croix, tandis que pour les croyants qui vivaient dans l'Ancien Testament, les sacrifices d'animaux pour leurs péchés leur servaient de « carte de crédit », en attendant que la facture pour leurs péchés soit définitivement réglée le jour où Jésus viendrait mourir spécifiquement pour eux sur la croix.

« Israël, mets ton espoir en l'Éternel ! Car la miséricorde est auprès de l'Éternel, et la rédemption est auprès de lui en abondance. C'est lui qui rachètera Israël, de toutes ses iniquités » (Ps 130.7,8). « Et c'est pour cela qu'il est le médiateur d'une nouvelle alliance, afin que, la mort étant intervenue pour le rachat des transgressions commises sous la première alliance, ceux qui ont été appelés reçoivent l'héritage éternel qui leur a été promis » (Hé 9.15).

Il nous a rachetés de la malédiction de la loi

Jésus-Christ nous a également rachetés de la malédiction de la loi qui pesait sur nous, non parce que la loi est mauvaise, mais parce qu'elle nous condamnait à cause de nos transgressions. « Christ nous a rachetés de la malédiction de la loi, étant devenu malédiction pour nous – car il est écrit : Maudit est quiconque est pendu au bois » (Ga 3.13). Il nous est impossible de mesurer l'intensité de cette humiliation qu'il a subie à notre place : « étant devenu malédiction pour nous ». « Lorsque les temps ont été accomplis, Dieu a envoyé son Fils, né d'une femme, né sous la loi, afin qu'il rachète ceux qui étaient sous la loi, afin que nous recevions l'adoption » (Ga 4.4,5). Nous sommes donc libérés de cette condamnation et libres de vivre justifiés sans la loi.

Il nous a rachetés de l'esclavage du diable

Enfin, Jésus nous a rachetés des puissances du monde des ténèbres et du terrible esclavage du diable. « Jésus-Christ, qui s'est donné lui-même pour nos péchés, afin de nous arracher du présent siècle mauvais, selon la volonté de notre Dieu et Père, à qui soit la gloire aux siècles des siècles ! Amen ! » (Ga 1.4,5.) « Il nous a délivrés de la puissance des ténèbres et nous a transportés dans le royaume de son Fils bien-aimé, en qui nous avons la rédemption, le pardon des péchés » (Col 1.13,14). « Ainsi donc, puisque les enfants participent au sang et à la chair, il y a également participé lui-même, afin que, par la mort, il rende impuissant celui qui avait la puissance de la mort, c'est-à-dire le diable ; ainsi il délivre tous ceux qui, par crainte de la mort, étaient toute leur vie retenus dans la servitude » (Hé 2.14,15). Sa mort est réellement puissante et efficace ! Nous avons été libérés par sa mort d'un esclavage bien plus oppressant que l'esclavage de l'Égypte.

Il nous a rachetés à grand prix à la croix

La rançon versée par Jésus pour notre rédemption garantit non seulement notre libération, mais également notre acquisition. À cause de ce prix d'immense valeur qu'il a payé pour nous racheter, nous ne nous appartenons plus, nous appartenons à Jésus-Christ. « Vous êtes [...] un peuple racheté » (1 Pi 2.9). « ... l'Église de Dieu qu'il s'est acquise par son propre sang » (Ac 20.28). « Vous avez été scellés du Saint-Esprit qui avait été promis, lequel est un gage de notre héritage, pour la rédemption de ceux que Dieu s'est acquis, pour célébrer sa gloire » (Ép 1.13,14). Le fait que nous appartenions désormais corps et âme à Jésus-Christ a d'immenses implications pour nos vies. « Ne savez-vous pas que votre corps est le temple du Saint-Esprit qui est en vous, que vous avez reçu de Dieu, et que vous ne vous appartenez point à vous-mêmes ? Car vous avez été rachetés à un grand prix. Glorifiez donc Dieu dans votre corps et dans votre esprit, qui appartiennent à Dieu » (1 Co 6.19,20). « Vous avez été rachetés à grand prix ; ne devenez pas esclaves des hommes » (1 Co 7.23).

Quand cette transaction a-t-elle été effectuée ? Tous ces passages nous la décrivent comme ayant été effectuée dans le passé, une fois pour toutes, à la croix, lorsque Jésus versa son sang. C'est à ce moment précis où notre Rédempteur nous a garanti notre délivrance et notre acquisition, pour sa seule gloire. « Tu es digne de prendre le livre, et d'en ouvrir les sceaux; car tu as été immolé, et tu as racheté pour Dieu par ton sang des hommes de toute tribu, de toute langue, de tout peuple, et de toute nation » (Ap 5.9).

Devrions-nous compter Ésaü, Judas et tous ceux qui iront en enfer parmi ces hommes qui ont été rachetés par son sang et pour sa gloire ? A-t-il payé pour eux ce prix si précieux ? Les a-t-il libérés du joug de leur esclavage ? Les a-t-il acquis pour célébrer sa gloire ? C'est inconcevable ! Notre article II.8 a bien raison : « *Dieu a voulu que Jésus-Christ, par le sang de la croix (par lequel il a confirmé la nouvelle alliance) rachetât efficacement du milieu de tout peuple, de toute nation et de toute langue, tous ceux, et ceux-là seulement, qui de toute éternité ont été élus au salut, et lui ont été donnés par le Père.* » C'est son peuple, et son peuple uniquement, qu'il a réellement, efficacement et puissamment racheté au moyen de cette rançon si chèrement payée.

C'est pour cela qu'il est le seul digne de recevoir toute louange et toute gloire ! Recevons par la foi tout ce qu'il nous a si richement acquis sur la croix. Rendons-lui gloire et réjouissons-nous de tout cœur de la signification si profonde de la mort de Jésus-Christ pour son peuple bien-aimé !

CHAPITRE 30

L'efficacité de la mort de Jésus mène les élus au salut

Article II.8e

> *Car tel a été le très libre conseil et la très favorable volonté et intention de Dieu le Père, que l'efficacité vivifiante et salutaire de la mort très précieuse de son Fils s'étendit à tous les élus, pour leur donner à eux seuls la foi justifiante, et par elle les amener infailliblement au salut. Autrement dit, Dieu a voulu que Jésus-Christ, par le sang de la croix (par lequel il a confirmé la nouvelle alliance), rachetât efficacement du milieu de tout peuple, de toute nation et de toute langue, tous ceux, et ceux-là seulement, qui de toute éternité, ont été élus au salut, et lui ont été donnés par le Père ; qu'il leur donnât la foi, qu'il leur a, aussi bien que tous les autres dons du Saint-Esprit, acquise par sa mort ; les purifiât par son sang de tout péché et originel et actuel, commis tant après qu'avant la foi ; les conservât fidèlement jusqu'à la fin, et finalement les fît comparaître devant lui, glorieux, sans aucune tache ni souillure.*

— Canons de Dordrecht, *article II.8*

Jésus est venu dans le monde pour sauver des pécheurs. Il n'est pas venu pour donner à tous les hommes la possibilité d'être sauvés, mais pour assurer efficacement le salut de ses brebis. Quelle bonne nouvelle !

Nous appelons cela l'expiation limitée ou la rédemption particulière. Comprenons bien. Son œuvre expiatoire est limitée quant à son *étendue*. Elle se limite à ceux que Dieu, depuis toute éternité, a prédestinés au salut. Cette expiation n'est toutefois pas limitée quant à son *effet*. La mort de Jésus-Christ est pleinement puissante pour réellement sauver tous ceux pour qui notre Sauveur a donné sa vie.

Ceux qui rejettent cette doctrine et qui prétendent que Jésus serait mort pour tous les hommes en général doivent aussi limiter la nature de son expiation. Son œuvre expiatoire serait illimitée quant à son étendue (expiation universelle), mais serait forcément limitée quant à son effet (à moins de croire au salut universel, qui est également contraire aux Écritures).

D'après les arminiens, la mort de Jésus n'aurait pas véritablement d'efficacité pour sauver des pécheurs. C'est l'exercice de notre libre volonté qui rendrait sa mort efficace pour nous. Jésus serait donc un demi-sauveur. Nous croyons au contraire que la mort du Seigneur Jésus sur la croix est pleinement efficace pour nous sauver. Elle produit le résultat conçu par Dieu depuis toute éternité. Tous ceux pour qui Jésus-Christ est mort entreront certainement dans la joie éternelle. Tous ceux qui n'entreront pas dans cette joie ne peuvent pas être comptés parmi ceux pour qui Jésus est mort. Quelle grâce merveilleuse nous recevons de notre parfait Sauveur ! Tous les aspects du salut que nous recevons aujourd'hui et que nous recevrons jusque dans l'éternité nous ont été acquis par sa mort. Nous avons déjà vu que le Seigneur Jésus nous a acquis l'expiation, la propitiation, la réconciliation et la rédemption. Les Écritures rendent encore un éloquent témoignage à d'autres aspects de notre salut que Jésus-Christ nous a acquis sur la croix.

Il nous a acquis le pardon et la justification

« *L'efficacité vivifiante et salutaire de la mort très précieuse de son Fils s'étend à tous les élus, pour leur donner à eux seuls la foi justifiante* » (II.8). Qu'est-ce que la foi justifiante ? La foi est le moyen par lequel nous recevons le pardon de nos péchés et la vie éternelle. Par la foi, nous sommes déclarés justes devant le trône du Dieu trois fois saint. Quelle riche bénédiction ! Nous qui sommes encore pécheurs et qui offensons Dieu de multiples façons, il nous annonce le pardon complet de nos péchés et nous déclare parfaitement justes à ses yeux. Il nous regarde favorablement comme si nous n'avions jamais péché et comme si nous avions toujours parfaitement obéi à tous ses commandements ! Toute cette richesse est reçue par la foi seule. Mais ne faisons pas l'erreur de penser que ce serait notre foi en elle-même qui nous rendrait Dieu favorable. La foi est simplement la main tendue qui reçoit ce cadeau, et non pas la raison pour laquelle ce cadeau nous est donné.

« *Dieu a voulu que Jésus-Christ, par le sang de la croix [...] purifie* [les élus] *par son sang de tout péché et originel et actuel* » (II.8). Notre pardon et notre justification nous ont déjà été pleinement acquis par le sang de Jésus, au moment même où son sang a coulé sur la croix infâme. « En lui nous avons la rédemption par son sang, le pardon des péchés, selon la richesse de sa grâce » (Ép 1.7). « Mais Dieu prouve son amour envers nous, en ce que, lorsque nous étions encore des pécheurs, Christ est mort pour nous. À plus forte raison donc, maintenant que nous sommes justifiés par son sang, serons-nous sauvés par lui de la colère » (Ro 5.8,9). Comment des gens pardonnés et justifiés par son sang pourraient-ils finalement se retrouver en enfer ? Son sang est véritablement efficace pour nous pardonner nos péchés et nous justifier devant la face de Dieu.

« Ainsi donc, comme par une seule offense la condamnation a atteint tous les hommes, de même par un seul acte de justice la justification qui donne la vie s'étend à tous les hommes » (Ro 5.18). Ce texte enseignerait-il que Jésus est mort pour tous les hommes en général, comme certains l'ont prétendu ? Cela est impossible, car la justification acquise par Jésus-Christ est efficace pour réellement donner la vie. D'après le contexte, « tous les hommes » qui reçoivent cette vie sont les hommes, juifs et non juifs, qui font partie de la nouvelle humanité unie à Jésus-Christ. Par un seul acte de justice, Jésus a procuré aux élus une justification pleine et entière qui leur donne réellement la vie !

Nous sommes donc appelés à croire, non pas en l'efficacité de notre foi, mais en l'efficacité de son sang. « Tous ont péché et sont privés de la gloire de Dieu ; et ils sont gratuitement justifiés par sa grâce, par le moyen de la rédemption qui est en Jésus-Christ. C'est lui que Dieu a destiné à être, par son sang pour ceux qui croiraient, victime propitiatoire, afin de montrer sa justice » (Ro 3.23-25). La foi n'est pas considérée par Dieu comme une obéissance qu'il estimerait digne de la vie éternelle. La foi est simplement la main tendue qui s'empare des seuls mérites du Christ, pour la seule gloire de notre parfait Sauveur. « À celui qui nous aime, qui nous a délivrés de nos péchés par son sang […] à lui la gloire et la puissance, aux siècles des siècles ! » (Ap 1.5.)

Il nous a acquis la régénération et la sanctification

Oui, notre parfait Sauveur nous a acquis un salut parfait ! « *Dieu a voulu que Jésus-Christ, par le sang de la croix […] leur donne la foi [aux élus], qu'il leur a, aussi bien que tous les autres dons du Saint-Esprit, acquise par sa mort* » (II.8). Toute l'œuvre de régénération et de sanctification opérée par le Saint-Esprit dans nos cœurs fait partie de ce que le Fils nous a acquis par sa mort expiatoire. « Il nous a sauvés, non à cause des œuvres de justice que nous aurions faites, mais selon sa miséricorde, par le bain de la régénération et le renouvellement du Saint-Esprit. Il l'a répandu sur nous avec abondance par Jésus-Christ notre Sauveur, afin que, justifiés par sa grâce, nous devenions héritiers dans l'espérance de la vie éternelle » (Tit 3.5-7).

Nous avons quotidiennement besoin d'être lavés de nos péchés qui salissent et polluent misérablement notre vie. Cette purification a déjà été définitivement accomplie une fois pour toutes. « Il a fait la purification des péchés et s'est assis à la droite de la majesté divine dans les lieux très hauts » (Hé 1.3). Certes, nous continuons de pécher et d'être souillés par le péché. Cela trouble nos cœurs et nous rend misérables devant Dieu. Cependant, nous pouvons nous reposer dans la promesse selon laquelle « le sang de Jésus son Fils nous purifie de tout péché » (1 Jn 1.7).

Non, Jésus n'est pas mort en vain ! Chaque jour, nous goûtons à l'efficacité de son sang dans nos vies. N'est-ce pas la raison pour laquelle le Seigneur Jésus s'est livré pour son Église ? « Christ a aimé l'Église, et s'est livré lui-même pour elle, afin de la sanctifier en la purifiant et en la lavant par l'eau de la parole, pour faire paraître devant lui cette Église glorieuse, sans tache, ni ride, ni rien de semblable, mais sainte et irréprochable » (Ép 5.25-27). Remarquez l'unité inséparable qui existe entre la mort du Christ pour son Église et la sanctification qu'il lui procure. Soyons assurés que ceux pour qui Jésus est mort, il les sanctifie et les purifie véritablement. Notre parfaite sanctification nous est garantie par son unique offrande présentée une fois pour toutes. « Et c'est en vertu de cette volonté que nous sommes sanctifiés, par l'offrande du corps de Jésus-Christ, une fois pour toutes. […] Lui, après avoir offert un seul sacrifice pour les péchés, s'est assis pour toujours à la droite de Dieu. […] Car par une seule offrande, il a amené à la perfection pour toujours ceux qui sont sanctifiés » (Hé 10.10-14).

Comment des gens purifiés et sanctifiés par l'unique offrande de Jésus-Christ pourraient-ils finalement se retrouver en enfer ? Il est impossible que ceux pour qui Jésus est mort ne soient pas réellement purifiés et transformés pour se mettre à vivre pour sa gloire. Lorsque notre conscience est troublée et salie par les nombreux péchés que nous commettons encore contre Dieu, notre conscience peut trouver purification et apaisement au pied de la croix. « Combien plus le sang de Christ, qui, par l'Esprit éternel, s'est offert lui-même sans tache à Dieu, purifiera-t-il votre conscience des œuvres mortes, afin que vous serviez le Dieu vivant ! » (Hé 9.14.) Le sang de Jésus est assez puissant pour nous rendre capables de servir le Dieu vivant d'un cœur nouveau, joyeux, zélé à son service. « Il s'est donné lui-même pour nous, afin de nous racheter de toute iniquité, et de se faire un peuple qui lui appartienne, purifié par lui et zélé pour les bonnes œuvres » (Tit 2.14).

CHAPITRE 31

L'efficacité de la mort de Jésus conduira les élus au salut éternel
Article II.8f

Car tel a été le très libre conseil et la très favorable volonté et intention de Dieu le Père, que l'efficacité vivifiante et salutaire de la mort très précieuse de son Fils s'étendit à tous les élus, pour leur donner à eux seuls la foi justifiante, et par elle les amener infailliblement au salut. Autrement dit, Dieu a voulu que Jésus-Christ, par le sang de la croix (par lequel il a confirmé la nouvelle alliance), rachetât efficacement du milieu de tout peuple, de toute nation et de toute langue, tous ceux, et ceux-là seulement, qui de toute éternité, ont été élus au salut, et lui ont été donnés par le Père ; qu'il leur donnât la foi, qu'il leur a, aussi bien que tous les autres dons du Saint-Esprit, acquise par sa mort ; les purifiât par son sang de tout péché et originel et actuel, commis tant après qu'avant la foi ; les conservât fidèlement jusqu'à la fin, et finalement les fît comparaître devant lui, glorieux, sans aucune tache ni souillure.

— Canons de Dordrecht, *article II.8*

La doctrine biblique de l'expiation limitée ou de la rédemption particulière n'est pas une notion abstraite et purement théorique faisant simplement l'objet de débats théologiques entre arminiens et réformés. Elle est une « saine doctrine », au même titre que les autres enseignements bibliques. Cela signifie qu'elle fait du bien aux croyants. Elle leur donne vigueur et santé spirituelle au milieu de leurs combats. Elle leur procure une immense joie et un puissant réconfort dans les hauts et les bas de leur pèlerinage sur cette terre. Oui vraiment, « *l'efficacité vivifiante et salutaire de la mort très précieuse de son Fils s'étend à tous les élus* » (II.8). Cette précieuse vérité est tout à la gloire de Dieu et pour le plus grand bien de ses enfants.

Nous avons déjà vu que, par sa mort, le Seigneur Jésus nous a véritablement acquis le pardon et la justification, de même que la régénération et la sanctification. La puissante efficacité de sa mort ne s'arrête toutefois pas là. Puisque Jésus a donné sa vie spécifiquement pour ses brebis, nous avons la certitude que toutes ses brebis reçoivent déjà la vie en abondance, qu'elles peuvent grandir dans la sanctification et que chacune d'entre elles sera précieusement gardée jusqu'à la perfection finale.

Il nous a unis à sa mort et à sa vie

Nous sommes au milieu d'un dur combat. Nous faisons souvent le mal que nous ne voulons pas et nous n'arrivons pas à faire le bien que nous désirons faire. Pour nous encourager à lutter et à rechercher activement la sanctification, la Bible nous dit que nous sommes unis à Jésus-Christ. Lorsque Jésus est mort et ressuscité pour nous, nous étions là, avec lui, unis à lui. Nous n'étions pas encore nés que Jésus-Christ nous avait déjà unis à sa mort et à sa résurrection pour que nous marchions aujourd'hui en nouveauté de vie.

« Nous avons donc été ensevelis avec lui par le baptême en sa mort, afin que, comme Christ est ressuscité des morts par la gloire du Père, de même nous aussi nous marchions en nouveauté de vie. En effet, si nous sommes devenus une même plante avec lui par la conformité à sa mort, nous le serons aussi par la conformité à sa résurrection, sachant que notre vieil homme a été crucifié avec lui, afin que le corps du péché soit réduit à l'impuissance, pour que nous ne soyons plus esclaves du péché ; car celui qui est mort est libre du péché. Or, si nous sommes morts avec Christ, nous croyons que nous vivrons aussi avec lui, sachant que Christ ressuscité des morts ne meurt plus ; la mort n'a plus de pouvoir sur lui. Car il est mort, et c'est pour le péché qu'il est mort une fois pour toutes ; il est revenu à la vie, et c'est pour Dieu qu'il vit. Ainsi vous-mêmes, regardez-vous comme morts au péché, et comme vivants pour Dieu en Jésus-Christ. Que le péché ne règne donc point dans votre corps mortel, et n'obéissez pas à ses convoitises » (Ro 6.4-12). Sa mort garantit à ceux qui sont unis à Jésus-Christ qu'ils ne seront plus dominés par la puissance du péché. Sa résurrection leur garantit qu'ils vivront la vie nouvelle unie à lui.

Paul nous rappelle ailleurs cette même vérité qui constitue le fondement de son exhortation à faire mourir notre nature pécheresse et à vivre selon la nouvelle nature progressivement renouvelée par la puissance du Saint-Esprit (Col 3.1-10). « Car l'amour de Christ nous presse, parce que nous estimons que si un seul est mort pour tous, tous donc sont morts ; et qu'il est mort pour tous, afin que ceux qui vivent ne vivent plus pour eux-mêmes, mais pour celui qui est mort et ressuscité pour eux » (2 Co 5.14,15).

Que veut dire « il est mort pour tous » ? Paul enseigne-t-il que Jésus serait mort pour tous les hommes en général ? Cela est impossible ! Paul est en train de dire qu'il existe un lien inséparable entre la mort du Christ pour tous et la mort de la nature pécheresse de tous les croyants. Tous ceux pour qui Jésus est mort meurent à leur ancienne nature pécheresse et revivent spirituellement de la vie nouvelle en Jésus-Christ. Ce passage ne décrit nullement les incroyants. Sur la croix, Jésus n'est donc pas mort pour l'humanité entière en général, car comment des gens qui seraient morts et ressuscités avec lui pourraient-ils demeurer prisonniers du péché et de la mort pour finalement se retrouver en enfer ? Ceux qui ont été unis à lui recevront certainement les bienfaits de sa mort et de sa résurrection dans leur vie présente libérée du péché et jusque dans la vie à venir glorifiée. « Il est mort pour nous, afin que, soit que nous veillions, soit que nous dormions, nous vivions ensemble avec lui » (1 Th 5.10).

Il nous a garanti la perfection

L'œuvre expiatoire du Christ à la croix nous procure un salut complet et parfait du début jusqu'à la fin. « Jésus-Christ [...] a été fait pour nous sagesse, et aussi justice, sanctification et rédemption » (1 Co 1.30). « Vous avez tout pleinement en lui » (Col 2.10). Il s'est livré pour nous afin de nous donner toutes choses par grâce. Comment pourrait-il nous abandonner à mi-chemin et laisser son œuvre inachevée ?

Dans l'Ancien Testament, les sacrifices d'animaux étaient impuissants à mener les gens à la perfection. Toutefois, à cause de la dignité du sacerdoce de Jésus-Christ et parce que son sacrifice est grandement supérieur, l'efficacité de son sacrifice est pleinement garantie. Le but pour lequel Jésus s'est offert en sacrifice s'accomplira certainement en faveur de tous ceux et de ceux seulement pour qui il est mort. « Mais Christ est venu comme souverain sacrificateur des biens à venir, [...] il est entré une fois pour toutes dans le lieu très saint, non avec le sang des boucs et des veaux, mais avec son propre sang, ayant obtenu une rédemption éternelle » (Hé 9.11,12). « Car par une seule offrande, il a rendu à la perfection pour toujours ceux qui sont sanctifiés » (Hé 10.14).

Cette expiation limitée ou particulière nous procure le plus grand réconfort en temps d'épreuve. « Si Dieu est pour nous, qui sera contre nous ? Lui qui n'a point épargné son propre Fils, mais qui l'a livré pour nous tous, comment ne nous donnera-t-il pas aussi toutes choses avec lui ? Qui accusera les élus de Dieu ? C'est Dieu qui justifie ! Qui les condamnera ? Christ est mort; bien plus, il est ressuscité, il est à la droite de Dieu, et il intercède pour nous ! Qui nous séparera de l'amour de Christ ? » (Ro 8.31-35.) Dans ce magnifique passage, Paul s'adresse uniquement aux chrétiens. Nous avons un merveilleux Sauveur qui nous donne un puissant réconfort ! Jésus a été livré pour nous tous, c'est-à-dire pour tous les élus. Nous n'avons donc pas à nous inquiéter de quoi que ce soit. Nous pouvons être assurés qu'il nous donnera toutes choses et que rien ne pourra nous séparer de son amour.

Au milieu du combat que nous avons encore à mener, nous connaissons les dangers des loups ravisseurs qui cherchent à s'emparer des brebis du Seigneur. « Votre adversaire, le diable, rôde comme un lion rugissant, cherchant qui il dévorera » (1 Pi 5.8). Nous avons la responsabilité de constamment veiller, prier et résister ferme au diable. En même temps, le bon Berger nous réconforte en nous assurant qu'il s'occupe très attentivement de ses brebis. « Le voleur ne vient que pour dérober, égorger et détruire ; moi, je suis venu afin que les brebis aient la vie, et qu'elles l'aient en abondance » (Jn 10.10). Ces brebis sont celles-là mêmes pour lesquelles Jésus a donné sa vie. « Je suis le bon berger. Le bon berger donne sa vie pour ses brebis » (Jn 10.11). « Je donne ma vie pour mes brebis » (Jn 10.15).

Comment le bon Berger pourrait-il abandonner ses brebis à la perdition, alors que le Père lui a spécifiquement donné ces brebis depuis toute éternité et que le Fils est mort spécifiquement pour elles ? « Mes brebis entendent ma voix ; je les connais, et elles me suivent. Je leur donne la vie éternelle ; et elles ne périront jamais, et personne ne les ravira de ma main. Mon Père, qui me les a données, est plus grand que tous ; et personne ne peut les ravir de la main de mon Père » (Jn 10.27-29). Quelle parole remplie de lumière et de réconfort !

Comment Jésus aurait-il pu être livré pour ceux qui seront condamnés à l'enfer, éternellement séparés de l'amour de Dieu ? Cela est impossible. « Christ aussi a souffert une fois pour les péchés, lui juste pour des injustes, afin de nous amener à Dieu » (1 Pi 3.18). Son but, lorsqu'il est mort pour nos péchés, était clairement défini et fermement établi. « *Dieu a voulu que Jésus-Christ, par le sang de la croix [...] conserve fidèlement [les élus] jusqu'à la fin, et finalement les fasse comparaître devant lui, glorieux, sans aucune tache ni souillure* » (II.8). La mort de Jésus-Christ pour nous sera puissante et efficace jusqu'à la fin. Soyons assurés qu'il parviendra parfaitement à son but en faveur de tous ses élus.

CHAPITRE 32

L'accomplissement du conseil éternel de Dieu

Article II.9

> *Ce conseil, procédé de l'amour éternel de Dieu envers les élus, s'est puissamment accompli dès le commencement du monde jusqu'au temps présent (les portes de l'enfer s'y étant opposées en vain), et s'accomplira aussi à l'avenir ; et cela de telle sorte que les élus seront, en leur temps, rassemblés en un seul peuple, et qu'il y aura toujours une Église de croyants fondée sur le sacrifice de Jésus-Christ. Cette Église aimera constamment son propre Sauveur, qui pour elle, comme un époux pour son épouse, a donné sa vie sur la croix ; elle le servira avec persévérance et le célébrera tant ici-bas que dans l'éternité.*

— Canons de Dordrecht, *article II.9*

La deuxième section des *Canons de Dordrecht* se termine sur une note de joie, de certitude et de célébration. Les *Canons de Dordrecht* ont été écrits dans un contexte de débats théologiques intenses. Il fallait analyser précisément les idées des arminiens et condamner leurs erreurs. Pourtant, ce qui ressort de ces textes, c'est un chant de louange et d'adoration. Le bon plaisir de Dieu nous a été révélé pour « *la gloire du saint nom de Dieu et la vive consolation de son peuple* » (I.14). Une certitude profonde et une grande assurance se dégagent de cet article II.9 en conclusion de la deuxième section. Le plan de Dieu ne sera pas renversé, mais s'accomplira ! Jésus est mort pour son peuple et il veillera à ce que les bienfaits de sa mort expiatoire lui soient donnés.

Il y a toujours eu une Église rachetée par le sang de Jésus

Nous sommes amenés cette fois-ci à contempler le plan de Dieu dans son ensemble. Le bon Berger se constitue un troupeau qu'il rassemble tout au long de l'histoire. L'article II.9 nous présente une fresque historique et nous montre les bienfaits de la mort de Jésus-Christ pour l'Église, du début à la fin de l'histoire. La mort du Christ produit des effets puissants et ses bienfaits s'étendent à toutes les époques et jusque dans l'éternité. *« Ce conseil, procédé de l'amour éternel de Dieu envers les élus, s'est puissamment accompli dès le commencement du monde jusqu'au temps présent [...] et s'accomplira aussi à l'avenir »* (II.9).

Tous ceux que Dieu a choisi de sauver par le sang de son Fils le seront effectivement, depuis le début jusqu'à la fin. Abel, Noé, Abraham, Isaac, Jacob, Moïse, David et tous les saints de l'Ancien Testament ont été sauvés par le précieux sacrifice de Jésus-Christ. Ils ont tous reçu la promesse du Sauveur et ils ont tous regardé vers le jour où Jésus viendrait mourir sur la croix. Tous les fidèles énumérés dans Hébreux 11 ont cru à cette promesse. Ils constituent une longue lignée de témoins !

L'Église de croyants véritables était parfois bien petite et bien faible. On avait parfois de la peine à la voir tant elle semblait presque éteinte. Au temps d'Achab, Élie était découragé de ne voir aucun fidèle du Seigneur. Dieu l'a consolé. « Mais je laisserai en Israël sept mille hommes, tous ceux qui n'ont pas fléchi les genoux devant Baal » (1 R 19.18). Il y a eu bien d'autres époques sombres dans l'histoire de l'Église. Pourtant, le plan de Dieu s'est puissamment accompli depuis le commencement du monde jusqu'au temps présent, sans interruption. Le psalmiste s'en est réjoui. « Dieu est au milieu d'elle [*la cité de Dieu*] : elle n'est point ébranlée » (Ps 46.6). Dieu a dit par Jérémie : « Si ces lois viennent à cesser devant moi [*la lumière du soleil, les phases de la lune et les autres lois physiques de la création*], la race d'Israël aussi cessera pour toujours d'être une nation devant moi » (Jé 31.36). « Mais toi, Éternel ! tu règnes à perpétuité, et ta mémoire dure de génération en génération » (Ps 102.13). La mort du Christ sur la croix a eu des effets puissants par anticipation, sur toutes les générations depuis la création du monde, même avant que Jésus vienne sur la terre !

Il y aura toujours une Église rachetée par le sang de Jésus

Quand nous regardons devant nous, nous devons être certains que ce conseil, qui procède de l'amour éternel de Dieu envers les élus, s'accomplira également à l'avenir. Son plan continuera de s'accomplir jusqu'à la fin. Soyons-en certains ! Jésus a dit : « Je bâtirai mon Église, et les portes du séjour des morts ne prévaudront point contre elle » (Mt 16.18). Jusqu'à son retour, il n'y a pas un instant où Jésus cessera de bâtir son Église. Il est constamment, chaque jour, en train de la construire. Il a promis de ne jamais nous abandonner dans l'entreprise missionnaire qu'il nous a confiée. « Je suis avec vous tous les jours, jusqu'à la fin du monde » (Mt 28.20).

D'après les arminiens, Jésus aurait acquis par sa mort le salut de tous les hommes. Toutefois, l'application du salut à nos vies dépendrait de notre décision humaine. Jésus ne serait mort spécifiquement pour personne en particulier. Cela veut dire que, théoriquement, il aurait très bien pu n'y avoir aucune personne sauvée dans toute l'histoire humaine, sans que cela ne ternisse d'aucune façon la gloire du sacrifice de Jésus-Christ. Il pourrait d'ailleurs très bien y avoir des périodes où il n'y aurait aucune Église véritable sur la terre !

Nous n'avons pas besoin de craindre l'avenir. Nous pouvons avancer avec confiance. Oui, le fondement de notre avenir est posé solidement sur sa mort à la croix. Comment pourrions-nous ne pas réussir ? Soyons persuadés *« qu'il y aura toujours une Église de croyants »* (II.9). Car *« parmi tout le genre humain, depuis le commencement du monde jusqu'à la fin, le Fils de Dieu assemble autour de lui une communauté élue pour la vie éternelle »* (Catéchisme de Heidelberg, R. 54).

Cela ne veut pas dire qu'en ce moment, tous les membres de l'Église visible sont nécessairement des élus. Il n'y a parfois qu'un faible reste, mais un reste est quand même conservé. « Si l'Éternel des armées ne nous avait conservé un faible reste, nous serions comme Sodome, nous ressemblerions à Gomorrhe » (És 1.9). L'Église demeure toutefois l'instrument par lequel le Seigneur rassemble ses élus. « *Les élus seront, en leur temps, rassemblés en un seul peuple* » (II.9). C'est un ouvrage en devenir. L'Église doit par conséquent servir fidèlement Jésus-Christ. La prédication doit être proclamée avec pureté et reçue avec foi, les sacrements administrés et reçus correctement et la discipline exercée selon l'ordre du Christ. Nous ne pouvons pas envisager l'élection simplement d'une manière individualiste, séparée de la communauté des croyants dans l'Église. Les élus seront rassemblés dans un même corps et formeront une nouvelle humanité séparée de l'ancienne.

Notre certitude et notre assurance au milieu des combats

Nous avons des luttes, des épreuves et des tentations dans ce monde. La bataille fait rage. Notre ennemi juré attaque sans cesse l'Église par des persécutions violentes ou par des ruses subtiles pour nous séduire. « Soyez sobres. Veillez. Votre adversaire, le diable, rôde comme un lion rugissant, cherchant qui il dévorera. Résistez-lui avec une foi ferme » (1 Pi 5.8). Satan est fort, mais il n'a pas le pouvoir de détruire l'œuvre de Dieu. Les portes du séjour des morts se font menaçantes, mais c'est en vain qu'elles s'opposent à l'Église.

Jamais nous ne pourrions tenir par nous-mêmes, pas même un seul instant. Mais « si Dieu est pour nous, qui sera contre nous ? Lui qui n'a point épargné son propre Fils, mais qui l'a livré pour nous tous, comment ne nous donnera-t-il pas aussi toutes choses avec lui ? [...] Qui nous séparera de l'amour de Christ ? Sera-ce la tribulation, ou l'angoisse, ou la persécution, ou la faim, ou la nudité, ou le péril, ou l'épée ? » Non ! « Car j'ai l'assurance que ni la mort, ni la vie, ni les anges ni les dominations, ni les choses présentes ni les choses à venir, [...] ni aucune autre créature ne pourra nous séparer de l'amour de Dieu manifesté en Jésus-Christ notre Seigneur » (Ro 8.31-39). Le bon Berger a dit : « Je donne ma vie pour mes brebis. Je leur donne la vie éternelle ; elles ne périront jamais, et personne ne les ravira de ma main » (Jn 10.15,28). Soyons confiants ! Si Dieu nous a tant aimés depuis toute éternité, s'il nous a donné son propre Fils mort à notre place, qu'est-ce qui peut nous séparer de son amour ? Absolument rien !

Jusqu'au jour où nous célébrerons notre Sauveur pour l'éternité

Nous pouvons espérer avec confiance le jour où une grande multitude se tiendra devant le trône. « L'Agneau qui est au milieu du trône les paîtra et les conduira aux sources des eaux de la vie, et Dieu essuiera toute larme de leurs yeux » (Ap 7.17). L'Agneau s'est sacrifié pour son Église qui sera ce jour-là réunie au complet. C'est pourquoi il est digne de recevoir tous les honneurs et toute la gloire (Ap 5.12). Ainsi, l'Église « *le servira avec persévérance et le célébrera tant ici-bas que dans l'éternité* » (II.9). L'œuvre complète et parfaite de la rédemption par son sang aura atteint son but ultime.

Le Seigneur Jésus reviendra dans sa gloire quand le dernier élu pour qui il est mort sera amené au salut. L'Époux et son Épouse seront unis de façon complète. Il y aura un seul troupeau et un seul Berger pour sa seule gloire et pour la célébration éternelle de son nom. Que nous puissions le servir et le célébrer avec persévérance. Nos louanges continueront pour toute l'éternité !

CHAPITRE 33

Noms et concepts se rapportant à la rédemption[1]

Augustin : Évêque et théologien nord-africain contemporain de Pélage (354-430) qui a combattu Pélage et ses faux enseignements. Augustin enseignait le « péché originel » et le salut par la seule grâce du Dieu souverain.

Expiation : Le prix payé pour rembourser les mauvaises choses que nous avons faites, la façon dont Dieu est satisfait à cause de nos péchés contre sa majesté, l'accomplissement de la satisfaction. Ce que Jésus a accompli en tant que sacrifice afin d'ôter nos péchés et d'enlever notre culpabilité (« ex »). Il a pris nos péchés sur lui.

Expiation particulière : Le terme que certains préfèrent à « expiation limitée » pour décrire l'enseignement biblique selon lequel Jésus est mort pour un nombre *précis* de personnes, selon le plan *défini* de Dieu, en vue de produire le résultat certain de leur salut.

---

1. Pour ce chapitre, voir John A. Bouwers, *The Golden Chain of Our Salvation* [La chaîne d'or de notre salut], polycopié, 2000, p. 83-88.

Expiation limitée : L'enseignement des Écritures selon lequel les bienfaits de la mort de Jésus sont *limités* aux élus. Il s'agit d'une limite en ce qui concerne *l'étendue* et non la *puissance*.

Expiation substitutive : L'enseignement des Écritures qui dit que Jésus a satisfait la justice de Dieu pour les péchés de son peuple, prenant leur place comme leur Substitut ou Vicaire.

Expiation universelle : La notion arminienne qui dit que Jésus est mort pour toute personne.

Pélage : Moine breton (environ 350-420) qui a été condamné comme hérétique pour avoir nié la doctrine du péché originel (il enseignait que les hommes naissent innocents et qu'ils *deviennent* pécheurs seulement par imitation). Il croyait dans la libre volonté de l'homme, de telle sorte que l'homme, dans sa bonté, serait capable de choisir Dieu par lui-même et que la grâce est nécessaire seulement pour aider.

Propitiation : Ce que Jésus a accompli sur la croix où il s'est tenu devant Dieu (« pro ») afin de recevoir la colère de Dieu et de la détourner de nous. C'est le fait que la colère de Dieu est enlevée et que Dieu nous est devenu propice.

Réconciliation : Ce que Jésus a accompli sur la croix afin que, nous qui étions les ennemis de Dieu, il fasse de nous ses amis et nous amène à vivre en communion avec Dieu.

Rédemption : Une rançon, un paiement en vue de libérer des esclaves ou des prisonniers gardés en otage, ce que Jésus a payé et accompli sur la croix afin de libérer son peuple de ses péchés.

Rédemption particulière : Un autre terme pour désigner l'expiation limitée ou précise, qui dit que Jésus est mort pour racheter son propre peuple *particulier*.

Salut universel : L'enseignement non biblique qui dit qu'à la fin, toute personne sera sauvée (universalisme).

Satisfaction : L'exigence du Dieu saint, la parfaite justice de Dieu qui exige que son commandement de l'aimer parfaitement et de lui être entièrement dévoué soit accompli et que Dieu soit satisfait.

Socinus : Un hérétique qui a vécu au temps de la Réforme (1539-1604). Il niait la doctrine de la Trinité et niait que la mort de Jésus fut nécessaire pour notre salut. Il enseignait que la repentance et les bonnes œuvres elles-mêmes procurent le pardon de Dieu.

CHAPITRE 34

Objections à la doctrine de la rédemption particulière[1]

Ceux qui s'opposent à l'enseignement selon lequel Jésus est mort uniquement pour les élus insistent souvent avec beaucoup de passion pour dire que Jésus est mort pour toute personne. Ils ont à l'esprit des buts tout à fait louables : ils veulent être bibliques et ils ont à cœur l'évangélisation. Cela devrait être également nos buts. Nous devons donc prendre la peine de considérer attentivement ces arguments contre la doctrine de la rédemption particulière.

A. Première objection : La Bible enseigne clairement que Jésus est mort pour tous les hommes (II.8)

La Bible ne dit-elle pas que Jésus « est mort pour tous » (2 Co 5.14,15) et que Jésus « est lui-même une victime expiatoire pour nos péchés, et non seulement pour les nôtres, mais aussi pour ceux du monde entier » (1 Jn 2.2) ? Ce sont des questions importantes. À la lumière de ce que nous avons vu précédemment, il semble que la Bible contienne deux sortes de textes qui

---

1. Pour ce chapitre, voir John A. Bouwers, *The Golden Chain of Our Salvation* [La chaîne d'or de notre salut], polycopié, 2000, p. 83-88.

enseignent deux choses différentes. La Bible se contredit-elle ? Certainement pas. Toute parole de la Bible est inspirée de Dieu. Au lieu de dire que nous croyons en certains textes de la Bible et que les arminiens croient en d'autres textes, nous devons nous soumettre à tout l'enseignement de toute la Bible. Lorsque nous lisons attentivement les textes qui parlent de la mort de Jésus pour *tous*, nous voyons qu'ils ne contredisent pas l'enseignement de la *rédemption particulière*. Considérons les principes suivants :

1. *« Tous » ne veut pas toujours dire tous et « monde » ne veut pas toujours dire toute personne dans le monde*

Dans Luc 2.1-3, il nous est dit que César Auguste avait décrété que « toute la terre » (le monde entier) devait être recensée. En fait, c'était tout l'Empire romain qui devait être recensé, et non le monde entier. Lorsqu'il nous est dit par la suite que « tous allaient se faire inscrire », cela ne veut pas dire que toute personne individuelle habitant l'Empire romain est allée personnellement se faire recenser. Dans 1 Corinthiens 6.12 et 10.23, Paul dit « tout m'est permis », mais nous savons bien qu'il ne nous est pas permis de pécher. « Tous » ne veut pas toujours dire « tous », dans le sens de chacun individuellement. Il nous faut toujours lire le texte attentivement et bien prendre en considération le contexte.

2. *Les mots doivent toujours être compris dans leur contexte*

Romains 8.32 dit que Dieu a livré son Fils « pour nous tous ». Les arminiens citent parfois ce verset, mais quand nous regardons attentivement le contexte, il est évident que, tout au long de ce magnifique chapitre, le « nous » dont il est question désigne les chrétiens. « Qui accusera les élus de Dieu ? » (Ro 8.33.) De même, il est écrit en Romains 5.18 : « La justification qui donne la vie s'étend à tous les hommes. » Ces hommes sont la nouvelle humanité en Jésus, le nouvel Adam, qui est réellement justifiée et qui reçoit véritablement la vie par lui. Selon Romains 5.12-21 et 1 Corinthiens 15.22, toute personne dans le monde meurt en Adam. Cependant, ce n'est pas toute personne dans le monde qui est rendue vivante en Jésus-Christ, mais seulement ceux qui lui appartiennent

(1 Co 15.23). « Car l'amour de Christ nous presse, parce que nous estimons que si un seul est mort pour tous, tous donc sont morts ; et qu'il est mort pour tous, afin que ceux qui vivent ne vivent plus pour eux-mêmes, mais pour celui qui est mort et ressuscité pour eux » (2 Co 5.14,15).

De qui Paul parle-t-il quand il dit « tous » ? Ce texte n'enseigne pas que Jésus est mort pour toute personne dans le monde, mais que *Jésus est mort pour tous ceux qui sont morts quand il est mort*. Cela désigne clairement les croyants. En tant que croyants, nous sommes tellement unis à Jésus que sa mort à notre place devient notre mort et que sa vie devient notre vie. « Or, si nous sommes morts avec Christ, nous croyons que nous vivrons aussi avec lui » (Ro 6.8). Nous avons été crucifiés avec Christ et nous sommes ressuscités avec lui (voir Ga 2.20 ; Ép 2.5,6). La mort de Jésus fut la mort de son peuple. *Jésus est mort pour ceux qui sont morts avec lui et qui vivent avec lui.* Ceux qui ne croiront jamais ne vont jamais mourir à eux-mêmes et ne vivront jamais en Jésus-Christ. Jésus n'est pas mort pour eux.

3. *Le contexte nous montre que « tous » et « monde » désignent parfois des groupes ou des classes de personnes*

« Et moi, quand j'aurai été élevé de la terre [*sur la croix*], j'attirerai tous les hommes à moi » (Jn 12.32). La Bible nous dit pourtant que les hommes ne sont pas tous attirés à Jésus. Il convient mieux d'interpréter ce « tous » dans le sens de tous les peuples. Jésus attirera à lui des gens de toute tribu, de toute langue et de toute nation. « Car la grâce de Dieu, source de salut pour tous les hommes, a été manifestée » (Tit 2.11).

D'après le contexte (Tit 2.1-10), toutes sortes de gens entendent l'Évangile et sont véritablement sauvés par la grâce de Dieu : des vieux et des jeunes, des hommes et des femmes, des esclaves et des hommes libres. La grâce de Dieu a été manifestée à toutes sortes de catégories d'hommes et vise un but très spécifique : « Il s'est donné lui-même pour nous, afin de nous racheter de toute iniquité, et de se faire un peuple qui lui appartienne, purifié par lui et zélé pour les bonnes œuvres » (Tit 2.14). Paul dit que Jésus s'est donné « en rançon pour tous » (1 Ti 2.6). Le contexte nous apprend que nous devons prier « pour tous les hommes » (1 Ti 2.1), soit pour toute catégorie d'hommes, incluant les rois et les dirigeants ; Paul est apôtre auprès des païens (1 Ti 2.7), car Jésus est mort pour tous les hommes sans *distinction*, Juifs et Grecs, et non pour tous les hommes sans *exception*.

4. *Parfois, « monde » désigne la « nouvelle humanité »*

Lorsque tout sera accompli, l'Église sera le monde. Dans les nouveaux cieux et sur la nouvelle terre, il n'y aura plus de péché, les ennemis de Dieu, Satan et toute son armée seront chassés de notre présence pour toujours. L'Agneau de Dieu « ôte le péché du monde » (Jn 1.29). Le « monde » arrivera à sa perfection finale. Nous ne connaissons pas le nombre des élus, mais ce sera une multitude qu'aucun homme ne peut compter. De même, à la fin, le peuple de Dieu sera le monde pour toujours. Dans 1 Jean 2.2, nous lisons que Jésus « est lui-même une victime expiatoire pour nos péchés, et non seulement pour les nôtres, mais aussi pour ceux du monde entier ». Si Jésus a réellement accompli l'expiation du monde entier, dans le sens qu'il a porté le poids de la colère de Dieu, le monde dont il est question dans ce texte ne peut désigner que la totalité de tous ceux qui seront finalement sauvés. Autrement, Dieu aurait été injuste en déversant deux fois sa colère sur ceux qui vont finalement aller en enfer. Ce verset signifie que Jésus n'est pas mort seulement pour les chrétiens à qui Jean s'adressait, mais pour des gens de toutes les nations et de toutes les époques.

5. *Il y a des implications universelles qui découlent de l'expiation par Jésus-Christ*

Dans un certain sens, nous pouvons dire que la mort de Jésus procure des bienfaits à ceux qui iront finalement en enfer. Ils ne seraient pas ici aujourd'hui s'il n'y avait pas eu la croix. Sans son plan de salut, Dieu aurait détruit le monde entier au moment où Adam et Ève ont péché et se sont rebellés contre lui. Mais Dieu a voulu que le monde continue afin d'accomplir son plan souverain. La mort de Jésus a permis que Dieu reporte à plus tard son jugement. C'est cela qu'il faut comprendre lorsque Pierre dit que les faux docteurs impies renient le Seigneur qui les a « rachetés » (2 Pi 2.1). La mort de Jésus a racheté le moment de leur exécution, c'est-à-dire qu'il les a sauvés de la destruction immédiate pour que leur vie puisse se poursuivre. C'est ainsi que nous devons également comprendre ce texte : « … le Dieu vivant, qui est le Sauveur de tous les hommes, surtout des croyants » (1 Ti 4.10). Dieu permet au monde pécheur de continuer à se développer par amour pour son peuple qu'il a aimé profondément depuis toute éternité.

B. Deuxième objection : La Bible enseigne clairement que l'Évangile est offert à tous (II.5)

Si Jésus n'a pas expié les péchés de tous, comment est-il possible que Dieu offre sincèrement le salut à tous, même à ceux qu'il n'a pas prédestinés au salut ? Ce sujet, comme tant d'autres vérités chrétiennes, est un mystère. La Bible enseigne clairement que Jésus est mort seulement pour certains et elle enseigne clairement que Dieu offre librement et sincèrement le salut à chacun. L'invitation est universelle (És 3.11 ; És 55.1 ; És 45.22 ; Mt 11.28 ; 2 Pi 3.9 ; Ap 22.17, etc.). Si Dieu offre sincèrement le salut à tous, n'a-t-il pas aussi préparé leur salut ? Voilà deux vérités qui nous semblent impossibles à réconcilier, mais la Bible enseigne les deux sans contradiction, comme étant deux amis qui n'ont pas besoin de se réconcilier. Toutes les deux doivent être acceptées par la foi. Nous devons avoir l'humilité de reconnaître que nous ne pouvons pas tout comprendre de Dieu et de ses voies. Si la Bible affirme deux vérités, nous devons les accepter toutes les deux et ne pas choisir seulement l'une des deux. Dieu est plus grand que nos pensées.

C. Troisième objection : Pour que notre évangélisation soit efficace, nous devons être capables de dire aux non-croyants que Jésus est mort pour eux (II.5 ; II.7)

C'est la troisième objection présentée par les arminiens contre l'expiation particulière, car ils ont le désir d'annoncer l'Évangile aux gens. C'est devenu un élément clé dans l'évangélisation arminienne de dire aux non-croyants que Jésus les aime et qu'il est mort pour eux, à tel point que plusieurs ne peuvent pas concevoir l'évangélisation sans ce message.

Il est toutefois impossible de présenter l'Évangile de cette manière, car nous avons vu à partir des Écritures qu'il n'est pas vrai que Jésus est mort pour toute personne. Lorsque nous étudions la Bible, en particulier les pratiques missionnaires dans le livre des Actes, nous n'entendons jamais les apôtres se servir du slogan « Jésus est mort pour vous » lorsqu'ils présentent l'Évangile à des non-croyants. L'efficacité de notre évangélisation ne doit pas venir de slogans non bibliques que Dieu bénirait, mais doit venir d'une façon biblique de présenter l'Évangile.

On s'aperçoit d'ailleurs qu'il est très peu efficace de dire à un incroyant que Jésus est mort pour lui. Pensons au jeune homme qui dit à une jeune fille qu'il l'aime ; elle est sceptique et lui répond : « Je parie que tu dis cela à toutes les filles. » Mais le jeune homme insiste et la convainc qu'elle est l'amour de sa vie. Plus tard, en parlant à ses amies, elle découvre qu'il a fait la même déclaration à plusieurs d'entre elles en même temps. Ces paroles deviennent alors complètement vides de sens ! Il en est de même du slogan « Jésus est mort pour toi ». Ces paroles, qui sont très puissantes pour nous et qui nous parlent de l'amour intime et profond qu'il a pour nous, deviennent des paroles vides lorsqu'elles sont prononcées à la légère à gauche et à droite et déclarées à toute personne que l'on rencontre. Si le non-croyant qui reçoit ce slogan est quelque peu perspicace, il dira : « Et alors ? Il est mort pour tout le monde, ça ne veut rien dire, beaucoup de gens pour qui il est mort sont maintenant en enfer ! » Un tel Évangile n'a rien de certain.

En tant que réformés, nous avons un Évangile certain à présenter. Nous pouvons dire avec confiance aux gens que Jésus-Christ est mort pour sauver des *pécheurs* et que par sa mort Jésus garantit que tout son peuple pécheur sera sauvé. Nous annonçons la promesse selon laquelle *quiconque* croit ne périra pas, mais aura la vie éternelle. Nous devons également avertir les non-croyants que, s'ils ne se repentent pas et ne croient pas en Jésus, ils ne seront pas sauvés et ne peuvent avoir aucune raison de croire que le Christ est mort pour eux. Nous ne savons pas qui sont les élus de Dieu et nous ne pouvons pas dire aux non-croyants que Jésus est mort pour eux. Nous ne savons tout simplement pas ces choses. Nous sommes seulement appelés à être fidèles et à proclamer partout la promesse de l'Évangile. « *La promesse de l'Évangile est : afin que quiconque croit en Jésus-Christ crucifié, ne périsse point, mais ait la vie éternelle. Et cette promesse doit être indifféremment annoncée et proposée à toutes les nations et à toutes les personnes auxquelles Dieu, selon son bon plaisir, envoie l'Évangile, et cela avec le commandement de se repentir et de croire* » (II.5).

À la suite de Dordrecht, nous devons à la fois être bibliques et avoir à cœur l'évangélisation. Soyons fidèles et ayons confiance dans l'œuvre puissante que notre Sauveur a accomplie à la croix pour ses brebis.

III. LA CORRUPTION

CHAPITRE 35

L'origine du péché et ses effets sur l'homme
Article III.1

> *L'homme a été créé au commencement à l'image de Dieu. Il était orné dans son entendement de la vraie et salutaire connaissance de son Créateur et des choses spirituelles ; de justice dans sa volonté et son cœur ; de pureté dans toutes ses affections. Il a donc été entièrement saint. Mais, s'étant détourné de Dieu sous l'inspiration du diable, et cela de sa libre volonté, il s'est privé lui-même de ces dons excellents. À leur place et à l'opposé, il a attiré sur lui l'aveuglement, d'horribles ténèbres, la vanité et la perversité de jugement dans son entendement, la méchanceté, la rébellion et la dureté dans sa volonté et dans son cœur, de même que l'impureté dans toutes ses affections.*
>
> — Canons de Dordrecht, *article III.1*

Nous commençons une nouvelle section des *Canons de Dordrecht*, intitulé « *Le troisième et quatrième point de doctrine concernant la corruption de l'homme, sa conversion à Dieu et les modalités de celle-ci* ». Pourquoi donc ces deux sujets sont-ils abordés ensemble dans les *Canons* ? C'est pour mieux répondre aux erreurs des arminiens.

À première vue, l'article III des remontrants semble correct lorsqu'il affirme que l'homme, dans son état de péché, « *ne peut tout seul ni penser, ni vouloir, ni faire quoi que ce soit de vraiment bon* ». Mais en réalité, même s'ils admettent que l'homme a été sérieusement atteint par le péché, il lui resterait malgré tout une certaine capacité de coopérer à son salut, avec l'aide de la « grâce prévenante » qui rendrait tous les hommes capables de se repentir et de croire. Le pécheur garderait ainsi une volonté libre, et sa destinée éternelle dépendrait de la façon dont il l'utilise. C'est pour répondre à ce problème que le Synode de Dordrecht a traité des deux sujets de la corruption de l'homme et de sa conversion à Dieu dans une même section.

Pour bien reconnaître l'œuvre de Dieu dans notre conversion, il nous faut d'abord saisir que nous sommes radicalement corrompus. Nos cœurs orgueilleux ont bien de la difficulté à accepter cette doctrine du péché. Il nous est très pénible et extrêmement humiliant d'entendre ce que la Bible enseigne au sujet de la profondeur de notre état pécheur. Cet enseignement nous est toutefois donné pour notre bien, car il nous fait mieux comprendre notre besoin de l'amour souverain de Dieu. Le médecin doit poser le bon diagnostic afin de prescrire le remède adéquat.

Si nous croyons que la chute de l'homme est seulement partielle, nous nous satisferons d'un « sauveur partiel » ; qui nous sauve, mais avec un peu d'aide de notre part. Il est donc important d'entendre ces vérités bibliques à notre sujet, même si elles nous rendent mal à l'aise. Afin de vivre et mourir dans le réconfort et la joie d'appartenir à notre fidèle Sauveur, Jésus-Christ, nous devons d'abord savoir combien sont grands notre péché et notre misère. Une meilleure connaissance de la réalité du péché nous permet de mieux rendre gloire à l'œuvre merveilleuse de la grâce libre et souveraine de Dieu.

L'homme a été créé pur et saint

Est-ce bien vrai que nous sommes tous nés pécheurs, coupables devant Dieu et profondément corrompus ? Pour bien saisir l'ampleur de notre état misérable, il nous faut d'abord considérer comment nous étions auparavant. Le premier article de cette troisième section nous rappelle comment Dieu nous a créés, pour ensuite comparer cet état originel avec ce que nous sommes devenus. « *L'homme a été créé au commencement à l'image de Dieu. Il était orné dans son entendement de la vraie et salutaire connaissance de son Créateur et des choses spirituelles ; de justice dans sa volonté et son cœur ; de pureté dans toutes ses affections. Il a donc été entièrement saint* » (III.1). Comment donc avons-nous été créés ? Dieu nous a créés purs et parfaits. Nos premiers parents n'avaient aucun défaut moral ni aucune imperfection.

Les arminiens croient plutôt que le cœur de l'homme a été créé avec la possibilité de se tourner vers le mal. D'après eux, la volonté de l'homme, à l'origine, ne possédait pas les qualités de bonté, de sainteté et de justice ; elle était neutre, libre de choisir le bien ou le mal. Si Adam avait été créé saint, il n'aurait pas été libre de choisir le bien, mais aurait été obligé de le faire.

La Bible ne parle pas de cette façon. Après avoir créé le monde et ses habitants, « Dieu vit tout ce qu'il avait fait, et voici, cela était très bon » (Ge 1.31). D'après le jugement même de Dieu, l'homme et la femme n'étaient pas seulement bons, ils étaient très bons. Ils ont été créés à l'image de Dieu. Cela veut dire que nous étions les représentants de Dieu. Nous étions moralement purs et saints comme notre Créateur. Paul nous décrit l'image de Dieu comme étant « une justice et une sainteté que produit la vérité » (Ép 4.24).

Cela signifie que la bonté, la sainteté et la justice ont existé dans la volonté de l'homme aussitôt après sa création. La sainteté n'est pas le fruit de notre propre choix mais un don du Créateur. L'intelligence de l'homme possédait une connaissance vraie de Dieu ; son cœur était rempli de pensées justes, ses sentiments étaient entièrement purs et sa volonté cherchait toujours à plaire au Seigneur. Bref, tout son être était saint et bon ; il n'y avait pas la moindre ombre au tableau, pas la moindre racine de péché. Toute sa vie était à la louange et à la gloire de Dieu.

Que Dieu ait créé l'homme et la femme à son image signifie aussi qu'il leur avait confié un travail important pour sa gloire. L'image de Dieu et la domination sur la création sont étroitement liées : « Puis Dieu dit : Faisons l'homme à notre image, selon notre ressemblance, et qu'il domine sur les poissons de la mer, sur les oiseaux du ciel, sur le bétail, sur toute la terre, et sur tous les reptiles qui rampent sur la terre. Dieu créa l'homme à son image, il le créa à l'image de Dieu, il créa l'homme et la femme. Dieu les bénit, et Dieu leur dit : Soyez féconds, multipliez, remplissez la terre, et assujettissez-la ; et dominez sur les poissons de la mer, sur les oiseaux du ciel, et sur tout animal qui se meut sur la terre » (Ge 1.26-28).

L'homme et la femme avaient reçu la mission de dominer sur la création pour que la gloire de Dieu se manifeste visiblement par leur travail et leur domination. « Tu l'as fait de peu inférieur à Dieu, et tu l'as couronné de gloire et de magnificence. Tu lui as donné la domination sur les œuvres de tes mains, tu as tout mis sous ses pieds » (Ps 8.6,7). Ils devaient le faire dans la sainteté, la justice et l'amour. Ils ont reçu les qualités mêmes de Dieu et les talents nécessaires pour vivre et travailler de manière fructueuse à sa gloire.

Adam et Ève vivaient dans le paradis, dans une création remplie de beauté où tout était harmonieux. Ils vivaient en paix les uns avec les autres et en communion avec Dieu. Dans le jardin, il n'y avait ni péché, ni culpabilité, ni tendance vers le mal, ni aucune honte (Ge 2.8,25). Les aspirations de l'homme n'étaient pas neutres, elles étaient toutes tournées vers Dieu, par amour pour Dieu. La Genèse nous présente un tableau bien différent de l'idée qu'on se fait aujourd'hui de l'homme primitif. Celui-ci n'a pas évolué d'un état brut et primitif vers un état de plus en plus perfectionné. Il a d'abord été créé excellent et parfait, puis est malheureusement tombé bien bas, dans un état corrompu et misérable.

L'homme est devenu totalement corrompu

Le péché est entré dans le monde par notre propre rébellion, sans qu'il y ait au départ la moindre fissure morale dans le cœur, les pensées ou la volonté humaine. Cette rébellion entraîna des conséquences désastreuses. *« Mais, s'étant détourné de Dieu sous l'inspiration du diable, et cela de sa libre volonté, il s'est privé lui-même de ces dons excellents. À leur place et à l'opposé, il a attiré sur lui l'aveuglement, d'horribles ténèbres, la vanité et la perversité de son entendement, la méchanceté, la rébellion et la dureté dans sa volonté et dans son cœur, de même que l'impureté dans toutes ses affections* » (III.1). Non, Dieu n'a pas créé l'homme avec des défauts ou des prédispositions à pécher. La tentation est venue de l'extérieur de l'homme, du diable, qui s'était déjà révolté contre Dieu (Ge 3.1-6). En outre, l'homme est pleinement responsable, car c'est en pleine possession de son libre arbitre qu'il a eu la folie de se révolter contre son Créateur. L'homme n'a pas seulement commis une petite erreur, il a péché avec beaucoup d'arrogance.

Quel fut le résultat ? L'homme est alors tombé dans une misère profonde. Nous sommes encore des humains, nous avons encore une volonté, mais toute notre nature est maintenant corrompue, tournée contre Dieu. Nous sommes privés des dons excellents que nos premiers parents avaient reçus. La Genèse n'a pas grand-chose de bon à dire sur l'état spirituel de l'homme après la chute : « L'Éternel vit que la méchanceté de l'homme était grande sur la terre, et que toutes les pensées de leur cœur se portaient chaque jour uniquement vers le mal » (Ge 6.5). Dieu lui-même nous dit avec force et clarté à quel point l'homme est devenu dépravé.

Les arminiens ont finalement nié la doctrine de la corruption totale en affirmant que le pécheur garde sa libre volonté. Même s'il a plus de difficulté à l'exercer, il serait encore capable de choisir Dieu avec l'aide d'une supposée « grâce prévenante ». Pourtant, nos pensées, notre cœur et notre volonté sont devenus profondément corrompus, incapables du moindre bien. « Nul n'est intelligent, nul ne cherche Dieu ; tous sont égarés, tous sont pervertis » (Ro 3.11). Une telle idée nous déplaît beaucoup, mais Paul le dit « afin que toute bouche soit fermée » (Ro 3.19). « Ils ont l'intelligence obscurcie, ils sont étrangers à la vie de Dieu, à cause de l'ignorance qui est en eux et de l'endurcissement de leur cœur » (Ép 4.18). « Le cœur est tortueux par-dessus tout, et il est méchant » (Jé 17.9). Nous ne sommes pas seulement des malades qui ont besoin d'aide, nous sommes morts spirituellement. « Vous étiez morts par vos offenses et par vos péchés. […] Nous qui étions morts par nos offenses, *[il]* nous a rendus vivants avec Christ » (Ép 2.1,5).

Aujourd'hui encore, beaucoup pensent que la cause des maux de notre société ne serait pas la corruption de l'homme mais un manque d'éducation, un arrière-plan familial dysfonctionnel, une maladie mentale, etc. Les *Canons de Dordrecht* sont encore d'actualité. La considération de la justice et de la sainteté parfaites dans lesquelles Dieu nous a créés, puis du péché dans lequel nous nous sommes enfoncés, devrait nous emplir d'humilité et nous pousser à avouer l'ampleur de notre culpabilité. Nous avons absolument besoin du grand miracle de la régénération par le Saint-Esprit pour recevoir la vie spirituelle en Jésus-Christ et vivre à nouveau en communion avec Dieu.

CHAPITRE 36

La propagation du péché et la responsabilité de l'humanité
Article III.2

> *Or tel qu'a été l'homme après la chute, tels enfants il a procréés, à savoir : lui, corrompu, des enfants corrompus, la corruption étant dérivée, par le juste jugement de Dieu, d'Adam sur toute sa postérité, excepté Jésus-Christ seul ; et ceci non point par l'imitation (comme les pélagiens l'ont pensé autrefois), mais par la propagation de la nature corrompue.*
>
> — Canons de Dordrecht, *article III.2*

La propagation du péché

Adam et Ève ont désobéi. Ils ont perdu leur position glorieuse et sont devenus corrompus. Quelles sont les conséquences pour nous ? La Bible nous enseigne que nous sommes tous unis en Adam. En lui, nous sommes tous devenus corrompus. Comment se fait-il que je pèche ?

Pélage, au Ve siècle, a répondu en disant que nous péchons par imitation. L'homme ne serait pas corrompu, mort dans ses péchés ; il serait seulement malade, encore capable de faire le bien. Nous aurions la même libre volonté qu'Adam de choisir entre le bien et le mal. Il suffirait de suivre un bon exemple. Il est vrai que nous imitons souvent le mauvais exemple des autres, mais notre péché n'est pas seulement une imitation, il est « la propagation de la nature corrompue ».

Nous ne sommes plus dans la même situation qu'Adam avant la chute. En ce dernier nous avons péché, nous sommes tombés, notre volonté est devenue corrompue. « Adam [...] engendra un fils à sa ressemblance, selon son image, et il lui donna le nom de Seth » (Ge 5.3). Dieu a créé Adam à son image, pur, saint, juste et bon. Adam devint pécheur et engendra Seth à sa ressemblance, pécheur également. Seth à son tour engendra un autre pécheur, et ainsi de suite jusqu'à nous. « *Or tel qu'a été l'homme après la chute, tels enfants il a procréés, à savoir : lui, corrompu, des enfants corrompus* » (III.2). « Voici, je suis né dans l'iniquité, et ma mère m'a conçu dans le péché » (Ps 51.7). Cela ne veut pas dire que la conception est un péché mais, dès sa conception, le péché était présent en David.

Si nos enfants sont pécheurs, ce n'est pas parce qu'ils nous ont imités – bien qu'ils nous imitent souvent – mais parce qu'ils sont nés pécheurs, pollués par le péché et coupables devant Dieu. Le péché est héréditaire. « C'est pourquoi, comme par un seul homme le péché est entré dans le monde, et par le péché la mort, et qu'ainsi la mort s'est étendue sur tous les hommes, parce que tous ont péché » (Ro 5.12). Paul ne dit pas : « Tous les gens meurent parce que tous commettent des péchés », il dit : « Tous les gens meurent parce qu'un seul a péché et qu'en lui tous ont péché. » Quand Adam a péché, nous avons tous péché. À cause de cette seule faute, la condamnation et la mort se sont étendues sur le monde entier. Je ne deviens pas pécheur quand je commets un péché, j'en commets parce que je suis pécheur par nature, parce que mes parents m'ont transmis leur péché, depuis Adam et Ève.

Est-il juste que je sois né pécheur ?

Mais alors on se demande : « Est-il juste que je sois né pécheur ? » Notre cœur orgueilleux soulève des objections. « C'est injuste ! Je ne peux quand même pas être tenu responsable d'un péché que mes ancêtres ont commis il y a plus de 6 000 ans, n'est-ce pas ? Je n'étais pas présent au paradis. »

Les arminiens refusent de croire que le péché originel nous rend coupables dès notre naissance. Même les bébés sont atteints par le péché dès leur conception, à cause de celui commis par nos premiers parents, et méritent la condamnation. « Vous voulez dire qu'un bébé qui n'a encore rien fait est un pécheur ? Est-il juste que mon enfant soit né pécheur et coupable ? Il n'était pas au paradis, lui non plus. » Eh bien oui, tout cela est juste ! Le jugement de Dieu est juste. « C'est après une seule offense que le jugement est devenu condamnation » (Ro 5.16). Le péché originel suffit pour que tout le genre humain soit condamné et mérite les peines temporelles et éternelles. Même la transmission de notre nature corrompue est un juste jugement de Dieu, « ... *la corruption étant dérivée, par le juste jugement de Dieu, d'Adam sur toute sa postérité* » (III.2).

Dieu n'est pas injuste en condamnant des pécheurs corrompus dès leur conception. Mais notre cœur orgueilleux objecte encore : « C'est complètement injuste ! Nous sommes incapables d'aimer Dieu et de lui obéir, mais il exige quand même de nous la perfection. » Oui, parce que notre Créateur est toujours digne d'être aimé et servi, même si nous n'en sommes plus capables. « Mais c'est injuste ! » La Bible répond : « Y a-t-il en Dieu de l'injustice ? Loin de là ! » (Ro 9.14.) Ces choses sont difficiles à comprendre et à accepter. Nous sommes prompts à contester mais, comme le dit la Bible, « Qui es-tu pour contester avec Dieu ? » (Ro 9.19.)

Notre union avec Adam

Quel genre d'union existe-t-il entre Adam et sa postérité ? Il existe tout d'abord une « union biologique » ou « héréditaire ». Adam est notre père naturel. Toute l'humanité était dans son corps, « dans ses reins », comme Lévi était dans les reins d'Abraham, son ancêtre, lorsqu'Abraham a rencontré Melchisédek (Hé 7.10). Adam est la source de la nature humaine. D'une racine pourrie, il ne peut sortir que des branches pourries. D'une source polluée, il ne peut sortir que de l'eau polluée. Job a demandé : « Comment d'un être souillé sortira-t-il un homme pur ? » Réponse :

« Il n'en peut sortir aucun » (Job 14.4). Des parents corrompus donnent naissance à des enfants corrompus.

Deuxièmement, il existe une « union légale » ou « représentative » entre Adam et nous. Adam était notre représentant. Il a agi à notre place, de sorte que le péché originel nous rend coupables. Supposons, par exemple, qu'un chef d'État déclare la guerre à un pays voisin ; tout son pays entre alors en guerre, et cela aura des répercussions sur tous ses habitants. Supposons encore que nous demandions à notre jeune frère d'aller commettre une mauvaise action, ou à notre comptable de tricher sur notre déclaration fiscale ; nous sommes aussi coupables que lui. Notre Premier ministre, notre frère ou notre comptable nous représentent.

Par orgueil, nous protestons encore : « Oui, mais c'est injuste, nous n'avons rien demandé à Adam. Nous ne l'avons pas choisi pour nous représenter. » C'est vrai, mais qui donc l'a choisi ? C'est Dieu lui-même ! Pensons-nous que nous aurions pu faire un meilleur choix que notre Créateur ? Si notre comptable manque son coup et se fait prendre, nous nous dirons : « J'aurais dû choisir un comptable plus rusé. » Dieu, lui, n'a pas fait un mauvais choix. Dans sa providence, il a établi Adam pour être notre représentant. Son choix était parfait. Qui de mieux aurions-nous pu choisir pour nous représenter ? Sommes-nous assez arrogants pour prétendre, qu'à la place d'Adam, nous aurions fait mieux que lui ? Si nous pensons encore qu'il est injuste que Dieu nous attribue le péché d'Adam, nous montrons une fois de plus à quel point nous sommes devenus rebelles.

Peut-être n'aimons-nous pas cette vérité, mais que dit la Bible ? Romains 5.12-21 est un texte clé. « Par une seule offense, la condamnation a atteint tous les hommes... » (Ro 5.18.) « Par la désobéissance d'un seul homme beaucoup ont été rendus pécheurs... » (Ro 5.19.) L'intégralité de ce passage contient la notion de solidarité légale fondée sur l'alliance conclue par Dieu avec Adam, notre représentant légal. Quand Adam était dans le jardin, il se tenait là pour nous tous, à notre place. Quand il a pris le fruit défendu de la main de sa femme et qu'il l'a porté à sa bouche pour en manger, il a péché pour nous tous. Il a choisi de pécher pour nous, à notre place. Par conséquent, nous sommes inclus dans son péché, nous en sommes tous coupables. Par une seule faute, la condamnation s'étend à tous les hommes. C'est difficile à comprendre et à accepter, mais c'est ce que la Bible dit.

Notre union avec Jésus-Christ

Sur le plan héréditaire, Dieu, dans sa grâce, a mis fin à cette chaîne ininterrompue de pécheurs. La corruption s'est étendue à tous les descendants d'Adam, excepté à Jésus-Christ, le seul juste. « Le Saint-Esprit viendra sur toi, et la puissance du Très-Haut te couvrira de son ombre. C'est pourquoi le saint enfant qui naîtra sera appelé Fils de Dieu » (Lu 1.35). L'enfant conçu miraculeusement était saint, pur, juste et entièrement bon. La corruption est « *dérivée d'Adam sur toute sa postérité, excepté Jésus-Christ seul* » (III.2). Quelle bonne nouvelle ! Dieu est intervenu puissamment pour briser le cycle de la corruption, pour que cet homme sans péché devienne, non pas seulement notre exemple, mais notre Sauveur. Il est à la fois Dieu puissant et homme véritable et sans péché, pour qu'il soit puni à notre place pour nos péchés.

Sur le plan légal, il est devenu notre nouveau Représentant officiel. Nous sommes unis à lui, dans son obéissance parfaite pour nous, qu'il a accomplie gratuitement à notre place. « Car, si par l'offense d'un seul il en est beaucoup qui sont morts, à plus forte raison la grâce de Dieu et le don de la grâce venant d'un seul homme, Jésus-Christ, ont-ils été abondamment répandus sur beaucoup » (Ro 5.15). « Ainsi donc, comme par une seule offense la condamnation a atteint tous les hommes, de même par un seul acte de justice la justification qui donne la vie s'étend à tous les hommes. [*C'est-à-dire à toutes les catégories d'hommes, d'après le contexte.*] Car, comme par la désobéissance d'un seul homme beaucoup ont été rendus pécheurs, de même par l'obéissance d'un seul beaucoup seront rendus justes » (Ro 5.18,19).

Nous pouvons déplorer le péché d'Adam et les conséquences qui en résultent pour chacun de nous. Nous pouvons avoir de la difficulté à percer les secrets de la doctrine du péché originel qui a été transmis à toute la race humaine. Nous avons toutefois l'immense bonheur d'être unis par la foi à notre nouveau Représentant, qui a fait preuve d'une parfaite obéissance à notre place, pour notre salut éternel. Grâce à lui seul, Dieu nous reçoit dans sa grâce, car il nous voit comme ayant pleinement obéi à tous ses commandements et comme étant parfaitement justes à ses yeux. Il l'a fait par amour pour nous.

CHAPITRE 37

Le résultat du péché sur toute l'humanité
Article III.3

> *C'est pourquoi tous les hommes sont conçus dans le péché et naissent enfants de colère, incapables de tout bien salutaire, enclins au mal, morts dans le péché et esclaves du péché. Et sans la grâce de l'Esprit qui régénère, ils ne veulent ni ne peuvent retourner à Dieu, ni corriger leur nature dépravée, ni se disposer à l'amendement de celle-ci.*
>
> — Canons de Dordrecht, *article III.3*

Nous avons vu l'origine du péché et ses effets sur l'homme. Nous avons vu que le péché s'est propagé à toute l'humanité de père en fils et que nous sommes tous unis à la faute d'Adam, notre père naturel et représentant légal. Nous allons voir maintenant à quel point notre condition pécheresse est sérieuse. La chute a produit des effets très graves et très profonds sur nous tous.

Nous sommes entièrement corrompus

La condition de l'homme a-t-elle changé depuis le péché d'Adam et Ève ? Sur le plan technique, scientifique et culturel, nous avons fait de grands progrès, mais sur le plan moral et spirituel, nous n'avons pas vraiment progressé, même si l'homme prétend s'améliorer sans cesse. La maladie, la souffrance et la mort continuent à faire des ravages partout sur terre.

Les arminiens sont d'accord pour dire que nous sommes tous atteints par le péché mais, d'après eux, le péché originel ne ferait que nous affaiblir. Nous aurions tendance à pécher, et cela nuirait à l'exercice de notre libre volonté. Ce serait une maladie qui attire la pitié plutôt qu'un véritable péché qui nous rendrait coupables et pour lequel nous devrions nous repentir. Il nous serait donc possible de changer ou de revenir à Dieu. À cela, Dordrecht répond : « *C'est pourquoi tous les hommes sont conçus dans le péché et naissent enfants de colère, incapables de tout bien salutaire, enclins au mal, morts dans le péché et esclaves du péché* » (III.3).

Une telle description peut nous paraître exagérée, car nous avons tous par nature une haute opinion de nous-mêmes. Pour bien saisir notre état pécheur, il nous faut laisser de côté nos sentiments et revenir à la Bible. Elle nous enseigne que notre état corrompu s'enracine profondément dans notre être depuis le début de notre existence.

David a confessé : « Voici, je suis né dans l'iniquité et ma mère m'a conçu dans le péché » (Ps 51.7). Cela était vrai pour le roi David comme cela est vrai de nous tous. « Nous étions par nature des enfants de colère, comme les autres » (Ép 2.3). « Les autres », ce sont les païens ; « nous » désigne les Juifs, les enfants de l'alliance. Que nous ayons des parents chrétiens ou que nous soyons issus du paganisme, nous sommes tous par nature des enfants de colère. Cela ne veut pas dire que nous avons de la colère contre Dieu, mais plutôt que Dieu est en colère contre nous, dès notre enfance. Chaque fois qu'un enfant vient au monde sur la terre, Dieu est en colère, car il se dit : « Encore un pécheur rebelle qui refusera de me servir. »

Il en découle que nous ne sommes nullement portés au bien ; nous sommes au contraire continuellement enclins au mal. Avant le déluge, Dieu en avait déjà fait la triste constatation. « L'Éternel vit que la méchanceté des hommes était grande sur la terre, et que toutes les pensées de leur cœur se portaient chaque jour uniquement vers le mal » (Ge 6.5). Le grand nettoyage du déluge n'a pas amélioré la situation. « Les pensées du cœur de l'homme sont mauvaises dès sa jeunesse » (Ge 8.21). Chaque jour, Dieu ne voit rien de bon venant de l'homme, que ce soit dans ses actions ou dans ses pensées, et cela dès son enfance.

L'expression « corruption totale » ne signifie pas que notre humanité est anéantie ou que l'homme agit toujours aussi méchamment qu'il le pourrait. Cela signifie plutôt que chaque partie de notre être est corrompue, comme une pomme qui serait entièrement pourrie. Tous les aspects de notre être – intelligence, volonté, sentiments, désirs, actions, etc. – sont corrompus, de sorte que l'homme pèche dans tout ce qu'il fait et que, par nature, il lui est impossible de plaire à Dieu.

« Car nous aussi, nous étions autrefois insensés, désobéissants, égarés, asservis à toute espèce de convoitises et de voluptés, vivant dans la méchanceté et dans l'envie, dignes d'être haïs, et nous haïssant les uns les autres » (Tit 3.3). « Vous étiez morts par vos offenses et par vos péchés, dans lesquels vous marchiez autrefois, selon le train de ce monde, selon le prince de la puissance de l'air, de l'esprit qui agit maintenant dans les fils de la rébellion » (Ép 2.1,2). Quel sombre tableau de la condition humaine sans Dieu ! Reconnaissons-nous notre corruption et notre culpabilité ?

Nous sommes totalement incapables de nous changer

Sommes-nous capables de changer ? Les arminiens enseignent que *« l'homme non régénéré n'est pas totalement ni à proprement parler dans le péché, ou destitué de toutes forces concernant le bien spirituel, mais qu'il peut avoir faim et soif de justice et de vie, et offrir à Dieu le sacrifice d'un esprit contrit et brisé, qui lui soit agréable »* (Rejet des erreurs, III.4). Mais comment prétendre encore que nous puissions par nous-mêmes avoir faim et soif de justice et être capables de nous tourner vers Dieu avec un cœur repentant ? « Le cœur est tortueux par-dessus tout, et il est méchant » (Jé 17.9). « Il n'y a point de juste, pas même un seul ; nul n'est intelligent, nul ne cherche Dieu. Tous sont égarés, tous sont pervertis, il n'en est aucun qui fasse le bien, pas même un seul » (Ro 3.10-12).

Nous ne pouvons pas prétendre être dans la même situation qu'Adam, qui était en mesure de choisir le bien, d'aimer Dieu et de lui obéir, avant de tomber lamentablement dans le péché. Nous avons péché en Adam et nous en portons aujourd'hui les tristes conséquences. Nous ne sommes pas libres de choisir Dieu. Par nature, nous ne voulons pas de Dieu et nous ne cherchons pas à revenir à lui. Nous avons toujours une volonté, mais comme dit Paul : « Nous vivions autrefois selon les convoitises de notre chair, accomplissant les volontés de la chair et de nos pensées » (Ép 2.3). « Car l'affection de la chair est inimitié contre Dieu, parce qu'elle ne se soumet pas à la loi de Dieu, et qu'elle ne le peut même pas. Or, ceux qui vivent selon la chair ne sauraient plaire à Dieu » (Ro 8.7,8).

Tout ce que nous voulons découle de notre chair pécheresse et de nos pensées enténébrées par le péché. Nous voulons le mal, et c'est ce que nous choisissons de faire. Jésus lui-même a dit : « En vérité, en vérité, je vous le dis, [...] quiconque se livre au péché est esclave » (Jn 8.34). Notre volonté n'est pas libre, elle est prisonnière du péché et captive du diable. La volonté humaine n'a pas seulement été endiguée par un obstacle qu'il suffirait d'ôter pour qu'elle jouisse de sa liberté naturelle. Elle ne peut simplement pas vouloir ni choisir le bien. Nous ne sommes pas simplement pécheurs parce que nous péchons, nous péchons parce que nous sommes pécheurs. Tel est le diagnostic de la Parole de Dieu, qui nous garde humbles.

Nous avons absolument besoin de l'Esprit qui régénère

Une seule conclusion s'impose : « *Et sans la grâce de l'Esprit qui régénère, ils ne veulent ni ne peuvent retourner à Dieu, ni corriger leur nature dépravée, ni se disposer à l'amendement de celle-ci* » (III.3). Jésus a dit : « Nul ne peut venir à moi, si le Père qui m'a envoyé ne l'attire ; et je le ressusciterai au dernier jour » (Jn 6.44). Le mot « attirer » signifie ici « tirer », comme on tire hors de l'eau un filet rempli de poissons (Jn 21.6), ou comme un bateau remorqueur tire un paquebot pour le faire entrer au port. Paul ajoute que le serviteur de Dieu « doit redresser avec douceur les adversaires, dans l'espérance que Dieu leur donnera la repentance pour arriver à la connaissance de la vérité, et que, revenus à leur bon sens, ils se dégageront des pièges du diable, qui s'est emparé d'eux pour les soumettre à sa volonté » (2 Ti 2.25,26). Les pécheurs sont incapables de s'accorder la repentance et de se soustraire aux pièges du diable. Les prédicateurs doivent prêcher la Parole et redresser avec douceur, mais ils n'ont pas le pouvoir de donner cette repentance et cette liberté. Dieu seul peut le faire, selon sa libre volonté.

L'homme ne peut pas coopérer avec Dieu pour s'arracher des griffes du diable ou sortir de la prison du péché et se tourner vers Dieu. Nous ne pouvons apporter aucune contribution à notre conversion. Il faut absolument que Dieu agisse dans nos cœurs pour nous faire naître de nouveau par son Esprit. Notre conversion ne vient pas de nous, c'est le résultat de l'action de l'Esprit dans nos cœurs. Les disciples ont demandé à Jésus : « Qui peut donc être sauvé ? » Notre Seigneur a répondu : « Aux hommes cela est impossible, mais à Dieu tout est possible » (Mt 19.25,26). Mon salut ne dépend pas de moi. Je ne peux même pas crier vers Dieu pour lui demander de l'aide. Je dépends totalement de lui. Si je me tourne vers lui pour lui demander son secours, c'est parce qu'il a déjà commencé à agir dans mon cœur pour m'attirer à lui.

Pourquoi étudions-nous ce que la Bible enseigne au sujet du péché ? Pour reconnaître que notre salut vient de Dieu et non de nous. C'est une grande bénédiction de savoir que c'est l'Esprit qui régénère ! Toi seul, Seigneur, peux nous sauver ! Notre Dieu est immensément grand et agit de manière libre et souveraine. Il dit à propos de ceux qu'il a choisis : « Cette personne est à moi ; je vais la régénérer, je vais lui donner un cœur nouveau, je vais lui donner une vie nouvelle pour qu'elle se tourne vers moi, qu'elle croie en mon Fils et qu'elle ait la vie éternelle. »

Le salut est entièrement l'œuvre de Dieu, du début à la fin. Nous dépendons entièrement de lui et il nous donne librement la vie, selon son bon plaisir. Cela devrait nous pousser à l'adorer de tout cœur. Quel Dieu plein de grâce ! Moi qui étais mort dans mes péchés, moi qui ne cherchais pas Dieu et qui étais incapable de me tourner vers lui, il m'a choisi, il m'a donné la foi, il m'a donné un cœur nouveau par son Esprit et m'a ramené à lui. Quelle œuvre merveilleuse de la grâce !

CHAPITRE 38

L'insuffisance de la lumière naturelle

Article III.4

> *Il est vrai qu'après la chute, il a subsisté dans l'homme quelque lumière de nature ; grâce à elle, il conserve encore une certaine connaissance de Dieu et des choses naturelles, il discerne entre ce qui est honnête et malhonnête, et montre avoir quelque pratique et soin de la vertu et d'une discipline extérieure. Mais tant s'en faut que, par cette lumière naturelle, il puisse parvenir à la connaissance salutaire de Dieu, et se convertir à lui, puisqu'il n'en use même pas droitement dans les choses naturelles et civiles, mais plutôt, telle qu'elle est, il la souille de diverses manières et la maintient dans l'injustice : ce que faisant, il est rendu inexcusable devant Dieu.*
>
> — Canons de Dordrecht, *article III.4*

La Bible trace un portrait très sombre de notre condition humaine. Nous sommes tous unis au péché d'Adam ; nous sommes tous pécheurs, entièrement corrompus, incapables de nous sauver. Pourquoi tant insister sur notre état corrompu et misérable ? C'est afin de parler du salut en Jésus-Christ seul. Pour pouvoir proclamer le seul chemin du salut, nous voulons poser le bon diagnostic. Mais certains diront : « Est-ce que vous n'allez pas trop loin ? Vous parlez sans cesse de l'homme corrompu, mort dans ses péchés. L'homme n'est quand même pas si mauvais que cela. Regardez autour de vous. Nous avons des voisins non chrétiens sympathiques. Ce ne sont pas tous de vilains meurtriers. Il y a beaucoup de braves gens agréables à côtoyer qui viennent en aide aux autres. Est-ce que ce ne sont pas de bonnes personnes ? Ne sommes-nous pas capables de nous améliorer ? » L'article III.4 des *Canons de Dordrecht* répond à ce genre de raisonnement.

Il subsiste encore des traces de lumière dans l'homme

« *Il est vrai qu'après la chute, il a subsisté dans l'homme quelque lumière de nature ; grâce à elle, il conserve encore une certaine connaissance de Dieu et des choses naturelles, il discerne entre ce qui est honnête et malhonnête, et montre avoir quelque pratique et soin de la vertu et d'une discipline extérieure* » (III.4). L'homme n'est pas devenu un animal ou un démon ; il reste un homme. Les non-croyants sont capables d'admirer la beauté de la création. Ils produisent des œuvres d'art remarquables et composent des pièces musicales grandioses qui reflètent l'harmonie de la belle création de Dieu.

Même avec le petit reste de lumière qui subsiste en l'homme après la chute, nous sommes encore capables de faire des progrès significatifs dans notre connaissance de l'univers, depuis les plus petites particules subatomiques jusqu'aux galaxies les plus lointaines. Nous avons accompli de grands progrès scientifiques, technologiques et médicaux. Si l'homme corrompu, mort dans ses péchés, détient encore ce potentiel, imaginez ce qu'il aurait pu accomplir s'il n'avait pas péché et s'il avait utilisé toute la lumière que Dieu avait placée en lui à l'origine !

Il faut comprendre que nous parlons de notre condition spirituelle. Nous ne sommes pas morts physiquement ou intellectuellement, nous sommes morts spirituellement. Nous avons encore une certaine connaissance du bien et du mal, même si la conscience déchue est flétrie et endurcie. Paul dit que les païens « montrent que l'œuvre de la loi est écrite dans leur cœur, leur conscience en rendant témoignage, et leurs pensées s'accusant ou se défendant tour à tour » (Ro 2.15).

Extérieurement, il est encore possible d'avoir un comportement moral relativement acceptable. Même intérieurement, tout homme possède encore une certaine connaissance de Dieu. « Car ce qu'on peut connaître de Dieu est manifeste pour eux, Dieu le leur ayant fait connaître. En effet, les perfections invisibles de Dieu, sa puissance éternelle et sa divinité, se voient comme à l'œil nu, depuis la création du monde, quand on les considère dans ses ouvrages » (Ro 1.19,20). Par conséquent, Paul dit qu'ils ont « connu Dieu » (Ro 1.21).

Nous pouvons être certains que toute personne, même si elle n'a aucune connaissance de la Bible ou de l'Évangile, *« conserve encore une certaine connaissance de Dieu et des choses naturelles, elle discerne entre ce qui est honnête et malhonnête »* (III.4). Ces traces de lumière de nature qui subsistent ne sont toutefois que vestiges et ruines et ne nous donnent qu'un vague aperçu de ce que l'homme était avant la chute, un peu comme une vieille ruine romaine ou comme l'épave d'un bateau qui pourrit sur la plage.

Mais personne n'emploie adéquatement cette lumière

Ces traces de lumière de nature ne signifient pas pour autant que l'homme a encore un petit quelque chose de bon en lui. Beaucoup s'imaginent que l'homme est fondamentalement bon et que nous devrions mettre notre espoir dans nos capacités à résoudre nos problèmes par nous-mêmes. Certains prétendent qu'il y aurait une « étincelle » de lumière divine en chaque être humain, qui nous permettrait de reprendre contact avec Dieu (nouvel âge, gnosticisme, etc.). Les arminiens parlent d'une « grâce commune » que Dieu aurait accordée à tout être humain. Ils veulent dire par là que Dieu a veillé à ce qu'il reste un petit quelque chose de bon dans l'homme, qui lui permettrait d'obtenir petit à petit une grâce plus grande. Autrement dit, Dieu donnerait à tous les hommes la possibilité de connaître Jésus-Christ ainsi que les moyens de venir à la foi et à la repentance.

La Bible dit pourtant que Dieu « révèle sa parole à Jacob, ses lois et ses ordonnances à Israël ; il n'a pas agi de même pour toutes les nations ; elles ne connaissent point ses ordonnances » (Ps 147.19,20). « Ce Dieu, dans les âges passés, a laissé toutes les nations suivre leurs propres voies, quoiqu'il n'ait cessé de rendre témoignage de ce qu'il est, en faisant du bien, en vous dispensant du ciel les pluies et les saisons fertiles, en vous donnant la nourriture avec abondance et en remplissant vos cœurs de joie » (Ac 14.16,17).

Dieu « fait lever son soleil sur les méchants et sur les bons, et il fait pleuvoir sur les justes et sur les injustes » (Mt 5.45), mais tous ces dons qui descendent du ciel ne changent en rien le cœur mauvais de l'homme naturel. Les hommes, pour exprimer leur rébellion, retournent contre Dieu tous les dons qu'il leur offre. « Car ayant connu Dieu, ils ne l'ont point glorifié comme Dieu, et ne lui ont point rendu grâces ; mais ils se sont égarés dans leurs pensées, et leur cœur sans intelligence a été plongé dans les ténèbres » (Ro 1.21).

Les vestiges de « lumière de nature » qui peuvent encore subsister dans l'homme naturel ne le rendent pas capable de se sauver lui-même. Il est même incapable de s'en servir convenablement dans les domaines comme la science, les arts, l'éducation, la politique ou les affaires. « *Mais tant s'en faut que, par cette lumière naturelle, il puisse parvenir à la connaissance salutaire de Dieu, et se convertir à lui, puisqu'il n'en use même pas droitement dans les choses naturelles et civiles, mais plutôt, telle qu'elle est, il la souille de diverses manières et la maintient dans l'injustice* » (III.4).

Les découvertes scientifiques sont teintées par la motivation corrompue d'un cœur qui ne veut ni servir Dieu ni l'honorer. Le bon ordre relatif dans la société et le comportement honnête extérieur des non-chrétiens sont le fruit d'une motivation égoïste, pour se protéger, se faire valoir, s'enrichir, non d'un pur amour pour Dieu et pour son prochain. L'homme est encore intelligent, mais son intelligence est dans les ténèbres. Il possède encore sa propre volonté, mais celle-ci le pousse à commettre toutes sortes de maux. Il conserve un sens moral mais n'est capable d'aucun bien spirituel.

Nos amis non chrétiens ne sont pas des démons ni des extra-terrestres. Nous devons les aimer et tâcher de vivre en paix avec eux autant que cela est possible. Cependant, il nous faut savoir reconnaître leur problème spirituel fondamental et leur état naturel sans espoir. Quand nous présentons l'Évangile à des non-croyants, nous en parlons à des hommes intelligents. Nous n'avons pas besoin d'utiliser un langage de bébé. Le problème n'est pas que la Parole de Dieu est trop compliquée pour leur intellect ou que ses commandements sont trop difficiles à comprendre ; le problème est essentiellement spirituel.

« Car l'affection de la chair est inimitié contre Dieu, parce qu'elle ne se soumet pas à la loi de Dieu, et qu'elle ne le peut même pas » (Ro 8.7). « Mais l'homme naturel n'accepte pas les choses de l'Esprit de Dieu, car elles sont une folie pour lui, et il ne peut les connaître, parce que c'est spirituellement qu'on en juge » (1 Co 2.14). Pierre avait connu Jésus, et pourtant Jésus lui a dit : « Tes pensées ne sont pas les pensées de Dieu, mais celles des hommes » (Mt 16.23). Aucune « lumière de nature » ne peut venir en aide à l'homme.

Cette lumière rend tout homme inexcusable

Pourquoi Dieu laisse-t-il subsister quelques vestiges de son image dans l'homme naturel ? Tout d'abord parce que notre Seigneur est patient. Il met un frein à la méchanceté humaine pour qu'elle ne s'exprime pas jusqu'au bout ; sans cela, il serait totalement impossible pour l'Église de vivre dans le monde. « Croyez que la patience de notre Seigneur est votre salut » (2 Pi 3.15). Mais c'est aussi afin de rendre tout homme inexcusable. « Ils sont donc inexcusables, car ayant connu Dieu, ils ne l'ont point glorifié comme Dieu, et ne lui ont point rendu grâce » (Ro 1.20,21).

Ces vestiges de « lumière de nature » ne sont pas une « grâce commune » qui pourrait nous aider à nous rapprocher de Dieu. Le mot « grâce », dans la Bible, n'est jamais utilisé dans ce sens. Au lieu de parler de la « grâce commune » (comme certains réformés l'ont fait au XIXe et au XXe siècles), nous devrions plutôt parler de la « misère commune » qui nous afflige tous et de la « colère commune » de Dieu qui « se révèle du ciel contre toute impiété et toute injustice des hommes qui retiennent injustement la vérité captive » (Ro 1.18).

Les quelques ruines de lumière qui subsistent encore dans l'homme ne servent qu'à témoigner contre nous et à nous rendre d'autant plus coupables. Elles ne font que souligner à quel point nous sommes déchus de la position glorieuse où Dieu nous avait placés. Il nous faut donc absolument recevoir « l'Esprit qui vient de Dieu, afin que nous connaissions les choses que Dieu nous a données par sa grâce » (1 Co 2.12). Il n'y a rien que nous pouvons faire pour nous sauver ou pour devenir des candidats potentiels au salut, qui ne peut être le fruit que d'une pure grâce.

CHAPITRE 39

L'insuffisance de la loi de Dieu

Article III.5

> *Il en va du Décalogue, que Dieu a particulièrement donné aux Juifs, exactement comme de la lumière naturelle. En effet, il manifeste la grandeur du péché, et en rend l'homme de plus en plus convaincu. Mais il ne donne aucun moyen ni n'apporte aucune force pour sortir de cette misère. Ainsi donc, le Décalogue, étant rendu faible par la chair, laisse le transgresseur sous la malédiction, et il est par conséquent impossible que, par lui, l'homme obtienne la grâce salutaire.*
>
> — Canons de Dordrecht, *article III.5*

Les vestiges de lumière naturelle qui demeurent en nous sont incapables de nous sauver. Dieu nous a donc donné une autre lumière, plus brillante, celle de sa Parole. La Parole de Dieu contient la loi et l'Évangile, des exigences et des promesses. La loi de Dieu serait-elle capable de nous sauver ? Ses commandements peuvent-ils faire mieux que la lumière naturelle ? Certains disent que oui. En obéissant à la loi de Dieu, ils croient que l'homme pourrait retourner vers Dieu et obtenir sa faveur. D'autres s'imaginent qu'avec une meilleure éducation ou une plus grande discipline, nous pourrions avoir la force et la volonté de mener une vie plus juste. Ce sont là de faux espoirs ! La loi est incapable, elle aussi, de nous sauver. « *Il en va du Décalogue [les dix commandements], que Dieu a particulièrement donné aux Juifs, exactement comme de la lumière naturelle* » (III.5).

La loi est bonne

La loi de Dieu serait-elle donc mauvaise ? Y aurait-il un problème avec ses commandements ? Faudrait-il les abolir ? Pas du tout ! Il n'y a rien de mal dans la loi de Dieu. « La loi donc est sainte, et le commandement saint, juste et bon » (Ro 7.12). Les dix commandements font partie de la révélation que Dieu nous a donnée. Dieu se révèle par ce moyen. Il révèle qu'il est le seul Dieu digne d'adoration. Il nous fait connaître sa justice, sa sainteté, et nous explique comment l'aimer, lui, le seul vrai Dieu, et comment aimer notre prochain. La loi n'est donc pas quelque chose de négatif.

Quand Dieu a rassemblé son peuple au Sinaï pour lui donner ses commandements, c'est un grand et précieux cadeau qu'il a fait à Israël. Il leur a donné sa loi dans le contexte de la grâce. « Je suis l'Éternel, ton Dieu, qui t'ai fait sortir du pays d'Égypte, de la maison de servitude » (Ex 20.2). Alors voici maintenant comment je veux être servi. La loi nous montre comment nous devrions vivre notre vie chrétienne dans la reconnaissance à Dieu pour son si grand salut.

Pensons également à la très belle description que les Psaumes 19 et 119 nous en donnent. « La loi de l'Éternel est parfaite, elle restaure l'âme, [...] elle rend sage le simple, [...] elle réjouit le cœur » (Ps 19.8,9). Jésus n'est pas venu pour abolir la loi, mais pour l'accomplir (Mt 5.17). Il n'est pas venu pour rejeter ou dissoudre l'une ou l'autre partie des Écritures, mais pour accomplir la pleine signification de la loi et des prophètes. « Accomplir » signifie « rendre plein », « remplir jusqu'au bord ». Jésus est venu pour remplir la mesure de la loi. Les dix commandements n'appartiennent donc pas à une époque révolue. Mais à cause de ce que nous sommes par nature, Israël n'aurait jamais pu être sauvé par l'obéissance à la loi, et nous non plus. Le problème n'est pas avec la loi, il est avec nous.

La loi est rendue faible

« Car – chose impossible à la loi, parce que la chair la rendait sans force – Dieu a condamné le péché dans la chair, en envoyant, à cause du péché, son propre Fils dans une chair semblable à celle du péché » (Ro 8.3). Dans le paradis, la loi avait de la force. Elle était capable d'accomplir ce qu'elle était censée faire. Elle disait : « Si tu obéis, tu vivras. » L'homme était capable d'obéir parfaitement à la loi. C'est pour cela que la loi était « forte », parce que l'homme était capable de suivre ses prescriptions, donc de vivre. Avec l'entrée du péché, la loi est devenue « faible ». Non pas à cause d'un quelconque problème avec la loi, mais parce que la chair devenue pécheresse l'a rendue « sans force ». L'homme pécheur a perdu sa capacité d'obéir à Dieu, ce qui fait que la loi ne lui procure plus d'autre avantage que de lui montrer son péché et de l'accuser. « *Ainsi donc, le Décalogue, étant rendu faible par la chair, laisse le transgresseur sous la malédiction, et il est par conséquent impossible que, par lui, l'homme obtienne la grâce salutaire* » (III.5). Il est impossible que la loi nous sauve.

Après la chute, la loi demeure-t-elle encore un bon panneau indicateur ? Oui, elle indique toujours comment avoir la vie. « Moïse définit ainsi la justice qui vient de la loi : L'homme qui mettra ces choses en pratique vivra par elles » (Ro 10.5). Dieu était sincère lorsqu'il a dit à son peuple : « Si tu obéis à la voix de l'Éternel, ton Dieu, en observant et en mettant en pratique tous ses commandements que je te prescris aujourd'hui, [...] l'Éternel ordonnera à la bénédiction d'être avec toi » (De 28.1,8). Le problème, c'est qu'il n'y a plus personne qui soit capable ou même désireux de marcher dans la direction indiquée. Le panneau indicateur est devenu « faible ». Il montre la bonne direction, mais personne ne peut plus y marcher.

Dans notre état spirituel corrompu et notre révolte contre Dieu, la loi nous montre clairement le chemin, mais nous sommes aveugles spirituellement. Elle nous dit ce qui est bien, ce qui est mal, nous montre ce que nous faisons de mal, mais elle ne nous rend pas capables de faire le bien. La loi n'est pas en mesure de nous aider. C'est comme demander à un enfant : « Pourquoi est-ce que tu continues de faire ces mauvaises choses que ta maman t'a dit de ne pas faire ? » L'enfant répond : « Je ne sais pas. » Sa maman lui a donné la loi, mais cette loi en elle-même est incapable de donner la force d'y obéir.

Aux États-Unis, plusieurs chrétiens se battent pour avoir le droit d'afficher les dix commandements dans les lieux publics. Bien que ceux-ci soient bons, justes et saints, ce genre d'effort ne sera jamais suffisant. La solution n'est pas de faire lire aux gens les dix commandements. Tout ce que fait la loi, c'est de poser des exigences. À cause de notre péché et de notre incapacité spirituelle, la loi ne pourra jamais nous sauver ni nous rendre meilleurs.

La loi nous fait connaître nos péchés

Quel genre de désirs la loi vient-elle mettre dans nos cœurs ? Le désir d'aller vers Dieu ? Le désir de faire le bien et de chercher à lui plaire ? Pas du tout ! « Car, lorsque nous étions dans la chair, les passions des péchés provoquées par la loi agissaient dans nos membres, de sorte que nous portions des fruits pour la mort » (Ro 7.5). La loi est incapable de mettre dans nos cœurs des désirs bons et louables. Au contraire, elle suscite en nous des passions et des désirs mauvais dont le fruit est la mort. Non pas parce que la loi est mauvaise, mais parce qu'en dehors de Jésus-Christ, nous sommes sous l'emprise de la chair. Le panneau indicateur, aussi lumineux soit-il, ne peut rien y changer. Il ne fait que mettre au grand jour notre état misérable.

« Que dirons-nous donc ? La loi est-elle péché ? Loin de là ! Mais je n'ai connu le péché que par la loi. Car je n'aurais pas connu la convoitise, si la loi n'avait dit : Tu ne convoiteras point. Et le péché, saisissant l'occasion, produisit en moi par le commandement toutes sortes de convoitises ; car sans loi le péché est mort. Pour moi, étant autrefois sans loi, je vivais ; mais quand le commandement vint, le péché reprit vie, et moi je mourus. Ainsi, le commandement qui conduit à la vie se trouva pour moi conduire à la mort. Car le péché saisissant l'occasion, me séduisit par le commandement, et par lui me fit mourir » (Ro 7.7-11).

Dans quel but Dieu a-t-il donné sa loi ? C'était en premier lieu pour nous faire connaître nos péchés. La loi nous explique ce qu'est le péché et nous expose notre état pécheur. Le Décalogue « *manifeste la grandeur du péché, et en rend l'homme de plus en plus convaincu. Mais il ne donne aucun moyen, ni n'apporte aucune force pour sortir de cette misère* » (III.5). Les dix commandements prononcent le diagnostic mais ne fournissent pas le remède. La loi met en évidence l'ampleur de notre problème mais n'amène aucune solution. Elle n'offre aucune espérance de salut mais a toutefois l'effet d'un miroir, que nous avons besoin de regarder attentivement (Ja 1.22,23).

La loi nous condamne

La loi ne peut nous sauver, car elle maudit ceux qui désobéissent à ses préceptes. C'était vrai dans l'Ancien Testament. « Maudit soit celui qui n'accomplit point les paroles de cette loi, et qui ne les met point en pratique » (De 27.26). C'est encore vrai aujourd'hui. « Car tous ceux qui s'attachent aux œuvres de la loi sont sous la malédiction ; car il est écrit : Maudit est quiconque n'observe pas tout ce qui est écrit dans le livre de la loi, et ne le met pas en pratique » (Ga 3.10). La loi nous condamne. Elle souligne notre culpabilité devant Dieu et nous montre que nous méritons pleinement de mourir et d'être maudits. Nous ne pouvons rien espérer d'elle concernant notre salut ; nous avons absolument besoin de l'Évangile.

Pourtant, la loi joue un rôle important. Dans l'Ancien Testament, elle servait de guide jusqu'à Jésus-Christ (Ga 3.24). Aujourd'hui, elle a encore pour rôle de nous montrer notre besoin d'un refuge et d'un Sauveur. Elle nous pousse à nous réfugier dans les bras de notre unique Sauveur qui, lui, a obéi parfaitement à la loi afin de mériter pour nous la vie éternelle reçue par la foi seule. Puisque, par nature, nous sommes morts dans nos péchés, la régénération par le Saint-Esprit est absolument nécessaire. Le diagnostic ne nous plaît pas. Il est dur et sévère mais confirme le seul moyen possible de guérison.

Louons Dieu et bénissons-le de nous avoir donné, non seulement sa loi bonne, sainte et juste, mais aussi la bonne nouvelle de son Évangile en Jésus-Christ, notre Sauveur et Seigneur !

CHAPITRE 40

Les bienfaits pratiques de la doctrine de la corruption totale
Article III.1-5[1]

Nous avons vu ce que la Bible enseigne au sujet de notre condition pécheresse. Cet exercice n'a rien de plaisant. Cependant, par la grâce de Dieu, cela nous procure de grandes bénédictions. Pour conclure cette section sur notre corruption, et avant d'entreprendre la suivante sur la vie nouvelle donnée par Dieu, nous allons réfléchir aux implications pratiques de la doctrine de la corruption. Considérons d'abord deux bienfaits de cet enseignement pour nos vies personnelles, puis deux bienfaits pour notre appel à vivre comme chrétiens dans le monde.

Cette doctrine nous humilie complètement

Nous nous souvenons de la deuxième question du *Catéchisme de Heidelberg* : « Combien de choses dois-tu savoir pour vivre et mourir dans cette heureuse assurance [d'appartenir à Jésus-Christ] ? » Nous

---

1. Pour ce chapitre, voir John A. Bouwers, *The Golden Chain of Our Salvation* [La chaîne d'or de notre salut], polycopié, 2000, p. 115-120.

connaissons la réponse, qui commence ainsi : « *Trois. D'abord, combien sont grands mon péché et ma misère.* » Je n'ai pas seulement besoin de savoir que je suis pécheur. J'ai besoin de savoir combien sont grands mon péché et ma misère.

La plupart des non-croyants sont d'accord pour dire qu'ils commettent des fautes. « Et puis après ? Personne n'est parfait », diront-ils. Ils n'imaginent pas un instant que le péché est une offense contre la majesté infinie du Dieu saint. « Tes yeux sont trop purs pour voir le mal, et tu ne peux pas regarder l'iniquité » (Ha 1.13). « Dieu est un juste juge, Dieu s'irrite en tout temps » (Ps 7.12). Quand la sainteté de Dieu nous laisse complètement indifférents, nous ne voyons pas nos péchés pour ce qu'ils sont réellement. Ceux qui n'ont aucune conscience de leurs péchés devant Dieu ne peuvent pas bénéficier de la joie du Seigneur. Nous avons besoin de nous émerveiller toujours plus du sacrifice de Jésus-Christ pour des pécheurs comme nous. Voilà la vraie joie du Seigneur qui est notre force !

Il est important de comprendre que notre corruption totale va nous suivre toute notre vie sur terre. C'est une source constante d'humiliation pour nous. Certains pensent, qu'une fois devenus chrétiens, nous ne sommes plus totalement corrompus et n'avons plus besoin d'entendre parler du péché. Bien sûr, « si quelqu'un est en Christ, il est une nouvelle création. Les choses anciennes sont passées ; voici, toutes choses sont devenues nouvelles » (2 Co 5.17). Nous ne devons donc pas nous complaire dans le bourbier de nos péchés. Dans la repentance et la foi, nous devons cesser de regarder en nous-mêmes et fixer notre regard vers Jésus-Christ. Notre vieille nature est toutefois encore là. L'apôtre Paul luttait encore avec le péché même après être devenu croyant. « Car je ne fais pas le bien que je veux, et je fais le mal que je ne veux pas » (Ro 7.19).

Au cours de notre vie chrétienne, nous prenons de plus en plus conscience de notre nature pécheresse. Si nous commençons à penser que nous y sommes « arrivés » ou si nous nous mettons à tirer orgueil de nos accomplissements, préparons-nous à vivre des expériences humiliantes. Nous avons toujours besoin d'être convaincus de nos péchés. Pensons-nous pouvoir plaire à Dieu le moindrement par nos propres forces ? Si oui, alors souvenons-nous que « *nos meilleures œuvres elles-mêmes, pendant cette vie, sont toutes imparfaites et souillées de péché* » (*Catéchisme de Heidelberg*, R. 62). « Nous sommes tous comme des impurs, et toute notre justice est comme un vêtement souillé » (És 64.5). Dans cette lutte constante contre le péché, nous sommes quotidiennement humiliés. Nous ne pouvons jamais nous reposer dans nos accomplissements. Gardons « les regards sur Jésus, qui suscite la foi et la mène à la perfection » (Hé 12.2).

Cette doctrine nous permet de glorifier Dieu seul pour notre salut

Nous avons été créés pour glorifier Dieu et trouver notre joie en lui. C'est en comprenant de plus en plus la profondeur de notre péché que nous pourrons vivre de plus en plus dans la joie de notre salut en disant d'un cœur joyeux : « À Dieu seul soit toute la gloire pour tous les aspects de mon salut ! » Dans 2 Corinthiens 12, l'apôtre Paul a parlé de son écharde dans la chair. Dieu n'a pas voulu la lui ôter et lui a répondu : « Ma grâce te suffit, car ma puissance s'accomplit dans la faiblesse » (2 Co 12.9). Paul a dû continuer de lutter toute sa vie avec des tentations. C'est encourageant de voir que Dieu utilise des gens comme Paul et comme vous et moi, qui luttent avec le péché. Dieu se sert de pécheurs pardonnés afin d'accomplir de grandes choses pour la gloire de son nom.

Le rappel continu de notre péché tout au long de notre vie et la foi grandissante dans notre pardon grâce à Jésus-Christ nous permettent d'apprécier davantage l'excellence de la grâce et de la puissance qui ne viennent nullement de nous, mais de Dieu seul, « afin que nous servions à célébrer sa gloire » (Ép 1.12).

Cette doctrine nous aide à mieux comprendre notre monde

Le monde dans lequel nous vivons est rempli de convoitise, de haine, de vols, de violence, de guerres et de meurtres. Les grands titres des journaux nous font la chronique des méchancetés de ce monde. Malgré sa supposée sagesse, celui-ci est incapable d'expliquer comment tous « ces gens fondamentalement bons » peuvent commettre tant de mal haineux. La connaissance de ce que la Bible enseigne au sujet de la corruption totale nous donne une juste perspective sur le mal qui existe dans le monde. Nous ne sommes pas surpris de voir toutes ces méchancetés. L'homme n'est pas « fondamentalement bon », comme les médias ne cessent de le prêcher. En même temps, nous ne devrions pas vivre paralysés par la peur. Même si la Bible nous dit que les choses ne vont pas s'améliorer, en tant que chrétiens, nous sommes confiants sur le fait que Dieu nous tient dans sa main toute-puissante et qu'il fait concourir toutes choses à notre bien (Ro 8.28).

Nous comprenons que la corruption « totale » n'est pas la même chose que la corruption « absolue ». Nous savons que le monde n'est pas aussi mauvais qu'il pourrait l'être. Nous ne devons pas traiter nos voisins incroyants avec mépris, comme si c'étaient des démons. Nous devons plutôt les traiter avec respect, comme des êtres humains, et leur annoncer l'Évangile dans l'espoir qu'ils viendront à Jésus-Christ. L'homme demeure un homme. Nous pouvons remercier Dieu de nous permettre, par sa providence, de vivre dans un monde où des pécheurs totalement corrompus ont encore un certain comportement moral extérieur.

À cause des vestiges de lumière naturelle qui subsistent, nous pouvons encore profiter d'une partie de la beauté de la création de Dieu, et ce, même dans les œuvres d'art des personnes qui ne le connaissent pas. Ne pensons pas toutefois qu'il reste un petit quelque chose de bon dans l'homme. Cette fausse conception a déjà été réfutée par tout ce que nous avons appris des Écritures à ce sujet. Ne croyons pas, comme les arminiens, que Dieu donne à tout le monde ce qu'il faut pour se convertir ou qu'on peut venir à Jésus-Christ par sa propre volonté. La lumière naturelle est insuffisante pour ramener l'homme vers Dieu.

Nous pouvons donc apprécier ce que beaucoup de non-chrétiens sont capables d'accomplir dans le domaine de la science, des arts et de la culture. Cependant, nous devons prendre conscience que leur interprétation de la réalité est toujours déformée, toujours à l'encontre de la vérité révélée dans les Écritures, toujours à l'encontre de Jésus-Christ, qui est le chemin, la vérité et la vie. Ils sont simplement incapables de bien utiliser cette lumière de la création. La Bible nous rappelle qu'elle ne sert qu'à rendre les hommes inexcusables devant Dieu (Ro 1.20).

Cette doctrine nous fait voir que ce monde a vraiment besoin de l'Évangile de la grâce

Les programmes sociaux et les politiques gouvernementales ont leur place dans le monde d'aujourd'hui. En tant que chrétiens, nous sommes appelés à apporter notre contribution dans tous les domaines de la vie, car nous connaissons la vérité. Cependant, puisque nous savons que l'homme est totalement corrompu, nous ne pouvons mettre notre espoir dans aucun de ces efforts. Ce dont le monde pécheur a besoin, c'est d'un changement du cœur par l'Évangile, qui est une « puissance de Dieu pour le salut de quiconque croit » (Ro 1.16).

Dans ce contexte, Paul dit que « les hommes retiennent injustement la vérité captive » (Ro 1.18). Le problème des non-croyants n'est donc pas seulement qu'ils manquent d'information. Leur problème est bien pire. Ils se sont volontairement détournés de Dieu. Ils étouffent et suppriment la vérité que Dieu leur a donnée. Cela ne veut pas dire que nous aurions le droit de nous détourner d'eux ou de nous indigner contre eux. Au contraire, leur désobéissance coupable rend d'autant plus urgent leur besoin d'entendre l'Évangile qui nous a été confié.

Nous ne devrions jamais nous élever orgueilleusement au-dessus des incroyants. Nous luttons encore bien assez contre le péché pour savoir que, par nature, nous ne sommes pas différents des autres. La corruption est toujours bien présente dans nos propres vies. Demandons à Dieu de nous garder humbles pour que nous puissions nous approcher des pécheurs avec amour et sincérité, avec l'Évangile du pardon en Jésus-Christ, car « il n'y a de salut en aucun autre » (Ac 4.12).

CHAPITRE 41

Noms et concepts se rapportant à la corruption de l'Homme[1]

Corruption absolue : Cette expression signifie que l'homme serait aussi méchant qu'il le peut en tout temps. En réalité, cela n'arrive pas sur terre, car la main de Dieu, dans sa providence, l'en empêche par amour pour son peuple racheté en Jésus-Christ.

Corruption radicale : Un substitut suggéré pour l'expression « corruption totale » et qui signifie que l'homme est corrompu jusqu'à la racine, pourri jusqu'au cœur. Cette expression a pour but de nous éviter de confondre « corruption totale » avec « corruption absolue ».

Corruption totale : L'homme est corrompu dans tout son être et pèche dans tout ce qu'il fait, de telle sorte qu'il lui est impossible de plaire à Dieu dans quoi qu'il fasse.

---

1. Pour ce chapitre, voir John A. Bouwers, *The Golden Chain of Our Salvation* [La chaîne d'or de notre salut], polycopié, 2000, p. 99, 105, 112, 120.

Gnosticisme : Mouvement religieux regroupant des doctrines hérétiques variées apparues dans les premiers siècles de l'histoire de l'Église. Afin de se libérer du monde matériel mauvais, l'homme devrait utiliser une connaissance spirituelle disponible à travers l'expérience directe de l'être suprême.

Grâce commune : D'après les arminiens, c'est la grâce que Dieu donnerait à tous les hommes pour les rendre capables de faire le bien et de venir à Jésus-Christ. Nous devrions être prudents avec ce terme car, dans la Bible, la grâce n'est jamais commune, mais c'est ce qui procure le salut.

Grâce prévenante : L'enseignement non biblique arminien développé ensuite par John Wesley, selon lequel Dieu donnerait à tous les hommes une sorte de grâce qui « vient avant », non pour les sauver, mais pour que chacun ait la possibilité de venir à Jésus-Christ selon sa propre libre volonté. Cette grâce annulerait en quelque sorte les effets du péché originel et permettrait à l'homme de participer à son salut.

Justice originelle : La façon dont nous avons été créés par Dieu au commencement, créés à son image dans la justice, la sainteté et la vraie connaissance (Ép 4.24 ; Col 3.10).

Péché originel : Le péché dans lequel nous sommes nés. La culpabilité qui nous est imputée et la pollution héritée de la chute d'Adam. C'est la racine de tous nos péchés. Dans la faute d'Adam, nous avons tous péché.

Péché actuel : Les péchés que nous commettons en pensée, en parole et en action. Ils découlent de notre péché originel.

Imitation selon Pélage : Le faux enseignement selon lequel l'homme est né sans péché et apprend à pécher seulement de son environnement.

Imputation : Un terme juridique qui signifie mettre au compte d'un autre. Le péché originel d'Adam nous est imputé ; tous nos péchés (originel et actuels) sont imputés à Jésus-Christ et la justice de Jésus-Christ est imputée aux croyants.

Incapacité totale : La condition désespérée qui est la nôtre et qui nous rend incapables par nature d'être sauvés, d'aimer Dieu, de le connaître et de lui plaire.

Lumière de nature : L'homme est déchu de la gloire et cette lumière naturelle sert à rendre l'humanité entière sans excuse devant Dieu (Ro 1.20).

Régénération : L'œuvre de Dieu par laquelle la vie nouvelle est implantée dans le cœur de l'homme, transformant notre cœur de pierre en cœur de chair et nous faisant naître de nouveau.

Résurrection spirituelle : L'œuvre de Dieu par laquelle il nous rend vivants, nous qui étions morts dans nos péchés (Ép 2.5).

Wesley, John : Pasteur et prédicateur anglais (1703-1791) qui rompit avec l'Église anglicane et fut à l'origine du méthodisme et d'un grand réveil spirituel. De conviction arminienne, il a enseigné et développé la notion de la « grâce prévenante ».

IV. LA CONVERSION

CHAPITRE 42

Nous avons besoin de l'Évangile pour être sauvés
Article IV.6

> *Ce que ne peuvent donc faire ni la lumière naturelle ni la Loi, Dieu l'effectue par la vertu du Saint-Esprit, par le moyen de la Parole ou du ministère de la réconciliation, c'est-à-dire l'Évangile concernant le Messie, par lequel il a plu à Dieu de sauver les croyants aussi bien aux époques de l'Ancien que du Nouveau Testament.*
>
> — Canons de Dordrecht, *article IV.6*

Nous continuons d'étudier les sections III et IV des *Canons de Dordrecht*, qui sont fusionnées mais que nous avons séparées aux fins de notre étude. Nous pourrions intituler cette section « De la mort à la vie » ou « De la corruption totale à la conversion à Dieu ». Dans les cinq premiers articles (III.1 à III.5), nous avons vu que nous sommes morts dans nos péchés. Nous ne pouvons pas revenir à Dieu par nos propres forces et nous ne le voulons même pas. L'article IV.6 marque une transition importante, car il souligne avec force l'œuvre de Dieu dans notre conversion.

Le salut est l'œuvre de Dieu

Comment un pécheur totalement corrompu peut-il être sauvé de la colère de Dieu ? Comment pouvons-nous revenir à Dieu ? Réponse : « *Ce que ne peuvent donc faire ni la lumière naturelle ni la Loi, Dieu l'effectue* » (IV.6). Le salut est entièrement l'œuvre de Dieu. L'homme ne peut se sauver, ni en se servant de la lumière naturelle, ni par l'obéissance à la loi. Il est impossible de nous sauver nous-mêmes.

Les musulmans ont tort de croire que l'homme naît bon par nature et qu'il peut gagner son ciel par ses bonnes œuvres. Les bouddhistes ont tort de penser que l'homme a des capacités sans limites et qu'il peut parvenir au bonheur sans souffrance grâce à des techniques de méditation. Le salut n'est aucunement une œuvre humaine. « Un Éthiopien peut-il changer sa peau, et un léopard ses taches ? De même, pourriez-vous faire le bien, vous qui êtes accoutumés à faire le mal ? » (Jé 13.23.)

Mais alors, qui peut être sauvé ? C'est la question qu'on avait posée à Jésus. Sa réponse est admirable : « Ce qui est impossible aux hommes est possible à Dieu » (Lu 18.27). C'est Dieu qui est à l'œuvre, c'est lui qui vient rejoindre l'homme dans sa misère et le délivre de sa perdition. Le salut provient exclusivement de la grâce. L'homme ne peut en recevoir aucun mérite. Je ne peux pas dire que j'ai personnellement contribué à être sauvé, je dois rendre gloire à Dieu seul pour ce si grand salut.

Quelle est cette œuvre que Dieu effectue ? Il produit la foi dans nos cœurs, la foi qui saisit le cadeau du salut et qui reçoit avec joie la justification gratuite. Cette foi est semblable à une main tendue qui reçoit un cadeau non mérité.

Par la puissance de l'Esprit

Comment Dieu produit-il la foi ? « *Par la vertu du Saint-Esprit* » (IV.6). Ici, le mot « vertu » signifie « puissance », « efficacité ». C'est par la puissance du Saint-Esprit que Dieu produit efficacement la foi dans nos cœurs. C'est l'Esprit qui produit ce changement radical dans nos vies, et lui seul détient la puissance nécessaire pour l'accomplir. C'est lui qui nous fait passer de la mort à la vie. Nous n'y sommes pour rien. « Jésus répondit [*à Nicodème*] : En vérité, en vérité, je te le dis, si un homme ne naît d'eau et d'Esprit, il ne peut entrer dans le royaume de Dieu. Ce qui est né de la chair est chair, et ce qui est né de l'Esprit est esprit » (Jn 3.5,6). Puis Jésus compare l'action de l'Esprit à celle du vent : « Le vent souffle où il veut, et tu en entends le bruit ; mais tu ne sais d'où il vient, ni où il va. Il en est ainsi de tout homme qui est né de l'Esprit » (Jn 3.8). Il s'agit d'une action puissante, libre, secrète et souveraine, qui produit un résultat tangible dans nos vies.

En fait, toutes les richesses de la rédemption que le Seigneur Jésus a acquises pour nous sur la croix, c'est le Saint-Esprit qui nous les communique et qui les applique à nos vies. « Il [*l'Esprit de vérité*] me glorifiera, parce qu'il prendra de ce qui est à moi, et vous l'annoncera. Tout ce que le Père a est à moi ; c'est pourquoi j'ai dit qu'il prend de ce qui est à moi et qu'il vous l'annoncera » (Jn 16.14,15).

Par le moyen de la Parole

L'Esprit n'agit toutefois pas dans le vide. Il est libre de faire comme il veut, mais habituellement il utilise des moyens ou des outils, tout comme un menuisier utilise des outils pour faire son ouvrage. De quel outil l'Esprit se sert-il ? Il agit « *par le moyen de la Parole ou du ministère de la réconciliation, c'est-à-dire l'Évangile concernant le Messie* » (IV.6). « Comment donc invoqueront-ils celui en qui ils n'ont pas cru ? Et comment croiront-ils en celui dont ils n'ont pas entendu parler ? Et comment en entendront-ils parler, s'il n'y a personne qui prêche ? […] Ainsi la foi vient de ce qu'on entend, et ce qu'on entend vient de la parole de Christ » (Ro 10.14,17). Si quelqu'un nous demande : « Comment puis-je avoir la foi ? », répondons-lui : « La foi vient de l'écoute de la Parole de Dieu, alors je t'encourage à te mettre à l'écoute de sa Parole. »

Cependant, la Parole n'agit pas toute seule. On pourrait lire la Bible toute sa vie, recevoir les meilleures explications de l'Évangile, entendre les prédications les plus ferventes et ne jamais venir à la foi. Il faut également l'action puissante du Saint-Esprit. Nous avons donc la responsabilité de nous mettre à l'écoute de la Parole de Dieu ; en même temps, l'Esprit de Dieu demeure libre et souverain.

Paul a exhorté les Éphésiens à porter toutes les armes de Dieu. L'épée de la Parole en fait partie. « Prenez [...] l'épée de l'Esprit, qui est la Parole de Dieu » (Ép 6.17). Une épée qui reste dans l'armoire est inoffensive, mais dans les mains d'un soldat, elle devient puissante et dangereuse. La Parole de Dieu par elle-même est inoffensive, mais quand le Saint-Esprit l'utilise comme épée, elle devient efficace et tranchante. Elle pénètre nos cœurs spirituellement morts pour y faire naître la foi et l'y faire grandir. Nous devons nous-mêmes prendre cette épée, nous en servir et espérer de puissants résultats, aussi bien dans notre vie que dans celle des autres.

La Parole et l'Esprit ne sont pas deux outils qui agiraient de façon indépendante. Dieu envoie son Saint-Esprit pour qu'il utilise la Parole et qu'il produise par elle la foi dans nos cœurs. « Notre Évangile ne vous a pas été prêché en paroles seulement, mais avec puissance, avec l'Esprit-Saint, et avec une pleine persuasion » (1 Th 1.5). C'est la raison pour laquelle la proclamation de l'Évangile a été efficace chez les Thessaloniciens. Prions et soyons sûrs qu'elle le sera encore aujourd'hui.

Le ministère de la réconciliation

L'expression « ministère de la réconciliation » est très belle et vient de l'apôtre Paul. « Et tout cela vient de Dieu, qui nous a réconciliés avec lui par Christ, et qui nous a donné le ministère de la réconciliation » (2 Co 5.18). Dieu a confié le ministère de la réconciliation à son Église, en particulier à des hommes appelés à prêcher sa Parole avec autorité et dans la vérité. Par eux, Dieu exhorte les hommes et les supplie au nom du Christ : « Soyez réconciliés avec Dieu ! » (2 Co 5.20.) C'est par ce moyen qu'il « a plu à Dieu de sauver les croyants ». Nous devrions avoir en très haute estime ce ministère.

Trop de gens sous-estiment la proclamation de la Parole ou pensent que la prédication n'est plus une bonne façon de communiquer l'Évangile aujourd'hui. C'était peut-être bon autrefois, mais dans notre contexte actuel, on estime qu'il y aurait des façons bien plus intéressantes d'attirer les gens à l'Évangile. Plusieurs Églises ont maintenant des réunions qui ressemblent davantage à des divertissements qu'à de véritables cultes à la gloire de Dieu où sa Parole occupe la première place. On organise des pièces de théâtre, des danses, des témoignages, des sketches, et bien sûr on invite des chanteurs populaires qui présentent de la musique rythmée. D'autres préfèrent de gentilles prédications qui nous mettent à l'aise ou qui sont remplies d'anecdotes personnelles. On oublie que la Parole est une épée à deux tranchants, suffisamment puissante pour pénétrer au plus profond de notre âme et de nos pensées (Hé 4.12).

Le même moyen de salut à toutes les époques

La façon dont Dieu s'y prend pour sauver les pécheurs est la même à toutes les époques. Il se sert toujours de son Esprit et de sa Parole, par lesquels « *il a plu à Dieu de sauver les croyants aussi bien aux époques de l'Ancien que du Nouveau Testament* » (IV.6). Dans l'Ancien Testament, on n'était pas sauvé par l'obéissance à la loi, mais par la foi, tout comme aujourd'hui. Hébreux 11 en rend un éloquent témoignage. Abel, Abraham, Moïse, David et tous les autres croyants de l'Ancien Testament ont entendu comme nous la proclamation de l'Évangile et y ont cru pour leur salut, même s'ils vivaient à des étapes différentes de l'histoire du salut, et même si la proclamation qu'ils ont entendue était moins riche et moins complète que depuis le Nouveau Testament.

Non, le salut n'est pas une réalisation humaine, c'est une œuvre souveraine de Dieu. « Car c'est par la grâce que vous êtes sauvés, par le moyen de la foi. Et cela ne vient pas de vous, c'est le don de Dieu » (Ép 2.8). Nous ne nous sommes pas donné la foi, c'est Dieu qui la produit dans nos cœurs. Par conséquent, le salut est l'œuvre de Dieu. Gloire à Dieu pour la merveilleuse œuvre de grâce qu'il lui a plu d'accomplir dans la vie de tous les croyants !

CHAPITRE 43

Pourquoi Dieu s'est-il révélé à certains et pas à d'autres ?

Article IV.7

Ce secret de sa volonté, Dieu l'a dévoilé à un petit nombre de personnes aux époques de l'Ancien Testament ; mais à celle du Nouveau Testament (depuis que toute discrimination entre les peuples a été abolie), il le révèle à un beaucoup plus grand nombre de personnes. La cause de cette dispensation ne peut être attribuée au fait qu'une nation serait plus digne qu'une autre, ou parce qu'elle se servirait mieux qu'une autre de la lumière naturelle, mais au bon plaisir de Dieu, qui est souverainement libre, et à son amour gratuit.

C'est pourquoi ceux auxquels est faite une si grande grâce, en dehors de, et contre tout mérite, doivent la reconnaître d'un cœur humble avec action de grâces ; mais chez les autres, à qui cette grâce n'est pas faite, ils doivent, avec l'Apôtre, adorer la sévérité et la justice des jugements de Dieu, mais non les sonder avec curiosité.

— Canons de Dordrecht, *article IV.7*

Il est bon de se rappeler les richesses de la grâce de Dieu. Par la foi, nous participons à ces richesses qui nous sont acquises en Jésus-Christ. Quel grand privilège ! Au fond, c'est un grand mystère. La Bible utilise souvent le mot « mystère », non dans le sens de quelque chose d'étrange ou de bizarre, mais plutôt pour exprimer l'idée d'un secret caché pendant longtemps et qui, un jour, a été révélé. Un mystère, c'est une révélation. On pourrait dire que c'est une surprise que Dieu nous fait et qui arrive de manière tout à fait inattendue.

Paul a prié pour les Colossiens, « afin qu'ils aient le cœur rempli de consolation, qu'ils soient unis dans l'amour, et enrichis d'une pleine intelligence pour connaître le mystère de Dieu, savoir Christ, mystère dans lequel sont cachés tous les trésors de la sagesse et de la connaissance » (Col 2.2,3). Quel est au juste ce mystère ? C'est le fait qu'un Dieu absolument juste et saint ait pu aimer des pécheurs comme nous et nous donner son salut. Voilà qui est véritablement surprenant ! Comment est-ce possible ? C'est ce mystère qui nous a été révélé en Jésus-Christ. Il s'agit d'un secret que Dieu avait commencé à dévoiler dans l'Ancien Testament à certaines personnes et qu'il dévoile à un plus grand nombre dans le Nouveau Testament.

Pourquoi ?

Les *Canons de Dordrecht* ont déjà résumé l'enseignement des Écritures au sujet de notre condition naturelle. Nous sommes des pécheurs sans aucun espoir de nous en sortir par nous-mêmes. Pour que nous puissions être sauvés, nous avons absolument besoin de l'intervention de Dieu. Nous sommes morts dans nos péchés, incapables de venir vers notre Seigneur, pas même d'accepter son aide et son salut par nous-mêmes. La conversion est l'œuvre de Dieu. L'homme ne peut pas se sauver, et ne le veut même pas. Nous avons besoin d'être sauvés puissamment et efficacement par Dieu.

Mais pourquoi ? Pourquoi moi ? J'étais perdu, je ne cherchais pas Dieu, je ne voulais pas de Dieu. Il est venu vers moi pour me ramener à lui. Voilà la grande surprise, le mystère autrefois caché et maintenant révélé ! Pourquoi moi ? Cette question est très importante. C'est elle qui nous permet d'adorer Dieu, de nous émerveiller de sa grâce, de chanter les louanges de son bon plaisir souverain. Voilà pourquoi Dordrecht nous amène à nous poser cette question. C'est pour nous stimuler à nous émerveiller encore davantage de sa grâce et nous pousser à l'adoration.

Pourquoi avons-nous ce glorieux privilège du salut en Jésus-Christ ? *« La cause de cette dispensation ne peut être attribuée au fait qu'une nation serait plus digne qu'une autre, ou parce qu'elle se servirait mieux qu'une autre de la lumière naturelle, mais au bon plaisir de Dieu, qui est souverainement libre, et à son amour gratuit »* (IV.7). Les arminiens, même s'ils ne le disent pas toujours aussi clairement, croient que nous pourrions par nous-mêmes choisir le Seigneur, par un acte de notre libre volonté. Le pécheur aurait bien entendu besoin de l'aide du Saint-Esprit, mais il n'aurait pas besoin d'être régénéré pour croire. La nouvelle naissance ne serait pas la source de la foi, elle serait au contraire précédée par l'acte humain de croire.

Au fond, cela veut dire que ceux qui croient en Jésus-Christ sont légèrement plus intelligents que les autres, ou plus capables de bien utiliser leurs talents naturels, ou encore plus sages et avisés dans leur utilisation d'une supposée « grâce prévenante » qui aurait été donnée à tous. La foi serait la contribution humaine accomplie avant l'œuvre de régénération. Nous serions donc sensiblement plus dignes que les autres. Si vous êtes chrétiens, c'est parce que vous avez été plus réceptifs à l'Évangile que les musulmans ou les bouddhistes. Si c'est par un acte de notre libre volonté que nous venons à Jésus, il faut alors conclure que nous avons fait un choix sage et éclairé qui contribue à notre salut.

L'article IV.7 nous dit non ! La Bible n'enseigne pas du tout cela. Pourquoi Dieu nous sauve-t-il ? C'est uniquement grâce à son bon plaisir, qui est souverainement libre, et à son amour gratuit, accordé de façon totalement imméritée. Jésus a dit : « Je te loue, Père, Seigneur du ciel et de la terre, de ce que tu as caché ces choses aux sages et aux intelligents, et de ce que tu les as révélées aux enfants. Oui, Père, je te loue de ce que tu l'as voulu ainsi » (Mt 11.25,26).

Pourquoi Dieu avait-il choisi Israël ? Ce n'est pas parce que les Israélites étaient meilleurs ou plus grands que les autres. « L'Éternel, ton Dieu, t'a choisi, pour que tu sois un peuple qui lui appartienne entre tous les peuples qui sont la face de la terre. Ce n'est point parce que vous surpassez en nombre tous les peuples, que l'Éternel s'est attaché à vous et qu'il vous a choisis, car vous êtes le moindre de tous les peuples. Mais, parce que l'Éternel vous aime » (De 7.6-8). « Sache donc que ce n'est point à cause de ta justice que l'Éternel, ton Dieu, te donne ce bon pays pour que tu le possèdes ; car tu es un peuple au cou raide » (De 9.6). Quelle grande surprise ! Si nous sommes sauvés, ce n'est nullement grâce à un quelconque mérite, car nous n'en avons aucun. Tout ce que nous pourrions essayer de faire pour y contribuer n'est que démérite devant Dieu et ne contribue qu'à augmenter notre dette envers lui.

Nous pouvons même nous demander : Mais pourquoi Dieu ne fait-il pas connaître l'Évangile à tout le monde ? Si Dieu produit la foi qui sauve au moyen de la proclamation de la Parole, pourquoi ne donne-t-il pas à tout le monde la chance d'entendre sa Parole ? Encore une fois, nous devons reconnaître que cela vient de son bon plaisir.

Dans l'Ancien Testament, il a plu à Dieu de se révéler uniquement à quelques-uns. « Il révèle sa parole à Jacob, ses lois et ses ordonnances à Israël ; il n'a pas agi de même pour toutes les nations, elles ne connaissent point ses ordonnances. Louez l'Éternel ! » (Ps 147.19,20.) Dans le Nouveau Testament, le cercle des privilégiés s'est élargi considérablement. Dieu fait maintenant connaître son Évangile à beaucoup de peuples. Il a confié à son Église la mission d'aller vers toutes les nations (Mt 28.19). Et pourtant, même encore aujourd'hui, Dieu ne fait pas connaître sa révélation spéciale à tout le monde ; il se limite à un certain nombre, selon son bon plaisir.

Si un peuple a l'occasion d'entendre parler de l'Évangile et pas un autre, est-ce parce qu'il est meilleur qu'un autre ? Est-ce parce que Dieu l'estime mieux disposé ou plus susceptible d'accueillir l'Évangile ? Pas du tout ! « *La cause de cette dispensation ne peut être attribuée au fait qu'une nation serait plus digne qu'une autre* » (IV.7).

Comment cela transforme-t-il notre vie ?

Alors comment cela transforme-t-il notre vie ? « *C'est pourquoi ceux auxquels est faite une si grande grâce, en dehors de, et contre tout mérite, doivent la reconnaître d'un cœur humble avec action de grâces ; mais chez les autres, à qui cette grâce n'est pas faite, ils doivent, avec l'Apôtre, adorer la sévérité et la justice des jugements de Dieu, mais non les sonder avec curiosité* » (IV.7). Il nous arrive de regarder de haut les non-chrétiens. Nous nous disons : « Quelle misère ! Ils sont vraiment loin de Dieu. Un tel a toujours des blasphèmes dans sa bouche. Un autre travaille le dimanche. Un autre couche à gauche et à droite. Un autre commet des fraudes fiscales. Ce sont tous des païens ! Pourquoi irais-je leur parler de l'Évangile ? Ça ne les intéresse pas et, de toute façon, ils ne vont pas comprendre. » Oui, c'est vrai que ce sont des païens, mais nous ne sommes pas meilleurs qu'eux. Nous sommes aussi méchants que les autres, incapables par nous-mêmes de reconnaître que nous avons besoin de Jésus-Christ. « Car qui est-ce qui te distingue ? Qu'as-tu que tu n'aies reçu ? Et si tu l'as reçu, pourquoi te glorifies-tu, comme si tu ne l'avais pas reçu ? » (1 Co 4.7.)

Si Dieu nous a sauvés, c'est une très grande grâce qu'il nous a faite ! Il nous faut en prendre conscience avec humilité et reconnaissance. C'est Dieu qui sauve, puissamment, efficacement, librement. C'est le Fils de Dieu qui révèle le Père à qui il veut. Quelle surprise ! Quel grand mystère ! Il l'a fait pour vous et moi, qui n'étions nullement plus dignes que d'autres.

Pour les autres, « *à qui cette grâce n'est pas faite, ils doivent adorer la sévérité et la justice des jugements de Dieu, mais non les sonder avec curiosité* » (IV.7). N'essayons pas de savoir pourquoi Dieu envoie l'Évangile à une personne ou un peuple et pas à une autre personne ou un autre peuple. Les secrets de Dieu ne sont pas là pour être sondés avec curiosité. « Les choses cachées sont à l'Éternel, notre Dieu ; les choses révélées sont à nous et à nos enfants, à perpétuité, afin que nous mettions en pratique toutes les paroles de cette loi » (De 29.29). Dieu nous a révélé ses promesses et ses jugements. Sa condamnation est réelle et sévère pour tous ceux qui ne croient pas en lui. Nous devrions adorer Dieu pour la perfection de sa justice, sans chercher à savoir qui est élu ou ne l'est pas parmi ceux qui ne croient pas encore.

Oui, son jugement contre le péché est sévère. Dieu nous l'a montré à la croix. C'est là que son Fils Jésus-Christ a été puni à notre place, à cause de nos péchés. Quel mystère surprenant ! Quelle bénédiction et quelle faveur non méritée ! Reconnaissons avec humilité et action de grâces cette miséricorde si étonnante qu'il nous a accordée en Jésus-Christ.

CHAPITRE 44

Dieu est sérieux quand il appelle des pécheurs à la repentance

Article IV.8

> *Or, si nombreux que soient ceux qui sont appelés par l'Évangile, ils sont appelés sérieusement. Car Dieu montre sérieusement et très véritablement par sa Parole ce qui lui est agréable : à savoir, que ceux qui sont appelés viennent à lui. Aussi promet-il sérieusement à tous ceux qui viennent et croient en lui le repos de leur âme et la vie éternelle.*
>
> — Canons de Dordrecht, *article IV.8*

Il vous est sûrement déjà arrivé d'entendre des personnes prononcer des paroles trop belles pour être vraies. Un vendeur frappe à votre porte et se met à vous raconter de belles histoires sur le produit qu'il veut que vous achetiez. Il vous fait miroiter des performances exceptionnelles ou un rendement hors du commun. Nous avons tous été dupés un jour ou l'autre par des publicités trompeuses ou des vendeurs habiles à présenter leurs produits sous leur meilleur jour. Une fois qu'on s'est fait avoir, on devient plus sceptique et méfiant, on ne croit plus les vendeurs sur parole.

Le même problème peut survenir avec un ami qui nous raconte son histoire ou qui nous fait de belles promesses. Quand on se rend compte qu'il nous a menti ou n'a pas été fidèle à sa parole, on est énormément déçu, et moins porté par la suite à lui faire confiance. Est-il vraiment sérieux quand il dit telle ou telle chose ?

Dieu lance un appel sincère

On peut se poser la même question au sujet de Dieu. Est-ce que Dieu est vraiment sérieux quand il appelle des pécheurs à la repentance ? Si Dieu a destiné seulement un certain nombre de personnes à la vie éternelle, comment peut-il lancer une invitation générale à se tourner vers lui ? Oui, Dieu envoie des messagers annoncer l'Évangile et appeler les hommes à la repentance. « Dieu, sans tenir compte des temps d'ignorance, annonce maintenant à tous les hommes, en tous lieux, qu'ils ont à se repentir » (Ac 17.30). Mais comment faire confiance à un tel Dieu ? Comment Dieu peut-il lancer une invitation générale aux pécheurs si, au fond, c'est lui qui donne la foi, et seulement à certains d'entre nous ? Nous savons que Jésus a dit : « Venez à moi, vous tous qui êtes fatigués et chargés, et je vous donnerai du repos » (Mt 11.28). Mais peut-on vraiment se fier à sa parole si au fond Jésus a expié seulement les péchés d'un certain nombre de personnes ?

Les arminiens ont accusé les réformés de présenter Dieu comme un être hypocrite et capricieux. « Vous dites que Dieu envoie ses prédicateurs annoncer l'Évangile à tous, alors que Dieu sait très bien qui sont ses élus et qui est réprouvé. D'après vous, Dieu n'est pas sérieux quand il invite les gens à venir à lui. Il tromperait les gens et manquerait de sincérité. Il ne peut pas en même temps avoir élu un certain nombre de personnes et appeler à la repentance tous ceux qui entendent l'Évangile. Certaines personnes pourraient répondre à cet appel pour ensuite se faire dire par Dieu : Désolé, le salut n'est pas pour vous. Vous ne faites pas partie des élus ! »

Ceux qui ont écrit les *Canons de Dordrecht* ont répondu à cette objection. « *Or, si nombreux que soient ceux qui sont appelés par l'Évangile, ils sont appelés sérieusement. Car Dieu montre sérieusement et très véritablement par sa Parole ce qui lui est agréable : à savoir, que ceux qui sont appelés viennent à lui. Aussi promet-il sérieusement à tous ceux qui viennent et croient en lui le repos de leur âme et la vie éternelle* » (IV.8). Dieu est sérieux quand il appelle des gens à la repentance par le ministère de l'Évangile.

Dieu lance une belle et grande invitation. « Vous tous qui avez soif, venez aux eaux, même celui qui n'a pas d'argent ! Venez, achetez et mangez, venez, achetez du vin et du lait, sans argent, sans rien payer ! » (És 55.1.) Dieu est-il vraiment sincère quand il dit cela ou est-ce qu'il plaisante et fait marcher Israël ? Dieu ne présente certainement pas une belle invitation à des pécheurs pour ensuite rejeter ceux qui viennent boire aux eaux du salut et envoyer en enfer ceux qui reviennent à lui. Ce n'est pas le Dieu de la Bible ! L'invitation de Dieu est vraiment sincère, il pense réellement ce qu'il dit. Si Dieu lance cette invitation à venir boire gratuitement aux eaux du salut, qui pourrait douter de sa parole ?

En fait, son appel est plus qu'une invitation, c'est un ordre. « Nous faisons donc les fonctions d'ambassadeurs pour Christ, comme si Dieu exhortait par nous ; nous vous en supplions au nom de Christ : Soyez réconciliés avec Dieu ! » (2 Co 5.20.) Paul ne parle pas en son propre nom, il parle au nom du Christ, comme si c'était Jésus-Christ lui-même qui lançait cet appel aux pécheurs. Le commandement qu'il leur donne est le suivant : « Soyez réconciliés avec Dieu ! » C'est le Dieu de l'univers qui parle ; il est le Roi souverain, sa Parole est pleine de vérité et d'autorité.

Dans la parabole des noces, Jésus a dit : « Le royaume des cieux est semblable à un roi qui fit des noces pour son fils. Il envoya ses serviteurs pour appeler ceux qui étaient invités aux noces ; mais ils ne voulurent pas venir. Il envoya encore d'autres serviteurs en disant : Dites aux conviés : Voici, j'ai préparé mon festin [...] tout est prêt, venez aux noces » (Mt 22.2-4). Venez aux noces ! C'est plus qu'une invitation, une suggestion ou un bon conseil. C'est vraiment un ordre qui vient du Roi, car il plaît au Roi souverain d'offrir un festin à tous ceux qui viennent. Ceux qui sont appelés doivent venir, car Dieu prend plaisir à sauver des pécheurs perdus qui se repentent.

Nous ne comprenons pas les voies de Dieu

La Bible enseigne que Dieu a destiné un certain nombre de personnes au salut et que les autres sont des réprouvés qui iront en enfer. Nous avons déjà vu de nombreux textes à ce sujet. Même parmi ceux qui entendent l'appel de l'Évangile, il y a des gens qui ne sont pas élus et qui iront en enfer. L'appel de Dieu à se repentir et à croire est-il sincère ? Oui. Tous ceux qui entendent l'Évangile seront-ils sauvés ? Non, pas tous. Alors comment faire cohabiter ces deux vérités ?

Les arminiens sont rationalistes ; ils veulent tout comprendre logiquement. Ils sont seulement prêts à croire ce qui est logique et compréhensible à la raison humaine. Le problème réside dans le fait que les simples créatures limitées que nous sommes ne sont pas en mesure de comprendre les voies de Dieu ; de plus, notre raison humaine est profondément corrompue par le péché. La grande invitation d'Ésaïe et sa promesse de la compassion de Dieu s'accompagnent de cette parole : « Car mes pensées ne sont pas vos pensées, et vos voies ne sont pas mes voies » (És 55.8). Ne soyons donc pas surpris de voir que la révélation de Dieu ne nous semble pas toujours parfaitement logique.

Nous croyons que les voies de Dieu sont parfaites et que notre propre raison est dépravée. Nous devrions donc accepter avec joie toute la révélation de Dieu, même quand elle nous semble contradictoire. Dieu n'est pas un Dieu de contradiction ; il est plein de logique et d'harmonie. Il ne nous a toutefois pas révélé tous les liens logiques qui existent entre les différentes parties de sa révélation.

Mais soyons certains qu'il accueille les pécheurs repentants

Une chose est toutefois certaine : Il plaît à Dieu de sauver des pécheurs qui se repentent et qui croient en Jésus-Christ pour leur salut. L'article IV.8 dit que « *ceux qui sont appelés et viennent à lui* », cela « *lui est agréable* » ! « *Aussi promet-il sérieusement à tous ceux qui viennent et croient en lui, le repos de leur âme et la vie éternelle.* » L'article IV.8 ne nous explique pas le décret éternel de Dieu. L'appel de l'Évangile n'est pas là pour nous l'expliquer non plus.

Oui, l'élection éternelle de Dieu est le fondement de notre salut et une source de puissant réconfort. Cependant, quand l'Église va dans le monde pour annoncer l'Évangile, nous ne devons pas chercher à connaître les secrets éternels de Dieu au sujet du salut de telle ou telle personne. Nous avons seulement besoin de savoir ce qui lui est agréable. « Je suis vivant ! dit le Seigneur, l'Éternel, ce que je désire, ce n'est pas que le méchant meure, c'est qu'il change de conduite et qu'il vive. Revenez, revenez de votre mauvaise voie ; et pourquoi mourriez-vous, maison d'Israël ? » (Éz 33.11). Ce qui est agréable à Dieu, c'est que les gens entendent parler du merveilleux salut en Jésus-Christ, qu'ils se repentent et qu'ils croient en lui afin d'avoir la vie. Dieu est digne d'être aimé et servi de cette manière.

Soyons certains que, lorsque des pécheurs se détournent de leurs mauvaises voies et viennent à lui, ils seront reçus favorablement, selon la promesse même de Jésus : « Venez à moi, vous tous qui êtes fatigués et chargés, et je vous donnerai du repos » (Mt 11.28). Cette parole doit être prise au sérieux. Soyons certains que Dieu ne dira jamais à un pécheur repentant : « Désolé, il n'y a pas de place pour toi, tu ne fais pas partie des élus. » Une telle chose n'arrivera jamais. Dieu n'est pas un monstre. Il ne trompe personne et sa parole est fiable. Jésus a dit : « Tous ceux que le Père me donne viendront à moi, et je ne mettrai pas dehors celui qui vient à moi » (Jn 6.37). Nous pouvons être certains que Jésus ne rejettera jamais quelqu'un qui vient à lui.

Par ailleurs, tous ceux qui viennent à Jésus-Christ sont rendus capables de se tourner vers lui parce que le Père les a donnés à son Fils depuis toute éternité ! Un non-chrétien n'a pas besoin de se demander s'il est élu ou non. Il doit simplement se fier à la Parole de Dieu et croire à ses promesses. Dieu t'appelle, alors viens ! À ceux qui viennent dans la repentance et la foi, il promet le pardon et la vie éternelle. « Crois au Seigneur Jésus, et tu seras sauvé, toi et ta famille » (Ac 16.31). Ne doutons pas de cette parole. « Je suis sérieux et sincère », dit le Seigneur.

CHAPITRE 45

Pourquoi certains appelés ne viennent-ils pas vers Dieu ?

Article IV.9

> *Et si beaucoup de ceux qui sont appelés par le ministère de l'Évangile ne viennent pas à Dieu ni ne se convertissent, la faute n'en est ni dans l'Évangile, ni en Jésus-Christ qui leur est offert par l'Évangile, ni en Dieu qui, par l'Évangile, les appelle et même leur confère divers dons, mais en ceux-là mêmes qui sont appelés.*
>
> *De ceux-ci, les uns, par leur nonchalance, ne reçoivent point la parole de vie ; d'autres la reçoivent pourtant, mais non au plus profond de leur cœur, et c'est pourquoi, après la joie momentanée d'une foi temporelle, ils se retirent ; d'autres encore, par les épines des sollicitudes et des voluptés de ce monde, étouffent la semence de la parole et ne portent aucun fruit, comme notre Sauveur l'enseigne dans la parabole de la semence (Mt 13).*
>
> — Canons de Dordrecht, *article IV.9*

Nous avons vu que l'appel de Dieu adressé aux pécheurs est sincère. Jésus est sérieux lorsqu'il dit : « Venez à moi, vous tous qui êtes fatigués et chargés, et je vous donnerai du repos » (Mt 11.28). Nous pouvons être assurés de son accueil favorable si nous allons à lui, car il a également dit : « Je ne mettrai pas dehors celui qui vient à moi » (Jn 6.37). Nous savons cependant que ce ne sont pas tous les appelés qui répondent avec foi et qui viennent vers Dieu. Pourquoi ?

Dieu tient l'homme responsable

Pour bien comprendre la réponse qui nous est donnée dans l'article IV.9, nous devons nous rappeler que Dieu tient l'homme responsable. Cela signifie que chacun est responsable de répondre avec foi à l'appel de l'Évangile. Il est vrai que, par l'entrée du péché dans le monde, tous les hommes sont morts dans leurs péchés. Cela n'est toutefois pas une excuse devant Dieu. Nous ne pouvons pas dire : « Je n'arrive pas à aimer Dieu, ma condition spirituelle me rend incapable de revenir à lui et de croire en lui ; j'ai donc une bonne raison de ne pas répondre à son appel. » Pas du tout ! Même après la chute, Dieu tient toute personne responsable de ses actes et de ses choix.

« Mais, par ton endurcissement et par ton cœur impénitent, tu t'amasses un trésor de colère pour le jour de la colère et de la manifestation du juste jugement de Dieu, qui rendra à chacun selon ses œuvres : il réserve la vie éternelle à ceux qui, par la persévérance à bien faire, cherchent l'honneur, la gloire et l'immortalité ; mais l'irritation et la colère à ceux qui, par esprit de dispute, sont rebelles à la vérité et obéissent à l'injustice » (Ro 2.5-8).

Dieu est sérieux et sincère quand il appelle des gens par le moyen de la proclamation de l'Évangile. Il tient toute personne responsable de répondre à cet appel. « Car Dieu a tant aimé le monde qu'il a donné son Fils unique, afin que quiconque croit en lui ne périsse point, mais qu'il ait la vie éternelle » (Jn 3.16). « Celui qui croit en lui n'est point jugé ; mais celui qui ne croit pas est déjà jugé, parce qu'il n'a pas cru au nom du Fils unique de Dieu » (Jn 3.18). « Celui qui croit au Fils a la vie éternelle ; celui qui ne croit pas au Fils ne verra point la vie, mais la colère de Dieu demeure sur lui » (Jn 3.36).

Ce n'est nullement la faute de Dieu

Pourquoi y a-t-il deux réponses différentes à l'appel de Dieu ? Pourquoi tant de gens rejettent son appel ? « *Et si beaucoup de ceux qui sont appelés par le ministère de l'Évangile ne viennent pas à Dieu ni ne se convertissent, la faute n'en est ni dans l'Évangile, ni en Jésus-Christ qui leur est offert par l'Évangile, ni en Dieu qui, par l'Évangile, les appelle et même leur confère divers dons, mais en ceux-là mêmes qui sont appelés* » (IV.9).

Si beaucoup de gens rejettent l'appel, ce n'est pas parce qu'ils en entendent un différent de ceux qui répondent positivement. Ceux qui font connaître l'Évangile annoncent le même message à tous. Parfois, l'explication est donnée avec beaucoup de clarté, pourtant cela ne garantit pas une réponse positive. Ce n'est pas non plus parce que l'appel de Dieu est adressé de manière plus réelle ou plus sincère à certains qu'à d'autres. Le même Jésus-Christ est offert à tous ceux qui entendent l'Évangile. Le même salut est présenté, le même repos est promis s'ils viennent au Seigneur, le même pardon des péchés est annoncé et la même vie éternelle est promise à tous ceux qui viennent à Jésus-Christ avec foi.

Dieu n'est certainement pas responsable de l'incrédulité des hommes. Il leur accorde en réalité toutes sortes de dons variés. « Il donne à tous la vie, la respiration et toutes choses. […] En lui, nous avons la vie, le mouvement et l'être » (Ac 17.25,28). Voilà une excellente raison pour laquelle « Dieu annonce maintenant à tous les hommes, en tous lieux, qu'ils ont à se repentir » (Ac 17.30).

À Lystre, Paul s'est adressé à des adorateurs d'idoles en vue de les appeler à se détourner de ces vanités et à « se tourner vers le Dieu vivant, qui a fait le ciel, la terre, la mer, et tout ce qui s'y trouve » (Ac 14.15). Il leur a dit : Dieu n'a « cessé de rendre témoignage de ce qu'il est, en faisant du bien, en vous dispensant du ciel les pluies et les saisons fertiles, en vous donnant la nourriture avec abondance et en remplissant vos cœurs de joie » (Ac 14.17). Tous ces bienfaits n'ont cependant pas réussi à les convaincre, pas plus que l'annonce de la bonne nouvelle. Ces païens ont rejeté l'Évangile et lapidé Paul. Où est le problème ? À qui revient la faute ?

C'est entièrement la faute de l'homme

La faute ne se trouve nullement du côté de Dieu, mais de celui des hommes, qui refusent de venir. « *La faute [...] est en ceux-là mêmes qui sont appelés* » (IV.9). Le problème se trouve chez ceux qui entendent l'appel, non chez celui qui appelle. La parabole du semeur, dans Matthieu 13.1-23, illustre très bien cette vérité. Nous pourrions aussi l'appeler « la parabole des différents types de sol ».

Le semeur sème généreusement dans différents sols. Une partie de la semence tombe le long du chemin, une autre dans des endroits pierreux, une autre parmi les épines et une autre enfin dans la bonne terre. C'est la même sorte de semence qui est semée dans différents types de sol. Il en est de même de l'appel de l'Évangile. Différents types de personnes entendent le même appel, nous entendons la même prédication dans l'Église, mais tous n'y répondent pas de la même manière. Le problème réside-t-il dans la Parole ? La semence est-elle stérile ? Non, le problème vient du sol, c'est-à-dire du cœur de ceux qui entendent l'appel.

Les raisons évoquées pour refuser de venir

Quelles sont donc les raisons, d'après cette parabole, pour lesquelles tant de gens rejettent l'appel de l'Évangile ? Dans un premier cas, les oiseaux viennent enlever la semence pour la manger. « Lorsqu'un homme écoute la parole du royaume et ne la comprend pas, le malin vient et enlève ce qui a été semé dans son cœur » (Mt 13.19). La personne reste froide et indifférente à l'Évangile qu'elle entend.

Dans un deuxième cas, « celui qui a reçu la semence dans les endroits pierreux, c'est celui qui entend la parole et la reçoit aussitôt avec joie ; mais il n'a pas de racines en lui-même, il croit pour un temps, et, dès que survient une tribulation ou une persécution à cause de la parole, il y trouve une occasion de chute » (Mt 13.20,21). La personne reçoit d'abord la parole avec enthousiasme, mais dès que surviennent des problèmes, l'enthousiasme disparaît. Elle n'a pas la foi véritable au fond de son cœur.

Dans un troisième cas, « celui qui a reçu la semence parmi les épines, c'est celui qui entend la parole, mais en qui les soucis du siècle et la séduction des richesses étouffent cette parole, et la rendent infructueuse » (Mt 13.22). La personne est attirée par ses ambitions personnelles et par les distractions qui existent dans le monde, ce qui étouffe tout intérêt pour la Parole de Dieu. Le problème ne se trouve pas dans la semence mais au niveau du cœur humain, le cœur froid, centré sur soi, préoccupé par d'autres champs d'intérêt.

Dans la parabole des noces, dans Matthieu 22.1-14, les invités trouvent toutes sortes d'excuses pour ne pas venir aux noces. Les premiers ne veulent tout simplement pas venir. Ils expriment un refus net et direct à l'invitation. Les autres négligent l'invitation parce qu'ils sont absorbés par leur travail ou leur commerce, qu'ils estiment plus importants. D'autres sont carrément agressifs envers les serviteurs venus les inviter. Ils tuent les messagers du roi. Leur hostilité à l'égard de la vérité se manifeste au travers de leur haine vis-à-vis des messagers de la vérité.

Il est très instructif de noter la réaction du roi dans la parabole. « Le roi fut irrité. » Dieu est le Roi souverain. Rejeter l'Évangile, c'est rejeter l'appel du Roi des rois et mépriser Jésus-Christ, le seul Sauveur. Dieu, dans sa justice parfaite, a pleinement le droit d'être en colère contre ceux qui refusent de venir. Le Roi des rois dit : « Venez au grand festin que j'ai préparé », et on lui répond : « Non merci, je peux avoir un festin aussi bon chez moi. » Quelle arrogance et quelle folie ! Refuser de venir au festin du grand Roi, refuser la communion avec celui qui vaut mieux que la vie, penser se forger son propre bonheur, s'estimer juste en soi-même, avoir en haute estime ses accomplissements… Bref, ne rien savoir au sujet de notre véritable besoin de Jésus-Christ.

Entendez-vous son appel ? Quelle est votre réponse ? Venez goûter à la joie de la communion avec Dieu par Jésus-Christ ! Certains pensent que l'appel de l'Évangile est trop beau pour être vrai. Le grand Roi qui m'invite aux noces de son Fils ? Je ne peux pas y croire. Il ne voudra jamais de moi. Oui, c'est tellement étonnant ! Le Dieu saint et tout-puissant qui m'appelle à lui, moi qui ne suis qu'un pauvre pécheur. N'ayons pas de fausse humilité en pensant que le Roi ne voudra pas de nous. Ce serait en réalité faire preuve d'arrogance et de rébellion. Oui, le grand Roi nous appelle. Il est sérieux et sincère. Laissez de côté vos autres priorités, vos soucis, vos péchés, et venez aux noces ! Accourez vers Jésus-Christ, croyez en lui ; il vous accueillera !

CHAPITRE 46

Pourquoi d'autres répondent-ils à son appel ?
Article IV.10

> *Mais le fait que les autres, qui sont appelés par le ministère de l'Évangile, viennent à Dieu et sont convertis ne doit point être attribué à l'homme, comme si, par son libre arbitre, il se distinguait lui-même d'avec les autres qui, avec lui, seraient pourvus d'une grâce semblable ou suffisante pour croire et se convertir (ce que maintient l'orgueilleuse hérésie de Pélage) ; ce fait doit être attribué à Dieu qui, du fait qu'il a élu les siens de toute éternité en Christ, les appelle aussi efficacement en temps opportun, leur donne la foi et la repentance et, les ayant délivrés de la puissance des ténèbres, les transporte dans le Royaume de son Fils, afin qu'ils annoncent les vertus de celui qui les a appelés des ténèbres à sa merveilleuse lumière, et qu'ils ne se glorifient point en eux-mêmes, mais dans le Seigneur, comme l'Écriture apostolique en témoigne en maints endroits.*
>
> — Canons de Dordrecht, *article IV.10*

Dieu appelle beaucoup de personnes à venir à lui par le ministère de l'Évangile. Son invitation à venir aux noces est vraiment sincère. L'appel du Seigneur Jésus-Christ à entrer dans son repos est à prendre au sérieux. Certains acceptent l'invitation et viennent à lui. D'autres refusent et rejettent son appel. Ceux qui refusent de se convertir sont responsables de leur endurcissement. C'est entièrement de leur faute s'ils rejettent son appel. Qu'en est-il de ceux qui répondent favorablement et qui viennent à lui dans la repentance et la foi ? À qui doit-on attribuer le fait qu'ils se convertissent à Dieu ?

Non pas grâce à nous, mais grâce à Dieu seul

L'article IV.10 répond de la manière suivante : « *Mais le fait que les autres, qui sont appelés par le ministère de l'Évangile, viennent à Dieu et sont convertis ne doit point être attribué à l'homme, [...] ce fait doit être attribué à Dieu...* » Cette réponse tranchante a été donnée dans le contexte du faux enseignement des arminiens. Ces derniers disent que l'homme n'est pas complètement mort dans ses péchés. Il est simplement malade, blessé, estropié. Il a encore la capacité de crier pour demander de l'aide. Pour reprendre les mots de l'article IV.10, les arminiens croient que « *l'homme, par son libre arbitre, se distingue lui-même d'avec les autres qui, avec lui, seraient pourvus d'une grâce semblable ou suffisante pour croire et se convertir* ». En d'autres mots, ceux qui répondent à l'appel de Dieu le feraient parce qu'ils seraient meilleurs ou plus sages que les autres.

Cette erreur est appelée « l'orgueilleuse hérésie de Pélage ». Au Ve siècle, Pélage enseignait que l'homme est bon. S'il nous arrive de pécher, c'est parce que nous imitons de mauvais exemples, disait-il, non parce que nous sommes des pécheurs de naissance. L'homme n'aurait pas besoin d'un Sauveur, mais seulement d'un bon exemple. Nous aurions en nous-mêmes tout ce qu'il faut pour bien agir.

L'orgueilleuse hérésie pélagienne a été combattue par Augustin, qui a enseigné les doctrines du péché et de la grâce. Malgré tout, cette hérésie a réussi à faire son chemin dans l'histoire de l'Église. Elle a changé de forme, est devenue plus subtile, mais est restée tout aussi fausse et pernicieuse.

Le catholicisme romain est un exemple bien connu. Contrairement à Pélage, l'Église romaine croit que l'homme est pécheur de naissance ; toutefois, elle croit comme lui qu'il reste quand même du bon dans l'homme. Nous pourrions, avec l'aide de la grâce, gagner des mérites. Il s'agit d'une erreur que nous pouvons qualifier de « semi-pélagienne ». Au temps de la Réforme, Érasme enseignait le libre arbitre. Cette idée a été combattue par Luther, puis reprise un siècle plus tard par Arminius. Un autre siècle plus tard, le revivaliste John Wesley, dans la lignée arminienne, a enseigné l'idée d'une grâce prévenante accordée à tous les hommes, qui viendrait annuler les effets de la corruption et rétablir la libre volonté humaine. Encore l'influence pélagienne !

Ne pensons pas que cette vieille et orgueilleuse hérésie ait aujourd'hui disparu des Églises. Au contraire, elle a fait son chemin parmi beaucoup de chrétiens autour de nous. Il est désolant de la voir constamment réapparaître. Une hérésie, ce n'est pas juste un petit problème, c'est une erreur grave qui assombrit la lumière de l'Évangile. Cette erreur s'enracine dans notre prétention d'apporter une contribution personnelle à notre salut. Si nous sommes sauvés, c'est parce qu'il y aurait un petit quelque chose qui viendrait de nous, de notre libre volonté ou de notre capacité à coopérer avec une prétendue grâce commune.

Quelle hérésie orgueilleuse ! Non, l'homme n'a rien de bon en lui-même qui lui permettrait de contribuer à son salut. Si je suis chrétien, si j'ai répondu à l'appel de Dieu, ce n'est pas parce que j'ai eu par moi-même la bonne idée, la sagesse ou la volonté de me tourner vers lui. « Ainsi donc, cela ne dépend ni de celui qui veut, ni de celui qui court, mais de Dieu qui fait miséricorde » (Ro 9.16). L'homme peut s'efforcer tant qu'il veut de se convertir par lui-même, il n'y arrivera jamais. Il n'en a ni le désir ni la force.

Oui, nous obéissons à l'appel de Dieu. Oui, nous répondons à l'Évangile. Oui, nous nous approchons du Seigneur ; nous nous repentons de nos péchés et plaçons notre foi en Jésus-Christ. Mais à qui devons-nous attribuer notre conversion ? À Dieu seul et à personne d'autre ! « Car c'est par la grâce que vous êtes sauvés, par le moyen de la foi. Et cela ne vient pas de vous, c'est le don de Dieu. Ce n'est point par les œuvres, afin que personne ne se glorifie » (Ép 2.8,9). C'est Jésus seul qui sauve, et personne d'autre. Le cœur humain ne veut pas répondre avec foi à l'appel de Dieu. Il faut absolument que Dieu lui-même nous détourne de nos péchés et nous ramène à lui. « Fais-moi revenir, et je reviendrai, car tu es l'Éternel, mon Dieu » (Jé 31.18). Si Dieu ne donne pas la foi, il est impossible d'aller vers lui. Le salut ne peut provenir que de la pure grâce, et la foi est un don de Dieu entièrement gratuit. Cela vient de Dieu seul.

En vertu de son élection souveraine et de son appel efficace

La réponse favorable que nous donnons à l'appel de l'Évangile s'enracine dans l'élection souveraine de Dieu et dans son action puissante dans nos cœurs. « *Du fait qu'il a élu les siens de toute éternité en Christ, les appelle aussi efficacement en temps opportun, leur donne la foi et la repentance et, les ayant délivrés de la puissance des ténèbres, les transporte dans le Royaume de son Fils* » (IV.10). Dieu interpelle sincèrement tous ceux qui entendent l'Évangile, mais parmi eux, il appelle concrètement ses élus. Cet appel intérieur est efficace, par l'action de sa Parole et de son Esprit puissant. « Nous savons, frères bien-aimés de Dieu, que vous avez été élus ; notre Évangile ne vous a pas été prêché en paroles seulement, mais avec puissance, avec l'Esprit-Saint, et avec une pleine persuasion ; car vous n'ignorez pas que nous nous sommes montrés ainsi parmi vous, à cause de vous » (1 Th 1.4,5).

La puissance de cet appel donne la foi et la repentance. Elle nous délivre de la puissance des ténèbres et nous transporte dans le Royaume de son Fils. « Rendez grâces au Père, qui vous a rendus capables d'avoir part à l'héritage des saints dans la lumière ; il nous a délivrés de la puissance des ténèbres et nous a transportés dans le Royaume de son Fils bien-aimé » (Col 1.12,13). Voilà ce que produit la puissance de son appel, efficace pour ses élus. C'est entièrement l'œuvre de Dieu.

Rappelons-nous la provenance des invités dans la parabole des invités aux noces. « Allez donc dans les carrefours, et appelez aux noces tous ceux que vous trouverez. Ces serviteurs allèrent dans les chemins, rassemblèrent tous ceux qu'ils trouvèrent, méchants et bons, et la salle des noces fut pleine de convives » (Mt 22.9,10). Les invités viennent des chemins et des carrefours. Ils traînaient dans les rues sans la moindre intention, le moindre désir d'aller aux noces. Ils avaient besoin qu'on aille vers eux pour les inviter et les rassembler. Les serviteurs du Roi rassemblent les bons et les méchants, mais cela ne veut pas dire qu'ils sont bons en eux-mêmes. Les invités ont tous besoin d'être vêtus de l'habit de noces, le vêtement de justice de Jésus-Christ. Ces gens viennent aussi des ruelles et des coins malfamés de la ville. Ce sont des pécheurs misérables et perdus. Allez donc aux carrefours, dit le Roi à ses serviteurs. Allez-y, invitez-les, rassemblez-les ! Ils ne viendront pas d'eux-mêmes. Il faut aller vers eux. La conversion de ceux qui répondront favorablement ne doit pas être attribuée à l'homme, mais uniquement à Dieu. C'est par sa grâce seulement qu'ils pourront répondre à l'invitation.

Pour sa seule gloire

Si la réponse favorable à l'appel de Dieu est uniquement l'œuvre de Dieu, alors c'est à lui seul que nous devons rendre toute la gloire. Je ne dois pas me penser supérieur aux autres parce que je me suis tourné vers le Seigneur. Ne nous glorifions pas en nous-mêmes, mais en Dieu seul. « Que celui qui se glorifie se glorifie dans le Seigneur » (1 Co 1.31). Les doctrines pélagiennes, romaines, arminiennes et wesleyennes refusent de rendre à Dieu toute la gloire et incitent à en garder une part pour nous-mêmes. Ne laissons aucune place dans nos pensées, dans nos actions, dans nos vies à l'orgueilleuse hérésie pélagienne. Dieu appelle efficacement ses élus « *afin qu'ils annoncent les vertus de celui qui les a appelés des ténèbres à sa merveilleuse lumière, et qu'ils ne se glorifient point en eux-mêmes, mais dans le Seigneur, comme l'Écriture apostolique en témoigne en maints endroits* » (IV.10).

Cela nous rappelle cette parole de l'apôtre Pierre : « Vous, au contraire, vous êtes une race élue, un sacerdoce royal, une nation sainte, un peuple acquis, afin que vous annonciez les vertus de celui qui vous a appelés des ténèbres à son admirable lumière » (1 Pi 2.9). Que Dieu nous garde de tout orgueil ! Qu'il nous rende capables de nous émerveiller de la grandeur de sa grâce ! Qu'il nous utilise pour sa gloire, afin que nous annoncions les vertus de celui qui nous a appelés des ténèbres à sa merveilleuse lumière ! Il nous envoie dans les rues pour rassembler ses invités. Prions qu'il nous donne la force d'aller et d'annoncer l'Évangile de Jésus-Christ. Que nous puissions dire à tous : « Vous êtes invités aux noces. Venez ! » Que Dieu seul soit loué éternellement pour le miracle de la foi ! « C'est de lui, par lui, et pour lui que sont toutes choses. À lui la gloire dans tous les siècles ! Amen ! » (Ro 11.36.)

CHAPITRE 47

Comment Dieu s'y prend-il pour accomplir des conversions ?
Article IV.11

De plus, quand Dieu exécute son bon plaisir dans les élus, ou quand il les convertit, non seulement il veille à ce que l'Évangile leur soit extérieurement prêché, et il illumine puissamment leur entendement par le Saint-Esprit, afin qu'ils comprennent et discernent droitement les choses qui sont de l'Esprit de Dieu, mais aussi, par l'efficacité de ce même Esprit de régénération, il pénètre jusqu'au tréfonds de l'homme, ouvre le cœur qui est fermé, amollit celui qui est dur, circoncit le prépuce du cœur, introduit de nouvelles qualités dans la volonté, et fait que cette volonté de morte devienne vivante, de mauvaise bonne, de non-volontaire volontaire, et de revêche obéissante ; et il besogne en elle et la fortifie, afin que comme un bon arbre, elle puisse produire de bons fruits.

— Canons de Dordrecht, *article IV.11*

La médecine moderne est capable de prouesses admirables ; la transplantation cardiaque en est un bel exemple. Celui qui a de graves problèmes au cœur peut recevoir une greffe et voir sa qualité de vie complètement transformée. Comment les médecins arrivent-ils à changer le cœur d'une personne ? La technologie moderne me dépasse. Sur le plan spirituel, la Bible nous parle d'une autre sorte de transplantation cardiaque. « Je vous donnerai un cœur nouveau » (Éz 36.26). Comment Dieu fait-il pour changer le cœur d'une personne ?

Au début de notre étude des *Canons de Dordrecht*, nous avons commencé par voir l'œuvre du Père, son élection éternelle. Ensuite, nous avons vu celle du Fils, la rédemption par son sang. Voyons maintenant l'œuvre du Saint-Esprit, la conversion des pécheurs. C'est Dieu le Père qui a décidé et préparé notre salut avant même la fondation du monde. C'est Dieu le Fils qui est venu dans le monde accomplir notre salut une fois pour toutes sur la croix. C'est Dieu le Saint-Esprit qui a été envoyé pour transmettre ce salut à nos vies.

L'œuvre du Saint-Esprit est absolument admirable ; elle transforme nos vies et nous remplit de joie. Comment Dieu s'y prend-il pour accomplir des conversions ? Comment fait-il pour opérer des transplantations cardiaques spirituelles ?

L'Esprit éclaire notre cœur

Il est bon de se rappeler que tout ce qui concerne notre salut provient du bon plaisir éternel et souverain de Dieu. L'article IV.11 commence en disant : « *De plus, quand Dieu exécute son bon plaisir dans les élus ou quand il les convertit…* » La conversion d'une personne n'est ni plus ni moins que l'exécution du bon plaisir éternel de Dieu. Le Seigneur n'a pas seulement formulé de beaux souhaits à notre sujet en se disant : « J'espère qu'ils vont se convertir. » Dieu ne fait pas son travail à moitié en laissant le résultat de la prédication de l'Évangile au bon plaisir de ceux qui l'entendent. C'est son bon plaisir à lui qui s'accomplit selon son plan éternel. « *Non seulement il veille à ce que l'Évangile leur soit extérieurement prêché* », mais en plus « *il illumine puissamment leur entendement par le Saint-Esprit, afin qu'ils comprennent et discernent droitement les choses qui sont de l'Esprit de Dieu* » (IV.11).

Comment Dieu s'y prend-il pour effectuer la conversion des élus ? Il s'assure que l'Évangile leur est prêché, puis il illumine leur cœur.

« Illuminer » est un bien grand mot qui veut simplement dire « éclairer ». Le soir, quand nous entrons dans notre chambre, tout est noir, mais dès que nous allumons la lampe, la pièce se remplit de clarté. Voilà ce que fait le Saint-Esprit dans nos cœurs. Il allume l'ampoule pour que la lumière brille. Si Dieu nous avait laissés à nous-mêmes, sans nous éclairer, sans ouvrir nos yeux pour que nous puissions voir, nos cœurs et nos pensées seraient restés dans la noirceur totale. Nous n'aurions rien compris aux paroles de la Bible. Par nature, nous ne voulons pas et nous ne pouvons pas voir la vérité. « Mais l'homme naturel n'accepte pas les choses de l'Esprit de Dieu, car elles sont une folie pour lui, et il ne peut les connaître, parce que c'est spirituellement qu'on en juge » (1 Co 2.14). C'est l'œuvre de l'Esprit. C'est lui qui « illumine les yeux de votre cœur » (Ép 1.18), pour que nous puissions véritablement connaître Dieu et les choses de l'Esprit de Dieu.

Le miracle de cette lumière nouvelle est comparable à celui de la création de la lumière au commencement du monde. « Car Dieu, qui a dit : La lumière brillera du sein des ténèbres ! a fait briller la lumière dans nos cœurs pour faire resplendir la connaissance de la gloire de Dieu sur la face de Christ » (2 Co 4.6). Si nos cœurs ont été éclairés par le Saint-Esprit, remercions Dieu tous les jours pour ce grand miracle !

L'Esprit pénètre dans notre cœur pour le changer

L'article IV.11 va cependant plus loin. Il parle de « *l'efficacité de ce même Esprit de régénération* ». L'efficacité de l'Esprit signifie qu'il s'assure que son travail soit fait. Il a reçu un ouvrage à accomplir et possède la puissance nécessaire pour cela. L'Esprit régénère ; il nous fait naître de nouveau, comme Jésus l'a dit à Nicodème (Jn 3.7). L'Esprit a la puissance d'effectuer la transplantation cardiaque. « *Il pénètre jusqu'au tréfonds de l'homme* », jusqu'au fond de son cœur ; il « *ouvre le cœur qui est fermé* » (IV.11).

Nous connaissons le bel exemple de Lydie. « Elle écoutait. Le Seigneur lui ouvrit le cœur, pour qu'elle soit attentive à ce que disait Paul » (Ac 16.14). Si l'Esprit n'ouvrait pas les cœurs, personne ne pourrait jamais répondre à l'Évangile. La Parole de Dieu ne nous servirait à rien.

Nos cœurs sont durs comme de la roche, mais l'Esprit « *amollit celui qui est dur* » (IV.11). « Je vous donnerai un cœur nouveau, et je mettrai en vous un esprit nouveau ; j'ôterai de votre corps le cœur de pierre, et je vous donnerai un cœur de chair. Je mettrai mon Esprit en vous, et je ferai en sorte que vous suiviez mes ordonnances, et que vous observiez et pratiquiez mes lois » (Éz 36.26,27).

Le chirurgien qui pratique une greffe de cœur à l'hôpital remplace un cœur malade par un cœur en bonne santé. Le Saint-Esprit remplace un cœur mort par un cœur vivant. C'est bien différent ! Notre cœur de pierre est tellement froid, pétrifié, rebelle et obstiné ! Le Saint-Esprit l'arrache ; il l'enlève et le remplace par un cœur de chair, tendre et vivant, un cœur qui bat pour Dieu, un cœur qui aime le Seigneur et qui est obéissant.

Vous avez peut-être déjà vu une personne devenir amère et s'endurcir contre une autre personne, peut-être même contre vous. Elle vous ferme son cœur, qui devient de plus en plus dur contre vous. Tout ce que vous essayez de faire pour changer la situation ne donne aucun résultat. C'est peine perdue ; la personne demeure rancunière, toujours en colère et remplie d'amertume. La Bible nous dit que c'est ainsi que nous sommes avec Dieu. Nos cœurs lui sont fermés et endurcis, mais le Saint-Esprit produit une œuvre glorieuse. Il pénètre à l'intérieur, ouvre ce qui est fermé, amollit ce qui est dur, « *circoncit le prépuce du cœur* » (IV.11), selon la promesse de Dieu : « L'Éternel, ton Dieu, circoncira ton cœur et le cœur de ta postérité, et tu aimeras l'Éternel, ton Dieu, de tout ton cœur et de toute ton âme, afin que tu vives » (De 30.6).

Lorsque le Saint-Esprit éclaire notre cœur et le transforme en un cœur nouveau, il nous fait goûter en profondeur à la grandeur de l'amour de Dieu. « Or, l'espérance ne trompe point, parce que l'amour de Dieu est répandu dans nos cœurs par le Saint-Esprit qui nous a été donné » (Ro 5.5). C'est Dieu seul, et nul autre, qui accomplit ce miracle, sans notre aide. « Nous qui étions morts par nos offenses, *[Dieu]* nous a rendus vivants avec Christ » (Ép 2.5). La personne sur la table d'opération ne peut pas elle-même se greffer un nouveau cœur. Elle a besoin d'un donneur, ainsi que d'un chirurgien spécialiste. Nous avons aussi besoin d'un donneur. « Je vous donnerai un cœur nouveau », dit le Seigneur.

C'est lui le donneur, mais aussi le chirurgien spécialiste des conversions qui accomplit toute l'opération.

L'Esprit transforme notre volonté

Les arminiens disent que, dans la vraie conversion, Dieu ne met pas dans la volonté humaine des qualités nouvelles ou des dons nouveaux. L'homme aurait en lui-même tout ce qu'il faut pour répondre à l'appel du Seigneur. La foi ne serait donc pas un don de Dieu, mais seulement l'acte de l'homme (*Rejet des erreurs*, IV.6). Nous croyons au contraire, comme le dit l'article IV.11, que l'Esprit de Dieu « *introduit de nouvelles qualités dans la volonté, et fait que cette volonté de morte devienne vivante, de mauvaise bonne, de non-volontaire volontaire, et de revêche obéissante* ». Par nature, nous étions morts par nos fautes et par nos péchés (Ép 2.1). Comment un cadavre spirituel peut-il répondre à l'Évangile ? On peut prêcher à un cadavre aussi longtemps que l'on veut, jamais il ne répondra.

Dans la vision des ossements desséchés d'Ézéchiel 37, Dieu envoie son prophète prêcher à des tas d'ossements. « Dis-leur : Ossements desséchés, écoutez la parole de l'Éternel ! Ainsi parle le Seigneur, l'Éternel, à ces os : Voici que je vais faire venir en vous un esprit, et vous vivrez. [...] Je prophétisai selon l'ordre qu'il m'avait donné. Et l'Esprit vint en eux, ils reprirent vie et se tinrent sur leurs pieds » (És 37.4,5,10). Les prédicateurs de l'Évangile prêchent à des squelettes, à des personnes mortes dans leurs péchés. Comment peuvent-elles être sauvées et vivre ? Uniquement par un miracle de Dieu. Oui, Dieu met en nous, dans notre volonté, des qualités nouvelles que nous n'avions pas en nous-mêmes. Nous étions morts devant Dieu et il nous rend vivants. Nous étions mauvais, il nous rend bons. Nous étions désobéissants, il nous rend obéissants. Nous étions rebelles et obstinés, il nous rend réceptifs à sa volonté pour marcher dans ses voies. Nous le détestions, nous apprenons à l'aimer.

Cela ne veut pas dire que nous devons attendre passivement qu'il nous fasse bouger comme une marionnette. Au contraire, il agit en vue de nous rendre actifs. « *Il besogne dans notre volonté et la fortifie, afin que comme un bon arbre, elle puisse produire de bons fruits* » (IV.11). C'est exactement ce qu'il a promis par le prophète Ézéchiel : « Je mettrai mon Esprit en vous, et je ferai en sorte que vous suiviez mes ordonnances, et que vous observiez et pratiquiez mes lois » (Éz 36.27). Nous devenons très actifs. Nous répondons à Dieu, commençons à l'aimer et à lui obéir. Nous vivons pour sa gloire et portons de bons fruits de reconnaissance. Voilà comment Dieu effectue la conversion des pécheurs ! À lui seul toute la gloire !

CHAPITRE 48

La régénération est l'œuvre de Dieu seul
Article IV.12

C'est là cette régénération si célébrée dans les Écritures, ce renouvellement, cette nouvelle création, ce relèvement d'entre les morts et cette vivification, que Dieu opère en nous et sans nous. Or elle ne s'accomplit nullement par la seule doctrine entendue, ou par une persuasion morale ou toute autre manière d'opérer, qui se ferait par des raisons persuasives, de telle sorte qu'après que Dieu ait agi pour sa propre part, il resterait encore au pouvoir de l'homme d'être régénéré ou non, d'être converti ou de ne l'être point. Au contraire, c'est une opération entièrement surnaturelle, très puissante et très douce à la fois, admirable, secrète et ineffable. Selon l'Écriture (qui est inspirée par l'Auteur même de cette opération), celle-ci, quant à son efficacité, n'est en rien inférieure à la création ou à la résurrection des morts, si bien que tous ceux dans les cœurs desquels Dieu opère de cette façon admirable, sont certainement, infailliblement et efficacement régénérés, et croient effectivement. Dès lors, la volonté déjà renouvelée n'est pas seulement poussée et mue par Dieu, mais sous l'action de Dieu, elle agit aussi elle-même. C'est pourquoi on peut fort bien dire que c'est l'homme lui-même qui croit et se repent par le moyen de la grâce qu'il a reçue.

— Canons de Dordrecht, *article IV.12*

La conversion est comparable à une transplantation cardiaque. Dieu nous donne un cœur nouveau par son Esprit afin de nous convertir à lui. C'est ce que nous avons vu dans le chapitre précédent de notre étude. Après avoir porté notre attention sur l'œuvre de l'Esprit qui nous donne ce cœur nouveau, nous allons désormais nous intéresser à la régénération elle-même.

La régénération n'est pas une œuvre humaine

Les arminiens disent que la grâce par laquelle nous sommes convertis n'est rien de plus qu'une « douce persuasion » (*Rejet des erreurs*, IV.7). D'après eux, l'homme n'est pas mort spirituellement, mais seulement malade. Dieu ne forcerait personne à croire ; il se limiterait seulement à essayer de nous persuader avec douceur. Le rôle de Dieu dans la conversion de l'homme serait de nous suggérer qu'il a quelque chose de mieux à nous offrir que Satan. Une fois que nous avons entendu Dieu et Satan présenter ce qu'ils ont à nous offrir, il appartiendrait à l'homme d'évaluer la meilleure offre et de décider en conséquence. Dieu n'aiderait pas la volonté de l'homme à se convertir tant que celle-ci n'a pas fait son choix (*Rejet des erreurs*, IV.9).

L'article IV.12 répond : « *Cette régénération [...] ne s'accomplit nullement par la seule doctrine entendue, ou par une persuasion morale ou toute autre manière d'opérer, qui se ferait par des raisons persuasives, de telle sorte qu'après que Dieu ait agi pour sa propre part, il resterait encore au pouvoir de l'homme d'être régénéré ou non, d'être converti ou de ne l'être point.* » Autrement dit, la régénération n'est pas une œuvre humaine. L'homme n'a pas le pouvoir de se convertir lui-même et de se donner la vie nouvelle. Contrairement à la transplantation cardiaque corporelle, la transplantation cardiaque spirituelle n'est pas l'œuvre d'un chirurgien humain ; elle n'est pas l'œuvre d'un homme.

Ceux qui croient en Jésus-Christ « sont nés, non du sang, ni de la volonté de la chair, ni de la volonté de l'homme, mais de Dieu » (Jn 1.13). Ce n'est pas par la volonté des parents que les enfants peuvent naître de nouveau. Le fait de naître dans une famille chrétienne ne produit pas automatiquement la nouvelle naissance. Même l'Église n'a pas le pouvoir d'infuser la vie nouvelle dans le cœur d'une personne. Et, évidemment, nulle personne ne peut se donner elle-même la nouvelle naissance. Dieu seul accomplit cette œuvre. « Cela ne dépend ni de celui qui veut, ni de celui qui court, mais de Dieu qui fait miséricorde » (Ro 9.16).

La régénération est l'œuvre surnaturelle de Dieu

Dans la Bible, cette œuvre est désignée par plusieurs expressions riches en signification : « renouvellement », « nouvelle création », « résurrection des morts », « vivification », « nouvelle naissance », « régénération », « cœur nouveau », « vie nouvelle »… Ces expressions sont synonymes et nous enseignent toutes que la régénération n'est pas l'œuvre de l'homme, mais l'œuvre de Dieu. Elles décrivent sous des angles différents cette œuvre glorieuse du Saint-Esprit « *que Dieu opère en nous et sans nous* » (IV.12). L'article IV.12 nous dit que « *c'est une opération entièrement surnaturelle, très puissante et très douce à la fois, admirable, secrète et ineffable* ». Cette œuvre surnaturelle nous étonne et nous dépasse. Nous n'avons pas assez de mots pour l'exprimer. Le mieux que nous puissions faire pour en parler, c'est de la comparer à d'autres réalités que nous avons beaucoup de difficulté à comprendre.

La Bible compare la régénération à d'autres œuvres admirables. Elle la compare, entre autres, à *la création* du monde. Paul dit que nous sommes une « nouvelle création » (2 Co 5.17). Quand Adam a été créé, ce n'est pas lui qui a amassé la poussière du sol pour que Dieu le forme. Il n'a pas demandé à Dieu d'insuffler dans ses narines le souffle de vie. Nous ne savons pas très bien comment Dieu a créé le monde. Nous n'étions pas là. Pouvons-nous vraiment comprendre comment Dieu a fait quand il a dit et que la chose fut ? Pouvons-nous bien saisir la complexité de toute cette œuvre ? Le Seigneur vient vers nous avec des questions, comme il l'a fait avec Job. « Où étais-tu quand je fondais la terre ? Dis-le, si tu as de l'intelligence. Qui en a fixé les dimensions, le sais-tu ? Ou qui a étendu sur elle le cordeau ? Sur quoi ses bases sont-elles appuyées ? Ou qui en a posé la pierre angulaire, alors que les étoiles du matin éclataient en chants d'allégresse, et que tous les fils de Dieu poussaient des cris de joie ? » (Job 38.4-7.) Étions-nous là ? Pouvons-nous l'expliquer ? Nous devrions répondre avec beaucoup d'humilité et nous repentir, comme Job l'a fait. La création est entièrement l'œuvre de Dieu, une œuvre admirable, étonnante et ineffable. De même en est-il de la nouvelle création en Jésus-Christ.

La Bible compare aussi la régénération à *la naissance*. Dans Jean 3, Jésus a parlé à Nicodème de la « nouvelle naissance » en faisant un parallèle avec la naissance naturelle. Personne n'a demandé à naître. Notre volonté n'était nullement impliquée dans notre naissance. De même en est-il de notre naissance spirituelle, opérée uniquement par l'Esprit de Dieu. Jésus n'était pas en train de dire à Nicodème ce qu'il pouvait ou devait faire pour naître de l'Esprit, il lui expliquait simplement ce qui doit arriver pour pouvoir entrer dans le Royaume de Dieu. « Il faut que vous naissiez de nouveau » (Jn 3.7). Cela est nécessaire, même pour un homme qui est un enfant de l'alliance, qui a grandi dans le peuple de Dieu et qui est un savant docteur de la Bible. Jésus a pris la peine d'expliquer à Nicodème que cette nouvelle naissance est entièrement l'œuvre de l'Esprit. Tout comme « le vent souffle où il veut » (Jn 3.8), de même l'Esprit agit librement pour nous faire naître d'en haut. La naissance d'un bébé est une chose admirable, étonnante et merveilleuse. Il en est de même de la nouvelle naissance, qui est un miracle remarquable, puissant et ineffable.

La Bible compare également la régénération à *la résurrection* d'entre les morts. « Nous qui étions morts par nos offenses, *[Dieu]* nous a rendus vivants avec Christ » (Ép 2.5). Les morts se redonnent-ils la vie eux-mêmes ? Certainement pas ! Savons-nous comment les morts peuvent revenir à la vie ? C'est là une œuvre merveilleuse que nous ne pouvons pas comprendre. Quand Jésus a ressuscité Lazare, il n'est pas allé dans le tombeau pour essayer de persuader Lazare de se lever. Il n'a pas dit à Lazare : « Si tu veux, Lazare, je peux te ressusciter, si c'est vraiment ce que tu veux. » Non, Lazare était mort ; il aurait été absurde de lui parler de cette manière. Qu'est-ce que Jésus a fait ? Il a commencé par dire : « Moi, je suis la résurrection et la vie. Celui qui croit en moi vivra, même s'il meurt » (Jn 11.25). Ensuite, pour démontrer qu'il détient la puissance de sauver des pécheurs, il a parlé avec autorité : « Il cria d'une voix forte : Lazare, sors ! » (Jn 11.43.) Lazare est revenu à la vie. Par nature, nous sommes morts spirituellement, mais lorsque nous entendons sa voix, nous revenons à la vie.

Il nous est impossible de contribuer à notre résurrection spirituelle. C'est l'œuvre puissante et souveraine de l'Esprit de Dieu. « *Selon l'Écriture, celle-ci, quant à son efficacité, n'est en rien inférieure à la création ou à la résurrection des morts, si bien que tous ceux dans les cœurs desquels Dieu opère de cette façon admirable, sont certainement, infailliblement et efficacement régénérés, et croient effectivement* » (IV.12). Quelle œuvre étonnante et admirable Dieu accomplit pour que je puisse avoir la vie nouvelle ! Comment pouvons-nous la comprendre ? Nous avons besoin de prier, à la suite de l'apôtre Paul, afin de savoir « quelle est envers nous qui croyons l'infinie grandeur de sa puissance, se manifestant avec efficacité par la vertu de sa force » (Ép 1.19).

La régénération transforme notre volonté

Dieu nous force-t-il quand il nous convertit ? Agit-il contre notre volonté quand il nous régénère ? Disons plutôt qu'il transforme notre volonté rebelle et obstinée pour que nous voulions croire et que nous soyons disposés à le suivre et à l'aimer. Sans l'action puissante de l'Esprit pour transformer notre volonté, nous ne serions jamais convertis. « Car c'est Dieu qui produit en vous le vouloir et le faire, selon son bon plaisir » (Ph 2.13).

Quand Dieu nous donne un cœur nouveau, il agit par son Saint-Esprit d'une telle manière que notre volonté devient active. « *Dès lors, la volonté déjà renouvelée n'est pas seulement poussée et mue par Dieu, mais sous l'action de Dieu, elle agit aussi elle-même. C'est pourquoi on peut fort bien dire que c'est l'homme lui-même qui croit et se repent par le moyen de la grâce qu'il a reçue* » (IV.12). Ce que Dieu veut, nous commençons à le vouloir. Ce qu'il nous demande, nous commençons à le désirer. Ce n'est pas Dieu qui croit pour nous, c'est nous qui croyons et qui nous repentons. Nous avons donc la responsabilité de croire, de nous repentir et de combattre le péché dans nos vies. Nous pouvons toutefois être assurés que notre Père céleste nous donnera ce qu'il demande de nous. Il transforme notre volonté afin que nous puissions croire en son œuvre merveilleuse et grandir dans l'obéissance.

CHAPITRE 49

La régénération est au-delà de notre compréhension
Article IV.13

> *Durant cette vie terrestre, les fidèles ne peuvent pleinement comprendre la manière de cette opération. Cependant, ils jouissent du repos, du fait qu'ils savent et sentent que, par cette grâce de Dieu, ils croient de cœur et aiment leur Sauveur.*
>
> — Canons de Dordrecht, *article IV.13*

Nous avons déjà considéré l'œuvre miraculeuse de la régénération et de la conversion. Nous avons vu que la nouvelle naissance est nécessaire pour quiconque aspire à voir le Royaume de Dieu. Nous avons vu que la régénération n'est pas une œuvre humaine mais divine. Elle est entièrement l'œuvre de Dieu au travers de laquelle il nous donne un cœur nouveau par l'action puissante et souveraine de son Esprit Saint. « Je vous donnerai un cœur nouveau, et je mettrai en vous un esprit nouveau ; j'ôterai de votre corps le cœur de pierre, et je vous donnerai un cœur de chair. Je mettrai mon Esprit en vous, et je ferai en sorte que vous suiviez mes ordonnances, et que vous observiez et pratiquiez mes lois » (Éz 36.26). La régénération est un miracle de la grâce, un acte surnaturel absolument surprenant et renversant.

Nous ne pouvons pas comprendre parfaitement la régénération

Dans l'article IV.13, Dordrecht fait une courte pause pour réfléchir à ce qui a été dit : « *Durant cette vie terrestre, les fidèles ne peuvent pleinement comprendre la manière de cette opération.* » En d'autres termes, nous avons beaucoup parlé de la régénération mais n'avons pas pu tout dire. Nous n'avons pas été en mesure d'en donner une explication complète. La régénération est au-delà de notre compréhension. En tant qu'êtres humains, notre connaissance de Dieu et de ses œuvres est limitée. Nous ne pouvons pas tout analyser ni tout expliquer. Nous pouvons simplement connaître et croire ce que Dieu nous a révélé dans sa Parole. L'œuvre de la régénération est si glorieuse que nous ne pouvons pas l'expliquer intégralement. Nous ne sommes pas appelés à le faire non plus. Ce miracle devra toujours continuer de nous étonner et de nous dépasser.

Nous avons déjà comparé le miracle de la régénération à une transplantation cardiaque. Sommes-nous encore capables de nous étonner des prouesses accomplies par la médecine moderne ? Ce qui était autrefois inimaginable est presque devenu un exercice de routine. Aujourd'hui, la médecine est capable de prouesses encore plus admirables qu'une greffe du cœur, et pourtant il semble qu'on s'en étonne moins qu'autrefois. Une intervention chirurgicale extraordinaire devient quelque chose de banal à nos yeux. Le même danger existe sur le plan spirituel. Sommes-nous encore capables de nous émerveiller du miracle de la grâce dans nos cœurs ? La transplantation spirituelle que Dieu opère miraculeusement dans nos cœurs finit par nous paraître banale. La communion spirituelle que nous avons avec le Seigneur nous apparaît de plus en plus ordinaire, alors qu'en réalité la régénération est un miracle bien plus grand et plus étonnant qu'une greffe de cœur.

Souvenons-nous que la Parole de Dieu compare la régénération à d'autres de ses œuvres admirables, étonnantes, et qui nous dépassent entièrement. La régénération est une nouvelle création. « Si quelqu'un est en Christ, il est une nouvelle création » (2 Co 5.17). Qui peut comprendre la première création ? Qui peut saisir la profondeur de la sagesse de Dieu lorsqu'il a créé la lumière et lorsqu'il a solidement fondé la terre ? La régénération est une « nouvelle naissance » (Jn 3.7). Quelle œuvre étonnante et admirable de Dieu que la naissance d'un enfant ! La régénération est également une résurrection spirituelle. « Nous qui étions morts par nos offenses, *[Dieu]* nous a rendus vivants avec Christ » (Ép 2.5). Quel miracle glorieux que la résurrection corporelle de Jésus ! Toutes ces œuvres nous étonnent et nous dépassent. Elles nous sont incompréhensibles et admirables. Le miracle de la régénération devrait l'être tout autant.

Il y a des chrétiens qui luttent avec la question : « Suis-je né de nouveau ? » C'est un danger qui nous guette également. Nous devons nous rappeler qu'il y a un aspect mystérieux dans cette œuvre miraculeuse. La Bible n'exige pas que nous nous demandions à quel moment nous sommes nés de nouveau. Jésus lui-même a dit dans Jean 3 que l'action du Saint-Esprit dans la nouvelle naissance est comme le vent qui souffle. « Le vent souffle où il veut, et tu en entends le bruit ; mais tu ne sais d'où il vient ni où il va. Il en est ainsi de tout homme qui est né de l'Esprit » (Jn 3.8). Le Saint-Esprit fait tout ce qu'il veut. Son œuvre est souveraine et, précisément à cause de cela, elle demeure pour nous mystérieuse et incompréhensible.

Cette œuvre est si ineffable que personne ne peut dire : « Je pense qu'en ce moment je suis en train de naître de nouveau. » Le Seigneur ne nous demande pas de creuser en nous-mêmes pour essayer de détecter si nous sommes nés de nouveau. Cette œuvre de Dieu est si glorieuse que nous ne pouvons pas l'expliquer totalement. Nous devons reconnaître que nous ne connaissons pas tout et que nous ne comprenons pas tout de ce miracle accompli par le Saint-Esprit. Nous n'en comprenons ni les détails ni la profondeur, mais nous en voyons les effets. Qu'est-ce que Dieu nous demande alors ?

Nous sommes appelés à connaître sa grâce et à nous en réjouir

Le Seigneur nous demande simplement de porter du fruit. Il nous demande de croire en notre Sauveur, de lui faire confiance et de l'aimer. Nous luttons encore avec le péché, mais nous commençons à porter du fruit. Nous avons un début de foi et d'obéissance. C'est cela que nous avons besoin de voir. Il ne nous est pas nécessaire de comprendre d'où vient le vent, mais il importe d'en voir les effets.

Remarquez que l'article IV.13 ne dit pas que nous ne comprenons rien de cette œuvre de régénération, mais que « *les fidèles ne peuvent pleinement comprendre la manière de cette opération. Cependant, ils jouissent du repos, du fait qu'ils savent et sentent que, par cette grâce de Dieu, ils croient de cœur et aiment leur Sauveur* ». Il ne s'agit pas de désespérer en pensant que nous ne pouvons rien comprendre ou d'abandonner en se disant que cela n'a pas d'importance. Oui, il est important que nous sachions que cette œuvre est entièrement l'œuvre de Dieu et que nous vivions pour sa gloire seule.

Paul a prié pour les Éphésiens en disant : « Je fais mention de vous dans mes prières, afin que le Dieu de notre Seigneur Jésus-Christ [...] illumine les yeux de votre cœur, afin que vous sachiez quelle est l'espérance qui s'attache à son appel, quelle est la richesse de la gloire qui se rattache à son héritage qu'il réserve aux saints, et quelle est envers nous qui croyons l'infinie grandeur de sa puissance, se manifestant avec efficacité par la vertu de sa force » (Ép 1.16-19). Il est important que nous prenions conscience que Dieu produit une œuvre puissante dans nos cœurs et dans nos vies. Il est primordial que les yeux de notre cœur soient illuminés par son Esprit afin que nous connaissions les immenses privilèges qui nous sont faits en Jésus-Christ. « Or nous, nous n'avons pas reçu l'esprit du monde, mais l'Esprit qui vient de Dieu, afin que nous connaissions les choses que Dieu nous a données par grâce » (1 Co 2.12).

Non, Dieu ne nous demande pas de comprendre en tous points comment la régénération fonctionne, mais plutôt de nous réjouir du fait que nous sommes sauvés par sa grâce et de trouver notre repos en Jésus-Christ. Le fait que nous soyons incapables de pleinement comprendre ne vient pas troubler notre repos. Lorsque nous croyons dans l'œuvre de Dieu et que nous connaissons sa grâce, cela nous procure une paix qui surpasse toute intelligence et remplit nos cœurs de joie et de reconnaissance. « Oui, c'est en Dieu que mon âme se confie ; de lui vient mon salut. Oui, c'est lui qui est mon rocher et mon salut ; ma haute retraite : je ne chancellerai guère » (Ps 62.2,3). « Ne vous inquiétez de rien ; mais en toutes choses faites connaître vos besoins à Dieu par des prières de supplication, avec des actions de grâces. Et la paix de Dieu, qui surpasse toute intelligence, gardera vos cœurs et vos pensées en Jésus-Christ » (Ph 4.6,7). Voilà ce que produit l'Esprit Saint dans nos cœurs, dans la communion avec Dieu et dans l'intimité de la prière.

Il est important que nous comprenions cela lorsque nous parlons aux autres de l'Évangile. Lorsque nous allons dans ce monde et que nous prions pour ceux qui ne connaissent pas Jésus-Christ, nous n'allons pas dans un hôpital rencontrer des gens qui sont malades. Nous allons, comme Ézéchiel, dans une vallée d'ossements desséchés. Nous allons parler à des gens qui n'ont aucune force en eux-mêmes ni aucun désir de venir vers Dieu. Nous devons prier pour eux afin que Dieu agisse dans leur cœur, qu'il envoie son Esprit et qu'il les sauve.

Que Dieu nous aide à grandir dans notre admiration et notre émerveillement devant sa grâce ! Qu'il nous fasse grandir dans notre joie et notre repos ! Qu'il nous aide à parler avec conviction à ceux qui ne le connaissent pas ! Qu'il se serve de nous pour annoncer la bonne nouvelle du salut à ceux, autour de nous, qui sont morts dans leurs péchés et qui ne viendront jamais d'eux-mêmes à la foi ! Qu'il agisse avec puissance dans la vie de ceux qui s'éloignent des voies du Seigneur ! Qu'il nous donne la possibilité de vivre de plus en plus pour sa gloire par l'effet puissant de son Esprit dans nos vies !

CHAPITRE 50

La foi de Dieu est un don

Article IV.14

> *Ainsi donc, la foi est un don de Dieu, non parce qu'elle est offerte par Dieu au libre arbitre de l'homme, mais parce qu'elle est réellement conférée, inspirée et infusée en l'homme. Non pas même encore parce que Dieu donnerait seulement la puissance de croire, et qu'il attendrait ensuite que la volonté de l'homme y consente, ou croie de fait ; mais parce que lui-même qui opère et le vouloir et le faire – mieux encore, qui opère tout en tous – produit en l'homme et la volonté de croire et la foi elle-même.*
>
> — Canons de Dordrecht, *article IV.14*

Beaucoup de chrétiens disent que le salut est un don de Dieu, et ils ont bien raison. La Parole de Dieu nous le dit. Cependant, pour tenter d'expliquer ce don, plusieurs utilisent l'image suivante : Dieu a préparé le cadeau du salut pour tout le monde et nous le présente dans un bel emballage. Tout ce que nous avons à faire, c'est de tendre la main, saisir le cadeau et l'ouvrir nous-mêmes. Pour que le « transfert » du don soit complet, il faut l'action du donateur, qui est l'œuvre de Dieu, et celle du receveur, qui est l'œuvre de l'homme. Les deux doivent contribuer au salut. Quelle est la contribution de l'homme ? Il doit exercer la foi, qui serait l'action humaine par laquelle nous recevons le cadeau qui nous est offert.

Cette image est bien touchante, mais elle n'est pas biblique. Dans cette façon de voir, Dieu pourrait très bien donner son cadeau à des gens qui ne tendront jamais la main. Le donateur serait frustré par le fait que plusieurs refusent son cadeau, qui resterait inutilisé. Le problème avec cette façon de voir est qu'elle avance que la foi est une action indépendante de l'œuvre du Saint-Esprit. Les arminiens disent faussement que « *la foi [...] n'est pas une qualité ou un don infusés par Dieu, mais uniquement un acte de l'homme* » (*Rejet des erreurs*, IV.6). Oui, nous devons répondre à l'appel de l'Évangile. La foi et la repentance sont des actions authentiquement humaines. C'est moi qui me repens de mes péchés et c'est moi qui crois dans l'Évangile, ce n'est pas Dieu qui se repent ou qui croit à ma place. Mais d'où vient la foi ? Vient-elle de ma libre volonté ou de l'action du Saint-Esprit dans mon cœur ? Nous croyons que « *la foi est un don de Dieu* » (IV.14).

Les morts sont incapables de croire

Pourquoi les arminiens pensent-ils que la foi est uniquement un acte de l'homme ? Parce qu'ils croient que l'homme n'est pas mort dans ses péchés ; il ne serait que malade ou blessé. Nous serions encore capables de prendre la décision de croire selon notre libre volonté. Dieu nous offre son cadeau, et nous sommes capables de décider de ce que nous voulons en faire. Le Seigneur respecterait la volonté humaine et donnerait le salut à une personne uniquement une fois qu'elle lui aurait donné la permission d'agir dans son cœur.

Les Écritures enseignent au contraire que nous sommes morts dans nos péchés. « Pour vous, vous étiez morts par vos offenses et par vos péchés. [...] Nous étions par nature des enfants de colère comme les autres » (Ép 2.1,3). Nous pourrions offrir un cadeau à une personne morte aussi longtemps que nous le voulons ; il est évident qu'elle ne tendra jamais la main pour le saisir. Nous sommes morts dans nos péchés, et quand Dieu nous offre son salut, nous sommes tout à fait incapables de décider par nous-mêmes d'accepter ce cadeau. Et pourtant, il y a des gens qui croient. C'est la réalité. Comment est-ce possible ? Parce que Dieu produit la foi dans le cœur des élus par son Saint-Esprit. « *Ainsi donc, la foi est un don de Dieu, non parce qu'elle est offerte par Dieu au libre arbitre de l'homme, mais parce qu'elle est réellement conférée, inspirée et infusée en l'homme* » (IV.14). Jésus a dit : « C'est pourquoi je vous ai dit que nul ne peut venir à moi, si cela ne lui a été donné par le Père » (Jn 6.65). C'est la raison pour laquelle certains Juifs ne croyaient pas en Jésus (Jn 6.64).

La foi est l'œuvre du Saint-Esprit

Plusieurs passages du livre des Actes attribuent l'action de se repentir et de croire à l'œuvre du Saint-Esprit dans le cœur des pécheurs. « Dieu l'a élevé par sa droite comme Prince et Sauveur, pour donner à Israël la repentance et le pardon des péchés » (Ac 5.31). « Dieu a donc accordé la repentance aussi aux païens, afin qu'ils aient la vie » (Ac 11.18). « Les païens se réjouissaient en entendant cela, ils glorifiaient la parole du Seigneur, et tous ceux qui étaient destinés à la vie éternelle crurent » (Ac 13.48). « Lydie […] écoutait. Et le Seigneur lui ouvrit le cœur, pour qu'elle soit attentive à ce que disait Paul » (Ac 16.14). « Apollos […] se rendit, par la grâce de Dieu, très utile à ceux qui avaient cru » (Ac 18.27).

Les premiers chrétiens ont cru au Seigneur Jésus, non pas en vertu de leur libre volonté, indépendante du Saint-Esprit, mais par la grâce même de Dieu. « Car il vous a été fait la grâce, par rapport à Christ, non seulement de croire en lui mais encore de souffrir pour lui » (Ph 1.29). Deux choses sont accordées aux croyants par pure grâce : le privilège de croire en lui et le privilège de souffrir pour lui. La foi elle-même est un don de Dieu. « Personne ne peut dire : Jésus est Seigneur ! si ce n'est par le Saint-Esprit » (1 Co 12.3). L'expression « Jésus est Seigneur » est une profession de foi. Personne ne peut prononcer de tout cœur une telle profession de foi si le Saint-Esprit n'a pas agi dans son cœur.

Nous avons déjà vu que la régénération est entièrement l'œuvre du Saint-Esprit dans nos cœurs. Il en découle que la foi est également l'œuvre de Dieu, et cela, non seulement quand nous commençons à croire, mais tout au long de notre vie. « Nous prions continuellement pour vous, afin que notre Dieu vous juge dignes de la vocation, et qu'il accomplisse par sa puissance tous les desseins bienveillants de sa bonté, et l'œuvre de votre foi » (2 Th 1.11). Ainsi donc, c'est Dieu qui nous offre son cadeau et c'est Dieu qui nous rend capables de le recevoir. Nous devrions remercier chaque jour le Seigneur pour la foi qu'il nous donne et reconnaître que « sa divine puissance nous a donné tout ce qui contribue à la vie et à la piété » (2 Pi 1.3).

Nous n'avons aucune raison de nous vanter

Il ne nous est pas possible de prétendre que Dieu a contribué à notre salut et que nous devons également y contribuer. « *Non pas même encore parce que Dieu donnerait seulement la puissance de croire, et qu'il attendrait ensuite que la volonté de l'homme y consente, ou croie de fait ; mais parce que lui-même qui opère et le vouloir et le faire – mieux encore, qui opère tout en tous – produit en l'homme et la volonté de croire et la foi elle-même* » (IV.14). Cet article fait allusion à cette parole où Paul exhorte les Philippiens à travailler à leur salut avec crainte et tremblement. « Car c'est Dieu qui produit en vous le vouloir et le faire selon son bon plaisir » (Ph 2.12,13).

Notre responsabilité de travailler à notre salut ne vient pas du fait que nous aurions une volonté libre et indépendante de Dieu, mais du fait que Dieu est puissamment en action dans nos vies. C'est le Saint-Esprit qui produit la volonté de croire et l'action de croire. C'est lui qui le fait à 100 %, selon sa décision éternelle. Nous avons alors la responsabilité de vivre par la foi et de faire tous nos efforts pour travailler à notre salut. Voilà la « logique » biblique qui dépasse toute logique humaine, mais qui est pleine de joie et de réconfort !

Même si la part de l'homme était de 0,1 % et que la part de Dieu était de 99,9 %, le problème serait le même. Le facteur décisif appartiendrait toujours à l'homme. C'est l'homme, en fin de compte, qui devrait recevoir les honneurs de son salut. Une telle idée n'est pas biblique. Elle prive Dieu de sa gloire et nous fait courir le danger de l'orgueil spirituel : « Regarde comment j'ai été sage. J'ai choisi Dieu. J'ai exercé ma libre volonté de croire. » Pas du tout ! « Car c'est par la grâce que vous êtes sauvés, par le moyen de la foi. Et cela ne vient pas de vous, c'est le don de Dieu. Ce n'est point par les œuvres, afin que personne ne se glorifie » (Ép 2.8,9).

Qu'est-ce qui constitue le don de Dieu dans ce passage ? Les arminiens disent que ce ne serait pas la foi, mais le salut. La foi serait seulement la réponse humaine qui accepte le don. Le problème avec cette idée est que, si la foi ne fait pas partie du don gratuit, le salut lui-même n'est plus un don gratuit. Peu importe comment on analyse ce verset, la foi est un don de Dieu. « Car c'est par la grâce que vous êtes sauvés, par le moyen de la foi », tout cela est un don de Dieu. Rien de cela ne peut être attribué à l'homme. Autrement, il y aurait quelque chose dont on pourrait se glorifier. Tout est le fruit de la grâce. Tout vient de Dieu, afin que personne ne se glorifie. « Que celui qui se glorifie se glorifie dans le Seigneur » (1 Co 1.31).

Nous avons la responsabilité de croire

Mais l'homme n'est-il pas responsable de croire ? Certainement ! « Or, sans la foi, il est impossible de lui être agréable » (Hé 11.6). « Repentez-vous, et croyez à la bonne nouvelle » (Mc 1.15). « Crois au Seigneur Jésus, et tu seras sauvé » (Ac 16.31). Ce n'est pas Dieu qui croit à notre place ; c'est nous qui devons croire pour être sauvés. Nous avons la grande responsabilité de croire.

Après avoir entendu la Parole de Dieu, nous ne devrions jamais nous dire : « Mais que reste-t-il à faire ? Je n'ai rien à faire. » Nous ne devrions jamais penser que nous pourrions rester assis et attendre pour voir ce qui va se passer en nous disant qu'un jour, peut-être, Dieu va nous donner la foi. « C'est une chose, au contraire, qui est tout près de toi, dans ta bouche et dans ton cœur, afin que tu la mettes en pratique » (De 30.14). Notre responsabilité est de croire, non d'attendre pour voir ce qui va se passer. Par ailleurs, reconnaissons que cette foi ne vient pas de nous. C'est un don de Dieu. Soyons éternellement reconnaissants au Seigneur pour ce don si magnifique et reposons-nous en Jésus seul, qui a entièrement accompli notre salut par pure grâce.

CHAPITRE 51

La bonne attitude à l'égard de la grâce de Dieu
Article IV.15

Dieu ne doit cette grâce à personne. Car que devrait-il à celui qui ne peut rien donner le premier, pour qu'il lui rende en retour ? Et que devrait-il donc à celui qui, de soi, n'a rien que péché et mensonge ? Celui qui reçoit cette grâce en doit donc éternellement rendre grâce à Dieu, et c'est bien ce qu'il fait. Celui qui ne la reçoit point : ou bien il ne se soucie nullement de ces choses spirituelles, et se plaît dans ce qui est sien, ou, étant sans souci, se glorifie en vain d'avoir ce qu'il n'a point.

Quant à ceux qui extérieurement font profession de foi chrétienne et amendent leur vie, il n'en faut juger et parler qu'en bien, à l'exemple des Apôtres, car le fond des cœurs nous est inconnu. Par contre, pour ceux qui n'ont pas encore été appelés, il faut prier Dieu qui appelle les choses qui ne sont point comme si elles étaient ; et il ne nous faut d'aucune manière nous enorgueillir contre eux, comme si nous nous étions distingués nous-mêmes.

— Canons de Dordrecht, *article IV.15*

Dieu ne doit sa grâce à personne

Quelle devrait être notre attitude à l'égard de la grâce de Dieu ? Plusieurs objectent en disant : « Ce n'est pas juste. Vous dites que Dieu accorde sa grâce à qui il veut. Dieu ne peut pas faire une telle chose ! » Ce genre d'attitude s'enracine dans l'idée que Dieu nous devrait quelque chose. Cependant, il n'est pas obligé de sauver qui que ce soit. « *Dieu ne doit cette grâce à personne. Car que devrait-il à celui qui ne peut rien donner le premier, pour qu'il lui rende en retour ?* » (IV.15.) Comment oserions-nous dire : « Dieu, tu me dois quelque chose » ? « Qui lui a donné le premier, pour qu'il ait à recevoir en retour ? » (Ro 11.35.)

Même avant l'entrée du péché dans le monde, il était impossible de prétendre une telle chose. Parmi tous les bienfaits qu'Adam possédait, qu'est-ce qu'il n'avait pas reçu de Dieu ? Le jardin ? Son épouse ? Sa propre vie ? Qu'est-ce qu'Adam aurait pu faire pour obliger Dieu à lui devoir quelque chose ? Rien du tout. Imaginez Adam allant récolter des fleurs pour les offrir à Dieu et lui dire : « Voilà Seigneur, maintenant tu me dois quelque chose. » Dieu aurait répondu : « Car le monde est à moi et tout ce qu'il renferme » (Ps 50.12). Ou bien, imaginez Adam, après sa journée de travail, disant au Seigneur : « Regarde tout ce que j'ai fait. Tu me dois maintenant quelque chose. » « Vous de même, quand vous avez fait tout ce qui vous a été ordonné dites : Nous sommes des serviteurs inutiles, nous avons fait ce que nous devions faire » (Lu 17.10). C'était le devoir d'Adam de servir Dieu dans le jardin. Dieu ne lui devait rien. Adam n'avait aucun droit d'exiger quelque chose de lui.

Il en est de même pour nous. Est-ce que je me suis moi-même donné la vie ? Non. Je suis vivant à cause de Dieu. Tout ce que j'ai, c'est Dieu qui me l'a donné. « Car en lui nous avons la vie, le mouvement, et l'être » (Ac 17.28). Dieu ne me doit absolument rien. Au contraire, c'est moi qui lui dois tout.

Maintenant que le péché est entré dans le monde, le problème est bien pire. Dieu nous doit encore moins. « *Et que devrait-il donc à celui qui, de soi, n'a rien que péché et mensonge ?* » (IV.15.) Dans le paradis, bien que n'y étant pas obligé, Dieu a fait avec nous une alliance d'amour. Nous l'avons alors rejeté et bafoué son amour. Par nature, tout ce que nous pouvons offrir à Dieu n'est rien d'autre que péché et mensonge.

Dieu nous doit-il quelque faveur à cause de cela ? Pas du tout ! C'est nous qui accumulons chaque jour une dette de plus en plus grande envers lui. Nous méritons la condamnation éternelle. « Car le salaire du péché c'est la mort » (Ro 6.23a). Dieu n'est certainement pas obligé de nous donner le salut. Ce qu'il y a de plus étonnant, c'est que Dieu donne gratuitement. « Mais le don gratuit de Dieu, c'est la vie éternelle en Jésus-Christ notre Seigneur » (Ro 6.23b). Alors, quelle devrait être notre attitude ?

Notre gratitude envers le Dieu de grâce

La seule réponse qui convient au don de la grâce est un cœur rempli de gratitude. « *Celui qui reçoit cette grâce en doit donc éternellement rendre grâce à Dieu* » (IV.15). Le fait que Dieu nous ait accordé sa miséricorde ne peut jamais être une raison de nous enorgueillir. C'est uniquement une raison d'avoir une plus grande humilité et davantage de reconnaissance envers notre Seigneur.

L'apôtre Paul a dit avec une profonde gratitude : « Je rends grâces à celui qui m'a fortifié, à Jésus-Christ notre Seigneur, de ce qu'il m'a jugé fidèle, en m'établissant dans le ministère, moi qui étais auparavant un blasphémateur, un persécuteur, un homme violent. Mais j'ai obtenu miséricorde, parce que j'agissais par ignorance, dans l'incrédulité ; et la grâce de notre Seigneur a surabondé, avec la foi et l'amour qui est en Jésus-Christ. C'est une parole certaine et entièrement digne d'être reçue, que Jésus-Christ est venu dans le monde pour sauver les pécheurs, dont je suis le premier » (1 Ti 1.12-15). Paul a eu l'humilité de confesser ses transgressions, et il a remercié Dieu du fond du cœur pour son si grand pardon.

Je suis tellement reconnaissant que Dieu ne m'ait pas traité comme je le méritais, mais qu'il ait donné son Fils afin que je reçoive son pardon et la vie éternelle. Jamais nous ne pourrons dire : « Dieu a fait énormément pour moi, mais j'en fais quand même beaucoup pour lui. » Nous avons envers lui une dette éternelle de reconnaissance. Nous ne devrions jamais servir Dieu avec lourdeur : « Ah ! je dois encore servir Dieu… C'est un peu pénible. Il me semble que j'ai déjà fait ma part. » Notre vie devrait être un service joyeux et plein de reconnaissance. « Je rends à mon Dieu de continuelles actions de grâces à votre sujet, pour la grâce de Dieu qui vous a été accordée en Jésus-Christ. Car en lui vous avez été comblés de toutes les richesses qui concernent la parole et la connaissance » (1 Co 1.4,5).

Quelle est l'attitude de celui qui n'a pas reçu la grâce ? « *Ou bien il ne se soucie nullement de ces choses spirituelles, et se plaît dans ce qui est sien, ou, étant sans souci, se glorifie en vain d'avoir ce qu'il n'a point* » (IV.15). Il y a des gens qui sont satisfaits d'eux-mêmes et qui pensent ne pas avoir de problème avec Dieu. « Tout va bien dans ma vie ; je n'ai pas besoin de Dieu. » Si nous vivons de la grâce de Dieu, nous ne pourrons jamais nous plaire en nous-mêmes ou penser que nous y sommes arrivés. « Ce n'est pas que j'aie déjà remporté le prix, ou que j'aie déjà atteint la perfection ; mais je cours, pour tâcher de le saisir, puisque moi aussi j'ai été saisi par Jésus-Christ » (Ph 3.12).

Ceux qui n'ont pas reçu la grâce ne se soucient pas de remercier Dieu et sont remplis d'orgueil. Ils pensent que leurs richesses viennent de leurs efforts et de leur sagesse. Le Seigneur a bien averti son peuple de ne pas tomber dans ce piège. « Garde-toi de dire en ton cœur : Ma force et la puissance de ma main m'ont acquis ces richesses. Souviens-toi de l'Éternel, ton Dieu, car c'est lui qui te donnera de la force pour les acquérir, afin de confirmer, comme il le fait aujourd'hui, son alliance qu'il a jurée à tes pères » (De 8.17,18).

Notre attitude remplie de grâce envers les autres

La grâce de Dieu transformera également notre attitude envers notre prochain. Quelle devrait être notre attitude envers ceux qui ont reçu la grâce de Dieu ? « *Quant à ceux qui extérieurement font profession de foi chrétienne et amendent leur vie, il n'en faut juger et parler qu'en bien, à l'exemple des Apôtres, car le fond des cœurs nous est inconnu* » (IV.15). Il est question ici d'un jugement de charité. Si quelqu'un se dit chrétien et que sa conduite est chrétienne, je dois l'accepter comme un croyant. Nous ne devrions jamais dire : « Tu ne dois pas être un enfant de Dieu, tu n'es peut-être pas élu. »

L'Église de Corinthe était remplie de problèmes graves. Pourtant, Paul s'est adressé à eux comme à des « saints » (1 Co 1.2), des croyants en Jésus-Christ. L'auteur de l'épître aux Hébreux avertit les destinataires de sa lettre du grave danger de s'éloigner de la foi (Hé 6). Pourtant, l'auteur continue en disant : « Quoique nous parlions ainsi, bien-aimés, nous attendons, pour ce qui vous concerne, des choses meilleures et favorables au salut » (Hé 6.9). Nous avons la responsabilité de traiter nos frères de manière favorable et avec grâce, à l'exemple des apôtres. Jésus a dit : « Ne jugez point, afin que vous ne soyez point jugés » (Mt 7.1). Mon attitude envers les autres chrétiens devrait démontrer que je ne mérite pas l'abondance de la grâce que Dieu m'a faite. Cela veut dire que je les accepte dans un esprit d'humilité. Je parle d'eux en bien, sans les condamner.

Quelle devrait être notre attitude envers ceux qui n'ont pas encore reçu la grâce de Dieu ? « *Par contre, pour ceux qui n'ont pas encore été appelés, il faut prier Dieu qui appelle les choses qui ne sont point comme si elles étaient ; et il ne nous faut d'aucune manière nous enorgueillir contre eux, comme si nous nous étions distingués nous-mêmes* » (IV.15). Paul nous exhorte à « faire des prières, des supplications, des requêtes, des actions de grâces, pour tous les hommes » (1 Ti 2.1). Si je suis reconnaissant pour la grâce que Dieu m'a faite, je vais prier pour qu'il accorde cette même grâce à d'autres pécheurs indignes comme moi. Gardons-nous de nous penser supérieurs aux autres ou de nous dire que, si Dieu nous a choisis, c'est parce que nous aurions des qualités que d'autres n'ont pas. « Qu'as-tu que tu n'aies reçu ? Et si tu l'as reçu, pourquoi te glorifies-tu, comme si tu ne l'avais pas reçu ? » (1 Co 4.7.)

Quand on voit un certain progrès chez une personne, on peut être tenté de dire : « Cette personne ne croit pas encore, mais je suis certain qu'elle va croire un jour. C'est une bonne personne. » Voilà encore de l'orgueil qui attribue le salut à nos œuvres ! Ou bien : « Cette autre personne ne croit pas encore, mais c'est peine perdue. Il n'y a rien à faire avec elle. » Ce n'est pas à nous de dire qu'un tel est un bon candidat au salut et pas un autre. La grâce de Dieu est surnaturelle, puissante et surprenante. « Dieu, qui donne la vie aux morts, [...] appelle les choses qui ne sont point comme si elles étaient » (Ro 4.17). Si Dieu a réussi son œuvre de grâce dans la vie de pécheurs perdus comme nous, croyons qu'il le fera aussi dans la vie d'autres pécheurs perdus. Que le Seigneur fasse de nous des gens remplis de gratitude envers notre Dieu de grâce et qu'il nous rende capables de démontrer la même grâce envers les autres !

CHAPITRE 52

La volonté humaine n'est pas niée, mais restaurée

Article IV.16

Or, de même que par la chute, l'homme n'a pas cessé d'être homme, doué d'entendement et de volonté, et que le péché qui s'est répandu dans tout le genre humain, n'a pas aboli la nature du genre humain, mais l'a dépravée et tuée spirituellement ; de même, cette grâce divine de la régénération n'agit point dans les hommes comme dans des troncs et des souches de bois ; elle n'annihile pas davantage la volonté et ses propriétés, ni ne la force ou contraint contre son gré. Au contraire, elle la vivifie spirituellement, la guérit, corrige et fléchit, aussi doucement que puissamment, afin que là où auparavant dominaient pleinement la rébellion et la résistance de la chair commence à régner désormais la prompte et sincère obéissance de l'esprit en quoi consistent le véritable et spirituel rétablissement et la liberté de notre volonté.

C'est pourquoi, si cet admirable Artisan de tout bien n'agissait de la sorte envers nous, il ne resterait à l'homme aucune espérance de se relever de la chute au moyen du libre arbitre par lequel, alors qu'il était encore debout, il s'est précipité dans la perdition.

— Canons de Dordrecht, *article IV.16*

La régénération est entièrement l'œuvre de Dieu. La puissance du Saint-Esprit est efficace pour renverser toute résistance chez un pécheur rebelle et produire la foi et la conversion. Cela veut-il dire que la puissance du Saint-Esprit forcerait les gens contre leur volonté ? Ou bien l'homme serait-il inerte comme une roche et subirait-il passivement sa conversion ? Les arminiens ont soulevé cette objection contre la doctrine réformée de la grâce souveraine. L'article IV.16 répond admirablement. Il évoque l'œuvre du Saint-Esprit dans la conversion du pécheur de manière respectueuse et glorieuse. Le Saint-Esprit n'écrase pas la volonté humaine, il la restaure.

L'homme déchu conserve sa volonté

Si tout dépend de la grâce souveraine de Dieu, que reste-t-il de la volonté de l'homme et de sa capacité à prendre des décisions ? L'homme est-il un robot ou une marionnette ? En disant cela, on fait de la doctrine réformée une caricature ridicule. On suppose que les êtres humains pécheurs seraient sans intelligence ni volonté et qu'ils n'auraient pas la capacité de penser, de choisir ou d'agir. En réponse, nous disons que, même après la chute, « *l'homme n'a pas cessé d'être homme, doué d'entendement et de volonté, [...] le péché qui s'est répandu dans tout le genre humain, n'a pas aboli la nature du genre humain, mais l'a dépravée et tuée spirituellement* » (IV.16). Nous ne sommes pas devenus des animaux ou des troncs d'arbres. Nous sommes toujours des humains, avec la faculté de penser, de vouloir et d'agir.

Quand nous disons que l'homme ne peut pas venir à la foi par l'exercice de sa volonté, cela ne veut pas dire qu'il n'a pas de volonté. Il la conserve mais, étant désormais un ennemi de Dieu, celle-ci est tordue, tournée contre le Seigneur. « Car l'affection de la chair est inimitié contre Dieu, parce qu'elle ne se soumet pas à la loi de Dieu, et qu'elle ne le peut même pas » (Ro 8.7). L'homme naturel ne peut pas et ne veut pas aimer Dieu, mais il garde toujours une volonté. Son inimitié contre Dieu est une rébellion active, une haine volontaire. Il utilise toute la force, toutes les facultés que Dieu lui a données pour les diriger contre Dieu. Quand Dieu vient faire son œuvre de régénération, il prend tout cela en considération. Il ne nous traite pas comme des marionnettes, mais comme des personnes responsables, douées d'intelligence, de sentiments et de volonté. « Lorsque nous étions ennemis, nous avons été réconciliés avec Dieu » (Ro 5.10).

Dieu régénère cette volonté rebelle

Comment le Saint-Esprit agit-il exactement sur notre volonté ? « *De même, cette grâce divine de la régénération n'agit point dans les hommes comme dans des troncs et des souches de bois ; elle n'annihile pas davantage la volonté et ses propriétés, ni ne la force ou contraint contre son gré. Au contraire, elle la vivifie spirituellement, la guérit, corrige et fléchit, aussi doucement que puissamment* » (IV.16). Quand Dieu vient faire son œuvre de régénération, il ne nous traite pas comme des roches, comme si nous étions neutres devant lui. Le Saint-Esprit ne nie pas notre volonté, ne la détruit pas, ne la casse pas ; il la régénère. Dieu agit dans le cœur de ceux qui sont ses ennemis pour que notre volonté, qui était orientée contre lui, soit réorientée vers lui. David a prié : « Ô Dieu, crée en moi un cœur pur, renouvelle en moi un esprit bien disposé. Ne me rejette pas loin de ta face, ne me retire pas ton Esprit saint » (Ps 51.12,13). David reconnaissait qu'il dépendait entièrement de la grâce de Dieu. Il avait absolument besoin de l'action du Saint-Esprit dans son cœur pour que son esprit, ses pensées et sa volonté soient bien disposés.

Ainsi, Dieu change notre volonté de l'intérieur avec douceur, puissance et amour. « L'amour de Dieu est répandu dans nos cœurs par le Saint-Esprit qui nous a été donné » (Ro 5.5). Un maçon doit parfois casser des briques ou tailler des pierres pour qu'elles puissent entrer au bon endroit selon son plan de construction. Dieu n'agit pas ainsi avec nous. Son œuvre du salut est absolument magnifique. Elle ne consiste pas à casser notre volonté pour que nous puissions entrer dans son plan, mais à la plier et à la restaurer.

Nous devrions en tirer des leçons importantes, que ce soit dans notre façon d'éduquer nos enfants ou dans notre façon de prêcher à l'Église. Nous risquons souvent d'être trop mous ou trop durs envers ceux qui sont confiés à nos bons soins. L'Église de Dieu en général et nos enfants en particulier doivent être dirigés vers l'amour, la grâce du Seigneur et l'obéissance au Seigneur d'une manière à la fois douce et puissante. Nous désirons parfois des changements immédiats et radicaux dans la vie des autres ; d'autres fois, au contraire, nous perdons tout espoir de changement et nous baissons les bras. Le Seigneur, lui, agit avec une force tranquille, sans fanfare ni trompette, mais avec beaucoup d'efficacité. « Ce n'est ni par la puissance ni par la force, mais c'est par mon Esprit, dit l'Éternel des armées » (Za 4.6).

Puisque Dieu ne détruit pas notre volonté mais la restaure, il nous tient responsables. « Ainsi, mes bien-aimés, [...] mettez en œuvre votre salut avec crainte et tremblement. [...] Car c'est Dieu qui produit en vous le vouloir et le faire selon son bon plaisir » (Ph 2.12,13). La Bible ne laisse aucune place à la passivité. La passivité, c'est l'attitude de celui qui se dit : « Je suis incapable de faire quoi que ce soit pour mon salut. Je dois attendre que le Seigneur agisse. » Le Seigneur nous adresse au contraire de nombreuses exhortations : « Crois, viens, entre dans mon repos, tourne-toi vers moi, écoute ma parole, éloigne-toi du péché, crois en Jésus-Christ et tu seras sauvé. »

De même, nous sommes responsables d'annoncer l'Évangile. Il ne nous est pas permis de dire : « Les gens sont morts spirituellement ; que pouvons-nous faire ? » Oui, certainement, ils sont morts spirituellement. La seule façon pour eux d'être sauvés est d'être transformés en profondeur par la grâce souveraine de Dieu. Ils demeurent toutefois responsables. Ils ont une volonté, une intelligence, des émotions. Ils doivent entendre l'Évangile et nous devons leur en parler. Dieu agit envers nous comme avec des gens responsables qui ont une volonté ayant besoin d'être vivifiée, guérie, corrigée, fléchie, restaurée.

Le résultat de cette régénération

L'œuvre régénératrice du Saint-Esprit produit un changement remarquable. « *Afin que là où auparavant dominaient pleinement la rébellion et la résistance de la chair commence à régner désormais la prompte et sincère obéissance de l'esprit en quoi consistent le véritable et spirituel rétablissement et la liberté de notre volonté* » (IV.16). Par la grâce de Dieu, notre rébellion est remplacée par une obéissance sincère. Notre résistance fait place au commencement d'une nouvelle obéissance.

« Mais vous, ce n'est pas ainsi que vous avez appris Christ, [...] et si, conformément à la vérité qui est en Jésus, c'est en lui que vous avez été instruits à vous dépouiller, par rapport à votre vie passée, du vieil homme qui se corrompt par les convoitises trompeuses, à être renouvelés dans l'esprit de votre intelligence, et à revêtir l'homme nouveau, créé selon Dieu dans une justice et une sainteté que produit la vérité » (Ép 4.20-24). Cette parole est suivie de plusieurs exhortations : à rejeter le mensonge, à vivre honnêtement, etc.

Quand nous sommes renouvelés intérieurement par l'Esprit, nous commençons à éprouver le nouveau désir de plaire au Seigneur et de vivre d'une nouvelle façon. C'est là l'œuvre que Dieu accomplit en nous, qui nous amène à désirer vivre pour Dieu. Aucun chrétien ne va dire : « Non, je ne veux pas servir Dieu, je ne veux pas être chrétien. » La grâce merveilleuse de Dieu, qui est active dans la volonté humaine, nous amène à vouloir servir Dieu de tout notre cœur. Cette œuvre de transformation est un processus qui s'étend durant toute notre vie.

Nous vivons encore bien des luttes, et la nature pécheresse est toujours là. Nous sommes loin d'être parfaits ! Cette obéissance sincère ne fait que « commencer à régner », mais elle règne de sorte qu'au milieu des attaques du diable, du péché et de notre propre chair, nous commençons à goûter la victoire. Nous avons constamment besoin de regarder vers Jésus-Christ pour le pardon des péchés qui nous restent. Nous voulons toutefois obéir au Seigneur, sachant que c'est la grâce de Dieu qui opère en nous le vouloir et le faire.

Si le Seigneur nous abandonnait à nous-mêmes, nous serions à jamais perdus. Si l'acceptation du salut dépendait de notre libre volonté, nous serions sans espoir. « *Si cet admirable Artisan de tout bien n'agissait de la sorte envers nous, il ne resterait à l'homme aucune espérance de se relever de la chute au moyen du libre arbitre par lequel, alors qu'il était encore debout, il s'est précipité dans la perdition* » (IV.16). La volonté humaine ne peut se détourner de ses mauvaises voies et se tourner vers Dieu que par la grâce souveraine de Dieu. Le Seigneur nous change progressivement. Il fléchit notre volonté avec douceur et puissance afin d'accomplir le but qu'il s'était fixé. Rendons gloire à Dieu pour l'œuvre de régénération qu'il accomplit seul et qui produit en nous « *le véritable et spirituel rétablissement et la liberté de notre volonté* » (IV.16).

CHAPITRE 53

Dieu utilise des moyens pour produire la régénération
Article IV.17

Et de même que cette toute-puissante opération de Dieu, par laquelle il produit et soutient notre propre vie naturelle, n'exclut pas, mais requiert l'usage des moyens par lesquels Dieu, selon sa sagesse et bonté infinies, a voulu déployer sa propre puissance ; de même, l'opération surnaturelle de Dieu, par laquelle il nous régénère, n'exclut ni ne renverse aucunement l'usage de l'Évangile, que ce Dieu très sage a ordonné pour être la semence de la régénération et la nourriture de nos âmes.

C'est pourquoi, comme les Apôtres et les Docteurs qui les ont suivis ont pieusement enseigné le peuple concernant cette grâce de Dieu, c'est-à-dire à sa gloire et à l'abaissement de tout orgueil humain, sans toutefois négliger de le maintenir, par les saintes admonitions de l'Évangile, dans la pratique de la Parole, des Sacrements et de la discipline : ainsi, qu'il n'advienne jamais que ceux qui enseignent, ou ceux qui apprennent dans l'Église, présument de tenter Dieu, en séparant les choses que Dieu, selon son bon plaisir, a voulu être très étroitement conjointes. Car la grâce est conférée par les exhortations ; et donc, plus promptement nous faisons notre ministère, plus est manifeste le bienfait de Dieu besognant en nous, et plus son œuvre est alors excellente. Et c'est à ce Dieu seul qu'est due, aux siècles des siècles, toute la gloire, celle des moyens, et celle de leur fruit et de leur efficacité salutaire. Amen.

— Canons de Dordrecht, *article IV.17*

Nous avons vu que notre salut est entièrement l'œuvre de la grâce. La régénération est un don de Dieu accompli uniquement par le Saint-Esprit. Cependant, à cause de notre raisonnement souvent tordu, nous pourrions être tentés de dire : « Pourquoi nous soucier d'annoncer l'Évangile ? Pourquoi nous efforcer de prêcher la Parole ? Pourquoi faire l'effort de lire la Bible ? Pourquoi nous efforcer d'éduquer nos enfants dans la foi ? Le Seigneur va s'occuper de tout cela. Son plan va se réaliser de toute façon. » Une telle attitude passive et fataliste est contraire à la Parole de Dieu.

L'article IV.17 nous rappelle que la souveraineté de Dieu dans l'accomplissement de notre salut inclut l'usage de moyens et que nous sommes responsables de nous servir de ces moyens. Le fait que je sois un enfant de Dieu dépend uniquement de sa grâce. Toutefois, Dieu, dans sa grâce souveraine, s'est servi de moyens : mes parents, dans une certaine mesure ; des amis qui m'ont parlé de l'Évangile ; des gens qui ont prié pour moi, qui m'ont interpellé et qui m'ont encouragé ; des livres qui m'ont aidé à comprendre ; et surtout la prédication de la Parole. Dieu se sert de tous ces moyens, et cela ne le rend pas moins souverain.

Dieu se sert de moyens pour soutenir notre vie naturelle

L'article IV.17 compare notre vie spirituelle à notre vie physique. Nous croyons que Dieu, dans sa providence, pourvoit admirablement à nos besoins physiques. « *Cette toute-puissante opération de Dieu, par laquelle il produit et soutient notre propre vie naturelle n'exclut pas, mais requiert l'usage des moyens par lesquels Dieu, selon sa sagesse et bonté infinies, a voulu déployer sa propre puissance* » (IV.17). Dieu se sert de moyens pour me garder en vie. J'ai besoin de nourriture et d'oxygène. Le pain que j'ai mangé ce matin, c'est ma femme qui l'a fait cuire. La farine qu'elle a utilisée vient de l'épicerie. Le blé a été cultivé par un producteur agricole qui dépend du soleil et de la pluie. Nous croyons que toutes ces choses nous sont données par Dieu. « Craignons l'Éternel, notre Dieu, qui donne la pluie en son temps [...] et qui nous réserve les semaines destinées à la moisson » (Jé 5.24).

Dieu n'est pas obligé d'utiliser ces moyens. Il est parfaitement capable de nous faire vivre sans aucune nourriture ; il l'a fait avec Moïse sur la montagne. « Moïse fut là avec l'Éternel quarante jours et quarante nuits. Il ne mangea point de pain, et il ne but point d'eau » (Ex 34.28). Son Père a pris soin de lui. Dieu aurait pu choisir de nous faire vivre sans nourriture. Toutefois, dans son bon plaisir souverain, il a choisi de se servir du système solaire, de l'agriculture et de notre système digestif pour que nous ayons les aliments nécessaires à notre vie. Ce serait de la folie de dire que, si Dieu veut que je vive, il va me garder en vie même si j'arrête de manger. Ce serait tenter Dieu, ce serait lui dire : « Je te mets au défi de me montrer ta puissance et de prendre soin de moi de cette façon spéciale. » Dieu prend déjà soin de nous au moyen de la nourriture qu'il nous donne si abondamment. Si nous refusons de nous servir des moyens qu'il a bien voulu nous fournir, nous allons mourir. Le domaine naturel nous instruit beaucoup sur le domaine spirituel.

Dieu utilise l'Évangile pour nous régénérer

« *De même, l'opération surnaturelle de Dieu, par laquelle il nous régénère, n'exclut ni ne renverse aucunement l'usage de l'Évangile, que ce Dieu très sage a ordonné pour être la semence de la régénération et la nourriture de nos âmes* » (IV.17). Dieu est tout-puissant ; il est capable de faire naître la vie spirituelle à partir de rien. Jésus a dit : « De ces pierres-ci Dieu peut susciter des enfants à Abraham » (Mt 3.9). Cependant, Dieu ne nous traite pas comme si nous étions « *des troncs et des souches de bois* » (IV.16). Il nous traite comme des gens ayant une intelligence et une volonté. Dans sa sagesse, il a décidé de nous sauver en se servant de moyens.

Paul a dit : « J'ai planté, Apollos a arrosé, mais Dieu a fait croître » (1 Co 3.6). Dieu n'a pas fait croître spontanément. Il s'est servi de la prédication de Paul et d'Apollos. « Vous avez été régénérés, non par une semence corruptible, mais par une semence incorruptible, par la parole vivante et permanente de Dieu » (1 Pi 1.23). La régénération est produite par la puissante semence de la Parole de Dieu. « Cette parole est celle qui vous a été annoncée par l'Évangile » (1 Pi 1.25). Voilà le moyen que Dieu utilise dans sa souveraineté glorieuse pour nous donner la vie nouvelle. « Il nous a engendrés selon sa volonté, par la parole de vérité, afin que nous soyons en quelque sorte les prémices de ses créatures » (Ja 1.18).

Comment cette nouvelle naissance se produit-elle ? Par la Parole de vérité. « Comment donc invoqueront-ils celui en qui ils n'ont pas cru ? Et comment croiront-ils en celui dont ils n'ont pas entendu parler ? Et comment en entendront-ils parler, s'il n'y a personne qui prêche ? Et comment y aura-t-il des prédicateurs, s'ils ne sont pas envoyés ? [...] Ainsi la foi vient de ce qu'on entend et ce qu'on entend vient de la parole de Christ » (Ro 10.14,15,17). Ainsi donc, Dieu nous régénère quand il veut, mais il le fait en se servant du moyen de l'Évangile.

Il est nécessaire de prêcher l'Évangile et d'être à son écoute

Nous avons donc la responsabilité d'utiliser les moyens que Dieu nous fournit pour nous faire naître et grandir dans la foi. « Je t'en conjure devant Dieu et devant Jésus-Christ, qui doit juger les vivants et les morts, et au nom de son avènement et de son royaume, prêche la parole, insiste en toute occasion, favorable ou non, reprends, censure, exhorte, avec toute douceur et en instruisant » (2 Ti 4.1,2). Puisque le Saint-Esprit a choisi de se servir de la prédication, il est absolument nécessaire de prêcher la Parole de Dieu. Il est également nécessaire de se mettre à son écoute.

Plusieurs ont perdu confiance dans la puissance de la Parole de Dieu et veulent remplacer la prédication par des artifices ou des méthodes nouvelles. D'autres négligent la lecture de la Bible et l'écoute de la prédication, car ils se disent : « Dieu va prendre soin de moi quand même. » Tout cela revient à tenter Dieu et à le mettre au défi, alors que, dans sa grâce souveraine, il a bien voulu nous donner la nourriture spirituelle dont notre âme a besoin. « *Ainsi, qu'il n'advienne jamais que ceux qui enseignent, ou ceux qui apprennent dans l'Église, présument de tenter Dieu, en séparant* les choses que Dieu, selon son bon plaisir, a voulu être très étroitement conjointes » (IV.17).

Les prédicateurs de l'Évangile ont un immense privilège. Ils se servent du moyen que Dieu a choisi pour faire grandir spirituellement son peuple. « *Car la grâce est conférée par les exhortations ; et donc, plus promptement nous faisons notre ministère, plus est manifeste le bienfait de Dieu besognant en nous, et plus son œuvre est alors excellente* » (IV.17). Mieux nous prêcherons l'Évangile et mieux se réalisera l'œuvre de Dieu en nous et dans son Église. Pour nous tous, c'est un grand réconfort de savoir de quelle manière Dieu agit. Nous savons maintenant ce dont nous avons besoin, ce que nous devrions rechercher, ainsi que la direction dans laquelle nous devrions orienter les gens. Vers la proclamation de son glorieux Évangile dans l'Église du Dieu vivant. Car « c'est la puissance de Dieu pour le salut de quiconque croit » (Ro 1.16).

Nous n'avons pas à chercher des secrets cachés loin dans le ciel ou enfouis dans les profondeurs de la terre. La Parole de Dieu n'est pas hors de notre portée. « C'est une chose, au contraire, qui est tout près de toi, dans ta bouche et dans ton cœur » (De 30.14). Vers quoi faut-il se tourner pour être sauvé ? Vers sa Parole qui est ici, sur terre, tout près de nous, dans notre bouche. Plus nous nous en servirons, mieux se portera notre santé spirituelle. Il est très bon de lire la Bible en famille, de la méditer, d'en discuter ensemble, de l'étudier à l'Église. « Combien j'aime ta loi ! Elle est tout le jour l'objet de ma méditation. [...] Ta parole est une lampe à mes pieds, et une lumière sur mon sentier » (Ps 119.97,105). Voilà comment le Seigneur nous donnera la direction dont nous avons besoin pour nos vies. Mais si la Bible reste fermée, comment pourra-t-elle nous éclairer ? Si nous négligeons de manger cette nourriture, il est certain que nous allons dépérir spirituellement.

Toute la gloire revient à Dieu seul

En conclusion, « *c'est à ce Dieu seul qu'est due, aux siècles des siècles, toute la gloire, celle des moyens, et celle de leur fruit et de leur efficacité salutaire* » (IV.17). La gloire revient à Dieu seul. Cela demeure vrai aussi bien pour les moyens qu'il nous donne (la nourriture, sa Parole, la prédication, l'Église, etc.) que pour les fruits qu'ils produisent efficacement dans nos vies. Oui, le salut est entièrement l'œuvre de Dieu, et c'est lui seul qui est digne d'en recevoir toute la gloire. « Or, à celui qui peut vous préserver de toute chute et vous faire paraître devant sa gloire irréprochables et dans l'allégresse, à Dieu seul, notre Sauveur, par Jésus-Christ notre Seigneur, soient gloire, majesté, force et puissance, dès avant tous les temps, et maintenant, et dans tous les siècles ! Amen ! » (Jud 1.24,25.)

CHAPITRE 54

Noms et concepts se rapportant à la conversion[1]

Appel efficace : C'est l'appel extérieur rendu efficace et appliqué dans les cœurs des élus de Dieu par le Saint-Esprit pour leur salut (voir IV.10,11).

Appel extérieur : Le travail de l'Église de présenter l'Évangile, offrant Jésus-Christ aux pécheurs avec le commandement d'y venir par la foi et avec la promesse du pardon et de la vie éternelle pour tous ceux qui viennent (voir IV.8).

Augustin : Évêque et théologien nord-africain contemporain de Pélage (354-430) qui a combattu Pélage et ses faux enseignements. Augustin enseignait le « péché originel » et le salut par la seule grâce du Dieu souverain.

Conversion : L'acte conscient du pécheur régénéré qui fait que, par la grâce de Dieu, il se détourne de ses péchés et se tourne vers Dieu dans la repentance et la foi.

---

1. Pour ce chapitre, voir John A. Bouwers, *The Golden Chain of Our Salvation* [La chaîne d'or de notre salut], polycopié, 2000, p. 134, 141, 150, 158.

Érasme de Rotterdam : Prêtre humaniste et théologien néerlandais de la Renaissance (1469-1536) qui a critiqué l'Église romaine mais n'a pas adhéré à la Réforme parce qu'il enseignait le libre arbitre.

Foi : L'acte conscient du pécheur régénéré qui fait que, par la grâce de Dieu, il regarde vers Jésus-Christ. C'est une connaissance certaine par laquelle nous tenons pour vrai tout ce que Dieu révèle dans sa Parole ainsi qu'une confiance du cœur qui nous assure le pardon des péchés en Jésus-Christ.

Grâce irrésistible : L'œuvre salvatrice du Saint-Esprit dans le cœur des pécheurs élus pour les faire passer de la mort à la vie afin qu'ils soient irrésistiblement attirés vers Jésus-Christ. C'est le sujet du quatrième point de doctrine des *Canons de Dordrecht*.

Grâce prévenante : L'enseignement non biblique arminien, développé ensuite par John Wesley, selon lequel Dieu donnerait à tous les hommes une sorte de grâce qui « vient avant », non pour les sauver, mais pour que chacun ait la possibilité de venir à Jésus-Christ selon sa propre libre volonté. Cette grâce annulerait en quelque sorte les effets du péché originel et permettrait à l'homme de participer à son salut.

Hyper-calvinisme : Une erreur qui amène les gens à porter leur attention sur l'élection d'une manière non biblique en négligeant de prendre en considération la responsabilité humaine enseignée dans la Bible.

Hypocrite religieux : Une personne qui prétend être chrétienne, qui est peut-être capable de tromper les gens, mais dont le cœur est loin de Dieu.

Luther, Martin : Réformateur allemand (1483-1546) qui s'est opposé au système des indulgences préconisé par l'Église romaine pour acheter son salut ainsi qu'à la notion du libre arbitre enseignée par Érasme. Il a enseigné la justification par la foi seule et a souligné la nécessité de la faveur gratuite de Dieu dans la conversion du pécheur.

Pélage : Moine breton (environ 350-420) qui a été condamné comme hérétique pour avoir nié la doctrine du péché originel (il enseignait que les hommes naissent innocents et deviennent pécheurs seulement par imitation). Il croyait en la libre volonté de l'homme, de telle sorte que celui-ci, dans sa bonté, serait capable de choisir Dieu par lui-même et que la grâce serait nécessaire seulement pour aider.

Régénération : L'œuvre de Dieu par laquelle la vie nouvelle est implantée dans le cœur de l'homme, transformant ce cœur de pierre en cœur de chair et nous faisant naître de nouveau, de telle sorte qu'il est certain que nous venons à Jésus-Christ.

Repentance : L'acte conscient du pécheur régénéré qui, par la grâce de Dieu, se détourne de ses péchés, qu'il déteste et perçoit comme une offense contre Dieu.

Wesley, John : Pasteur et prédicateur anglais (1703-1791) qui rompit avec l'Église anglicane et fut à l'origine du méthodisme et d'un grand réveil spirituel. De conviction arminienne, il a enseigné et développé la notion de la « grâce prévenante ».

V. LA PERSÉVÉRANCE

CHAPITRE 55

Les saints sont libérés du péché, mais pas entièrement
Article V.1

> *Ceux que Dieu appelle selon son immuable dessein à la communion de son Fils, notre Seigneur Jésus-Christ, et régénère par son Saint-Esprit, il les délivre vraiment de la domination et de la servitude du péché durant cette vie, mais pas entièrement de la chair et de ce corps de péché.*
>
> — Canons de Dordrecht, *article V.1*

Nous arrivons au cinquième et dernier point de doctrine des *Canons de Dordrecht*. Cette dernière section porte sur la persévérance des saints. Ce sujet est l'un des plus beaux de toute la Bible. Il nous parle de la fidélité de Dieu, qui va conduire ses enfants jusque dans la gloire éternelle. Nous persévérons dans notre amour pour lui, car il persévère dans son amour pour nous.

La persévérance des saints : un sujet plein de réconfort

Encore une fois, Dordrecht répond aux erreurs des arminiens. Ces derniers enseignent que les chrétiens peuvent tenir ferme face aux attaques du diable et persévérer dans la foi jusqu'à la fin, pourvu qu'ils utilisent les moyens que Dieu leur a donnés. En d'autres termes, notre victoire finale dépendrait de ce que nous faisons des ressources que Dieu met à notre disposition. Ce faux enseignement n'est pas simplement une erreur théologique ; il nous prive du puissant réconfort qui appartient aux enfants de Dieu. Nous ne pourrions jamais être certains de notre salut, car en fin de compte, notre persévérance dépendrait de nous. Voilà qui ternit la gloire de Dieu et assombrit la certitude de notre salut.

La Bible enseigne au contraire que les enfants de Dieu vont persévérer jusqu'à la fin parce que Dieu est fidèle. « Il vous affermira aussi jusqu'à la fin, pour que vous soyez irréprochables au jour de notre Seigneur Jésus-Christ. Dieu est fidèle, lui qui vous a appelés à la communion de son Fils, Jésus-Christ notre Seigneur » (1 Co 1.8,9). La persévérance des saints signifie que Dieu est fidèle à ses promesses et à son alliance jusqu'au bout. Il va nous conduire et nous protéger pour que nous puissions persévérer jusqu'à la fin.

Il ne s'agit pas simplement de déterminer qui a raison ou tort ni d'étudier froidement un sujet théologique complexe qui n'a pas grand-chose à voir avec nos vies. Au contraire, l'enseignement fidèle de la Parole de Dieu résumé dans ces *Canons* est un puissant encouragement pour notre vie chrétienne, en même temps qu'il sert à la plus grande gloire de Dieu. Dans nos luttes quotidiennes contre le péché, au milieu du combat de la vie chrétienne, le Seigneur nous appelle à croire que jamais il ne va nous abandonner, qu'il nous tient pour toujours dans sa main et que rien « ne pourra nous séparer de l'amour de Dieu en Jésus-Christ notre Seigneur » (Ro 8.39).

L'œuvre de Dieu dans la vie des saints

Nous parlons de la persévérance des saints, mais qui sont « les saints » ? L'article V.1 nous dit que ce sont « *ceux que Dieu appelle selon son immuable dessein à la communion de son Fils, notre Seigneur Jésus-Christ, et régénère par son Saint-Esprit* ». Cela nous rappelle beaucoup de choses que nous avons vues jusqu'à maintenant. Nous parlons du dessein de Dieu le Père. Cela nous rappelle la première section au sujet de l'élection inconditionnelle, sans aucune considération de nos œuvres. Nous parlons de son Fils Jésus-Christ. Cela nous rappelle la deuxième section au sujet de la rédemption des élus par son sang. Nous parlons de la régénération par son Saint-Esprit. Cela nous rappelle les troisième et quatrième sections au sujet de notre corruption totale et de la conversion miraculeuse produite par le Saint-Esprit.

Une personne n'est pas sainte grâce à ce qu'elle aurait fait, mais grâce à ce que Dieu a fait pour elle. Nous ne sommes pas saints parce que nous avons choisi Dieu, parce que nous avons donné notre vie au Seigneur ou pris l'initiative d'ouvrir notre cœur au Saint-Esprit. Nous sommes saints parce que Dieu nous a choisis depuis toute éternité, parce que Jésus-Christ a donné sa vie pour nous et parce que le Saint-Esprit a pris l'initiative de nous régénérer.

Voilà pourquoi nous allons persévérer ! Il nous a appelés selon son dessein immuable. Cela veut dire que les plans de Dieu ne changent pas. Depuis toute éternité, il s'est fixé un but et il parviendra sans nul doute à ce but. « Et ceux qu'il a prédestinés, il les a aussi appelés, et ceux qu'il a appelés, il les a aussi justifiés ; et ceux qu'il a justifiés, il les a aussi glorifiés » (Ro 8.30). Jésus a donné sa vie pour ses brebis afin de les garder pour toujours. « Or, la volonté de celui qui m'a envoyé, c'est que je ne perde aucun de tous ceux qu'il m'a donnés, mais que je les ressuscite au dernier jour » (Jn 6.39). « Je leur donne la vie éternelle ; et elles ne périront jamais, et personne ne les ravira de ma main » (Jn 10.28).

Le Saint-Esprit nous a régénérés et va certainement terminer l'œuvre qu'il a commencée en ses enfants. « Je suis persuadé que celui qui a commencé en vous cette bonne œuvre la rendra parfaite pour le jour de Jésus-Christ » (Ph 1.6). Nous, les humains, sommes souvent remplis de bonnes intentions que nous ne mettons pas à exécution. Dieu, lui, accomplit ce qu'il a décidé de faire et termine ce qu'il a commencé.

Ils sont délivrés de la servitude du péché

Certains pensent que la doctrine de la persévérance des saints est un billet gratuit pour le ciel, quelle que soit la façon dont nous vivons. On pourrait simplement se dire chrétien et être certain d'aller au ciel. « Invitez Jésus dans votre cœur, et vous irez au ciel même si vous continuez à vivre dans le péché. » Une telle idée est tout à fait contraire aux Écritures. « Ceux qui me disent : Seigneur, Seigneur ! n'entreront pas tous dans le royaume des cieux, mais seulement celui qui fait la volonté de mon Père qui est dans les cieux » (Mt 7.21).

Quelles sont les caractéristiques de ceux qui sont saints ? Ils vivent « en communion avec son Fils ». Alors, si tel est le cas, comment continuer à vivre en communion avec le monde et les ténèbres ? « Car quel rapport y a-t-il entre la justice et l'iniquité ? ou qu'y a-t-il de commun entre la lumière et les ténèbres ? Quel accord y a-t-il entre Christ et Bélial ? ou quelle part a le fidèle avec l'infidèle ? » (2 Co 6.14,15.) Si nous sommes en communion avec le Christ, nous ne pouvons plus vivre en communion avec le péché. Les saints sont « régénérés par son Saint-Esprit ». Ils sont renouvelés intérieurement. Dieu a commencé une œuvre décisive dans leur vie. « *Il les délivre vraiment de la domination et de la servitude du péché durant cette vie* » (V.1).

Le péché est un tyran cruel. Personne n'a le pouvoir de s'en libérer par lui-même. Le Seigneur Jésus nous en a libérés. « Mais grâces soient rendues à Dieu de ce que, après avoir été esclaves du péché, vous avez obéi de cœur à la règle de doctrine dans laquelle vous avez été instruits. Ayant été affranchis du péché, vous êtes devenus esclaves de la justice » (Ro 6.17,18). Nous étions esclaves du péché. Nous avons été libérés de ce terrible esclavage pour être libres de servir Dieu.

Il ne s'agit pas d'une promesse pour l'avenir, mais d'une réalité présente dans la vie des croyants, tout comme Israël avait été puissamment libéré de l'esclavage de l'Égypte. La domination du péché ne nous retient plus captifs. « Si donc le Fils vous affranchit, vous serez réellement libres » (Jn 8.36). En dehors de Jésus-Christ, nous prenons plaisir au péché et nous en sommes prisonniers. Toutefois, désormais nés de nouveau, nous n'en sommes plus esclaves. Notre cœur a été transformé par le Saint-Esprit, de sorte que, maintenant, la force dominante qui nous anime est un amour véritable pour Dieu. Le péché est devenu notre ennemi. Nous détestons les péchés que nous commettons et nous désirons servir Dieu. Voilà la caractéristique des saints qui sont en route vers le ciel. Dieu nous a placés sur une nouvelle trajectoire.

Mais pas entièrement délivrés

Cela ne veut pas dire que nous ne péchons plus. Il ne nous délivre « *pas entièrement de la chair et de ce corps de péché* » (V.1). Le péché ne règne plus sur nous et nous n'en sommes plus esclaves (Ro 6), mais chaque jour, nous luttons encore contre notre nature pécheresse (Ro 7). Nous ne vivons plus dans le péché, ce n'est plus notre mode de vie, mais nous y tombons souvent. Ce combat est difficile. « Car je ne fais pas le bien que je veux, et je fais le mal que je ne veux pas. Et si je fais ce que je ne veux pas, ce n'est plus moi qui le fais, c'est le péché qui habite en moi » (Ro 7.19,20). Paul va jusqu'à s'écrier : « Misérable que je suis ! Qui me délivrera de ce corps de mort ? […] Grâces soient rendues à Dieu par Jésus-Christ notre Seigneur ! » (Ro 7.24,25.)

Nous sommes maintenant morts au péché, mais le péché n'est pas mort en nous. La bataille continue. Nous sommes encore pécheurs. La persévérance des saints ne signifie pas la perfection ici-bas. « Si nous disons que nous n'avons pas de péché, nous nous séduisons nous-mêmes, et la vérité n'est point en nous » (1 Jn 1.8). « Nous bronchons tous de plusieurs manières » (Ja 3.2). Il existe donc une double réalité dans la vie du chrétien : le croyant est à la fois libéré et vulnérable. Le diable est vaincu, mais par moi-même je suis incapable de tenir un seul instant.

Le plan de salut que Dieu a commencé en nous, il va le continuer et le compléter au moyen d'un long processus de combat et de victoire. Il permet encore au péché de manifester sa force pour nous montrer la grandeur de notre victoire en Jésus-Christ. Nous devrons lutter durant notre vie entière, mais nous pourrons le faire par sa force souveraine. Dans tous nos combats, soyons sûrs qu'il nous tient en toute sécurité dans sa bonne main et qu'il nous gardera jusqu'à la fin.

CHAPITRE 56

Il nous reste encore des péchés quotidiens dus à notre faiblesse
Article V.2

> *De là vient que nous voyons journellement tant de péchés dus à notre faiblesse, et que les meilleures œuvres des saints ne sont jamais sans tache ; ce qui leur fournit continuellement l'occasion de s'humilier devant Dieu, d'avoir recours au Christ crucifié, de mortifier de plus en plus leur chair par l'esprit de prière et par de saints exercices de piété, et de soupirer après le but, qui est la perfection ; jusqu'à ce qu'étant délivrés de ce corps de péché, ils règnent au Ciel avec l'Agneau de Dieu.*
>
> — Canons de Dordrecht, *article V.2*

Les chrétiens ont une grande assurance. La belle œuvre que le Seigneur a commencée en nous, il en poursuivra l'achèvement jusqu'au jour de Jésus-Christ. Nous croyons que nous allons persévérer dans la foi, non pas à cause de nous, mais parce que Dieu va nous garder jusqu'à la fin. Cette assurance ne laisse toutefois aucune place au triomphalisme ou à la facilité. Il reste encore bien des péchés dans nos vies et bien des combats à livrer avant de savourer la victoire finale.

Des péchés quotidiens de faiblesse

« De là vient que nous voyons journellement tant de péchés dus à notre faiblesse, et que les meilleures œuvres des saints ne sont jamais sans tache » (V.2). Nous péchons encore chaque jour à cause de notre faiblesse. Le mot « faiblesse » n'est pas là pour diminuer la gravité du péché. Nous devons admettre la faiblesse de notre foi et les désirs mauvais de notre cœur. Seulement, nous ne péchons pas parce que nous aimons pécher, nous péchons à cause de nos faiblesses. L'apôtre Jean nous dit que la vie nouvelle que nous avons en nous ne peut pas pécher. « Quiconque est né de Dieu ne pratique pas le péché, parce que la semence de Dieu demeure en lui ; et il ne peut pécher, parce qu'il est né de Dieu » (1 Jn 3.9). Cependant, « si nous disons que nous n'avons pas de péché, nous nous séduisons nous-mêmes, et la vérité n'est point en nous » (1 Jn 1.8). Chaque jour, nous tombons dans le péché et nous nous disons : « Demain, je ne le referai plus. » Nous avons déjà remporté des victoires sur des péchés précis, mais ils reviennent encore.

Quels seraient ces péchés quotidiens dus à notre faiblesse ? De mauvaises habitudes, de l'arrogance, de la fausse humilité, de l'orgueil, du mépris pour les autres, des paroles fausses, des désirs mauvais, du commérage, un manque d'amour envers nos frères et sœurs, etc. Paul énumère plusieurs œuvres de la chair dans lesquelles il nous arrive encore de tomber (Ga 5.16-21). Lorsque nous célébrons la sainte Cène, nous devons toujours reconnaître que notre foi n'est pas parfaite et que nous ne servons pas Dieu avec autant de zèle que nous le devrions. Même nos meilleures œuvres sont entachées de péchés. « Nous sommes tous comme des impurs, et toute notre justice est comme un vêtement souillé » (És 64.5).

Pensez à la meilleure action que vous avez accomplie récemment ou à la meilleure œuvre que vous avez faite devant Dieu. L'avez-vous faite uniquement par amour pour Dieu et par amour pour votre prochain ? Ou est-ce que vous y recherchiez un peu d'honneur ? Nos prières peuvent être égoïstes. Notre adoration peut manquer de ferveur ou de concentration. Nous pouvons écouter la prédication avec une mauvaise attitude. Il nous faut reconnaître que nos œuvres les meilleures sont entachées de péché. Même nos actes de justice sont comme un vêtement souillé.

Une occasion de nous humilier

Qu'est-ce que cet enseignement peut nous apporter concrètement ? Tout d'abord, cela nous « *fournit continuellement l'occasion de nous humilier devant Dieu* » (V.2). Nous n'arriverons jamais à une étape de notre vie où nous pourrons dire : « Maintenant, j'ai suffisamment d'humilité, maintenant, je suis devenu vraiment humble. » Il y a sans doute eu des moments dans nos vies où nous avons pensé : « Les choses vont vraiment bien, je marche dans la bonne direction dans ma vie chrétienne. Je suis très spirituel ces derniers temps. » Si nous avons de telles pensées dans nos cœurs, nous devrions nous préparer à voir le Seigneur nous amener à nous remettre à genoux. Nos péchés sont une raison continuelle de nous humilier devant Dieu et de prier le Seigneur comme David l'a fait : « J'ai péché contre toi seul » (Ps 51.6).

Les saints sont ceux qui s'attristent d'avoir offensé Dieu et qui s'en repentent parce qu'ils détestent le péché. Il n'y a pas de plus grand danger pour la vie chrétienne que de devenir orgueilleux. Même si Dieu m'a libéré de l'esclavage du péché et même si j'ai reçu beaucoup en Jésus-Christ, je suis encore enclin au mal. Il n'y a certainement pas de raison de s'enorgueillir, car Dieu n'a pas fini de nous perfectionner.

Nos péchés quotidiens nous donnent ensuite l'occasion « *d'avoir recours au Christ crucifié* » (V.2). Ils nous amènent à trouver refuge en Jésus-Christ crucifié. Il peut arriver que l'on soit plus dérangé par les conséquences du péché (les conséquences de se faire prendre) que par le péché lui-même. La Parole de Dieu nous enseigne à considérer le péché lui-même afin d'en saisir la gravité et de nous amener à trouver notre refuge en Jésus-Christ seul. Chaque jour, lorsque je pèche, j'ai besoin de crier vers lui pour qu'il me pardonne et que je trouve mon repos en lui. « En lui, nous avons la rédemption par son sang, le pardon des péchés, selon la richesse de sa grâce » (Ép 1.7).

Une occasion de combattre le péché

La prise de conscience de nos péchés quotidiens nous amène ensuite à « *mortifier de plus en plus notre chair par l'esprit de prière et par de saints exercices de piété* » (V.2). Que veut dire « *mortifier de plus en plus notre chair* » ? Cela signifie mettre à mort les péchés qui restent encore en nous. « Faites donc mourir ce qui, dans vos membres, est terrestre, la débauche, l'impureté, les passions, les mauvais désirs, et la cupidité, qui est une idolâtrie » (Col 3.5). Nous ne pouvons pas vivre en paix lorsque nous péchons. Nous devons avouer au Seigneur nos péchés et nous en éloigner de toutes nos forces. Voilà la démonstration de la vie d'un saint. La vie chrétienne est une lutte quotidienne contre notre nature pécheresse.

Mais comment lutter ? « *Par l'esprit de prière et par de saints exercices de piété* » (V.2). N'ayons pas l'arrogance de penser que nous sommes capables de tenir ferme par nous-mêmes devant la tentation. « Ainsi donc, que celui qui croit être debout prenne garde de tomber ! » (1 Co 10.12.) Jésus nous a enseigné à prier : « [Père], ne nous induis pas en tentation, mais délivre-nous du malin » (Mt 6.13). Cette prière est la démonstration que nous dépendons entièrement de Dieu, qui a promis de nous soutenir dans ce combat. La prière est une arme très importante. « Faites en tout temps par l'Esprit toutes sortes de prières et de supplications. Veillez à cela avec une entière persévérance » (Ép 6.18).

Quels sont encore ces « saints exercices de piété » ? La lecture de la Bible, l'écoute de la prédication, les études bibliques, la participation à la sainte Cène, la pratique de la générosité ; tous ces « exercices de piété » nous aident à mettre à mort notre nature pécheresse. La piété signifie un attachement, un amour pour Dieu, une grande révérence à son égard. Tout comme nous avons besoin d'exercice physique pour nous garder en forme, de même nous avons besoin de pratiquer des exercices spirituels pour grandir dans la foi. « Exerce-toi à la piété ; car l'exercice corporel est utile à peu de chose, tandis que la piété est utile à tout : elle a la promesse de la vie présente et de celle qui est à venir » (1 Ti 4.8).

Ces exercices spirituels nous aident à voir toute la laideur de notre péché, notre besoin de Jésus-Christ et la richesse que nous avons en lui. Le Seigneur nous donne ces moyens pour nous amener à combattre le péché. La piété transforme notre attitude, notre façon de voir la vie et notre engagement dans la vie de l'Église. Demeurer en forme spirituellement est exigeant ; cela demande de la discipline et de bonnes habitudes – tout comme pour un sportif qui doit s'exercer physiquement –, mais lorsque nous nous y appliquons, nous portons davantage de fruits au service du Seigneur.

Une occasion de soupirer après la perfection

La persévérance des saints ne signifie pas que les chrétiens peuvent vivre confortablement sans aucun souci. « Que dirons-nous donc ? Demeurerions-nous dans le péché, afin que la grâce abonde ? » (Ro 6.1.) Les saints ne peuvent jamais se permettre de se relâcher. Un croyant ne peut pas dire : « Je vais au ciel de toute façon, je peux donc faire tout ce que je veux. » Non, les saints vont « *soupirer après le but qui est la perfection ; jusqu'à ce qu'étant délivrés de ce corps de péché, ils règnent au Ciel avec l'Agneau de Dieu* » (V.2). Nous sommes comme une femme enceinte qui a hâte d'accoucher. Elle espère le jour où les inconforts de la grossesse et les douleurs de l'accouchement seront chose du passé. Nous soupirons avec la création entière après le jour où le péché et ses conséquences seront chose du passé et où nous serons devenus semblables à Jésus-Christ.

L'apôtre Paul reconnaissait qu'il n'avait pas encore atteint la perfection, tout en gardant bien à l'esprit le but qui était devant lui. « Ce n'est pas que j'aie déjà remporté le prix, ou que j'aie déjà atteint la perfection ; mais je cours, pour tâcher de le saisir, puisque moi aussi j'ai été saisi par Jésus-Christ. […] Je cours vers le but, pour remporter le prix de la vocation céleste de Dieu en Jésus-Christ » (Ph 3.12,14). Nous sommes parfois fatigués de nous battre contre le péché. Soupirons alors après la perfection qui nous est promise, en espérant le jour où il n'y aura plus de péché, plus d'amour tiède ni de cœur partagé. Ce jour-là, nous « [*régnerons*] sur la terre » (Ap 5.10), nous chanterons « un cantique nouveau devant le trône » et nous serons devenus « irréprochables » (Ap 14.3,5). Désirons ardemment ce grand jour ! Que l'Esprit nous pousse à prier : « Viens, Seigneur Jésus ! » (Ap 22.20.)

CHAPITRE 57

Dieu garde les siens dans tous leurs combats
Article V.3

> *À cause de ces restes de péchés qui habitent en nous, et des tentations du monde et de Satan, ceux qui sont convertis ne pourraient persister en cette grâce s'ils étaient laissés à leurs propres forces. Mais Dieu est fidèle : il les confirme miséricordieusement dans la grâce qu'il leur a une fois conférée, et les conserve puissamment jusqu'à la fin.*
>
> — Canons de Dordrecht, *article V.3*

Dieu n'abandonnera jamais ceux qu'il régénère par son Esprit. Il garde et protège ses enfants pour qu'ils persévèrent dans la foi jusqu'à la fin. Nous en avons absolument besoin. La persévérance des saints : tel est le sujet du cinquième point de doctrine des *Canons de Dordrecht*. Mais pourquoi avons-nous tant besoin d'être gardés par Dieu et protégés jusqu'à la fin ? À cause de nos ennemis et des attaques implacables qu'ils s'acharnent à déployer contre nous.

Les chrétiens subissent les attaques d'ennemis redoutables

Les ennemis des croyants sont redoutables. Qui sont donc ces ennemis ? Ce sont les « *restes de péchés qui habitent en nous, les tentations du monde et Satan* » (V.3). L'article V.3 ne présente pas la réalité en rose. Il nous dit que nous avons trois ennemis jurés contre qui nous sommes en guerre : nos propres péchés, le monde et Satan.

Il reste encore en nous bien des *péchés*. Dieu nous en a déjà délivrés, mais pas totalement. L'apôtre Paul déplore sa condition pécheresse. « Ce qui est bon, je le sais, n'habite pas en moi, c'est-à-dire dans ma chair. [...] Car je ne fais pas le bien que je veux, et je fais le mal que je ne veux pas. Et si je fais ce que je ne veux pas, ce n'est plus moi qui le fais, c'est le péché qui habite en moi » (Ro 7.18-20). Il nous reste encore bien des péchés quotidiens dus à notre faiblesse. Nous sommes en quelque sorte nos propres ennemis. Nous combattons contre la nature pécheresse qui est en nous. C'est un ennemi tenace et persistant.

Mais ce n'est pas tout. *Le monde* est aussi un ennemi redoutable, et ses attaques sont fulgurantes. « Si le monde vous hait, sachez qu'il m'a haï avant vous. Si vous étiez du monde, le monde aimerait ce qui est à lui ; mais parce que vous n'êtes pas du monde, et que je vous ai choisis du milieu du monde, à cause de cela le monde vous hait » (Jn 15.18,19). Nous aimerions que les choses soient autrement et parfois nous essayons d'oublier cette réalité ou d'en diminuer l'ampleur, mais Jésus nous avertit et nous affirme que le monde a de la haine envers nous. Le monde sans Dieu est notre ennemi. Vous sentez-vous haïs par le monde ? Avez-vous l'impression qu'il vous déteste ? Peut-être pas toujours. Nos impressions et nos sentiments ne sont cependant pas toujours fiables. Ils sont entachés par le péché. Satan est rusé et veut nous donner l'impression que le monde, après tout, est amical envers nous.

Quels sont les dangers de cette ruse ? Il y a le danger de perdre notre saveur et d'être assimilés au monde et à son mode de vie sans Dieu. Le Psaume 1 nous dit : « Heureux l'homme qui ne marche pas selon le conseil des méchants, qui ne s'arrête pas sur la voie des pécheurs, et qui ne s'assied pas en compagnie des moqueurs, mais qui trouve son plaisir dans la loi de l'Éternel » (Ps 1.1,2). Remarquez la progression en direction des méchants : marcher, s'arrêter, s'asseoir. On ne devient pas ami du monde du jour au lendemain. Cette amitié se développe graduellement, sans trop qu'on s'en aperçoive. C'est un danger réel qui menace tout chrétien. C'est pourquoi l'apôtre Paul nous exhorte vivement : « Ne vous conformez pas au siècle présent, mais soyez transformés par le renouvellement de l'intelligence, afin que vous discerniez quelle est la volonté de Dieu, ce qui est bon, agréable et parfait » (Ro 12.2). L'apôtre Jean ajoute cette exhortation tranchante : « N'aimez point le monde, ni les choses qui sont dans le monde. Si quelqu'un aime le monde, l'amour du Père n'est point en lui ; car tout ce qui est dans le monde, la convoitise de la chair, la convoitise des yeux, et l'orgueil de la vie, ne vient point du Père, mais vient du monde. Et le monde passe, et sa convoitise aussi ; mais celui qui fait la volonté de Dieu demeure éternellement » (1 Jn 2.15-17). Se conformer au mode de vie du monde est contraire à la volonté de Dieu. Notre Dieu veut que ses enfants vivent d'une manière différente du monde.

Le troisième ennemi qui est en guerre contre nous, c'est *Satan*. « Et il fut précipité, le grand dragon, le serpent ancien, appelé le diable et Satan, celui qui séduit toute la terre, il fut précipité sur la terre, et ses anges furent précipités avec lui. [...] C'est pourquoi réjouissez-vous, cieux, et vous qui habitez dans les cieux. Malheur à la terre et à la mer ! car le diable est descendu vers vous, animé d'une grande colère, sachant qu'il a peu de temps. [...] Et le dragon fut irrité contre la femme, et il s'en alla faire la guerre au reste de sa postérité, à ceux qui gardent les commandements de Dieu et qui retiennent le témoignage de Jésus » (Ap 12.9,12,17). Le diable est un ennemi bien réel. Il s'en prend à tous les habitants de la terre, mais sa cible de prédilection est l'Église de Dieu. Il a été vaincu par le Christ sur la croix et il sait qu'il lui reste peu de temps. Il est donc plein de rage. Il est engagé dans une guerre impitoyable contre l'Église. « Satan lui-même se déguise en ange de lumière » (2 Co 11.14) afin de nous tromper. Il cherche à tirer profit de nos points faibles. « Soyez sobres, veillez. Votre adversaire, le diable, rôde comme un lion rugissant, cherchant qui il dévorera. Résistez-lui avec une foi ferme » (1 Pi 5.8,9).

Mais Dieu est fidèle et il gardera ses enfants

Qui pourrait tenir devant ces ennemis ? Ils sont trop forts pour nous. *« Ceux qui sont convertis ne pourraient persister en cette grâce s'ils étaient laissés à leurs propres forces »* (V.3). Si nous étions laissés à nous-mêmes, il est certain que nous aurions abandonné Dieu depuis longtemps. Si le Seigneur disait : « Je vous ai sauvés, Jésus est mort pour vous, le Saint-Esprit vous a régénérés, mais maintenant le reste dépend de vous », nous n'aurions aucun espoir. Ne désespérons pas, car Jésus a dit à propos de ses brebis : « Je leur donne la vie éternelle ; et elles ne périront jamais, et personne ne les ravira de ma main. Mon Père, qui me les a données, est plus grand que tous ; et personne ne peut les ravir de la main de mon Père » (Jn 10.28,29).

Le Seigneur Jésus sait très bien que ses brebis sont faibles et que leurs ennemis sont puissants. Et pourtant, notre bon Berger nous donne l'assurance qu'aucune de ses brebis ne périra jamais, brebis que le Père lui a données depuis toute éternité et pour lesquelles il a donné sa vie. Pourquoi ne vont-elles pas périr ? Parce que « le Seigneur est fidèle, il vous affermira et vous préservera du malin » (2 Th 3.3). Oui, les brebis seront toutes gardées précieusement par sa main puissante.

C'est pourquoi l'article V.3 peut dire dans un élan de confiance : *« Mais Dieu est fidèle : il les confirme miséricordieusement dans la grâce qu'il leur a une fois conférée, et les conserve puissamment jusqu'à la fin. »* Il existe un contraste éclatant entre notre faiblesse et la fidélité de Dieu. *« Mais Dieu est fidèle. »* C'est là notre joie ! Cette vérité est solidement fondée sur la Parole de Dieu : « Il vous affermira aussi jusqu'à la fin, pour que vous soyez irréprochables au jour de notre Seigneur Jésus-Christ. Dieu est fidèle, lui qui vous a appelés à la communion de son Fils, Jésus-Christ notre Seigneur » (1 Co 1.8,9). Si Dieu nous a appelés à la communion de son Fils, il nous gardera dans cette communion en toute sécurité.

Serait-il possible que Dieu nous ait élus depuis toute éternité, qu'il ait envoyé son Fils afin de mourir pour ses brebis, qu'il nous ait régénérés par son Saint-Esprit, et que, finalement, il nous abandonne à nous-mêmes devant les attaques fulgurantes de nos péchés, du monde et du diable ? Non, Dieu ne nous abandonnera pas. « Je suis persuadé que celui qui a commencé en vous cette bonne œuvre la rendra parfaite pour le jour de Jésus-Christ » (Ph 1.6). Ma persévérance ne dépend pas de moi, elle dépend de Dieu.

David a dit : « Quand je marche au milieu de la détresse, tu me rends la vie, tu étends ta main sur la colère de mes ennemis, et ta droite me sauve. L'Éternel agira en ma faveur. Éternel, ta bonté dure toujours, n'abandonne pas les œuvres de tes mains ! » (Ps 138.7,8.) Quelles belles paroles ! David avait des ennemis bien réels, mais il était confiant quant au fait que Dieu mènerait tout à bonne fin pour lui. Sa prière n'est pas juste un souhait, c'est une certitude : « N'abandonne pas les œuvres de tes mains ! » David était convaincu que Dieu allait faire ce qu'il avait dit.

Si nous étions laissés à nous-mêmes dans nos combats et nos détresses, dans nos péchés qui s'attachent encore à nous si facilement, nous ne pourrions jamais tenir. Mais Dieu est fidèle. Il ne tient pas compte de nos œuvres. Sinon, il devrait nous abandonner à cause de nos péchés. Mais il « *confirme miséricordieusement* [les croyants] *dans la grâce* » et il « *les conserve puissamment jusqu'à la fin* » (V.3). « À vous qui, par la puissance de Dieu, êtes gardés par la foi pour le salut prêt à être révélé dans les derniers temps ! » (1 Pi 1.5.)

Dieu ne dit pas : « Voilà, je t'ai sauvé, et maintenant le reste dépend de toi. » Nous ne sommes pas seulement sauvés par la grâce, nous vivons par la grâce. Nous tombons, nous péchons, mais nous nous relevons par la grâce. « Aucune tentation ne vous est survenue qui n'ait été humaine, et Dieu, qui est fidèle, ne permettra pas que vous soyez tentés au-delà de vos forces ; mais avec la tentation il préparera aussi le moyen d'en sortir, afin que vous puissiez la supporter » (1 Co 10.13). Nous avançons par la grâce. Nous serons rendus irréprochables au jour de Jésus-Christ, par la grâce.

Que sa grâce est merveilleuse ! Quel privilège nous avons d'être appelés « saints » ! Soyons certains que le Seigneur nous donnera aujourd'hui la force de combattre afin d'être fidèles, au sein d'un monde obscur. Paul avait cette confiance au milieu des attaques de toutes sortes. « Qui nous séparera de l'amour de Christ ? Sera-ce la tribulation, ou l'angoisse, ou la persécution, ou la faim, ou la nudité, ou le péril, ou l'épée ? […] Mais dans toutes ces choses, nous sommes plus que vainqueurs par celui qui nous a aimés. Car j'ai l'assurance que ni la mort, ni la vie, ni les anges ni les dominations, ni les choses présentes ni les choses à venir, […] ni aucune autre créature ne pourra nous séparer de l'amour de Dieu manifesté en Jésus-Christ notre Seigneur » (Ro 8.35-39). Que le Seigneur nous encourage et nous fortifie ! Qu'il nous fasse grandir dans cette foi ! Qu'il nous fasse reposer dans sa fidélité et dans la certitude de ses promesses !

CHAPITRE 58

Les saints peuvent tomber dans de graves péchés
Article V.4

Or, bien que cette puissance de Dieu, qui fortifie et conserve les vrais fidèles dans la grâce, soit trop grande pour pouvoir être vaincue par la chair ; toutefois, ceux qui sont convertis ne sont pas toujours conduits et poussés par Dieu de telle sorte qu'ils ne puissent, par leurs fautes, en quelques actions particulières, se détourner de la conduite de cette grâce, ou se laisser séduire par les convoitises de la chair au point de leur obéir. Aussi faut-il qu'ils veillent toujours et prient de ne point être induits dans les tentations.

S'ils ne le font point, non seulement ils peuvent être entraînés par la chair, le monde et Satan à des péchés même graves et horribles ; mais ils y sont aussi parfois entraînés par une juste permission de Dieu, ce que montrent assez les tristes chutes de David, de Pierre et d'autres saints personnages mentionnés dans l'Écriture.

— Canons de Dordrecht, *article V.4*

La Bible présente un portrait réaliste de nous-mêmes. Elle n'essaie pas de maquiller la laideur des péchés, mais nous montre au contraire leur triste réalité et leurs conséquences désastreuses dans la vie des croyants. Les chrétiens peuvent tomber bien bas, dans de graves péchés, et pourtant Dieu est fidèle ; il nous garde puissamment et nous fait persévérer jusqu'à la fin.

La puissance de Dieu ne peut pas être vaincue par nos péchés

« Or, bien que cette puissance de Dieu, qui fortifie et conserve les vrais fidèles dans la grâce, soit trop grande pour pouvoir être vaincue par la chair » (V.4). La chair est faible, mais quel que soit son degré de faiblesse, la puissance de Dieu est *« trop grande pour pouvoir être vaincue par la chair »*. Bien que nous soyons très faibles et bien que nos péchés soient parfois très graves, ils ne le sont jamais suffisamment pour nous arracher de la main de notre Père céleste qui nous aime. « [*Mes brebis*] ne périront jamais, et personne ne les ravira de ma main. Mon Père, qui me les a données, est plus grand que tous ; et personne ne peut les ravir de la main du Père » (Jn 10.28,29). Nous ne pouvons pas perdre le salut qui nous a été donné.

Quand une personne nous offre un cadeau, il est possible que l'objet se perde, se brise, se détériore, soit attaqué par la rouille ou la pourriture. Les cadeaux que nous recevons ne sont pas éternels, excepté le cadeau du salut. Nous ne pouvons ni détruire, ni corrompre, ni salir, ni perdre le don du salut. La puissance de Dieu est bien plus grande que toute ma folie ; elle est bien plus forte que mes doutes et mes peurs ; elle bien plus puissante que mes péchés. Paul priait pour que Dieu illumine le cœur des Éphésiens : « Je fais mention de vous dans mes prières […] pour que vous sachiez […] quelle est envers nous qui croyons l'infinie grandeur de sa puissance, se manifestant avec efficacité par la vertu de sa force » (Ép 1.16-19). Ne sous-estimons jamais cette puissance de Dieu en action dans nos vies. Cela ne veut pas dire que le péché n'est pas grave, mais il nous faut d'abord considérer la grâce de Dieu, qui agit puissamment en nous pour que nous puissions nous reposer en lui et y trouver notre joie.

Les saints peuvent cependant pécher gravement

« Toutefois, ceux qui sont convertis ne sont pas toujours conduits et poussés par Dieu de telle sorte qu'ils ne puissent, par leurs fautes, en quelques

actions particulières, se détourner de la conduite de cette grâce, ou se laisser séduire par les convoitises de la chair au point de leur obéir » (V.4). Nous ne devons pas nous surprendre de ce que les enfants de Dieu pèchent parfois gravement. Il peut arriver que Dieu, dans sa sagesse, retire sa main protectrice et que le croyant soit laissé à lui-même face aux attaques du diable, du monde et de sa propre chair. Laissés à nous-mêmes, nous sommes facilement « *séduits par les convoitises de la chair au point de leur obéir* ». Si la main de Dieu ne me garde pas à chaque instant, je vais certainement tomber.

Les « convoitises de la chair » peuvent être de nature sexuelle ; plusieurs luttent contre l'impureté sexuelle. Il peut aussi s'agir de l'amour de l'argent ou du désir d'être admiré par les autres. « Or, les œuvres de la chair sont évidentes ; ce sont la débauche, l'impureté, le dérèglement, l'idolâtrie, la magie, les rivalités, les querelles, les jalousies, les animosités, les disputes, les divisions, les sectes, l'envie, l'ivrognerie, les excès de table, et les choses semblables » (Ga 5.19-21). Les « péchés graves et horribles » déshonorent le nom de Dieu, attirent sur nous la honte et la moquerie des incroyants et causent du tort à nos frères.

Nous connaissons les tristes exemples de David et de Pierre qui ont commis des péchés graves. David a commis l'adultère avec Bath-Chéba et il est responsable de la mort du mari de cette femme (2 S 11). Pierre a renié Jésus trois fois (Lu 22.54-61). Un croyant peut tomber bien bas ! N'ayons jamais l'orgueil de penser que cela ne nous arrivera jamais ou de nous dire : « Jamais je ne ferai une telle chose. » Nous sommes tous portés à pécher. Personne n'est à l'abri des tentations ou des séductions de sa propre nature pécheresse.

Nous devons constamment veiller et prier

Les croyants sont faibles et dépendent à chaque instant de la grâce de Dieu. « *Aussi faut-il qu'ils veillent toujours et prient de ne point être induits dans les tentations* » (V.4). La nuit où Jésus fut livré, il est allé prier son Père à Gethsémané. Il a dit à ses disciples : « Veillez et priez, afin que vous ne tombiez pas dans la tentation ; l'esprit est bien disposé, mais la chair est faible » (Mt 26.41). Les croyants veulent faire le bien, mais n'ont pas la force de l'accomplir. Il nous faut donc veiller, prier et rester alertes face aux attaques du diable, du monde et de notre propre chair. « Ne dormons donc point comme les autres, mais veillons et soyons sobres. […] Priez sans cesse » (1 Th 5.6,17).

Au début de chaque journée, nous devrions demander à Dieu : « Ne nous induis pas en tentation, mais délivre-nous du malin » (Mt 6.13). Disons-lui nos faiblesses et demandons-lui de nous protéger face aux tentations. Sinon, nous serons vulnérables aux attaques des ennemis de Dieu. Nous serons incapables de tenir un seul instant. Nous avons besoin d'apprendre à prier : « Sonde-moi, ô Dieu, et connais mon cœur ! Éprouve-moi, et connais mes pensées ! Regarde si je suis sur une mauvaise voie, et conduis-moi sur la voie de l'éternité ! » (Ps 139.23,24.)

Nous péchons par notre faute et par une juste permission de Dieu

Mais comment est-ce possible que nous péchions ? Si Dieu est si puissant, pourquoi ne fait-il pas en sorte que son peuple ne pèche plus ? Nous n'avons pas de réponse complète à cette question, car la rébellion de l'homme est pure folie. Nous pouvons toutefois donner des éléments de réponse.

Tout d'abord, je suis toujours responsable de mon péché. Je pèche par ma propre faute. Par ailleurs, mon péché n'est pas en dehors de la souveraineté de Dieu. Quand David a péché en faisant le recensement d'Israël, le Seigneur contrôlait parfaitement la situation. « La colère de l'Éternel s'enflamma de nouveau contre Israël, et il excita David contre eux en disant : Va, fais le dénombrement d'Israël et de Juda » (2 S 24.1). Comment Dieu a-t-il « excité » David ? Il s'est servi de Satan. « Satan se dressa contre Israël et il excita David à faire le dénombrement d'Israël » (1 Ch 21.1). Dieu a cessé de protéger David de sorte qu'il est devenu vulnérable aux attaques de Satan. Et alors David a péché. Il a mis sa confiance en son armée plutôt qu'en Dieu. Cela veut-il dire que David pouvait critiquer Dieu et lui dire : « Tu m'as laissé tomber » ? Pas du tout ! À l'origine, Dieu nous a créés avec la capacité de résister, mais nous nous sommes rebellés et nous sommes morts dans nos péchés. Le Seigneur n'est pas obligé de nous protéger. Nous demeurons responsables de nos péchés. David a reconnu la responsabilité de sa transgression et a demandé pardon. « Et il dit à l'Éternel : J'ai commis un grand péché en faisant cela ! Maintenant, ô Éternel, daigne pardonner l'iniquité de ton serviteur, car j'ai complètement agi en insensé ! » (2 S 24.10.)

C'est donc « par une juste permission de Dieu » que les croyants peuvent être entraînés à pécher. Dieu permet parfois que nous soyons attirés par des péchés graves, mais il n'en est jamais l'auteur. « Que personne, lorsqu'il est tenté, ne dise : C'est Dieu qui me tente. Car Dieu ne peut être tenté par le mal, et il ne tente lui-même personne » (Ja 1.13). De plus, à la fin, nous reconnaîtrons que même les péchés dont nous sommes fautifs serviront au dessein bienveillant de notre Dieu. Même s'il est difficile pour nous de comprendre cela, « nous savons, du reste, que toutes choses concourent au bien de ceux qui aiment Dieu » (Ro 8.28).

Le cas de Joseph est un bon exemple. « Vous aviez médité de me faire du mal : Dieu l'a changé en bien, pour accomplir ce qui arrive aujourd'hui, pour sauver la vie à un peuple nombreux » (Ge 50.20). Par une juste permission, le Seigneur a permis que Pierre tombe dans la tentation et renie son Maître. Mais Pierre n'allait pas tomber complètement pour se perdre, car Jésus a prié afin que sa foi ne défaille pas (Lu 22.32). Pierre avait besoin de réaliser la profondeur de son péché et d'apprendre que la force ne se trouvait pas en lui-même. Il avait besoin d'apprendre l'humilité, de connaître la grandeur de la grâce qui est en Jésus-Christ et de donner toute la gloire à Dieu.

Parfois, Dieu peut nous laisser tomber dans le péché pour que nous reconnaissions mieux notre état désespéré en dehors de lui. Nous verrons alors davantage notre besoin de la parfaite justice de Jésus-Christ. Nous deviendrons plus conscients des dangers qui nous entourent et plus zélés à prier pour ne pas tomber dans la tentation. Cela nous donnera plus d'humilité devant nos frères qui luttent contre leurs propres péchés. Au lieu de les regarder de haut ou de leur en vouloir, nous serons compréhensifs et compatissants. Nous les encouragerons dans leurs luttes et suivrons l'exhortation de Paul : « Frères, si un homme vient à être surpris en faute, vous qui êtes spirituels, redressez-le avec un esprit de douceur. Prends garde à toi-même, de peur que tu ne sois aussi tenté » (Ga 6.1).

En toutes choses, soyons confiants ; la puissance et la gloire de Dieu sont si grandes et sa grâce si merveilleuse que jamais nos péchés ne pourront nous arracher de sa main paternelle, et même nos horribles péchés sont employés par Dieu pour notre bien. À lui seul toute la gloire !

CHAPITRE 59

Les effets du péché dans la vie du croyant
Article V.5

> *Par de tels péchés, cependant, ils offensent Dieu gravement ; ils se rendent coupables de mort et contristent le Saint-Esprit ; ils rompent le cours normal de l'exercice de la foi, blessent très gravement leur conscience, et parfois perdent temporairement le sentiment de la grâce, jusqu'à ce que la face paternelle de Dieu les éclaire de nouveau, quand, par une véritable repentance, ils retournent dans le bon chemin.*
>
> — Canons de Dordrecht, *article V.5*

Nous avons l'assurance que les croyants ne vont jamais périr éternellement. C'est là une grande joie. Rien ni personne ne pourra jamais nous arracher de la main du Père. Nous restons cependant pécheurs durant toute cette vie. Il est même possible que nous péchions gravement lorsque nous négligeons de veiller et de prier. Les conséquences du péché sont à prendre très au sérieux. Il produit des effets considérables aussi bien sur Dieu que sur le pécheur. « *Par de tels péchés, cependant, ils [les croyants] offensent Dieu gravement ; ils se rendent coupables de mort et contristent le Saint-Esprit ; ils rompent le cours normal de l'exercice de la foi, blessent très gravement leur conscience, et parfois perdent temporairement le sentiment de la grâce* » (V.5).

Dieu est offensé et nous nous rendons coupables

Le péché a d'abord pour effet d'offenser Dieu et de nous rendre coupables de mort. Chaque fois que nous transgressons l'un de ses commandements, nous le blessons et l'insultons. Après avoir gravement péché avec Bath-Chéba, David a prié : « J'ai péché contre toi seul, et j'ai fait ce qui est mal à tes yeux » (Ps 51.6). Il avait bien raison, car « ce que David avait fait déplut à l'Éternel » (2 S 11.27). Le péché met une barrière entre Dieu et nous, car nos péchés lui déplaisent énormément.

Dieu avait dit à Israël de ne pas se faire d'image de Dieu ni de les adorer. C'est exactement ce qu'ils ont fait, ce qui a provoqué la colère de Dieu. « L'Éternel dit à Moïse : Je vois que ce peuple est un peuple au cou raide. Maintenant laisse-moi ; ma colère va s'enflammer contre eux, et je les consumerai » (Ex 32.9,10). Plus tard, les Israélites se sont plaints d'avoir à manger tout le temps de la manne. Ces murmures déplurent au Seigneur, qui leur envoya des cailles. « Comme la chair était encore entre leurs dents sans être mâchée, la colère de l'Éternel s'enflamma contre le peuple, et l'Éternel frappa le peuple d'une très grande plaie » (No 11.33). Dieu déteste le péché. C'est à cause de ses péchés que la génération incrédule d'Israël n'est pas entrée en terre promise. C'est à cause de leurs péchés que leurs descendants ont été déportés en exil.

Nous prenons parfois le péché à la légère, mais Dieu ne fait jamais cela. « Car notre Dieu est aussi un feu dévorant » (Hé 12.29). « C'est une chose terrible de tomber entre les mains du Dieu vivant » (Hé 10.31). Lorsque nous péchons et que nous continuons de vivre dans le péché sans nous repentir, c'est contre lui que nous agissons. Nous sommes dignes de sa condamnation et méritons la mort.

Le Saint-Esprit est attristé

Lorsque nous péchons, nous attristons le Saint-Esprit. L'Esprit de Dieu est saint et se réjouit de nous voir marcher dans l'obéissance. « Ne savez-vous pas que vous êtes le temple de Dieu, et que l'Esprit de Dieu habite en vous ? » (1 Co 3.16.) Allons-nous utiliser notre corps, nos pensées, nos mains, notre langue pour pécher ? Quand nous faisons cela, nous attristons le Saint-Esprit qui habite en nous. Quand le peuple d'Israël s'est détourné, il a goûté à la réaction du Seigneur. « Dans toutes leurs détresses […] l'ange qui est devant sa face les a sauvés ; il les a lui-même rachetés, dans son amour et sa miséricorde, et constamment il les a soutenus et portés, aux anciens jours. Mais ils ont été rebelles, ils ont attristé son Esprit saint ; et il est devenu leur ennemi, il a combattu contre eux » (És 63.9,10).

Comme il est grave de bafouer l'amour de Dieu et de se rebeller contre lui ! « C'est pourquoi, renoncez au mensonge, et que chacun de vous parle selon la vérité à son prochain. […] Que celui qui dérobait ne dérobe plus. […] Qu'il ne sorte de votre bouche aucune parole mauvaise. […] N'attristez pas le Saint-Esprit de Dieu, par lequel vous avez été scellés pour le jour de la rédemption. Que toute amertume, toute animosité, toute colère, toute clameur, toute calomnie, et toute espèce de méchanceté, disparaissent du milieu de vous » (Ép 4.25-31). Voler, mentir, avoir des paroles malsaines, se quereller, se mettre en colère ; tout cela attriste le Saint-Esprit.

David en a fait l'expérience douloureuse lorsqu'il a commis l'adultère. Il a vu qu'il y a un prix très élevé à payer lorsque nous péchons. Ce prix, c'est que l'Esprit Saint s'éloigne de nous. C'est pourquoi David a prié : « Ne me rejette pas loin de ta face, ne me retire pas ton Esprit Saint » (Ps 51.13). Le Saint-Esprit n'abandonnera jamais un croyant. Nous avons été scellés par le Saint-Esprit pour le jour de la rédemption. Cependant, lorsque nous péchons, l'Esprit devient attristé et nous fait ressentir cette peine, comme s'il s'éloignait de nous.

L'exercice de notre foi est rompu

Une autre conséquence du péché, c'est qu'il vient rompre l'exercice de la foi. La foi, ce n'est pas seulement croire que Jésus est mort pour nos péchés. Elle doit toujours être active, exercée dans une vie d'obéissance. Le péché interrompt cet exercice de la foi. Il y a des moments où nous ne pouvons pas prier. Nous ouvrons la Bible et sommes tout simplement incapables de la lire. La célébration du dimanche devient un fardeau. Nous n'arrivons pas à aimer notre prochain.

Cela commence parfois à la maison. Il devient difficile d'aimer son épouse avec douceur et bienveillance. « Maris, montrez à votre tour de la sagesse dans vos rapports avec votre femme, comme avec un sexe plus faible ; honorez-la, comme devant aussi hériter avec vous de la grâce de la vie. Qu'il en soit ainsi, afin que rien ne vienne faire obstacle à vos prières » (1 Pi 3.7). Le Seigneur nous demande d'aimer notre femme et de l'avoir en haute estime. Autrement, nos prières seront entravées. De même, le péché amènera la femme à refuser de se soumettre à son mari. Les enfants ne voudront pas obéir à leurs parents mais préféreront se rebeller. Les relations avec nos frères et sœurs deviendront embrouillées. Oui, l'exercice de la foi est rompu par le péché. Autrement dit, il devient de plus en plus difficile de faire ce que Dieu veut.

Notre conscience est gravement blessée

Vivre dans le péché blesse très gravement notre conscience. David exprime comment il se sentait tant qu'il n'avait pas avoué son péché. « Tant que je me suis tu, mes os se consumaient, je gémissais toute la journée ; car nuit et jour ta main s'appesantissait sur moi, ma vigueur n'était plus que sécheresse, comme celle de l'été » (Ps 32.3,4). Les effets du péché sont terribles. Le péché nous dessèche et draine notre vitalité. Il nous enlève tout repos et nous accable sans relâche. La main de Dieu pèse lourdement sur nous. Notre conscience nous accuse et nous fait sentir coupables, jusqu'au moment où nous confessons à Dieu nos péchés dans la repentance.

Dans l'histoire de David, c'est à ce moment-là seulement qu'il a pu de nouveau goûter à la bénédiction de Dieu. « Je t'ai fait connaître mon péché, je n'ai pas caché mon iniquité ; j'ai dit : J'avouerai mes transgressions à l'Éternel ! Et tu as effacé la peine de mon péché » (Ps 32.5). Quel soulagement ! Quel bonheur ! C'est pour cela que David a pu s'exclamer de joie : « Heureux celui dont la transgression est remise, à qui le péché est pardonné ! Heureux l'homme à qui l'Éternel n'impute pas l'iniquité » (Ps 32.1,2).

Le croyant retrouve l'assurance du pardon, la paix, la joie et la certitude de son salut. Il retrouve une bonne conscience, une conscience purifiée. Je suis un pécheur, mais je sais que mes péchés ont été lavés par le sang de Jésus. Lui qui nous a délivrés de la colère de Dieu, il enlève aussi bien notre culpabilité devant Dieu que notre sentiment de culpabilité. Mais lorsque nous nous embourbons dans le péché, notre conscience devient profondément blessée. Nous avons mauvaise conscience. Elle continue de nous accuser.

Nous avons le sentiment d'avoir perdu la faveur de Dieu

Le péché peut nous faire perdre temporairement le sentiment de la grâce. C'est la raison pour laquelle David a prié avec tant d'intensité. « Ne me rejette pas loin de ta face, ne me retire pas ton Esprit Saint » (Ps 51.13). Nous ne devrions jamais penser que le péché n'est pas bien grave. Ne nous imaginons pas que nous pouvons vivre comme nous le voulons, sans que cela change quoi que ce soit à nos vies. Le péché est tellement grave qu'il peut parfois nous faire perdre le sentiment de la grâce de Dieu. Nous avons la douloureuse impression que Dieu n'est plus là et que nous avons perdu sa faveur. La grâce de Dieu demeure, mais la communion est rompue et l'assurance de recevoir sa grâce nous est enlevée. C'est se priver d'un bien si précieux !

Mais quand nous nous repentons, la face de Dieu nous éclaire à nouveau

Oui, les péchés des croyants ont des conséquences très sérieuses, « *jusqu'à ce que la face paternelle de Dieu les éclaire de nouveau, quand, par une véritable repentance, ils retournent dans le bon chemin* » (V.5). Une repentance sincère et véritable nous ramène sur le bon chemin et restaure notre relation avec Dieu. Qu'est-ce que la repentance ? C'est s'attrister d'avoir offensé Dieu par nos péchés, les avouer, les détester et s'en éloigner. C'est également se tourner vers le Seigneur et désirer vivre selon sa volonté. Le pardon ouvre la voie à sa bénédiction.

Dans l'Ancien Testament, le sacrificateur, après avoir présenté le sacrifice pour les péchés, prononçait la bénédiction suivante : « Que l'Éternel te bénisse, et qu'il te garde ! Que l'Éternel fasse luire sa face sur toi et t'accorde sa grâce ! Que l'Éternel tourne sa face vers toi, et qu'il te donne la paix » (No 6.24-26). Lorsque nous demandons pardon et implorons sa miséricorde, soyons certains que Dieu fera de nouveau briller sa face sur nous et qu'il nous accordera sa grâce et sa paix en Jésus-Christ.

CHAPITRE 60

Dieu ne permettra pas que ses élus se perdent
*Article V.6*a

> *Car Dieu, qui est riche en miséricorde, selon le dessein immuable de l'élection, ne retire point entièrement des siens le Saint-Esprit, même dans leurs tristes chutes ; et il ne permet pas qu'ils tombent au point de perdre la grâce de l'adoption et l'état de justification ou qu'ils commettent le péché qui conduit à la mort, à savoir contre le Saint-Esprit ; et, qu'étant totalement abandonnés par lui, ils se précipitent dans la perdition éternelle.*
>
> — Canons de Dordrecht, *article V.6*

Les croyants peuvent parfois s'éloigner de Dieu et pécher très gravement. Lorsque cela nous arrive, le Seigneur nous fait sentir sa main qui pèse lourdement sur nous. Cette expérience n'a rien d'agréable. Nos péchés ont des conséquences très sérieuses dans nos vies, mais jamais au point de nous faire perdre le salut. Dieu permet que ses enfants tombent et se fassent mal, mais son but est de nous relever et de nous restaurer. Si Dieu ne veillait pas sur moi, il est certain que je me perdrais pour toujours. Toutefois, Dieu ne permettra pas que ses élus se perdent.

Selon sa miséricorde et son dessein d'élection

L'article V.6 nous présente le fondement de la doctrine de la persévérance. Pourquoi le Seigneur va-t-il garder les siens en dépit de leurs péchés ? À cause de sa grande miséricorde et de son dessein immuable d'élection. *« Car Dieu, qui est riche en miséricorde, selon le dessein immuable de l'élection, ne retire point entièrement des siens le Saint-Esprit, même dans leurs tristes chutes »* (V.6).

Nous connaissons les tristes chutes du peuple d'Israël. Lorsqu'il était réuni au mont Sinaï, Dieu lui a dit : « Je suis l'Éternel, ton Dieu qui t'ai fait sortir du pays d'Égypte, de la maison de servitude. Tu n'auras pas d'autres dieux devant ma face. Tu ne te feras point d'image taillée. […] Tu ne te prosterneras point devant elles, et tu ne les serviras point ; car moi, l'Éternel, ton Dieu, je suis un Dieu jaloux » (Ex 20.2-5). Quelques jours plus tard, les Israélites ont honteusement transgressé ses commandements. Ils se sont fabriqué un veau d'or devant lequel ils se sont prosternés. Quelle fut la réaction de Dieu ? A-t-il rejeté son peuple pour en choisir un autre ? Non. Dieu leur a dit : « L'Éternel, l'Éternel, Dieu miséricordieux et compatissant, lent à la colère, riche en bonté et en fidélité, qui conserve son amour jusqu'à mille générations, qui pardonne l'iniquité, la rébellion et le péché, mais qui ne tient point le coupable pour innocent » (Ex 34.6-7). Par la suite, Dieu a renouvelé son alliance avec Israël. Il est demeuré fidèle à ses engagements.

David a lamentablement péché. Il aurait dû périr, mais Dieu, dans sa grande miséricorde, a eu compassion. David a chanté : « L'Éternel est miséricordieux et compatissant, lent à la colère et riche en bonté ; il ne conteste pas sans cesse, il ne garde pas sa colère à toujours ; il ne nous traite pas selon nos péchés, il ne nous punit pas selon nos iniquités. Mais autant les cieux sont élevés au-dessus de la terre, autant sa bienveillance est grande pour ceux qui le craignent ; autant l'orient est éloigné de l'occident, autant il éloigne de nous nos transgressions » (Ps 103.8-12).

Israël est allé en exil à Babylone à cause de ses nombreuses infidélités. Dans le livre des Lamentations, Jérémie a déploré la destruction de Jérusalem. Il se sentait déprimé et rejeté par Dieu. « Je suis l'homme qui a vu la misère sous la verge de sa fureur. Il m'a conduit, mené aller dans les ténèbres, et non dans la lumière. Contre moi, il tourne et retourne sa main tout le jour. Il a fait dépérir ma chair et ma peau, il a brisé mes os. Il a bâti autour de moi, il m'a environné de poison et de douleur. [...] J'ai beau crier et implorer du secours, il ne laisse pas accès à ma prière » (La 3.1-5,8).

Les conséquences des péchés d'Israël étaient désastreuses et déprimantes, mais Jérémie n'a pas totalement désespéré. « Quand je pense à ma détresse et à ma misère, à l'absinthe et au poison ; quand mon âme s'en souvient, elle est abattue au-dedans de moi. Voici ce que je veux repasser en mon cœur, ce qui me donnera de l'espérance. Les bontés de l'Éternel ne sont pas épuisées, ses compassions ne sont pas à leur terme ; elles se renouvellent chaque matin. Oh ! que ta fidélité est grande ! » (La 3.21-23.)

Le Seigneur nous encourage puissamment en nous assurant que, chaque matin, il revient à nouveau vers nous. Quand le ciel de nos vies est rempli de sombres nuages et que notre combat contre le péché fait rage, notre espérance et notre consolation se trouvent dans la bonté du Seigneur, qui se renouvelle chaque matin. Nous allons persévérer grâce à lui seul.

Dieu n'abandonnera pas les siens, car il est fidèle à sa promesse et ne change jamais d'idée. « En lui nous sommes aussi devenus héritiers, ayant été prédestinés suivant le plan de celui qui opère toutes choses d'après le conseil de sa volonté » (Ép 1.11). Selon son dessein immuable d'élection, il a choisi d'avance notre destination finale. Il met par la suite son plan à exécution dans l'histoire. Il opère tout selon la décision de sa volonté afin de nous amener au but qu'il s'est fixé de toute éternité. « Ce qu'Israël cherche, il ne l'a pas obtenu, mais les élus l'ont obtenu » (Ro 11.7).

Il ne retire pas son Esprit

« *Dieu, qui est riche en miséricorde [...] ne retire point entièrement des siens le Saint-Esprit* » (V.6). Cela nous rappelle cette belle parole : « Mais Dieu, qui est riche en miséricorde, à cause du grand amour dont il nous a aimés, nous qui étions morts par nos offenses, nous a rendus vivants avec Christ » (Ép 2.4,5). Jamais il ne nous ôtera cette vie nouvelle qu'il nous a donnée. Elle est éternelle ! « Je vous ai écrit ces choses, afin que vous sachiez que vous avez la vie éternelle, vous qui croyez au nom du Fils de Dieu » (1 Jn 5.13). Jamais il ne nous retirera son Esprit. « Pour vous, l'onction que vous avez reçue de lui demeure en vous » (1 Jn 2.27).

« Vous avez été scellés du Saint-Esprit qui avait été promis, lequel est un gage de notre héritage, pour la rédemption de ceux que Dieu s'est acquis, pour célébrer sa gloire » (Ép 1.13,14).

Notre corps est le temple du Saint-Esprit. Chaque fois que nous péchons, nous salissons sa maison. Dieu promet toutefois de ne jamais nous abandonner, de sorte que nous pouvons prier comme David : « Ne me rejette pas loin de ta face, ne me retire pas ton Esprit Saint » (Ps 51.13). Tout comme Jésus s'est humilié afin de devenir un homme en chair et en os, de même le Saint-Esprit s'humilie en demeurant dans nos cœurs pécheurs. Il nous laisse tomber dans le péché, mais seulement jusqu'à un certain point. Il veille à ce que nous ne nous perdions pas totalement et nous garde dans sa grâce. Il s'assure que le combat contre le péché continue dans nos vies. Quand nous nous éloignons, l'Esprit de Dieu est fidèle et agit dans nos cœurs par sa Parole afin de nous amener à la repentance.

Il ne permet pas que l'adoption et la justification soient perdues

À l'époque du Synode de Dordrecht, les arminiens croyaient que l'on pouvait perdre son salut. Ils enseignaient « *que les vrais croyants et les régénérés peuvent non seulement déchoir entièrement et finalement de la foi justifiante et aussi de la grâce et du salut, mais encore qu'ils en déchoient souvent et périssent éternellement* » (*Rejet des erreurs*, V.3). Cela veut dire que les vrais croyants, justifiés par le sang de Jésus et sanctifiés par son Esprit, s'ils tombent, perdraient tout cela. Le chrétien ne peut donc plus avoir aucune assurance dans cette vie remplie de combats.

Cette opinion anéantit la grâce de Dieu, qui nous justifie et nous adopte. Dordrecht répond : Dieu « *ne permet pas qu'ils tombent au point de perdre la grâce de l'adoption et l'état de justification* » (V.6). « Mais Dieu prouve son amour envers nous, en ce que, lorsque nous étions encore des pécheurs, Christ est mort pour nous. À plus forte raison donc, maintenant que nous sommes justifiés par son sang, serons-nous sauvés par lui de la colère » (Ro 5.8,9).

Avant que Dieu ne commence son œuvre de salut en nous, il savait très bien que nous étions des pécheurs. Quand le Christ est mort pour nous, il le savait aussi. Et pourtant, Dieu nous a réconciliés par la mort de son Fils. Maintenant que nous sommes justifiés, nous avons d'autant plus la certitude que nous serons sauvés de la colère à venir.

Nous ne pouvons pas perdre « l'état de justification » devant le jugement de Dieu. Il n'y a jamais un moment dans la vie du croyant où nous sommes moins justifiés par le sang de Jésus qu'à d'autres moments. Dieu nous voit toujours justes. Ce n'est pas ma bonté qui m'a rendu acceptable aux yeux de Dieu. Devrais-je alors désespérer lorsque je succombe au péché ? Non, car il m'a sauvé alors que j'étais pécheur. « Quiconque est né de Dieu ne pratique pas le péché, parce que la semence de Dieu demeure en lui » (1 Jn 3.9). La semence de Dieu demeurera toujours dans la personne qui est née de Dieu ; elle ne sera jamais ôtée. Ce verset ne veut pas dire que nous devenons parfaits, mais il signifie que nous ne vivons plus dans le péché.

Nous sommes parfois des enfants rebelles, mais nous demeurons ses enfants. Il n'y aura jamais un moment dans nos vies, en tant que croyants, où nous cesserons d'être ses enfants. Jésus-Christ nous a rachetés « afin que nous recevions l'adoption » (Ga 4.5). « Et vous n'avez point reçu un esprit de servitude pour être encore dans la crainte ; mais vous avez reçu un Esprit d'adoption, par lequel nous crions : Abba ! Père ! » (Ro 8.15.)

Oui, nous luttons et nous tombons, mais ne désespérons pas ! La grâce de Dieu et sa miséricorde sont grandes. Sa bienveillance et ses compassions se renouvellent chaque matin !

CHAPITRE 61

Dieu ne permettra pas que ses enfants pèchent contre le Saint-Esprit

*Article V.6*b

> *Car Dieu, qui est riche en miséricorde, selon le dessein immuable de l'élection, ne retire point entièrement des siens le Saint-Esprit, même dans leurs tristes chutes ; et il ne permet pas qu'ils tombent au point de perdre la grâce de l'adoption et l'état de justification ou qu'ils commettent le péché qui conduit à la mort, à savoir contre le Saint-Esprit ; et, qu'étant totalement abandonnés par lui, ils se précipitent dans la perdition éternelle.*
>
> — Canons de Dordrecht, *article V.6*

Bien des chrétiens sont troublés par certains textes des Écritures qui nous parlent d'un péché impardonnable. Un enfant de Dieu qui tombe consciemment dans le péché va parfois se demander avec angoisse : « Ai-je commis le péché contre le Saint-Esprit ? » Dans l'histoire, les arminiens n'ont certainement pas contribué à apaiser les cœurs troublés, car ils ont enseigné « *que les vrais fidèles et les régénérés peuvent commettre le péché qui conduit à la mort, c'est-à-dire le péché contre le Saint-Esprit* » (*Rejet des erreurs*, V.4).

L'article V.6 répond à cette erreur en affirmant avec confiance que Dieu « *ne permet pas [*que les croyants*] tombent au point de perdre la grâce [...] ou qu'ils commettent le péché qui conduit à la mort, à savoir contre le Saint-Esprit* ». Cette déclaration n'explique pas en quoi consiste le péché contre le Saint-Esprit, mais elle nous donne une grande assurance. La miséricorde de Dieu est tellement riche et tellement grande qu'il ne permettra jamais que ses enfants soient arrachés de ses mains et qu'ils perdent leur salut éternel.

Tous les péchés sont pardonnables

Jésus a dit : « Tout péché et tout blasphème sera pardonné aux hommes, mais le blasphème contre l'Esprit ne sera point pardonné. Quiconque parlera contre le Fils de l'homme, il lui sera pardonné ; mais quiconque parlera contre le Saint-Esprit, il ne lui sera pardonné ni dans ce siècle ni dans le siècle à venir » (Mt 12.31,32). Ces paroles sont graves et solennelles. Il existe un péché pour lequel aucun pardon n'est possible. Une telle déclaration devrait nous faire trembler. Mais avant de s'arrêter sur ce péché particulier, remarquons d'abord toute la richesse de la grâce de Dieu. « Tout péché et tout blasphème sera pardonné aux hommes » ; Dieu est prêt à pardonner toutes sortes de péchés commis contre chacun des dix commandements.

Certains ont pensé que le péché contre le Saint-Esprit était l'adultère. Pourtant, David a commis l'adultère, et cela lui fut pardonné. Paul dit aux Corinthiens : « Ni les débauchés, ni les idolâtres, ni les adultères, ni les efféminés, ni les homosexuels, ni les voleurs, ni les cupides, ni les ivrognes, ni les outrageux, ni les ravisseurs, n'hériteront le royaume de Dieu. Et c'est là ce que vous étiez, quelques-uns d'entre vous. Mais vous avez été lavés, mais vous avez été sanctifiés, mais vous avez été justifiés au nom du Seigneur Jésus-Christ, et par l'Esprit de notre Dieu » (1 Co 6.9-11). Il y a donc un pardon possible pour tous ces péchés.

D'autres pensent que le péché contre le Saint-Esprit serait le blasphème en général. Jésus a toutefois bien dit que toutes sortes de blasphèmes et de paroles injurieuses contre Dieu et contre son Fils sont pardonnables. Nous connaissons l'exemple de l'apôtre Pierre, qui a renié le Christ en faisant des imprécations et en jurant (Mt 26.72,74). Jésus l'a ramené et lui a pardonné. Paul a confessé : « Moi qui étais auparavant un blasphémateur, un persécuteur, un homme violent. Mais j'ai obtenu miséricorde, parce que j'agissais par ignorance, dans l'incrédulité ; et la grâce de notre Seigneur a surabondé. […] Mais j'ai obtenu miséricorde, afin que Jésus-Christ fasse voir en moi le premier toute sa longanimité, pour que je serve d'exemple à ceux qui croiraient en lui pour la vie éternelle » (1 Ti 1.13-16). Le Seigneur lui a pardonné et se sert de son exemple pour nous encourager.

Tant de passages des Écritures célèbrent la grâce surabondante de Dieu en Jésus-Christ ! « Si tu gardais le souvenir des iniquités, Éternel, Seigneur, qui pourrait subsister ? Mais le pardon se trouve auprès de toi, afin qu'on te craigne » (Ps 130.3,4). « Le sang de Jésus son Fils nous purifie de tout péché » (1 Jn 1.7). Ne craignons pas de nous approcher de Dieu et de lui demander pardon pour tout péché. Il a promis de nous recevoir en grâce.

Sauf le péché contre le Saint-Esprit

Il reste cependant un péché qui est impardonnable. De quoi s'agit-il ? Dans les Évangiles, Jésus parle de ce péché alors qu'il vient de chasser des démons par la puissance de l'Esprit. Devant l'évidence des faits, les pharisiens ont refusé obstinément de reconnaître le Royaume de Dieu. Ils attribuaient cette puissance de l'Esprit au diable lui-même. « Cet homme ne chasse les démons que par Béelzébul, prince des démons » (Mt 12.24). « Jésus parla ainsi parce qu'ils disaient : Il est possédé d'un esprit impur » (Mc 3.30). Pourtant, les pharisiens avaient l'Ancien Testament. Ils connaissaient les œuvres du diable et avaient conscience du fait que les démons ne chassent pas les démons. Ils connaissaient aussi les promesses du Messie et savaient que le Sauveur allait nous guérir des conséquences du péché. Malgré toute cette lumière et malgré les faits évidents qui étaient devant eux, ils disaient que c'était par le prince des démons que le Seigneur chassait les démons.

Jésus en était encore à l'étape de son humiliation et tout n'était pas encore clair au sujet de son rôle de Messie. Un jour allait toutefois venir, après sa mort et sa résurrection, où l'Esprit allait rendre les choses plus claires. Le péché contre le Saint-Esprit est donc un rejet flagrant de Dieu qui s'est révélé clairement à nous par sa Parole et son Esprit. La lumière de Dieu convainc la personne sans l'ombre d'un doute et la personne répond : « Non, je ne veux rien savoir de lui. » Il n'y a pas de pardon pour ce péché.

« Car il est impossible que ceux qui ont été une fois éclairés, qui ont goûté le don céleste, qui ont eu part au Saint-Esprit, qui ont goûté la bonne parole de Dieu et les puissances du siècle à venir, et qui sont tombés, soient encore renouvelés et amenés à la repentance, puisqu'ils crucifient pour leur part le Fils de Dieu et l'exposent à l'ignominie » (Hé 6.4-6). « Car, si nous péchons volontairement après avoir reçu la connaissance de la vérité, il ne reste plus de sacrifice pour les péchés, mais une attente terrible du jugement et l'ardeur d'un feu qui dévorera les rebelles. Celui qui a violé la loi de Moïse meurt sans miséricorde, sur la déposition de deux ou de trois témoins ; de quel pire châtiment pensez-vous que sera jugé digne celui qui aura foulé aux pieds le Fils de Dieu, qui aura tenu pour profane le sang de l'alliance, par lequel il a été sanctifié, et qui aura outragé l'Esprit de la grâce ? » (Hé 10.26-29.)

Ces paroles s'adressent au peuple de l'alliance qui a goûté aux bénédictions de l'alliance. Ce ne sont pas les gens en dehors de l'Église qui commettent ce péché, mais des personnes dans l'Église, des hypocrites non régénérés, qui endurcissent leur cœur devant la clarté de la lumière qu'ils ont reçue. Ils rejettent consciemment, malicieusement, volontairement le témoignage du Saint-Esprit.

Ce n'est pas en soi l'obstination ou le péché volontaire, conscient et délibéré, qui constitue le péché impardonnable, car tout péché vient d'un cœur dur et obstiné. Il s'agit d'un péché contre la clarté incontestable de Jésus-Christ, qui est pourtant contestée et rejetée. Le blasphème contre le Saint-Esprit n'est pas tellement un blasphème contre la « personne » du Saint-Esprit, car il est aussi grave de blasphémer contre l'une ou l'autre des trois personnes de la Trinité. C'est plutôt un blasphème contre « l'œuvre » du Saint-Esprit, qui consiste à révéler la grâce et la gloire de Dieu en Jésus-Christ. Ceux qui commettent ce péché en ont reçu l'évidence et la conviction par le Saint-Esprit, mais ils contredisent de façon flagrante la lumière qu'ils ont clairement reçue.

Il y a beaucoup de gens autour de nous qui haïssent et rejettent l'Évangile, mais s'ils étaient éclairés, ils l'aimeraient de tout leur cœur. Cependant, ceux qui sont convaincus en leur conscience que la doctrine qu'ils combattent est de Dieu et qui continuent pourtant à lui résister et tâcher de la détruire, ceux-là blasphèment contre l'Esprit, car ils combattent la lumière qui leur a été présentée par la puissance du Saint-Esprit. Aucune nouvelle repentance ni aucun pardon ne sont alors possibles.

Dieu ne permet pas que ses enfants commettent ce péché

Les termes utilisés dans l'épître aux Hébreux ont laissé croire à certains que ce sont de véritables chrétiens régénérés par le Saint-Esprit qui peuvent commettre ce péché impardonnable. Une telle idée est toutefois contraire au reste des Écritures. Les enfants de Dieu peuvent attrister le Saint-Esprit, mais ils ne peuvent jamais perdre le Saint-Esprit, « par lequel vous avez été scellés pour le jour de la rédemption » (Ép 4.30). Oui, nous péchons parfois lamentablement, mais Dieu va-t-il nous laisser le rejeter totalement ? Non, car le Seigneur garde précieusement chacune de ses brebis et « personne ne peut les ravir de la main de mon Père » (Jn 10.29).

Celui qui craint avoir commis le péché impardonnable, qui s'en soucie et demande que l'on prie pour lui ne l'a fort probablement pas commis, car ce péché n'est jamais suivi de la repentance. Un croyant peut parfois se sentir loin de Dieu, ne pas avoir envie de prier ou même se demander si Dieu ne l'a pas abandonné, mais c'est une tout autre chose qu'un rejet effronté de Dieu.

Après avoir parlé des enfants de Dieu qui sont nés de Dieu, Jean leur confirme cette merveilleuse assurance : « Je vous ai écrit ces choses, afin que vous sachiez que vous avez la vie éternelle, vous qui croyez au nom du Fils de Dieu » (1 Jn 5.13). Quel réconfort de savoir et de croire que Dieu n'abandonne jamais les siens et que sa grâce souveraine est le seul fondement de notre salut ! Réjouissons-nous, car cela ne dépend pas de nous, mais de lui seul ! « L'Éternel est ma lumière et mon salut : De qui aurais-je crainte ? L'Éternel est le soutien de ma vie : De qui aurais-je peur ? » (Ps 27.1.) Je suis donc en parfaite sécurité !

CHAPITRE 62

Dieu ramène et restaure ses enfants
Article V.7

> *Dans ces chutes, en effet, Dieu conserve d'abord en eux la semence immortelle qu'il y a lui-même plantée, et par laquelle ils sont régénérés, afin qu'elle ne se perde ni ne soit entièrement rejetée. Ensuite, il les renouvelle vraiment et efficacement par sa Parole et par son Esprit, afin qu'ils se repentent et soient contristés de cœur, et selon Dieu, de leurs péchés ; que d'un cœur contrit et brisé ils en désirent et obtiennent la rémission dans le sang du Médiateur, et cela par la foi ; qu'ils sentent à nouveau la grâce de Dieu réconcilié avec eux, qu'ils adorent ses compassions et sa fidélité, et qu'ils travaillent désormais plus soigneusement à leur salut avec crainte et tremblement.*

— Canons de Dordrecht, *article V.7*

Les articles précédents nous ont rappelé que les enfants de Dieu ont encore bien des faiblesses et qu'ils sont facilement portés à pécher. Cependant, Dieu nous garde dans sa main. L'article V.7 nous dit que c'est Dieu lui-même qui nous ramène à lui dans la repentance et qui nous renouvelle.

Dieu conserve sa semence dans ses enfants

Nous avons déjà vu que Dieu permet que nous péchions, mais il ne permet pas que nous nous perdions. Voici la raison : « *Dans ces chutes, en effet, Dieu conserve d'abord en eux la semence immortelle qu'il y a lui-même plantée, et par laquelle ils sont régénérés, afin qu'elle ne se perde ni ne soit entièrement rejetée* » (V.7). Dieu a planté en nous une semence immortelle. « Quiconque est né de Dieu ne pratique pas le péché, parce que la semence de Dieu demeure en lui ; et il ne peut pécher, parce qu'il est né de Dieu » (1 Jn 3.9). « Nous savons que quiconque est né de Dieu ne pratique pas le péché ; mais celui qui est né de Dieu se garde lui-même, et le malin ne le touche pas » (1 Jn 5.18). Jean n'est pas en train de dire qu'un enfant de Dieu ne pèche jamais. « Si nous disons que nous n'avons pas de péché, nous nous séduisons nous-mêmes, et la vérité n'est point en nous » (1 Jn 1.8). Mais lorsqu'un chrétien pèche, il ne demeure pas dans le péché, ce n'est plus son mode de vie. Pourquoi ? Parce qu'il est né de Dieu et que Dieu garde précieusement son enfant.

Dieu a mis dans son cœur une semence qui demeure là pour toujours. Quelle est cette semence ? « Vous avez été régénérés, non par une semence corruptible, mais par une semence incorruptible, par la parole vivante et permanente de Dieu. […] Cette parole est celle qui vous a été annoncée par l'Évangile » (1 Pi 1.23,25). Les graines que nous semons au printemps dans notre jardin sont corruptibles. S'il pleut trop, elles pourrissent et ne donnent pas de récolte. Lorsqu'elles sont semées dans des conditions favorables, elles germent et disparaissent pour produire des plantes. Les semences de jardin sont corruptibles, contrairement à celle que Dieu a placée dans nos cœurs. Aucune condition défavorable ne peut la faire pourrir. Elle pousse, produit du fruit et ne disparaîtra jamais. La semence de la Parole de Dieu a produit en nous la régénération et ne va jamais périr. Elle permet même aux jeunes gens d'être forts et de vaincre le malin (1 Jn 2.14).

Les arminiens enseignent au contraire que la première régénération peut être détruite et que l'homme peut renaître encore une fois, voire plusieurs fois (*Rejet des erreurs*, V.8). Beaucoup de baptistes et de mennonites ont rejeté cette idée et se sont ralliés à la doctrine de la persévérance des saints (parfois appelée « la sécurité éternelle »). Cependant, plusieurs évangéliques croient encore qu'un chrétien véritablement régénéré peut rejeter Dieu et perdre son salut, même s'ils disent que « les chances » d'un tel rejet sont faibles. Ils avancent donc que nous avons quand même une grande assurance, mais qu'elle n'est pas totale.

La Bible enseigne au contraire que la semence de la régénération que Dieu a placée en nous ne pourrira jamais. Il nous a donné un cœur nouveau par sa Parole et son Esprit. C'est Dieu qui a mis cette semence en nous, ce n'est pas nous-mêmes. Parce que c'est Dieu qui l'a placée, elle ne mourra jamais. « Celui qui écoute ma parole, et qui croit à celui qui m'a envoyé, a la vie éternelle et ne vient point en jugement, mais il est passé de la mort à la vie » (Jn 5.24). La vie nouvelle que Dieu nous a donnée ne cessera jamais.

Dieu ramène ses enfants à la repentance

Oui, nous péchons, et si souvent ! Mais Dieu ne laisse pas ses enfants dans le péché ; il les ramène et les relève. Non seulement Dieu conserve en nous sa semence, mais il nous renouvelle aussi puissamment. « *Ensuite, il les renouvelle vraiment et efficacement par sa Parole et par son Esprit, afin qu'ils se repentent et soient contristés de cœur, et selon Dieu, de leurs péchés* » (V.7). La Parole de Dieu est puissante et efficace par l'action de son Esprit. Elle a déjà manifesté sa force en nous menant à la repentance et à la foi et continue de l'exercer en nous ramenant à nouveau à Dieu chaque fois que nous tombons.

L'histoire de David est un bon exemple. Après avoir gravement péché, il n'est pas revenu à Dieu de lui-même. C'est Dieu qui lui a envoyé le prophète Nathan pour lui proclamer sa Parole et lui faire reconnaître ses péchés. Quand Dieu envoie des gens nous dire la vérité, il le fait par amour pour nous, même si cela fait mal. Nathan a raconté à David une parabole et lui a dit : « Tu es cet homme-là ! » (2 S 12.7.) Cette parole a pénétré dans le cœur de David comme une épée à double tranchant. « Car la parole de Dieu est vivante et efficace, plus tranchante qu'une épée quelconque à deux tranchants, pénétrante jusqu'à partager âme et esprit, jointures et moelles ; elle juge les sentiments et les pensées du cœur »

(Hé 4.12). David a alors confessé son péché en demandant pardon à Dieu. Sa repentance était vraiment sincère.

Quels sont les signes d'une véritable repentance ? Ceux qui se repentent ont un cœur attristé de leurs péchés. « *D'un cœur contrit et brisé ils en désirent et obtiennent la rémission dans le sang du Médiateur, et cela par la foi* » (V.7). C'était le cas de David. Il avait le cœur brisé d'avoir offensé Dieu. « Annonce-moi l'allégresse et la joie, et les os que tu as brisés se réjouiront. [...] Les sacrifices qui sont agréables à Dieu, c'est un esprit brisé : Ô Dieu, tu ne dédaignes pas un cœur brisé et contrit » (Ps 51.10,19). C'est l'Esprit de Dieu qui a produit en lui cette tristesse. Les péchés qu'il avait commis le troublaient au plus profond de son être.

La Bible nous dit qu'il existe deux sortes de tristesse. « En effet, la tristesse selon Dieu produit une repentance à salut dont on ne se repent jamais, tandis que la tristesse du monde produit la mort » (2 Co 7.10). Judas, voyant que Jésus était condamné, « fut pris de remords » (Mt 27.3). Il avait la tristesse du monde qui produit la mort. Par contre, lorsque Pierre entendit le coq chanter, « il pleura amèrement » (Mt 26.75). Sa tristesse était selon Dieu et produisit une repentance qui mène au salut. Pierre a péché, mais Dieu l'a gardé. Jésus avait prié pour que sa foi ne défaille pas (Lu 22.32).

Dieu restaure ses enfants

Dieu ne fait pas que nous garder et nous amener à la repentance. Il nous restaure, comme Jésus l'a fait avec David et Pierre. Une maison a parfois besoin de rénovations. Une fois rénovée, elle est plus belle, rafraîchie. De même, le Seigneur fait des rénovations dans nos vies. Ce renouveau est produit par sa Parole et son Esprit. Dieu renouvelle ses enfants afin « *qu'ils sentent à nouveau la grâce de Dieu réconcilié avec eux, qu'ils adorent ses compassions et sa fidélité, et qu'ils travaillent désormais plus soigneusement à leur salut avec crainte et tremblement* » (V.7). La véritable repentance ne produit pas seulement une tristesse selon Dieu. Elle produit également dans nos cœurs la joie en Dieu par Jésus-Christ, le bonheur de goûter à la grâce du Seigneur. « Or, l'espérance ne trompe point, parce que l'amour de Dieu est répandu dans nos cœurs par le Saint-Esprit qui nous a été donné » (Ro 5.5). « Car le royaume de Dieu, ce n'est pas le manger et le boire, mais la justice, la paix et la joie, par le Saint-Esprit » (Ro 14.17).

Au Psaume 32, David raconte combien la main puissante de Dieu pesait lourdement sur lui tant qu'il n'avait pas confessé son péché, mais après son aveu, David fut rempli de joie. « Heureux celui à qui la transgression est remise, à qui le péché est pardonné ! [...] Celui qui se confie en l'Éternel est entouré de sa grâce. Justes, réjouissez-vous en l'Éternel et soyez dans l'allégresse ! » (Ps 32.1,10,11.) La restauration que Dieu produit en nous nous permet de goûter à sa faveur et à sa bienveillance. Au Psaume 34, David a dit : « Sentez et voyez combien l'Éternel est bon ! Heureux l'homme qui cherche en lui son refuge ! » (Ps 34.9.) Si David a pu dire une telle chose, c'est bien parce qu'il avait lui-même goûté à la bonté du Seigneur.

Quand Dieu restaure ses enfants, il nous amène à le louer et à l'adorer pour sa bonté, comme David l'a fait à de nombreuses reprises. Il nous amène aussi à vivre par amour pour lui et à rechercher sa volonté. Il nous prépare à exercer notre ministère chrétien. Il change nos cœurs pour que nous puissions le servir à la maison, au travail, en l'Église. Il nous fait grandir dans la connaissance du Christ pour que nous soyons plus fervents à le servir et que nous puissions « *[mettre en œuvre notre]* salut avec crainte et tremblement » (Ph 2.12).

Nous ne devons pas conclure de cet enseignement que nous serions autorisés à ne rien faire lorsqu'un frère ou une sœur tombe dans le péché, sous prétexte que Dieu va les ramener de toute façon. Nathan est allé voir David pour le mettre face à son péché. Nathan avait des obligations et Dieu s'est servi de ce moyen. Si David ne s'était pas repenti, il aurait dû être discipliné. Cet appel à la repentance est lancé dans le contexte de la grâce de Dieu. Oui, Dieu veut traiter son peuple avec grâce. Ce qui est merveilleux, avec la grâce de Dieu, c'est que le Seigneur nous renouvelle pour que nous puissions nous repentir et le servir à nouveau d'un cœur transformé.

Gardons cette confiance et vivons dans cette grâce ! La grâce est plus grande que tous nos péchés. Que Dieu continue à nous renouveler et à nous faire vivre dans la joie de son salut !

CHAPITRE 63

La grâce du Dieu trinitaire les préservera
Article V.8

> *Ainsi, ce n'est ni par leurs mérites ni par leurs forces, mais par la miséricorde gratuite de Dieu, qu'ils obtiennent de ne pas perdre totalement la foi et la grâce et de ne pas demeurer et périr finalement dans leurs chutes : ce qui, quant à eux, non seulement pourrait arriver aisément, mais arriverait sûrement. Mais, quant à Dieu, cela ne peut jamais arriver, vu que son conseil ne peut pas changer, ni sa promesse s'évanouir, ni la vocation selon son ferme dessein être révoquée, ni le mérite, l'intercession et la protection de Jésus-Christ être anéantis, ni le sceau du Saint-Esprit être rendu vain ou aboli.*
>
> — Canons de Dordrecht, *article V.8*

La persévérance est une pure grâce

Cet article résume ce que nous avons vu jusqu'à maintenant au sujet de la persévérance des saints. Certains préfèrent parler de la préservation des saints. Ils veulent ainsi souligner le fait que c'est Dieu seul « qui peut vous préserver de toute chute et vous faire paraître devant sa gloire irréprochables dans l'allégresse » (Jud 1.24). La « préservation des saints » est une excellente expression. Elle souligne le fait que c'est Dieu, par pure grâce, qui accomplit cette œuvre et que c'est lui seul qui en recevra toute la gloire. Toutefois, la « persévérance des saints » est également une excellente expression. Elle met en avant le fait que nous sommes activement impliqués dans ce processus. Nous avons une foi vivante et agissante et nous croyons que nous allons persévérer dans cette foi jusqu'au bout.

Il ne faudrait toutefois pas s'imaginer que nous aurions quelque mérite à persévérer. Si nous avons continué de marcher avec Dieu jusqu'à ce jour et si nous croyons pouvoir continuer à l'avenir, ce n'est nullement grâce à nous. « *Ainsi, ce n'est ni par leurs mérites ni par leurs forces, mais par la miséricorde gratuite de Dieu, qu'ils obtiennent de ne pas perdre totalement la foi et la grâce et de ne pas demeurer et périr finalement dans leurs chutes : ce qui, quant à eux, non seulement pourrait arriver aisément, mais arriverait sûrement* » (V.8).

Les arminiens prétendent que la persévérance n'est pas un fruit de l'élection, mais une condition que nous devons remplir pour être élus. Dieu nous donnerait les forces suffisantes pour persévérer, mais finalement « *il dépend toujours de la liberté de la volonté de l'homme de persévérer ou non* » (*Rejet des erreurs*, V.2). Si cela dépendait le moindrement de nous, il est certain que nous aurions rechuté depuis longtemps et que nous nous serions éloignés de Dieu pour toujours. Mais par l'action de la grâce et de la puissance de Dieu, une telle chose est impossible. Notre persévérance n'est pas laissée entre nos mains, et heureusement !

Les destinées d'Ésaü et de Jacob dépendaient du libre choix de Dieu, « afin que le dessein d'élection de Dieu subsiste » (Ro 9.11). « Car je suis Dieu, et il n'y en a point d'autre, je suis Dieu, et nul n'est semblable à moi. J'annonce dès le commencement ce qui doit arriver et longtemps d'avance ce qui n'est pas encore accompli. Je dis : Mes arrêts subsisteront, et j'exécuterai toute ma volonté » (És 46.9,10). « Non pas à nous, Éternel, nous pas à nous, mais à ton nom donne gloire, à cause de ta bonté, à cause de ta fidélité ! » (Ps 115.1.) Cette gloire revient aux trois personnes de la Trinité, car le Père, le Fils et le Saint-Esprit sont tous les trois engagés pleinement en vue de nous faire persévérer.

La persévérance et le conseil éternel du Père

Les saints vont persévérer jusqu'à la fin parce que le plan du Père ne peut être anéanti. « *Mais, quant à Dieu, cela ne peut jamais arriver, vu que son conseil ne peut pas changer, ni sa promesse s'évanouir, ni la vocation selon son ferme dessein être révoquée* » (V.8). Dieu a destiné depuis toute éternité certaines personnes au salut et à la gloire éternelle, et son conseil éternel ne peut pas changer. « Les desseins de l'Éternel subsistent à toujours, et les projets de son cœur, de génération en génération » (Ps 33.11).

Nos projets sont parfois révisés, annulés ou renversés. Cela n'arrivera jamais au plan de Dieu. Sa promesse ne peut pas s'évanouir. « Quand les montagnes s'éloigneraient, quand les collines chancelleraient, mon amour ne s'éloignera point de toi, et mon alliance de paix ne chancellera point » (És 54.10). Satan peut bien, par tous les moyens, essayer de nous arracher des mains du Père. « Le Seigneur est fidèle, il vous affermira et vous préservera du malin » (2 Th 3.3). « Mon Père, qui me les a données, est plus grand que tous ; et personne ne peut les ravir de la main de mon Père » (Jn 10.29).

Quel encouragement de savoir que ceux que Dieu a prédestinés seront aussi glorifiés (Ro 8.30) ! « Car les dons et l'appel de Dieu sont irrévocables » (Ro 11.29). Il ne revient pas sur sa parole. Même quand nous péchons, nous ne pouvons pas nous perdre, car sa décision est immuable. « C'est pourquoi Dieu, voulant montrer avec plus d'évidence aux héritiers de la promesse l'immuabilité de sa résolution, intervint par un serment, afin que, par deux choses immuables dans lesquelles il est impossible que Dieu mente, nous trouvions un puissant encouragement, nous dont le seul refuge a été de saisir l'espérance qui nous était proposée » (Hé 6.17).

La persévérance et la rédemption par le Fils

Les saints vont persévérer jusqu'à la fin parce que « *le mérite, l'intercession et la protection de Jésus-Christ* [ne peuvent] *être anéantis* » (V.8). Les mérites du Christ, c'est tout ce qu'il a acquis pour ses élus et que personne ne peut anéantir : le pardon, la justice et la vie par son sacrifice unique et parfait. « Il est entré une fois pour toutes dans le lieu très saint, non avec le sang des boucs et des veaux, mais avec son propre sang, ayant obtenu une rédemption éternelle » (Hé 9.12). Jésus est entré avec son propre sang dans la présence du Père. Quelle que soit la gravité de mes péchés, son sang les couvre tous. Son œuvre est parfaite et complète. Aucun des péchés que nous avons commis – l'adultère et le meurtre de David, le blasphème et le reniement de Pierre – n'est trop grand pour ne pas être effacé par le sang de Jésus. Notre rédemption éternelle est acquise !

De plus, le Christ prie continuellement pour nous. Son intercession ne peut pas être anéantie non plus. Jésus a déjà prié pour ses apôtres et pour tous ceux qui croiraient en lui par leur parole. « C'est pour eux que je prie. Je ne prie pas pour le monde, mais pour ceux que tu m'as donnés, parce qu'ils sont à toi. […] Père saint, garde-les en ton nom. […] Je ne te prie pas de les ôter du monde, mais de les préserver du malin. […] Père, je veux que là où je suis ceux que tu m'as donnés soient aussi avec moi, afin qu'ils voient ma gloire, la gloire que tu m'as donnée » (Jn 17.9,11,15,24). Quelle magnifique prière ! Le Père l'exaucera certainement ! Le Fils de Dieu prie encore aujourd'hui au ciel pour tous les siens. « Nous avons un avocat auprès du Père, Jésus-Christ le juste » (1 Jn 2.1). Il plaide en notre faveur en rappelant au Père qu'il est mort pour nous et qu'il a été reçu au ciel avec sa justice parfaite. Ses prières nous sont d'un immense profit !

Paul se réjouit d'avoir la certitude inébranlable que rien ne pourra nous séparer de l'amour du Christ. Cette certitude est fondée sur l'œuvre de Jésus à la croix et sur son œuvre d'intercession qui se poursuit aujourd'hui. « Qui les condamnera ? Christ est mort ; bien plus, il est ressuscité, il est à la droite de Dieu, et il intercède pour nous ! » (Ro 8.34.) L'intercession de Jésus-Christ nous donne la confiance que nous tiendrons ferme. Jésus a prié pour Pierre, non pour qu'il soit exempté de toute tentation, mais pour qu'il ne perde pas la foi. « Mais j'ai prié pour toi, afin que ta foi ne défaille point » (Lu 22.32). Sa prière a été efficace. Nous ne perdrons pas la foi, nous non plus, car le Seigneur Jésus vit éternellement et il prie pour nous. De plus, il nous accorde sa protection à tout instant, il nous tient éternellement dans sa main. « Je leur donne la vie éternelle ; et elles ne périront jamais, et personne ne les ravira de ma main » (Jn 10.28). Cela me rassure sur le fait que j'appartiens corps et âme, non pas à moi-même, mais à Jésus-Christ, mon fidèle Sauveur qui me garde et m'assure la vie éternelle.

La persévérance et l'œuvre du Saint-Esprit

Les saints persévéreront jusqu'à la fin parce que « *le sceau du Saint-Esprit [ne peut] être rendu vain ou aboli* » (V.8). Jésus a prié pour que l'Esprit ne nous quitte jamais. « Et moi, je prierai le Père, et il vous donnera un autre consolateur, afin qu'il demeure éternellement avec vous » (Jn 14.16). « Pour vous, l'onction que vous avez reçue de lui demeure en vous » (1 Jn 2.27). Dieu a voulu apposer sur ses enfants la marque indélébile de son Esprit. « Et celui qui nous affermit avec vous en Christ, et qui nous a oints, c'est Dieu, lequel nous a aussi marqués d'un sceau et a mis dans nos cœurs les arrhes de l'Esprit » (2 Co 1.21,22). « Vous avez été scellés du Saint-Esprit qui avait été promis, lequel est un gage de notre héritage, pour la rédemption de ceux que Dieu s'est acquis, pour célébrer sa gloire » (Ép 1.13,14). Le sceau que l'on appose sur un document – lettre, certificat, passeport ou médicament – garantit son authenticité. Le sceau du Saint-Esprit en nous certifie que nous lui appartenons pour toujours. Rien ne pourra l'effacer ou le détruire. Il nous arrive de pécher, même très souvent, mais le sceau de l'Esprit demeure éternellement.

Quelle œuvre glorieuse de Dieu Père, Fils et Saint-Esprit ! La persévérance n'est pas une condition de notre élection qui dépendrait de notre libre volonté. C'est l'œuvre de la grâce du Dieu trinitaire. Oui, nous tombons bien souvent dans le péché, mais jamais pour nous perdre éternellement. Dieu ne nous laissera jamais nous perdre. Nous allons persévérer parce qu'il nous préserve. C'est son œuvre. La persévérance des saints n'est pas seulement un sujet de discussion théologique. C'est une réalité que nous devons vivre et connaître par expérience. C'est aussi une vérité qui devrait nous émerveiller et nous rendre extrêmement reconnaissants. À Dieu seul soit toute la gloire !

CHAPITRE 64

La certitude d'être gardés jusqu'à la fin

Article V.9

> *Quant à cette garde des élus en vue de leur salut, et à la persévérance des vrais fidèles dans la foi, les fidèles eux-mêmes en peuvent être et en sont assurés, selon la mesure de la foi, par laquelle ils croient avec certitude qu'ils sont et demeureront toujours des membres véritables et vivants de l'Église, et qu'ils ont la rémission de tous leurs péchés, et la vie éternelle.*
>
> — Canons de Dordrecht, *article V.9*

L'article V.9 des *Canons de Dordrecht* se résume en un mot : la « certitude ». La certitude de la vie éternelle et d'être gardés jusqu'à la fin. La doctrine de la persévérance des saints est une source de grandes bénédictions. Dans les huit premiers articles de cette section, nous avons vu que les croyants sont encore portés à pécher. Nous pouvons pécher lamentablement et, si Dieu ne nous gardait pas, nous abandonnerions certainement la foi et nous nous perdrions pour toujours. Nous sommes faibles et enclins à pécher, mais Dieu est fort, alors nous sommes en sécurité.

Toutefois, pouvons-nous en être certains ? Pouvons-nous avoir l'assurance de la vie éternelle ? Nous sommes des humains, nous avons nos doutes et nos questions. Que faire avec ces doutes ? Comment lutter contre et grandir dans notre assurance ? Pourquoi est-ce important d'avoir la certitude de la vie éternelle ? Quels bienfaits cela nous procure-t-il ? Voilà des questions qui seront traitées dans les articles V.9 à V.13. Nous commençons cette fois-ci par la première question : Pouvons-nous avoir une certitude ? La réponse est oui ! Nous pouvons être certains d'avoir la vie éternelle. Nous pouvons avoir la certitude d'être gardés jusqu'à la fin.

La certitude des croyants

Tous ne sont pas d'accord avec cette affirmation. Certains disent que nous ne pouvons avoir aucune certitude quant à notre salut éternel. Nous connaissons le contexte des *Canons de Dordrecht*. Les arminiens soutiennent qu'on ne peut avoir l'assurance de son salut, à moins peut-être de recevoir une révélation bien spéciale, ce qui serait vraiment l'exception. Pourquoi, d'après eux, un chrétien ne pourrait-il pas, en principe, avoir de certitude ? Parce qu'ils insistent tellement sur le libre arbitre. Si la foi dépend de ma libre volonté, alors évidemment je ne pourrai jamais être certain de persévérer dans la foi. N'importe quel chrétien pourrait un jour ou l'autre s'éloigner de Dieu et se perdre pour toujours. Quelle tristesse de penser ainsi !

Plus loin, l'article V.5 du *Rejet des erreurs* dit ceci : « *Par cette doctrine, les fidèles sont en effet privés de la plus solide consolation qu'ils puissent avoir durant cette vie, et l'on réintroduit la défiance et les opinions flottantes de l'Église romaine.* » Nous connaissons les opinions flottantes de l'Église romaine, qui laisse toujours les gens dans le doute quant à leur salut éternel. Pouvons-nous avoir une assurance ? Dordrecht répond : Oui ! C'est le propre des enfants de Dieu d'avoir une fermeté solide, fondée non pas sur nos sentiments instables, mais sur les promesses de Dieu.

« *Quant à cette garde des élus en vue de leur salut, et à la persévérance des vrais fidèles dans la foi, les fidèles eux-mêmes en peuvent être et en sont assurés, selon la mesure de la foi, par laquelle ils croient avec certitude qu'ils sont et demeureront toujours des membres véritables et vivants de l'Église, et qu'ils ont la rémission de tous leurs péchés, et la vie éternelle* » (V.9). Les fidèles peuvent être assurés de l'amour de Dieu en Jésus-Christ, et ils le sont à juste titre. Leur foi leur procure cette certitude. Nous pouvons passer par des hauts et des bas, des doutes et des questions, mais la certitude de notre salut est notre expérience normale.

Dans la Bible, plusieurs croyants ont exprimé leur certitude, même au milieu de grandes épreuves et de dures souffrances. L'exemple de Job nous vient à l'esprit. « Mais je sais que mon Rédempteur est vivant, et qu'il se lèvera le dernier sur la terre, quand ma peau sera détruite ; moi-même je contemplerai Dieu » (Job 19.25). « Je sais ! », dit-il. Il en avait la conviction. David a marché dans la vallée de l'ombre de la mort, mais il a dit avec une certitude joyeuse : « Oui, le bonheur et la grâce m'accompagneront tous les jours de ma vie, et je reviendrai dans la maison de l'Éternel jusqu'à la fin de mes jours » (Ps 23.6). Vers la fin de sa vie, Paul était si certain d'atteindre le but qu'il a dit ceci : « J'ai combattu le bon combat, j'ai achevé la course, j'ai gardé la foi. Désormais, la couronne de justice m'est réservée ; le Seigneur, le juste juge, me la donnera en ce jour-là, et non seulement à moi, mais à tous ceux qui auront aimé son avènement. […] Le Seigneur me délivrera de toute œuvre mauvaise, et il me sauvera pour me faire entrer dans son royaume céleste. À lui la gloire aux siècles des siècles ! Amen ! » (2 Ti 4.7,8,18.)

Voyez-vous la force de conviction qui se dégage de ces paroles ? Avons-nous une telle certitude ? Quels que soient les obstacles sur notre route, nous pouvons être persuadés, comme l'apôtre Paul, que rien ne nous séparera de l'amour de Dieu en Jésus-Christ. L'intégralité du passage de Romains 8 dégage une certitude profonde et solide qui, d'ailleurs, n'est pas réservée seulement à des « super-apôtres », mais devrait être l'expérience de tout chrétien. « Mais dans toutes ces choses nous sommes plus que vainqueurs par celui qui nous a aimés. Car j'ai l'assurance que [rien] ne pourra nous séparer de l'amour de Dieu manifesté en Jésus-Christ notre Seigneur » (Ro 8.37-39).

Certains disent que ce serait faire preuve d'orgueil et d'arrogance de parler avec autant d'assurance. Pourquoi ? Parce qu'on s'imagine un salut par les œuvres. Si ma certitude repose sur l'idée que je pense mériter le ciel ou que je m'estime moi-même capable de persévérer, c'est là évidemment une grande prétention. Notre certitude ne repose pas sur nous-mêmes. Elle repose sur Dieu, sur sa grâce et ses promesses. Paul a dit : « Car je sais en qui j'ai cru, et je suis persuadé qu'il a la puissance de garder mon dépôt jusqu'à ce jour-là » (2 Ti 1.12). Il est non seulement normal pour un chrétien d'avoir une telle certitude, mais en plus la Bible nous encourage à la rechercher. Jean nous dit à la fin de sa première lettre : « Celui qui a le Fils a la vie ; celui qui n'a pas le Fils de Dieu n'a pas la vie. Je vous ai écrit ces choses, afin que vous sachiez que vous avez la vie éternelle, vous qui croyez au nom du Fils de Dieu » (1 Jn 5.12,13).

Selon la mesure de la foi

Avons-nous tous un même degré de certitude ? Au long de nos journées, avons-nous toujours la même assurance, ou y a-t-il parfois des fluctuations, des doutes et des questions qui surgissent ? Nous n'avons pas nécessairement la même force de conviction que l'apôtre Paul. Les différents degrés de certitude font également partie de l'expérience chrétienne. Notre degré d'assurance varie « selon la mesure de la foi », nous dit notre article. Si notre foi est faible, notre assurance sera faible. Si notre foi est plus solide, notre assurance sera plus solide. Il n'en reste pas moins que le degré d'assurance des chrétiens n'a pas encore atteint une parfaite maturité et qu'il ne l'atteindra jamais ici-bas.

Une personne est ferme dans le Seigneur sans l'ombre d'un doute, une autre est certaine une journée et l'est peut-être un peu moins le lendemain. N'est-ce pas la réalité de la vie chrétienne ? Mais il doit au moins y avoir une certaine mesure de certitude. Si je doute trop, si je doute continuellement, je n'ai pas la vraie foi. Je dois cependant me rappeler que, tant que je suis pécheur et que je vis dans ce monde corrompu, ma foi passera par des hauts et des bas, et forcément, ma certitude suivra ces fluctuations.

Les psaumes contiennent de bons exemples de fluctuations chez les croyants. David aimait le Seigneur, et pourtant il a dit : « Jusques à quand, Éternel ! m'oublieras-tu sans cesse ? Jusques à quand me cacheras-tu ta face ? Jusques à quand aurai-je des soucis dans mon âme, et chaque jour du chagrin dans mon cœur ? » (Ps 13.2,3.) David se sentait loin du Seigneur, abattu et sans joie. « Regarde, réponds-moi, Éternel, mon Dieu ! Donne à mes yeux la clarté, afin que je ne m'endorme pas dans la mort, afin que mon ennemi ne dise pas : Je l'ai vaincu ! » (Ps 13.3,4.) Il avait des doutes, il était déprimé, mais tout de suite après, il s'est empressé de dire : « Moi, j'ai confiance en ta bonté, j'ai de l'allégresse dans le cœur, à cause de ton salut ; je chante à l'Éternel, car il m'a fait du bien » (Ps 13.6). Voilà la confiance en Dieu et l'assurance du salut qui reviennent éclairer son cœur ! Même si nous passons par des hauts et des bas, nous pouvons être certains que Dieu nous gardera, selon la mesure de notre foi et selon les circonstances de nos vies.

Nous avons besoin de grandir dans la foi pour grandir dans notre assurance. Le Seigneur nous a mis ensemble dans son Église et dans la communion des saints pour nous encourager. Il nous a également donné des pasteurs, des diacres et des anciens « pour le perfectionnement des saints en vue de l'œuvre du ministère et de l'édification du corps de Christ, [...] à l'état d'homme fait, à la mesure de la stature parfaite de Christ » (Ép 4.12,13). Nous avons besoin de grandir en maturité. Pour cela, il nous faut constamment revenir à la Parole de Dieu et nous rappeler ses promesses.

La certitude ne vient pas de nos sentiments, mais de notre foi dans les promesses divines. Encourageons-nous à toujours revenir aux magnifiques promesses de Dieu. Il est fidèle. Sa Parole est digne de confiance. Nous pouvons nous appuyer avec assurance sur ce qu'elle dit. Je pèche souvent, mais je sais en qui j'ai cru et je suis persuadé qu'il a la puissance de garder mon dépôt jusqu'à la fin. J'ai la conviction qu'il me fera entrer dans son royaume céleste pour me donner sa couronne de gloire.

CHAPITRE 65

La source de notre certitude
Article V.10

Toutefois, cette certitude ne vient pas de quelque révélation particulière qui s'ajouterait à la Parole ou serait faite en dehors d'elle. Elle découle d'abord de la foi aux promesses de Dieu, qu'il a très abondamment révélées dans sa Parole pour notre consolation ; ensuite, du témoignage du Saint-Esprit, qui témoigne à notre esprit que nous sommes enfants de Dieu et ses héritiers (Ro 8.16,17). Enfin, d'une sérieuse et sainte recherche d'une bonne conscience et des œuvres bonnes.

Si les élus de Dieu étaient dans ce monde destitués de cette ferme consolation qu'ils obtiendront la victoire, et des arrhes infaillibles de la gloire éternelle, ils seraient les plus misérables de tous les hommes.

— Canons de Dordrecht, *article V.10*

Nous pouvons avoir la certitude que Dieu va nous garder pour la vie éternelle. Quelle grande richesse de pouvoir vivre dans cette assurance ! Mais d'où vient une telle certitude ? À quelle source devrions-nous puiser pour grandir et être fortifiés dans notre certitude ? Précisons d'abord d'où notre certitude ne vient pas et examinons ensuite la triple source de celle-ci.

Pas de révélation spéciale en dehors de sa Parole

Le concile de Trente (1545-1562) qui s'est opposé à la Réforme a prononcé l'anathème sur toute personne prétendant être certaine d'être sauvée en dehors d'une révélation spéciale. L'Église de Rome considérait que c'était un péché grave d'avoir la certitude de son salut. Sans aller aussi loin, les arminiens ont repris la même idée en disant qu'on ne peut avoir une telle certitude sans une révélation spéciale, une vision, un rêve, etc. Plus tard, différents courants mystiques ont fait croire que la Bible ne serait pas suffisante et qu'il faudrait passer par une sorte d'illumination.

Plusieurs pensent aujourd'hui que ce serait la marque d'un chrétien authentique de recevoir des signes spéciaux venant de Dieu qui nous feraient savoir que Dieu est avec nous. Certains s'accrochent à leur expérience très forte de conversion, d'autres mettent leur espoir dans leurs sentiments, dans les paroles d'une autre personne ou dans l'utilisation superstitieuse de certains textes bibliques : « Le Seigneur m'a donné ce verset. » Ceux qui s'accrochent à ce genre d'expériences risquent fort de passer par des craintes, des anxiétés et des doutes profonds.

Dordrecht répond avec sagesse : « *Cette certitude ne vient pas de quelque révélation particulière qui s'ajouterait à la Parole ou serait faite en dehors d'elle* » (V.10). Je n'ai pas besoin d'une révélation spéciale en dehors de la Parole de Dieu. « Ta parole est une lampe à mes pieds, et une lumière sur mon sentier » (Ps 119.105). « Toute Écriture est inspirée de Dieu, et utile pour enseigner, pour convaincre, pour corriger, pour instruire dans la justice, afin que l'homme de Dieu soit accompli et propre à toute bonne œuvre » (2 Ti 3.16,17). Toute la révélation dont nous avons besoin se trouve dans la Bible. Ne cherchons pas notre assurance ailleurs qu'en elle.

La foi dans les promesses

Dieu se sert de trois moyens pour fonder et affermir notre assurance. Il ne s'agit pas de trois sources indépendantes, mais d'une même source comportant trois ramifications interdépendantes. Tout d'abord, la foi dans ses promesses. « *Notre certitude découle d'abord de la foi aux promesses de Dieu, qu'il a très abondamment révélées dans sa Parole pour notre consolation* » (V.10). Les promesses de Dieu ne nous sont pas envoyées directement du ciel ; elles nous viennent de sa Parole.

La Bible est remplie de promesses. Depuis le jour où Dieu a promis la venue d'un descendant de la femme qui viendrait détruire le diable (Ge 3.15), Dieu n'a jamais cessé de répéter et de préciser sa promesse du Sauveur. « Car le Fils de Dieu, Jésus-Christ, qui a été prêché par nous au milieu de vous, par moi, par Silvain, et par Timothée, n'a pas été oui et non, mais en lui, il n'y a que oui ; car, pour ce qui concerne toutes les promesses de Dieu, c'est en lui qu'est le oui ; c'est pourquoi encore l'Amen par lui est prononcé par nous à la gloire de Dieu » (2 Co 1.19,20). En Jésus, Dieu a dit oui à toutes ses promesses. Elles trouvent toutes leur accomplissement en lui. C'est pour cela que nous disons à Dieu « Amen », c'est-à-dire « c'est certain », « j'y crois », « c'est vrai et solide ».

Oui, je vais persévérer, car il en a fait la promesse, et cette promesse est « oui » en Jésus. Celui qui met sa foi dans les promesses de Dieu n'aura jamais honte. « Celui qui croit en elle [*la pierre angulaire, Jésus-Christ*] ne sera point confus » (1 Pi 2.6). Paul nous dit que rien « ne pourra nous séparer de l'amour de Dieu manifesté en Jésus-Christ notre Seigneur » (Ro 8.38,39) et il ajoute que « celui qui a commencé en vous cette bonne œuvre la rendra parfaite pour le jour de Jésus-Christ » (Ph 1.6). Ce sont des promesses certaines !

Comment savoir que je vais persévérer ? En croyant à ces promesses. Dieu l'a assuré. L'œuvre qu'il a commencée dans mon cœur, il a promis de la compléter. Il ne cessera jamais de m'aimer. Je peux alors être certain qu'il me gardera. Notre responsabilité est de nous mettre à l'écoute de sa Parole et de croire ce qu'elle dit. Si notre foi est petite ou endormie, nous n'aurons pas une grande certitude. Si notre foi est active et bien vivante, notre certitude sera affermie.

Le témoignage du Saint-Esprit

En deuxième lieu, notre certitude découle « *du témoignage du Saint-Esprit, qui témoigne à notre esprit que nous sommes enfants de Dieu et ses héritiers* » (V.10). C'est presque une citation de la Parole de Dieu : « Et vous n'avez point reçu un esprit de servitude pour être encore dans la crainte ; mais vous avez reçu un Esprit d'adoption, par lequel nous crions : Abba ! Père ! L'Esprit lui-même rend témoignage à notre esprit que nous sommes enfants de Dieu. Or, si nous sommes enfants, nous sommes aussi héritiers : héritiers de Dieu, et cohéritiers de Christ, si toutefois nous souffrons avec lui, afin d'être glorifiés avec lui » (Ro 8.15-17).

L'Esprit se sert de la Parole et nous enseigne que Dieu est notre Père. Il nous apprend à prier en lui disant « Père », « Papa ». Cela nous enlève nos craintes, apaise nos cœurs et nous donne de belles certitudes. Je reconnais que je suis son enfant, et donc son héritier. Cette conviction ne vient pas de mon propre cœur, c'est l'Esprit qui m'encourage à me fier aux promesses de Dieu et qui m'amène à reconnaître que c'est bien vrai. Quand nous entendons la promesse et que nous disons « Amen ! » à cette promesse, quand nous mettons notre espérance dans cette promesse, c'est l'œuvre du Saint-Esprit dans nos cœurs qui rend témoignage à notre esprit et qui nous dit : « Oui, c'est vrai. Quelle riche bénédiction ! » J'ai l'assurance d'être aimé par mon Père, d'être son enfant et d'hériter de la vie éternelle.

La recherche d'une bonne conscience et de bonnes œuvres

Troisièmement, notre certitude découle « *d'une sérieuse et sainte recherche d'une bonne conscience et des œuvres bonnes* » (V.10). Cet élément vient en troisième et non en premier. L'ordre est important. Si nous sommes certains de notre espérance, ce n'est pas parce que nous sommes des chrétiens solides et que nous accomplissons tant de bonnes œuvres. Sinon, j'aurais souvent des doutes. Il ne faut pas mettre la charrue avant les bœufs. Nous entendons d'abord les promesses de Dieu, si abondamment révélées dans sa Parole. Ensuite, le Saint-Esprit scelle ces promesses dans nos cœurs pour nous faire vivre dans cette joie qui nous assure que c'est bien vrai. Puis, en troisième lieu, cette œuvre du Saint-Esprit ne peut faire autrement que nous amener à désirer être saints nous aussi.

Nous voulons de tout cœur garder une bonne conscience. Nous ne pouvons pas vivre avec une mauvaise conscience. Paul s'exerçait au combat. « C'est pourquoi je m'efforce d'avoir constamment une conscience sans reproche devant Dieu et devant les hommes » (Ac 24.16). Nous voulons nous éloigner de nos péchés, les confesser à Dieu et trouver auprès de lui son pardon. Nous aspirons à faire de bonnes œuvres. C'est le Saint-Esprit qui nous donne ce désir. Paul nous dit qu'il existe deux sortes d'œuvres, les œuvres de la chair et le fruit de l'Esprit : « Or, les œuvres de la chair sont évidentes ; ce sont la débauche, l'impureté, le dérèglement, l'idolâtrie, la magie, les rivalités, les querelles, les jalousies, les animosités, les disputes, les divisions, les sectes, l'envie, l'ivrognerie, les excès de table, et les choses semblables. [...] Ceux qui commettent de telles choses n'hériteront point le royaume de Dieu. Mais le fruit de l'Esprit, c'est l'amour, la joie, la paix, la patience, la bonté, la bienveillance, la foi, la douceur, la maîtrise de soi ; la loi n'est pas contre ces choses » (Ga 5.19-23).

Quel encouragement lorsque nous voyons le fruit de l'Esprit se développer dans nos vies ! Nous luttons encore contre le péché et nous combattons pour accomplir de bonnes œuvres. Le fruit de l'Esprit est loin d'être parvenu à maturité, mais son début de développement dans ma vie me confirme que l'Esprit de Dieu est à l'œuvre en moi et que je suis en route vers le ciel. C'est un grand encouragement qui fortifie mon assurance.

L'article V.10 conclut en disant : « *Si les élus de Dieu étaient dans ce monde destitués de cette ferme consolation qu'ils obtiendront la victoire, et des arrhes infaillibles de la gloire éternelle, ils seraient les plus misérables de tous les hommes.* » Si nous n'avions pas cette certitude, nous serions les plus misérables de tous les hommes. Quelle désolation de ne pas pouvoir dire avec certitude que la grâce de Dieu sera encore avec nous demain et pour l'éternité ! Plusieurs personnes perplexes à ce sujet disent d'ailleurs : « Aussi bien boire et manger aujourd'hui, parce que demain nous allons mourir. » Heureusement, ce n'est pas notre cas, car le Seigneur a de riches bénédictions en réserve pour nous. Il est fidèle.

La certitude qu'il me procure par les promesses contenues dans sa Parole, par le témoignage du Saint-Esprit dans mon cœur et par le fruit de l'Esprit qu'il me fait porter me procure une paix et une confiance au-delà de tout ce que je pourrais expliquer. Je sais avec certitude que demain je serai avec lui. Ma victoire est certaine. Gloire à Dieu !

CHAPITRE 66

La certitude de notre espérance n'est pas toujours ressentie
Article V.11

> *Cependant, l'Écriture atteste que les fidèles ont à combattre dans cette vie, contre divers doutes de la chair ; et, lorsqu'ils ont à soutenir de graves tentations, qu'ils ne sentent pas toujours cette pleine consolation de la foi, et cette certitude de la persévérance. Mais Dieu, qui est le Père de toute consolation, ne permet point qu'ils soient tentés au-delà de leurs forces, mais leur donne, avec la tentation, la possibilité d'en sortir en la surmontant (1 Co 10.13). Et par le Saint-Esprit, il ranime de nouveau en eux la certitude de la persévérance.*
>
> — Canons de Dordrecht, *article V.11*

Nous pouvons être certains que nous allons persévérer dans la foi. C'est une grande richesse que Dieu donne à ses enfants bien-aimés. Nous sommes toutefois encore pécheurs, nous vivons dans un monde corrompu, nous sommes aux prises avec les tentations du diable, si bien que nous ne ressentons pas toujours la pleine certitude de notre salut. Le doute vient parfois nous assaillir. Dieu nous tient, mais nous n'en sommes pas toujours sûrs. La certitude de notre espérance n'est pas toujours ressentie.

Le doute est bien réel

L'article V.11 reconnaît candidement cette réalité. « *Cependant, l'Écriture atteste que les fidèles ont à combattre dans cette vie, contre divers doutes de la chair ; et, lorsqu'ils ont à soutenir de graves tentations, qu'ils ne sentent pas toujours cette pleine consolation de la foi, et cette certitude de la persévérance* » (V.11). Notre foi n'est pas encore parfaite. Chaque jour, il nous faut lutter contre les faiblesses de notre chair et contre les tentations du diable. Le Seigneur connaît nos luttes et nos faiblesses. Que devrions-nous dire à ceux qui sont tiraillés dans leur cœur au sujet de leur salut éternel ? Ils ne sont pas les premiers à vivre ces doutes. Même les hommes les plus saints dans la Bible ont dû affronter les épreuves et les tentations.

Au Psaume 73, nous avons l'exemple d'Asaph. Asaph était un croyant qui travaillait au temple et entendait régulièrement l'Évangile du salut illustré par les sacrifices. Il aurait dû être rempli d'assurance, et pourtant il a dit : « Toutefois, mon pied allait fléchir, mes pas étaient sur le point de glisser ; car je portais envie aux insensés, en voyant le bonheur des méchants » (Ps 73.2,3). Il a fait ensuite une description très colorée de cette prospérité des méchants qu'il enviait tant. Puis il a dit : « C'est donc en vain que j'ai purifié mon cœur, et que j'ai lavé mes mains dans l'innocence. […] Quand j'ai réfléchi là-dessus pour m'éclairer, la difficulté fut grande à mes yeux, jusqu'à ce que j'aie pénétré dans les sanctuaires de Dieu » (Ps 73.13,16). Et là, finalement, la lumière s'est faite et Asaph a été apaisé. Ce qu'il voyait autour de lui dans le monde lui a fait perdre confiance en Dieu, presque jusqu'à déraper. Ce que nous observons dans le monde d'aujourd'hui a tout autant de quoi ébranler notre foi et notre confiance en Dieu. Les pensées s'agitent et se bousculent dans notre esprit.

Au Psaume 77, le même Asaph a dit encore : « Le Seigneur rejettera-t-il pour toujours ? Ne sera-t-il plus favorable ? Sa bonté est-elle à jamais épuisée ? Sa parole est-elle anéantie pour l'éternité ? Dieu a-t-il oublié d'avoir compassion ? A-t-il, dans sa colère, retiré sa miséricorde ? » (Ps 77.8-10.) Vous entendez tous ces cris de doutes et de tiraillements, presque de désespoir. Puis Asaph a trouvé encore un apaisement en se rappelant les grands miracles de Dieu accomplis autrefois, qui lui ont redonné l'assurance que Dieu avait encore la puissance d'agir.

Nous connaissons aussi l'exemple de Job, qui a été frappé d'une série de fléaux épouvantables. Il n'a pas perdu la foi, mais il a été très ébranlé dans sa foi. La Bible ne nous présente pas des « héros de la foi », mais des pécheurs pardonnés qui ont été gardés par Dieu. Hébreux 11 ne nous donne pas une liste de héros, mais nous révèle la fidélité de Dieu à ses promesses pour ceux qui croient en sa Parole.

Le doute est un péché

Que penser du doute ? Le doute est-il quelque chose de bon pour notre foi ? Les arminiens disent qu'il est bon de douter. Ce serait même louable et bénéfique. Nombreux sont ceux qui le prétendent encore. À l'inverse, avoir la certitude de son salut serait faire preuve d'arrogance et d'orgueil. Remarquez l'adjectif qui sert à qualifier les doutes. Ce sont « *divers doutes de la chair* » (V.11). Cela veut dire que le doute est un péché. Satan lui-même essaie de nous faire douter. Il nous secoue et nous tente pour que nous ne tenions pas ferme dans nos convictions.

Le doute fait partie de la réalité du chrétien, mais c'est un péché dont nous avons besoin de nous repentir. Suis-je encouragé à douter ? Pas du tout. Je sais que, lorsque je doute, le péché continue de m'envelopper. « Nous savons, en effet, que la loi est spirituelle ; mais moi, je suis charnel, vendu au péché. […] Je ne fais pas le bien que je veux, et je fais le mal que je ne veux pas » (Ro 7.14,19).

Il est vrai que, si nous sommes sûrs de nous-mêmes, incapables de nous remettre en question, nous faisons preuve d'orgueil et de prétention, mais c'est également de l'orgueil que de douter des promesses de Dieu. Le Seigneur nous appelle à croire à ses promesses, humblement et avec une pleine assurance. « Ainsi donc, frères, nous avons, au moyen du sang de Jésus, une libre entrée dans le sanctuaire, […] approchons-nous donc avec un cœur sincère, dans la plénitude de la foi » (Hé 10.19,22). Nous n'avons pas besoin de nous approcher de Dieu le cœur tremblant de peur, nous demandant s'il nous entend ou s'il nous reçoit favorablement.

Jésus-Christ a expié tous nos péchés, il a remporté la victoire et est assis à la droite de Dieu. Il intercède pour nous. Allons-y ! Approchons-nous ! Prions avec assurance, sans douter !

« Si quelqu'un d'entre vous manque de sagesse, qu'il la demande à Dieu, qui donne à tous simplement et sans reproche, et elle lui sera donnée. Mais qu'il la demande avec foi, sans douter ; car celui qui doute est semblable au flot de la mer, agité par le vent et poussé de côté et d'autre. Qu'un tel homme ne s'imagine pas qu'il recevra quelque chose du Seigneur : c'est un homme irrésolu, inconstant dans toutes ses voies » (Ja 1.5-8).

La consolation de pouvoir surmonter la tentation

En nous-mêmes, nous sommes faibles, mais Dieu est fort et nous garde. « Mais Dieu, qui est le Père de toute consolation, ne permet point qu'ils soient tentés au-delà de leurs forces, mais leur donne, avec la tentation, la possibilité d'en sortir en la surmontant » (1 Co 10.13). « *Et par le Saint-Esprit, il ranime de nouveau en eux la certitude de la persévérance* » (V.11). Il est « le Père de toute consolation ». Quelle belle expression ! Elle est tirée de ce passage : « Béni soit Dieu, le Père de notre Seigneur Jésus-Christ, le Père des miséricordes et le Dieu de toute consolation, qui nous console dans toutes nos afflictions, afin que par la consolation dont nous sommes l'objet de la part de Dieu, nous puissions consoler ceux qui se trouvent dans l'affliction ! » (2 Co 1.3,4.)

Que c'est beau ! Lorsque je suis dans l'affliction, assailli par le doute, incertain d'être vraiment aimé par Dieu et gardé par lui jusqu'à la fin, Dieu, dans toute sa compassion, vient vers moi et me console, à tel point qu'à mon tour, je deviens capable de consoler ceux qui sont affligés. Ce n'est pas pour rien que Dieu nous fait passer par des moments de doute. C'est pour nous apprendre à ne plus compter sur nous-mêmes et à compter entièrement sur lui. « Et nous regardions comme certain notre arrêt de mort, afin de ne pas placer notre confiance en nous-mêmes, mais de la placer en Dieu qui ressuscite les morts » (2 Co 1.9). C'est comme cela qu'il nous rend capables ensuite de véritablement consoler nos frères et sœurs qui passent par le doute.

Lorsque nous sommes tentés, ne pensons pas être les premiers à passer par le creuset de l'épreuve. Croyons que Dieu est fidèle et qu'il nous fournira le moyen d'en sortir, selon sa promesse. « Aucune tentation ne vous est survenue qui n'ait été humaine, et Dieu, qui est fidèle, ne permettra pas que vous soyez tentés au-delà de vos forces ; mais avec la tentation il préparera aussi le moyen d'en sortir, afin que vous puissiez la supporter » (1 Co 10.13). Les Corinthiens étaient en grand danger de devenir idolâtres, de tomber dans l'immoralité sexuelle et de murmurer contre Dieu, comme Israël dans le désert. Ils avaient besoin d'être avertis qu'ils risquaient fort de tomber s'ils n'y prenaient pas garde. De plus, ils avaient besoin d'entendre cette promesse.

Nous ne sommes pas meilleurs que les Israélites ou les Corinthiens, cependant Dieu est fidèle. Les attaques du diable sont bien réelles, mais ne désespérons pas. Rien n'arrive sans la permission de notre Père céleste. Dieu a permis à Satan de tenter Job, toutefois il a donné à Job la persévérance. « Vous avez entendu parler de la patience de Job, et vous avez vu la fin que le Seigneur lui accorda, car le Seigneur est plein de miséricorde et de compassion » (Ja 5.11). Dieu a permis à Satan de tenter Pierre, qui a renié Jésus, mais le Seigneur n'a pas abandonné Pierre. Il l'a ramené pour qu'il soit ensuite capable de fortifier ses frères. Dieu établit les limites de nos tentations et nous prépare toujours une porte de sortie.

Quelle grande sécurité nous avons ! Jésus est allé endurer de grands tourments, jusqu'aux pires angoisses de l'enfer sur la croix, pour nous délivrer de toute frayeur. Je me sens parfois oublié par Dieu et je commence à douter qu'il prenne vraiment soin de moi. Je sais toutefois que, quelles que soient les tentations, je suis en parfaite sécurité entre ses bonnes mains. Puis-je être certain de parvenir un jour au but de la perfection ? Oui, car Dieu est fidèle ! Ce que je ressens en moi-même n'a pas vraiment d'importance. Ce qui est important, c'est la promesse de Dieu en Jésus-Christ, qui est certaine.

CHAPITRE 67

La certitude est un stimulant à la sainteté

Article V.12

> *Or, bien loin que cette certitude de la persévérance rende les vrais fidèles orgueilleux, et les plonge dans une sécurité charnelle, elle est, tout au contraire, la véritable racine de l'humilité, du respect filial et de la vraie piété, de la patience dans toutes les épreuves, de prières ardentes, de la constance sous la croix et dans la confession de la vérité, et d'une joie solide en Dieu. Et la considération de ce bienfait leur est bien plutôt un stimulant qui les incite à la pratique sérieuse et continuelle de la reconnaissance et des œuvres bonnes, comme nous le montrent les témoignages des Écritures et les exemples des saints.*
>
> — Canons de Dordrecht, *article V.12*

Depuis la chute, il y a toujours eu des gens pour s'opposer à la Parole de Dieu. La doctrine de la persévérance des saints ne fait pas exception. Plusieurs ont soulevé des objections au fait que nous puissions avoir la certitude de notre salut. L'une des objections des catholiques romains puis des arminiens a été de dire que, si nous pensons avoir la certitude de notre salut, cela va nous amener à nous relâcher. Nous allons vivre davantage dans le péché. En réalité, c'est tout le contraire. La certitude de notre salut est un grand stimulant à rechercher la sainteté.

L'humilité

On a prétendu que la certitude de notre salut rend orgueilleux. Quelle étrange idée ! « *Or, bien loin que cette certitude de la persévérance rende les vrais fidèles orgueilleux, et les plonge dans une sécurité charnelle, elle est, tout au contraire, la véritable racine de l'humilité* » (V.12). Nous confessons que nous sommes entièrement corrompus et que nous offensons Dieu gravement.

Quand nous tombons, nous savons que nous n'avons ni le pouvoir ni la volonté de revenir à Dieu par nous-mêmes. C'est par pure grâce que nous recevons le pardon et le renouvellement intérieur. C'est par pure grâce que nous serons gardés jusqu'à la fin. Quelle place reste-t-il à l'orgueil ? « Car qui est-ce qui te distingue ? Qu'as-tu que tu n'aies reçu ? Et si tu l'as reçu, pourquoi te glorifies-tu, comme si tu ne l'avais pas reçu ? » (1 Co 4.7.) « Que celui qui se glorifie se glorifie dans le Seigneur » (1 Co 1.31). Nous nous glorifions dans ce qu'il est, dans ce qu'il a fait et dans ce qu'il a promis de faire. Notre confiance dans les promesses de Dieu n'est nullement une raison de nous enorgueillir. C'est au contraire la seule véritable racine de l'humilité.

De bons fruits

On a également prétendu que la certitude de notre salut mène à la paresse. Les arminiens disent que « *la doctrine concernant la certitude de la persévérance et du salut est, de soi et par sa nature même, l'oreiller de la chair ; qu'elle est nuisible à la piété, aux bonnes mœurs, aux prières et autres saints exercices ; mais qu'au contraire c'est une chose louable que d'en douter* » (*Rejet des erreurs*, V.6). Autrement dit, puisque nous sommes certains d'aller au ciel de toute façon, pourquoi faire l'effort de vivre une vie sainte ? Il vaudrait bien mieux ne pas être certains, cela nous encouragerait à faire plus d'efforts. Cela revient à avancer que la sainteté mène au salut, alors que c'est en réalité le salut qui mène à la sainteté.

« *Il est impossible à ceux qui sont greffés sur le Christ par une foi véritable de ne pas porter des fruits de reconnaissance* » (*Catéchisme de Heidelberg*, « Dieu le Saint-Esprit et notre sanctification », réponse à la question 64). « Un bon arbre ne peut porter de mauvais fruits » (Mt 7.18). « Celui qui demeure en moi et en qui je demeure porte beaucoup de fruit, car sans moi vous ne pouvez rien faire » (Jn 15.5). Les chrétiens ne vivent pas une vie parfaite, mais un enfant de Dieu va porter du fruit. Si Dieu m'a sauvé gratuitement, quelle sera ma réponse ? Sûrement pas une vie de paresse où je continue de me complaire dans le péché, mais plutôt une vie de reconnaissance où je cherche à lui plaire. Quels sont donc ces bons fruits ? La certitude de la persévérance est « *la véritable racine de l'humilité, du respect filial et de la vraie piété, de la patience dans toutes les épreuves, de prières ardentes, de la constance sous la croix et dans la confession de la vérité, et d'une joie solide en Dieu* » (V.12).

Le respect filial

Le respect filial, c'est la révérence d'un fils, une crainte remplie d'amour pour son père. « Voyez quel amour le Père nous a témoigné, pour que nous soyons appelés enfants de Dieu ! » (1 Jn 3.1.) Quand nous sommes émerveillés par cet amour du Père, nous ne pouvons faire autrement que de répondre avec amour. Dieu nous a adoptés pour être ses enfants. Nous voulons honorer notre Père, non pas pour gagner notre ciel, mais pour le glorifier. Nous avons confiance que notre Père nous donnera tout ce qu'il faut pour persévérer.

« Bien-aimés, nous sommes maintenant enfants de Dieu, et ce que nous serons n'a pas encore été manifesté ; mais nous savons que, lorsqu'il paraîtra, nous serons semblables à lui, parce que nous le verrons tel qu'il est. Quiconque a cette espérance en lui se purifie, comme lui-même est pur » (1 Jn 3.2,3). Nous avons la certitude que nous le verrons face à face et que nous serons rendus semblables à lui.

Cette joie d'être enfants de Dieu nous procure une glorieuse espérance. Que produit cette espérance ? L'orgueil ? La paresse ? Pas du tout ! Ayant cette espérance, nous nous purifions à l'image du Seigneur. C'est l'œuvre de la grâce de Dieu en nous. À mesure que nous grandirons dans cette assurance, nous aurons le désir de nous purifier et de lui ressembler de plus en plus.

La vraie piété

Qu'est-ce que la piété ? C'est un attachement véritable et profond au Seigneur avec le désir de vivre à son service. Plus nous aurons la certitude de notre salut, plus cet attachement grandira. David s'est réjoui de son salut. « Oui, tu as délivré mon âme de la mort, mes yeux des larmes, mes pieds de la chute. Je marcherai devant l'Éternel, sur la terre des vivants » (Ps 116.8,9). Ensuite, il s'est demandé comment exprimer sa reconnaissance. « Comment rendrai-je à l'Éternel tous ses bienfaits envers moi ? J'élèverai la coupe des délivrances, et j'invoquerai le nom de l'Éternel ; j'accomplirai mes vœux envers l'Éternel, en présence de tout son peuple » (Ps 116.12-14). David n'a fait preuve d'aucun orgueil, ni de paresse, ni de complaisance. La certitude de son salut l'a poussé à vouloir vivre pour le Seigneur. Pierre nous dit que Dieu nous « a appelés des ténèbres à son admirable lumière » afin que nous proclamions ses louanges (1 Pi 2.9). Notre plus grand désir est de vivre pour lui. « Père, que veux-tu que je fasse ? Comment veux-tu que je vive ? »

La patience dans toutes les épreuves et des prières ardentes

Nous devrons combattre toute notre vie, jusqu'à notre dernier souffle. Nous savons que le Seigneur est fidèle et qu'il a promis de nous garder. N'est-ce pas un grand encouragement à continuer au milieu des combats ? Après la disparition de Joseph et de Siméon, leur père Jacob s'est découragé. « C'est sur moi que tout cela retombe » (Ge 42.36). Tout allait de travers. Jacob ne savait pas que Dieu faisait concourir toutes choses en sa faveur. Quant à nous, nous le savons (Ro 8.28). Cela nous donne la patience lorsque les choses vont de travers. Nous pouvons tenir dans l'épreuve, sachant que Dieu conduit toutes les étapes de notre vie et qu'il fait tout concourir à notre bien. Nous pouvons alors dire : « J'estime que les souffrances du temps présent ne sauraient être comparées à la gloire à venir qui sera révélée pour nous » (Ro 8.18).

Dans ce combat, nous avons l'assurance de notre salut éternel, mais nous ne nous reposons pas sur nos lauriers. Nous prions pour que Dieu nous dirige par son Esprit. Nous avons l'ardent désir de voir son plan s'accomplir parfaitement. Nous prions donc pour qu'il continue son œuvre jusqu'à notre victoire finale. Nous avons besoin de lui et nous savons qu'il entend et répond.

La constance sous la croix et la confession de la vérité

Il n'est pas facile de souffrir pour la justice. Il n'est pas facile de se tenir debout et de dire ce que la Bible nous demande de dire. Nos amis peuvent rire de nous. Nos collègues de travail peuvent se moquer. Mais quand nous savons que Dieu est fidèle et qu'il nous garde, nous pouvons dire avec David : « L'Éternel est ma lumière et mon salut : de qui aurais-je crainte ? L'Éternel est le soutien de ma vie : de qui aurais-je peur ? » (Ps 27.1.) Qu'est-ce que cela peut faire s'ils rient de moi, si je perds mon emploi ou si je refuse de travailler le dimanche parce que je veux rester fidèle au Seigneur ? Je peux avoir « de la constance sous la croix et dans la confession de la vérité » parce que je sais que Dieu me gardera et me protégera, quelle que soit la situation. « Cette espérance, nous la possédons comme une ancre de l'âme, sûre et solide » (Hé 6.19).

Une joie solide en Dieu

Nous avons tout pleinement en Jésus-Christ et nous savons que rien ni personne ne pourra jamais nous arracher de sa bonne main protectrice. Qu'est-ce qui pourrait procurer plus de joie ? Le monde recherche des joies éphémères et changeantes au gré des circonstances, mais le monde ne connaît rien de la véritable joie. La joie que nous avons en Jésus-Christ est un rocher solide. « Réjouissez-vous toujours dans le Seigneur » (Ph 4.4). « Tu me feras connaître le sentier de la vie ; il y a d'abondantes joies devant ta face, des délices éternelles à ta droite » (Ps 16.11). Bref, pour les vrais fidèles, « *la considération de ce bienfait est bien plutôt un stimulant qui les incite à la pratique sérieuse et continuelle de la reconnaissance et des œuvres bonnes, comme nous le montrent les témoignages des*

Écritures et les exemples des saints » (V.12). Est-ce que la grâce de Dieu me donnerait la liberté de vivre comme je veux ? « Demeurerions-nous dans le péché afin que la grâce abonde ? Loin de là ! » (Ro 6.1.) Il est effectivement possible d'abuser de cette belle doctrine et d'en faire un oreiller de paresse. Mais plus nous considérerons l'immense richesse de ce bienfait, plus nous serons stimulés à vivre dans la reconnaissance et la sainteté, à la seule gloire de Dieu, qui nous gardera dans son amour jusqu'à la fin.

CHAPITRE 68

La certitude ne conduit pas à la paresse
Article V.13

> *Aussi, quand la confiance de la persévérance commence à revivre en ceux qui sont relevés de leur chute, cela n'engendre en eux ni licence ni nonchalance dans leur piété, mais au contraire un beaucoup plus grand souci de garder avec soin les voies du Seigneur, qui leur sont préparées afin qu'en y marchant ils conservent la certitude de leur persévérance, de peur qu'en abusant de la bonté paternelle de Dieu, sa face favorable (dont la contemplation est pour les fidèles plus douce que la vie, et la privation plus amère que la mort), ne se détourne d'eux à nouveau, et qu'ils ne tombent alors dans de plus grands tourments d'esprit.*
>
> — Canons de Dordrecht, *article V.13*

Il peut arriver qu'un enfant de Dieu tombe et pèche gravement. Nous croyons toutefois que Dieu, dans sa grâce, veille sur ses enfants jour et nuit. Il nous préserve de toute chute fatale. Quand nous tombons, il nous relève et nous restaure. Il nous gardera si bien qu'il nous fera persévérer dans la foi jusqu'à la fin.

Un pécheur restauré ne devient pas nonchalant, mais vigilant

Comment les arminiens ont-ils réagi à cet enseignement ? Ils ont dit que la doctrine de la persévérance des saints conduit à la nonchalance. Si Dieu nous a élus à la vie éternelle et si chaque fois que nous péchons nous sommes assurés que Dieu nous relèvera, nous n'allons pas faire d'effort pour combattre le péché et ne plus tomber. Pourquoi faire des efforts ? De toute façon, Dieu va s'occuper de nous ramener. L'article V.13 répond à cette objection. « *Aussi, quand la confiance de la persévérance commence à revivre en ceux qui sont relevés de leur chute, cela n'engendre en eux ni licence ni nonchalance dans leur piété, mais au contraire un beaucoup plus grand souci de garder avec soin les voies du Seigneur, qui leur sont préparées* » (V.13). Un enfant de Dieu qui sait que son Père céleste le garde dans sa grâce ne va pas faire exprès de lui déplaire.

Imaginons une personne qui marche sur le bord d'une falaise et qui est sur le point de tomber. Un ami arrive à la rescousse et l'empêche de tomber dans le vide. Cette personne va-t-elle continuer à marcher si près de la falaise parce qu'elle sait que son ami la surveille ? Il est vrai que nous sommes parfois négligents et paresseux dans notre marche chrétienne. N'en attribuons toutefois pas la faute à la doctrine de la persévérance. Un enfant de Dieu a honte de ses péchés et veut s'en éloigner. Il veut demeurer dans l'amour de Dieu, son Père, en répondant à son amour avec amour. Il prie avec d'autant plus d'ardeur : « Ne nous induis pas en tentation, mais délivre-nous du malin » (Mt 6.13).

David, après avoir péché, a refusé de confesser son péché, et le Seigneur lui a fait ressentir sa main pesante. « Tant que je me suis tu, mes os se consumaient, je gémissais toute la journée ; car nuit et jour ta main s'appesantissait sur moi, ma vigueur n'était plus que sécheresse, comme celle de l'été » (Ps 32.3,4). Cette expérience n'avait rien d'agréable, mais Dieu ne l'a pas abandonné. Il lui a envoyé le prophète Nathan pour que David se repente et revienne au Seigneur. « Je t'ai fait connaître mon péché, je n'ai pas caché mon iniquité ; j'ai dit : J'avouerai mes transgressions à l'Éternel ! Et tu as effacé la peine de mon péché » (Ps 32.5). Par la suite, David a dit : « Qu'est-ce que ça peut faire si je commets encore l'adultère ? » Non, il a fait très attention de ne plus tomber dans ce piège. Il s'est réjoui de la grâce de Dieu. « Heureux celui à qui la transgression est remise, à qui le péché est pardonné ! Heureux l'homme à qui l'Éternel n'impute pas l'iniquité » (Ps 32.1,2).

David était persuadé que Dieu allait le protéger de toute chute fatale. « Qu'ainsi tout homme pieux te prie au temps convenable ! Si de grandes eaux débordent, elles ne l'atteindront nullement. Tu es un asile pour moi, tu me garantis de la détresse, tu m'entoures de chants de délivrance » (Ps 32.6,7). David se savait en parfaite sécurité. Est-il devenu nonchalant pour autant ? Pas du tout ! Il a prodigué aux autres des conseils. « Je t'instruirai et te montrerai la voie que tu dois suivre ; je te conseillerai, j'aurai le regard sur toi. Ne soyez pas comme un cheval ou un mulet sans intelligence ; on les bride avec un frein et un mors, dont on les pare, afin qu'ils ne s'approchent point de toi » (Ps 32.8). David a bien appris sa leçon. Sa certitude d'être gardé à l'abri sous la protection divine ne l'a pas rendu nonchalant ou paresseux, bien au contraire.

Ceux qui sont restaurés en grâce après être tombés disent comme le psalmiste : « Que mon âme vive et qu'elle te loue ! Et que tes jugements me soutiennent ! Je suis errant comme une brebis perdue : cherche ton serviteur, car je n'oublie point tes commandements » (Ps 119.175,176). Cette restauration est l'œuvre de Dieu dans nos cœurs. « En effet, la tristesse selon Dieu produit une repentance à salut dont on ne se repent jamais, tandis que la tristesse du monde produit la mort » (2 Co 7.10). La repentance ne mène pas à la paresse, mais au salut. Quand Dieu nous restaure, il produit en nous cette tristesse selon Dieu qui nous motive à nous éloigner du péché et à porter une plus grande attention à suivre les voies du Seigneur.

Nous chercherons alors à mieux suivre ses voies « qui nous sont préparées », comme le dit Paul : « Car nous sommes son ouvrage, ayant été créés en Jésus-Christ pour de bonnes œuvres que Dieu a préparées d'avance, afin que nous les pratiquions » (Ép 2.10). Celui qui nous garde a aussi préparé pour nous des œuvres bonnes qu'il nous plaira de pratiquer pour sa gloire.

Un pécheur restauré craint d'être privé de la face de Dieu

La suite de l'article parle de la face de Dieu. « *Afin qu'en y marchant ils conservent la certitude de leur persévérance, de peur qu'en abusant de la bonté paternelle de Dieu, sa face favorable (dont la contemplation est pour les fidèles plus douce que la vie, et la privation plus amère que la mort) ne se détourne d'eux à nouveau, et qu'ils ne tombent alors dans de plus grands tourments d'esprit* » (V.13). Quand nous péchons, Dieu détourne de nous sa face favorable. Quel grand malheur ! Un malheur plus amer que la mort. Un enfant de Dieu qui a péché et que Dieu restaure craint d'être à nouveau privé de la face souriante du Seigneur. Il craint de tomber dans de plus grands tourments d'esprit.

Asaph a profondément ressenti cette privation et il a imploré le Seigneur. « Ô Dieu, relève-nous ! Fais briller ta face, et nous serons sauvés ! » (Ps 80.4.) La face de Dieu s'était détournée de son peuple pécheur. « Éternel, Dieu des armées ! Jusqu'à quand t'irriteras-tu contre la prière de ton peuple ? Tu les nourris d'un pain de larmes, tu les abreuves de larmes à pleine mesure. Tu fais de nous un objet de discorde pour nos voisins, et nos ennemis se raillent de nous » (Ps 80.5-7). Asaph implora le Seigneur encore deux fois. « Dieu des armées, relève-nous ! Fais briller ta face, et nous serons sauvés ! » (Ps 80.8,20.)

Dans l'Ancien Testament, Dieu avait ordonné à Aaron et à ses fils d'offrir des sacrifices d'expiation, après quoi ils devaient sortir du sanctuaire et bénir le peuple avec les paroles suivantes. « Que l'Éternel te bénisse, et qu'il te garde ! Que l'Éternel fasse luire sa face sur toi, et qu'il t'accorde sa grâce ! Que l'Éternel tourne sa face vers toi, et qu'il te donne la paix ! » (No 6.24-26.) Lorsque la face de Dieu est tournée vers nous, il en découle la paix, la joie et la communion avec Dieu. Mais quand Dieu détourne sa face, de grands malheurs nous atteignent. Nos désobéissances attirent ses malédictions. « L'Éternel enverra contre toi la malédiction, le trouble et la menace, au milieu de toutes les entreprises que tu feras, jusqu'à ce que tu périsses promptement, à cause de la méchanceté de tes actions, qui t'aura porté à m'abandonner » (De 28.20). Être privé de la face de Dieu est la pire chose qui puisse arriver à quelqu'un.

David a ressenti cette privation et s'est écrié : « Mon Dieu ! mon Dieu ! pourquoi m'as-tu abandonné ? Et t'éloignes-tu sans me secourir, sans écouter mes plaintes ? Mon Dieu ! je crie le jour, et tu ne réponds pas ; la nuit, et je n'ai point de repos. […] Ne t'éloigne pas de moi quand la détresse est proche, quand personne ne vient à mon secours ! […] Je suis comme de l'eau qui s'écoule, et tous mes os se séparent ; mon cœur est comme de la cire, il se fond dans mes entrailles. […] Et toi, Éternel, ne t'éloigne pas ! Toi qui es ma force, viens en hâte à mon secours ! » (Ps 22.2,3,12,15,20.) Quel malheur ! Dieu l'a abandonné. Il a détourné sa face de lui.

Le cri déchirant de cet abandon, c'est Jésus qui l'a repris et pleinement accompli. Quand le Seigneur Jésus était sur la croix, dans l'obscurité, pendant qu'il portait les conséquences de nos péchés, il a repris à son compte les paroles du Psaume 22, qu'il a pleinement accomplies pour notre salut, et s'est écrié : « Mon Dieu ! mon Dieu ! pourquoi m'as-tu abandonné ? » Il n'y a pas de pire expérience que d'être privé de la face de Dieu.

En Jésus-Christ, Dieu nous promet sa compassion. « Quelques instants je t'avais abandonnée, mais avec une grande affection je t'accueillerai ; dans un instant de colère, je t'avais un moment dérobé ma face, mais avec un amour éternel j'aurai compassion de toi, dit ton rédempteur, l'Éternel » (És 54.7,8). Ainsi nos cœurs s'écrient comme David : « Fais lever sur nous la lumière de ta face, ô Éternel ! Tu mets dans mon cœur plus de joie qu'ils n'en ont quand abondent leur froment et leur moût » (Ps 4.7,8). « Que Dieu ait pitié de nous et qu'il nous bénisse, qu'il fasse luire sur nous sa face » (Ps 67.2). Tant que David n'a pas avoué son péché, il a fait l'expérience douloureuse de la main pesante de Dieu. Son pardon et sa restauration lui ont toutefois procuré une grande joie.

Un enfant de Dieu qui a péché et qui est restauré ne peut rester nonchalant. Il craint de retomber dans le péché et d'être à nouveau privé de la face bienveillante de Dieu. La lumière de sa face tournée vers nous est quelque chose de plus précieux que la vie. Nous ne voulons pas perdre ce trésor pour tout l'or du monde. « Ainsi je te contemple dans le sanctuaire, pour voir ta puissance et ta gloire, car ta bonté vaut mieux que la vie » (Ps 63.3,4).

CHAPITRE 69

L'usage de moyens pour persévérer
Article V.14

> *Et de même qu'il a plu à Dieu de commencer en nous son œuvre de grâce par la prédication de l'Évangile, de même il la conserve, la poursuit et l'accomplit par l'écoute, la lecture, les exhortations, les menaces et les promesses de ce même Évangile, aussi bien que par l'usage des sacrements.*
>
> — Canons de Dordrecht, *article V.14*

Il nous arrive à tous de nous éloigner du Seigneur, mais Dieu nous ramène à lui et nous restaure. Il a promis de garder ses enfants jusqu'à la fin. Cette œuvre de persévérance et de restauration n'est pas automatique et ne se fait pas toute seule. Dieu se sert de moyens bien précis pour accomplir de façon dynamique son œuvre de salut en nous. Il utilise en particulier sa Parole et les sacrements.

La Parole

« *Et de même qu'il a plu à Dieu de commencer en nous son œuvre de grâce par la prédication de l'Évangile, de même il la conserve, la poursuit et l'accomplit par l'écoute, la lecture, les exhortations, les menaces et les promesses de ce même Évangile, aussi bien que par l'usage des sacrements »* (V.14).

Certains disent : « Mais si vous êtes certains d'être sauvés de toute manière, pourquoi se donner la peine de lire la Bible et de l'étudier ? Votre assurance ne vous encouragera pas à aimer la Parole de Dieu. » C'est encore une fois un raisonnement tordu et mensonger. De quelle façon a-t-il plu à Dieu de commencer en nous son œuvre de grâce ? Par la prédication de l'Évangile. « Ainsi la foi vient de ce qu'on entend, et ce qu'on entend vient de la parole de Christ » (Ro 10.17). « Vous avez été régénérés, non par une semence corruptible, mais par une semence incorruptible, par la parole vivante et permanente de Dieu » (1 Pi 1.23). Sa Parole nous a donné la foi et nous a fait naître d'en haut par une semence qui ne pourra jamais se détériorer ni périr. Elle nous gardera toujours dans la foi. Il a plu à Dieu de se servir de ce moyen.

« *De même, il la conserve, la poursuit et l'accomplit par l'écoute, la lecture, les exhortations, les menaces et les promesses de ce même Évangile* » (V.14). Dieu n'abandonne pas son œuvre à moitié terminée. Ce qu'il a commencé, il l'achèvera en continuant à se servir des mêmes moyens. « Il t'a humilié, il t'a fait souffrir de la faim et il t'a nourri de la manne, que tu ne connaissais pas et que n'avaient pas connue tes pères, afin de t'apprendre que l'homme ne vit pas de pain seulement, mais que l'homme vit de tout ce qui sort de la bouche de l'Éternel » (De 8.3). Une maman prend soin de son enfant et lui donne la nourriture dont il a besoin pour sa croissance. De même, notre Père céleste nous donne la nourriture spirituelle dont nous avons besoin pour notre croissance dans la foi. « Désirez, comme des enfants nouveau-nés, le lait spirituel et pur, afin que par lui vous croissiez pour le salut » (1 Pi 2.2).

La certitude d'avoir reçu en nous une semence incorruptible qui nous gardera toujours dans la foi n'est pas une raison de négliger la Parole de Dieu. Au contraire ! Cela devrait nous donner le désir de savourer davantage la profonde bonté du Seigneur et sa délicieuse parole nourrissante. « La loi de l'Éternel est parfaite, elle restaure l'âme ; le témoignage de l'Éternel est véridique, il rend sage l'ignorant. Les ordonnances de l'Éternel sont droites, elles réjouissent le cœur ; les commandements de l'Éternel sont purs, ils éclairent les yeux. [...] Les jugements de l'Éternel sont vrais, ils sont tous justes, ils sont plus précieux que l'or, que beaucoup d'or fin ; ils sont plus doux que le miel, que celui qui coule des rayons » (Ps 19.8-11).

Nous avons besoin d'être régulièrement nourris de cette Parole. Plus nous en serons nourris, plus nous grandirons dans la certitude de notre salut. « Heureux celui qui lit et ceux qui entendent les paroles de la prophétie, et qui gardent les choses qui y sont écrites ! » (Ap 1.3.) Le Seigneur nous demande d'enseigner sa Parole à nos enfants. Eux aussi ont besoin de cette nourriture pour naître et grandir dans la foi. Lisons-nous régulièrement sa Parole, seuls ou en famille ? Nous n'avons pas souvent l'habitude de sauter des repas ou de négliger de nourrir notre corps. Prenons l'habitude de nourrir régulièrement notre âme.

Le Seigneur nous fait de belles promesses. « Heureux l'homme qui ne marche pas selon le conseil des méchants, qui ne s'arrête pas sur la voie des pécheurs, et qui ne s'assied pas en compagnie des moqueurs, mais qui trouve son plaisir dans la loi de l'Éternel, et qui la médite jour et nuit ! Il est comme un arbre planté près d'un courant d'eau, qui donne son fruit en sa saison, et dont le feuillage ne se flétrit pas : tout ce qu'il fait lui réussit » (Ps 1.1,2). Méditer sa Parole signifie ruminer ou repasser dans nos cœurs les vérités qu'elle contient, penser à la majesté de Dieu, considérer la grandeur de ses œuvres, contempler la sagesse de ses préceptes. Prenons le temps de le faire chaque jour. « Combien j'aime ta loi ! Elle est tout le jour l'objet de ma méditation. [...] Je suis plus instruit que tous mes maîtres, car tes préceptes sont l'objet de ma méditation » (Ps 119.97,99).

L'article V.14 ajoute que Dieu poursuit en nous son œuvre « *par les exhortations, les menaces et les promesses de ce même Évangile* ». Pourquoi ces moyens sont-ils importants ? Dieu met devant nous de grandes promesses pour que nous apprenions à lui faire confiance. Nous avons sans cesse besoin de revenir à elles et de nous y appuyer. Nous avons tout autant besoin d'entendre ses menaces.

Nous aimons bien certaines portions des Écritures, qui sont douces à nos cœurs. D'autres passages nous paraissent plus sévères, et nous avons parfois tendance à les éviter. Nous ne devrions pas, car ses menaces et ses exhortations sont là pour nous faire voir que nous ne sommes pas sur la bonne voie et que nous devons nous éloigner du péché. Ne soyons pas sélectifs dans nos lectures ou dans l'écoute de la prédication, car « toute Écriture est inspirée de Dieu, et utile pour enseigner, pour convaincre, pour corriger, pour instruire dans la justice, afin que l'homme de Dieu soit accompli et propre à toute bonne œuvre » (2 Ti 3.16,17). « Veillons les uns sur les autres, pour nous exciter à l'amour et aux bonnes œuvres. […] Mais exhortons-nous réciproquement, et cela d'autant plus que vous voyez s'approcher le jour » (Hé 10.24,25). Le Seigneur se sert d'avertissements publics dans la prédication et d'exhortations personnelles venant de nos frères et sœurs pour nous ramener à lui et nous garder dans la foi.

Dieu nous garde au moyen d'avertissements et d'exhortations pour que nous conservions la foi jusqu'à la fin. Tout cela vient de lui. Il utilise ces moyens par son Saint-Esprit qui agit dans nos cœurs pour sa seule gloire.

« Mais celui qui persévérera jusqu'à la fin sera sauvé » (Mt 24.13). « Si nous persévérons, nous régnerons aussi avec lui ; si nous le renions, lui aussi nous reniera. Si nous sommes infidèles, il demeure fidèle, car il ne peut se renier lui-même » (2 Ti 2.12). « C'est pourquoi, selon ce que dit le Saint-Esprit : Aujourd'hui, si vous entendez sa voix, n'endurcissez pas vos cœurs, comme lors de la révolte. […] Prenez garde, frères, que quelqu'un de vous n'ait un cœur mauvais et incrédule, au point de se détourner du Dieu vivant » (Hé 3.7,8,12). « Vous donc, bien-aimés, qui êtes avertis, tenez-vous sur vos gardes, de peur qu'entraînés par l'égarement des impies, vous ne veniez à déchoir de votre fermeté. Mais croissez dans la grâce et dans la connaissance de notre Seigneur et Sauveur Jésus-Christ. À lui soit la gloire, maintenant et pour l'éternité ! Amen ! » (2 Pi 3.17,18.)

La lettre de Jude est remplie d'exhortations à combattre pour la foi. « Pour vous, bien-aimés, vous édifiant vous-mêmes sur votre très sainte foi, et priant par le Saint-Esprit, maintenez-vous dans l'amour de Dieu, en attendant la miséricorde de notre Seigneur Jésus-Christ pour la vie éternelle » (Jud 1.20,21). Pour quelle raison devons-nous faire tous les efforts pour demeurer dans l'amour de Dieu et grandir dans la sainteté ? Parce que nous avons l'assurance de la vie éternelle ! Jude s'adresse « à ceux qui ont été appelés, qui sont aimés en Dieu le Père, et gardés pour Jésus-Christ » (Jud 1.1) et conclut en disant : « À celui qui peut vous préserver de toute chute et vous faire paraître devant sa gloire irréprochables et dans l'allégresse, à Dieu seul, notre Sauveur, par Jésus-Christ notre Seigneur, soient gloire, majesté, force et puissance, dès avant tous les temps, et maintenant, et dans tous les siècles ! Amen ! » (Jud 1.24,25.)

Les sacrements

Le Seigneur se sert également de « *l'usage des sacrements* » (V.14) pour nous fortifier et nous garder dans la foi. Les sacrements n'ajoutent rien à sa Parole, mais ils nous confirment ses promesses. Nous en avons besoin à cause de nos faiblesses. Ne négligeons pas la participation aux sacrements. Ils sont utiles, non seulement quand nous y participons, mais chaque jour de nos vies.

Par exemple, lorsque nous péchons et que nous avons des doutes, rappelons-nous que nous avons été baptisés au nom du Père, du Fils et du Saint-Esprit (Mt 28.19). Le Seigneur a placé sur nous le signe et le sceau de sa promesse de pardon afin de nous assurer que le sang de Jésus nous purifie de tout péché. Jésus nous a également commandé de célébrer la sainte Cène en sa mémoire. « Car toutes les fois que vous mangez ce pain et que vous buvez cette coupe, vous annoncez la mort du Seigneur, jusqu'à ce qu'il vienne » (1 Co 11.26). Les chrétiens de Jérusalem « persévéraient dans l'enseignement des apôtres, dans la communion fraternelle, dans la fraction du pain, et dans les prières » (Ac 2.42).

Les sacrements sont une illustration visible de l'Évangile. Ils nous sont donnés pour fortifier notre foi, nous édifier ensemble dans l'amour et nous encourager à persévérer dans notre espérance, « jusqu'à ce qu'il vienne ». *Maranatha !* Viens bientôt, Seigneur Jésus !

CHAPITRE 70

Cette doctrine est détestée par Satan, mais aimée par l'Église
Article V.15

> *Cette doctrine de la persévérance des vrais croyants et des saints, et de la certitude qu'on en peut avoir, que Dieu a très abondamment révélée dans sa Parole, à la gloire de son nom et pour la consolation des âmes pieuses, et qu'il imprime dans le cœur des fidèles, est telle que la chair est incapable de la comprendre : Satan la hait, le monde s'en rit, les ignorants et les hypocrites en abusent, et les esprits erronés la combattent.*
>
> *Mais l'Épouse du Christ l'a toujours très ardemment aimée et l'a constamment maintenue comme un trésor d'un prix inestimable. Dieu lui accordera de continuer à le faire, lui contre qui aucune sagesse ne peut rien ni sur qui aucune force ne peut prévaloir. Auquel Dieu unique, Père, Fils et Saint-Esprit, soient honneur et gloire aux siècles des siècles. Amen.*
>
> — Canons de Dordrecht, *article V.15*

Nous arrivons au terme de notre étude. C'est l'occasion pour l'Église de louer Dieu et de se réjouir de tout cœur de sa grâce merveilleuse en Jésus-Christ. « *Cette doctrine de la persévérance des vrais croyants et des saints, et de la certitude qu'on en peut avoir, que Dieu a très abondamment révélée dans sa Parole [est] à la gloire de son nom et pour la consolation des âmes pieuses* » (V.15). Dieu nous a clairement révélé qu'il a destiné certaines personnes au salut en Jésus-Christ et que toutes ces personnes parviendront au but de la perfection. Cet Évangile est à la plus grande gloire de Dieu et procure à son peuple un puissant réconfort.

Détestée par Satan

Ne soyons pas surpris toutefois que cette bonne nouvelle subisse beaucoup d'opposition. Pas moins de cinq sources de résistance sont énumérées dans l'article V.15. Tout d'abord, « *cette doctrine de la persévérance des vrais croyants et des saints [...] est telle que la chair est incapable de la comprendre* ». Les non-chrétiens ne peuvent pas comprendre. « Comment pouvez-vous dire que Dieu a choisi certaines personnes et que ces personnes seront certainement sauvées ? » Beaucoup disent du mal de ce qu'ils ne connaissent pas. « Ils parlent de manière injurieuse de ce qu'ils ignorent » (Jud 1.10). Par nature, nous voulons attirer l'attention sur nous-mêmes. Nous aimons recevoir les honneurs. Notre intelligence est naturellement fermée à l'Évangile.

« Nous prêchons la sagesse de Dieu, mystérieuse et cachée, que Dieu, avant les siècles, avait prédestinée pour notre gloire, sagesse qu'aucun des chefs de ce siècle n'a connue, car, s'ils l'avaient connue, ils n'auraient pas crucifié le Seigneur de gloire. [...] Mais, comme il est écrit, ce sont des choses que l'œil n'a point vues, que l'oreille n'a point entendues, et qui ne sont point montées au cœur de l'homme, des choses que Dieu a préparées pour ceux qui l'aiment. Dieu nous les a révélées par l'Esprit. [...] Mais l'homme naturel n'accepte pas les choses de l'Esprit de Dieu, car elles sont une folie pour lui, et il ne peut les connaître, parce que c'est spirituellement qu'on en juge » (1 Co 2.7-10,14).

Deuxièmement, « *Satan la hait* ». Satan déteste la doctrine de la persévérance comme il déteste la doctrine de l'élection. Il déteste tout ce qui rend gloire à Dieu. Il veut la gloire pour lui. Il désire garder les gens prisonniers du mensonge et ne peut supporter l'idée de perdre la guerre. « Veillez ! Votre adversaire, le diable, rôde comme un lion rugissant, cherchant qui il dévorera » (1 Pi 5.8). « Malheur à la terre et à la mer ! Car le diable est descendu vers vous, animé d'une grande colère, sachant qu'il a peu de temps » (Ap 12.12). Nous savons, qu'au milieu de ce grand combat, Dieu garde précieusement ses enfants. C'est pour nous un immense réconfort et un puissant encouragement. Malgré sa haine et sa furie, Satan ne pourra jamais priver Dieu de sa gloire ni priver le peuple de Dieu de sa consolation.

Troisièmement, « *le monde s'en rit* ». Les gens trouvent cela ridicule. On se moque de la foi chrétienne. C'est difficile pour les croyants de voir qu'on se moque de Dieu. Dans plusieurs psaumes, le fidèle implore le Seigneur de le délivrer des moqueries des méchants. « Aie pitié de nous, Éternel, aie pitié de nous ! Car nous sommes assez rassasiés de mépris ; notre âme est assez rassasiée des moqueries des orgueilleux, du mépris des hautains » (Ps 123.3,4).

Quatrièmement, « *les ignorants et les hypocrites en abusent* ». Les ignorants ne veulent pas faire l'effort de connaître la Parole de Dieu. Les hypocrites jouent la comédie ; ils disent croire en Jésus, mais leur cœur n'est pas attaché au Seigneur. Ces gens peuvent se servir des doctrines du salut comme oreiller de paresse ou s'imaginer faussement qu'ils sont sur la bonne voie. Ils abusent ainsi des promesses de Dieu.

Enfin, « *les esprits erronés la combattent* ». Tout au long de l'histoire, les doctrines de la grâce souveraine ont été combattues par des hérétiques. Satan cherche à renverser la vérité en attaquant l'Église de l'intérieur. Pour que l'Évangile soit maintenu, il a fallu que Jésus s'oppose aux pharisiens ; il a fallu Paul contre les judaïsants, Augustin contre Pélage, Calvin contre les catholiques romains, les réformés contre les arminiens, Whitefield contre Wesley, etc. L'hérésie d'Arminius est encore très répandue aujourd'hui sous diverses formes. Satan continue de détester les doctrines des *Canons de Dordrecht*. Il aime faire croire que l'on pourrait contribuer à son salut.

Aimée par l'Église

Ce qui est méprisé par le monde et détesté par Satan est aimé de tout cœur par l'Église. « *Mais l'Épouse du Christ l'a toujours très ardemment aimée et l'a constamment maintenue comme un trésor d'un prix inestimable* » (V.15). Quoi de plus réjouissant que de savoir que Dieu protégera son peuple jusqu'à la fin ? « Celui qui te garde ne sommeillera point. [...] L'Éternel te gardera de tout mal. [...] L'Éternel gardera ton départ et ton arrivée, dès maintenant et à jamais » (Ps 121.3,7,8).

Quelle précieuse vérité ! Nous avons souvent besoin de l'entendre à nouveau. Oui, nous luttons contre des ennemis féroces, mais Dieu nous fera la grâce de persévérer, de sorte que nous garderons la foi. Les doctrines de l'élection, de la rédemption, de la régénération et de la persévérance des croyants sont parmi les trésors les plus précieux que l'Église admire, défend et veut faire connaître. Cette étude nous a permis de mieux saisir l'immensité de la grâce de Dieu envers ses enfants, mais il nous reste encore tellement de choses à connaître ! Chaque fois que nous ouvrons la Parole pour méditer sur cet enseignement, nous y découvrons toujours plus de richesse, de profondeur et de réconfort.

Cette vérité doit être « *constamment maintenue* [par l'Église] *comme un trésor d'un prix inestimable* ». Jude a écrit « pour vous exhorter à combattre pour la foi qui a été transmise aux saints une fois pour toutes » (Jud 1.3). Soyons reconnaissants que Dieu nous ait donné des pères qui ont combattu pour la foi transmise une fois pour toutes dans la Bible. Ils ont réaffirmé dans les *Canons de Dordrecht* que tout est fruit de grâce, du début jusqu'à la fin, depuis l'élection éternelle, avant la fondation du monde, jusqu'à la persévérance finale des rachetés. Dieu s'est servi de cette confession de foi pour que son Église garde ces vérités concernant sa grâce souveraine.

Nous devons continuer à combattre en faveur de cette foi. Nous devons étudier ces vérités, les méditer, nous en réjouir, nous porter à leur défense, en parler aux autres, les transmettre à nos enfants. Il est bien triste que beaucoup de gens dans le monde évangélique moderne rejettent ou ignorent ces vérités ; elles sont notre trésor ! Dieu ne permettra jamais qu'elles tombent dans l'oubli. Il va s'assurer que son Église conservera ces vérités glorieuses et les transmettra aux générations à venir. « *Dieu lui accordera de continuer à le faire, lui contre qui aucune sagesse ne peut rien ni sur qui aucune force ne peut prévaloir* » (V.15). « Je bâtirai mon Église et les portes du séjour des morts ne prévaudront point contre elle » (Mt 16.18). Soyons certains que l'Évangile de la grâce souveraine est là pour rester. C'est le Seigneur Jésus lui-même qui bâtit son Église.

Dans sa mise en garde contre notre adversaire le diable, Pierre nous donne un ordre accompagné d'une promesse. « Résistez-lui avec une foi ferme, sachant que les mêmes souffrances sont imposées à vos frères dans le monde. Le Dieu de toute grâce, qui vous a appelés en Jésus-Christ à sa gloire éternelle, après que vous aurez souffert un peu de temps, vous perfectionnera lui-même, vous affermira, vous fortifiera, vous rendra inébranlables. À lui soit la puissance aux siècles des siècles ! Amen ! » (1 Pi 5.9-11.) Oui, nous devons lutter pour demeurer fidèles dans la foi.

Nous ne pouvons pas nous permettre de prendre les choses à la légère. Pour cela, nous avons la merveilleuse promesse que Dieu nous donnera la persévérance. Nous aurons à souffrir, mais Dieu nous affermira, nous fortifiera, nous perfectionnera, jusqu'à nous rendre semblables à son Fils Jésus-Christ. « Car ceux qu'il a connus d'avance, il les a aussi prédestinés à être semblables à l'image de son Fils, afin que son Fils soit le premier-né de beaucoup de frères. Et ceux qu'il a prédestinés, il les a aussi appelés ; et ceux qu'il a appelés, il les a aussi justifiés, et ceux qu'il a justifiés, il les a aussi glorifiés » (Ro 8.29,30).

À la gloire de Dieu

Tout au long de cette étude, nous avons vu que l'enseignement des *Canons de Dordrecht* magnifie la gloire de Dieu. Encore ici, l'Épouse de l'Agneau chante les louanges de son merveilleux Sauveur fidèle à son alliance. « *Auquel Dieu unique, Père, Fils et Saint-Esprit, soient honneur et gloire aux siècles des siècles. Amen* » (V.15). Quand nous considérons cette grâce du Seigneur qui nous a librement choisis et qui nous donne gratuitement la persévérance, comment répondre autrement qu'avec émerveillement ?

« Or, à celui qui peut vous préserver de toute chute et vous faire paraître devant sa gloire irréprochables et dans l'allégresse, à Dieu seul, notre Sauveur, par Jésus-Christ notre Seigneur, soient gloire, majesté, force et puissance, dès avant tous les temps, et maintenant, et dans tous les siècles ! Amen ! » (Jud 1.24,25.) Le but de notre salut par pure grâce est la gloire de Dieu. Mon Dieu, que tu es grand ! Quelle bénédiction nous avons en Jésus-Christ ! À lui seul toute la gloire !

CHAPITRE 71

Noms et concepts se rapportant à la persévérance des saints[1]

Assurance : La bénédiction que Dieu opère dans la vie de ses enfants et qui leur permet de savoir qu'ils seront sauvés jusqu'à la fin (V.9). Cette bénédiction vient de la foi dans les promesses de la Parole de Dieu en Jésus-Christ ; elle est produite par le Saint-Esprit et confirmée par une vie sainte. Nous sommes appelés à rechercher cette bénédiction (2 Pi 1.10).

Concile de Trente : Assemblée ecclésiastique catholique romaine (1545-1562) qui s'est vivement opposée à la Réforme et qui a prononcé l'anathème sur toute personne croyant à la justification par la foi seule et prétendant être certaine de son salut.

Persévérance des saints : L'opération continuelle du Saint-Esprit dans la vie du croyant qui fait que l'œuvre de la grâce commencée dans le cœur se poursuit jusqu'à être pleinement complétée, de telle sorte que le croyant persévère dans la foi.

---

1. Pour ce chapitre, voir John A. Bouwers, *The Golden Chain of Our Salvation* [La chaîne d'or de notre salut], polycopié, 2000, p. 171, 179, 185, 191.

Rechute : Ce terme décrit ce qui arrive à ceux qui ont connu la grâce du Seigneur, mais qui retombent dans leur ancienne façon de vivre dans le péché.

Saints : Ce sont les croyants ; non pas des « super-croyants », mais tous ceux qui croient et qui sont unis à Jésus-Christ (1 Co 1.30). C'est la raison pour laquelle les épîtres s'adressent souvent aux croyants comme à des saints.

Sécurité charnelle : Une fausse confiance qui ne vient pas de la foi, mais de la chair. C'est le genre de paix par laquelle les non-croyants se réconfortent eux-mêmes, pensant qu'ils sont élus, mais n'ayant pas la foi véritable dans leur vie (I.13 ; V.12).

Whitefield, George : Évangéliste et prédicateur anglais (1714-1770) qui a beaucoup contribué au réveil spirituel de l'Angleterre et des États-Unis. Il s'est opposé à l'arminianisme de Wesley en enseignant la doctrine de la persévérance des croyants ainsi que les autres doctrines de la grâce souveraine.

Conclusion

Nos pères dans la foi qui se sont réunis à Dordrecht ont jugé utile d'ajouter une conclusion à l'ensemble des articles de foi qu'ils ont écrits. Cette conclusion résume quelques points principaux de la doctrine qu'ils ont défendue dans les articles précédents. Il n'est pas nécessaire de revenir sur les sujets qui ont été amplement exposés dans cette étude. Deux éléments supplémentaires retiennent toutefois notre attention.

Un enseignement selon la Parole de Dieu et en accord avec les Confessions de Foi des Églises réformées

Tout d'abord, le Synode de Dordrecht a déclaré ceci sans ambiguïté : « *Le Synode estime que cette explication est tirée de la Parole de Dieu et conforme aux Confessions de Foi des Églises réformées.* »

Une telle affirmation pourrait nous paraître arrogante et prétentieuse. Est-ce bien le cas ? Il existe une immense différence entre se placer orgueilleusement au-dessus de la Parole de Dieu et se mettre à l'écoute de la Parole de Dieu afin de redire ce que l'on a entendu concernant les sujets débattus à son époque. Ceux qui ont écrit les *Canons de Dordrecht* se sont consciemment placés sous l'autorité infaillible de la Parole de Dieu. Les nombreux textes bibliques cités à l'appui et tous ceux auxquels il est fait allusion tout au long des articles des *Canons* en rendent un éloquent témoignage. Il n'est certainement pas arrogant d'accepter tout ce que la Parole de Dieu nous enseigne. Nous avons en réalité besoin de beaucoup d'humilité pour recevoir et affirmer des vérités qui froissent notre orgueil naturel et qui sont difficiles à accepter par notre cœur humain pécheur et prétentieux.

On peut donc dire que l'enseignement de Dordrecht nous donne un bon résumé de la Parole de Dieu touchant les sujets discutés : l'élection de Dieu depuis toute éternité, la rédemption par la mort expiatoire de Jésus-Christ pour ses brebis, la corruption profonde et entière de l'homme naturel, la régénération par l'action puissante et souveraine du Saint-Esprit et enfin la persévérance des saints qui sont gardés par Dieu jusqu'à la fin.

Cela nous rappelle la fameuse « chaîne d'or du salut » que l'on trouve dans Romains 8.29,30, déjà cité à quelques reprises : « Car ceux qu'il a connus d'avance, il les a aussi prédestinés à être semblables à l'image de son Fils, afin que son Fils soit le premier-né de beaucoup de frères. Et ceux qu'il a prédestinés, il les a aussi appelés ; et ceux qu'il a appelés, il les a aussi justifiés ; et ceux qu'il a justifiés, il les a aussi glorifiés. »

Une prière pour la défense de la vérité

En deuxième lieu, la conclusion des *Canons* se termine par la prière. Notre Dieu souverain sauve par pure grâce des pécheurs perdus. Toute la gloire revient à Dieu seul. Plusieurs détestent cette vérité et s'y opposent farouchement. Comment combattre le bon combat de la foi et comment résister face à ces attaques ? Au moyen de la prière. La prière est la meilleure arme du chrétien face aux attaques du diable et de ceux qui s'opposent à la Parole de Dieu.

Voici donc la belle prière que nous trouvons dans notre conclusion : *« Que le Fils de Dieu, Jésus-Christ, qui est assis à la droite du Père, et donne ses dons aux hommes, veuille nous sanctifier dans la vérité, y ramener ceux qui se sont fourvoyés, fermer la bouche aux calomniateurs de la saine doctrine, et dispenser l'Esprit de sagesse et de discernement aux fidèles ministres de sa Parole, afin que tous leurs propos tendent à la gloire de Dieu et à l'édification de leurs auditeurs. Amen. »*

Que Dieu réponde encore aujourd'hui à la prière de nos pères dans la foi ! Ils ont prié pour la sagesse et le discernement dont les serviteurs de Dieu ont tant besoin. Ils ont prié pour que cet enseignement serve toujours à la gloire de son nom et à l'édification de son peuple. Faisons nôtre cette prière, car la génération actuelle et les générations à venir en ont encore tellement besoin !

Remercions Dieu pour sa grâce glorieuse. Rendons-lui grâce pour sa puissance souveraine, par laquelle il nous garde et nous permet de demeurer dans l'amour de Dieu. Que le nom de Dieu reçoive toute la gloire et tout l'honneur, maintenant et pour toujours ! Que nous soyons fortifiés et encouragés par sa grâce et que Dieu soit glorifié par nos vies, qui témoignent de l'œuvre de sa grâce ! Que Dieu nous bénisse, qu'il nous fortifie et qu'il nous fasse vivre à son service, par Jésus-Christ, notre Seigneur, et pour la gloire de son nom !

Bibliographie

BAJEMA, Sjirk, *The Five Points of Calvinism in the Canons of Dort*, < http://www.rcnz.org.nz/work/sermons-list.php?type=written&sortby=series&section=Canons of Dort >.

BAVINCK, Herman, *The Doctrine of God*, The Banner of Truth Trust, 1977, p. 337-407.

BERKHOF, Louis, *Systematic Theology*, Eerdmans, 1939, p. 100-125, 367-399.

BERKOUWER, G. C., *Divine Election*, Eerdmans, 1960, 336 p.

BOEKESTEIN, Bill, « Election: Friend or Foe to Evangelism? », *Outlook*, vol. 57, n° 3, mars 2007, p. 9-10.

BOETTNER, L., *The Reformed Doctrine of Predestination*, Presbyterian and Reformed Pub., 1932, 440 p.

BOETTNER, L., *The Reformed Faith*, Presbyterian and Reformed Pub., 1983, 28 p.

BOUWERS, John A., *Audio Sermons on the Canons of Dort*.

BOUWERS, John A., *The Golden Chain of Our Salvation, An Introduction to the Canons of Dort*, polycopié, 2000, 198 p.

BOUWMAN, Clarence, *Notes on the Canons of Dort*, < http://spindleworks.com/library/bouwman/notes.htm >.

CALVIN, Jean, « Congrégation sur l'élection éternelle », *Calvin homme d'Église*, Labor et Fides, 1971, p. 58-130.

CALVIN, Jean, *Institution de la religion chrétienne*, Kerygma/Excelsis, 2009.

Canons de Dordrecht, « Le solide fondement », Fondation d'entraide chrétienne réformée, 1988, 1998, < http://www.vbru.net/src/ccr/ccr_dordrecht.html >.

DABNEY, Robert Lewis, *The Five Points of Calvinism*, < http://www.newhopefairfax.org/files/Dabney%205%20Points%20of%20Calvinism.pdf >.

DE JONG, P. Y., *The Church's Witness to the World*, Paideia Press, 1980, chap. 11, p. 99-119, chap. 16, p. 15-34.

FABER, J., Meijerink, H. J., Trimp, C., Zomer, G., *To The Praise of His Glory*, The Publication Committee of The Free Reformed Church of Launceston, 1986.

FEENSTRA, Peter G., *Unspeakable Comfort, A commentary on The Canons of Dort*, Premier Pub., 1997, 210 p.

FIJNVANDRAAT, Jacob G., *Racheté pour l'éternité : le croyant peut-il perdre le salut ?*, Bibles et Publications chrétiennes, 1992, 103 p.

Five articles of the Remonstrance, < http://en.wikipedia.org/wiki/Five_articles_of_Remonstrance >.

Fraternité remonstrante, Wikipedia, < http://fr.wikipedia.org/wiki/Fraternité_remonstrante >.

HAMMANN, Frédéric, « Anatomie d'une polémique : calvinistes, arminiens et le salut », *La Revue Réformée*, n° 236, 2006/1, p. 13-26.

HATCH, E., Redpath, H. A., *A Concordance to the Septuagint*, Akademische Druck-u. Verlagsanstalt, Graz, 1975.

HORTON, Michael, *Putting Amazing Back into Grace, What Does What in Salvation?* Baker Books, 1991, 319 p.

KAMPHUIS, J., *An Everlasting Covenant*, Publication Organization of the Free Reformed Churches Of Australia, 1985, 124 p.

La Sainte Bible, Nouvelle Édition de Genève, Société biblique de Genève, 1979.

MOULTON, W. F., Geden, A. S., Moulton, H. K., *Concordance to the Greek Testament*, T. & T. Clark, 1978.

MURRAY, John, *La Rédemption, Accomplie par Jésus-Christ, appliquée par le Saint-Esprit*, Europresse, 264 p.

MURRAY, John, *The Atonement*, Presbyterian & Reformed Pub., 31 p.

OWEN, John, *The Death of Death in the Death of Christ*, The Banner of Truth Trust, 1967, 1852, 312 p.

NESS, Christopher, *An Antidote Against Arminianism*, Old Path Gospel Press, 1700, 126 p.

PACKER, J. I., *L'Évangélisation et la souveraineté de Dieu*, Éditions Grâce et Vérité, 1968, 127 p.

PACKER, J. I., « Nul ne peut venir à moi, si le Père qui m'a envoyé ne l'attire : le salut biblique et l'annonce de l'Évangile », *La revue réformée*, n° 175, 1992/5, p. 1-20.

PALMER, Edwin H., *The Five Points of Calvinism*, Baker Book House, 1972, 132 p.

PRONK, Cornelis (Neil), *Expository Sermons on the Canons of Dort*, Free Reformed Pub., 1999, 390 p.

SCHLUCHTER, Antoine, *George Whitefield et John Wesley : une controverse sur l'évangélisation*, Mémoire de maîtrise présenté à la Faculté libre de théologie réformée d'Aix-en-Provence, 1984, 210 p.

SEATON, W. J., *The Five Points of Calvinism*, The Banner of Truth Trust, 1970, 24 p.

SPROUL, R. C., *Chosen by God*, Tyndale House Pub., 1986, 213 p.

STEELE, David N., Thomas, Curtis C., *The Five Points of Calvinism Defined, Defended, Documented*, Presbyterian and Reformed Pub., 1963, 95 p.

The Five articles of the Remonstrants, < http://www.crivoice.org/creed remonstrants.html >.

GENDEREN, J. Van, *Covenant and Election*, Inheritance Pub., 1995, 110 p.

VANDERGUGTEN, S., « The Arminian Controversy and the Synod of Dort », *Clarion*, vol. 37, n° 19 et 20, 16 et 30 septembre 1989, < http://www.spindleworks.com/library/vandergugten/arminian_c.htm >.

VENEMA, Cornelis P., *But for the Grace of God: An Exposition of the Canons of Dort*, Reformed Fellowship Inc., Grand Rapids, 1994, 145 p.

WELLS, Paul, « La persévérance des saints, une doctrine controversée », *La Revue Réformée*, n° 236, 2006/1, p. 1-12, < http://larevuereformee.net/articlerr/n236/la-perseverance-des-saints-une-doctrine-controversee >.

WIGRAM, George V., *The Englisman's Hebrew and Chaldee Concordance of the Old Testament*, Zondervan Pub. House, 1970.

LES CINQ POINTS DU CALVINISME
Saisir la richesse de la grâce souveraine de Dieu

JOHN PIPER

Les cinq points du calvinisme décrivent comment les chrétiens sont sauvés et pourquoi ils sont préservés éternellement. John Piper cro t que notre expérience de la grâce s'approfondit en même temps que notre compréhension de l'œuvre de grâce accomplie par Dieu. Il nous invite à nous joindre à lui dans cette quête.

5 x 7 po | broché | 93 pages
978-2-924595-37-4

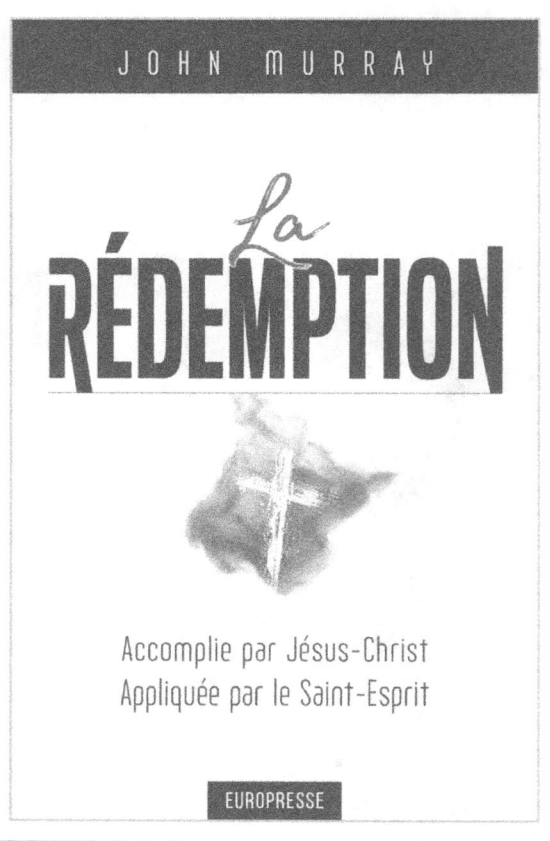

LA RÉDEMPTION
Accomplie par Jésus-Christ, appliquée par le Saint-Esprit

JOHN MURRAY

Écrites par un des théologiens les plus renommés de notre temps, ces pages sont cependant très accessibles pour celui qui cherche à connaître ce que Dieu a fait en Christ pour le salut du peuple qu'il a aimé de toute éternité. Une telle étude ne manquera pas de susciter, dans le cœur régénéré, des actions de grâces remplies d'adoration.

5,43 x 8,5 po | broché | 254 pages
978-2-914562-66-9

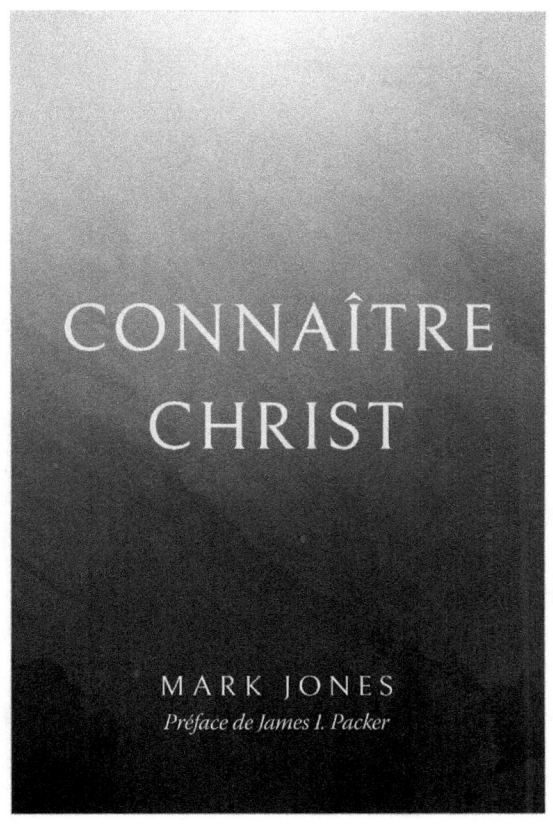

CONNAÎTRE CHRIST

MARK JONES

Mark Jones, un spécialiste reconnu de la pensée puritaine, partage tout comme les puritains un amour pour Christ et la Parole de Dieu. Dans ce livre, il présente la personne et la gloire de notre Sauveur en s'appuyant sur des vérités bibliques profondes et vivifiantes. Voici un livre qui enrichira nos âmes du XXIe siècle et qui nous conduira dans l'adoration.

5,5 x 8,5 po | broché | 314 pages
978-2-924895-00-9

PRÉCIS DE DOCTRINE CHRÉTIENNE

LOUIS BERKHOF

Écrit dans une perspective évangélique et réformée, ce manuel de théologie présente les doctrines bibliques en les organisant et en les divisant de façon systématique. Il est idéal pour les petits groupes et pour tous ceux qui veulent approfondir leurs connaissances de la théologie réformée.

5,5 x 8,5 po | broché | 258 pages
978- 2-924895-03-0

La Rochelle

Éditions La Rochelle est une maison d'édition qui vise la conversion des non-croyants, tout en cherchant à équiper les saints pour servir le Christ et son Église. Elle traduit et édite des ouvrages qui sont en accord avec les Écritures et les confessions réformées historiques, notamment la Confession de La Rochelle. À l'image des pionniers qui traversèrent l'océan pour apporter les vérités de la réforme protestante en Nouvelle-France, les Éditions La Rochelle veulent, à leur tour, contribuer à faire rayonner ces vérités dans toute la francophonie par la publication d'excellents ouvrages.

En partenariat avec :

Visitez notre site Web :

editionslarochelle.org

Publications Chrétiennes est une maison d'édition évangélique qui publie et diffuse des livres pour aider l'Église dans sa mission parmi les francophones. Ses livres encouragent la croissance spirituelle en Jésus-Christ, en présentant la Parole de Dieu dans toute sa richesse, ainsi qu'en démontrant la pertinence du message de l'Évangile pour notre culture contemporaine.

Nos livres sont publiés sous six différentes marques éditoriales qui nous permettent d'accomplir notre mission :

Nous tenons également un blogue qui offre des ressources gratuites dans le but d'encourager les chrétiens francophones du monde entier à approfondir leur relation avec Dieu et à rester centrés sur l'Évangile.

reveniralevangile.com

Procurez-vous nos livres en ligne ou dans la plupart des librairies chrétiennes.

pubchret.org | xl6.com | maisonbible.net | amazon

www.ingramcontent.com/pod-product-compliance
Lightning Source LLC
Chambersburg PA
CBHW050241170426
43202CB00015B/2870